Sie ist mein Begleiter auf allen meinen Wegen abseits der Mehrheit, meine Stütze, mein Energiespender und mein Mutmacher, die

Zuversicht, es zu schaffen.

Sie soll es auch für die Menschen sein, die beginnen, Küche und Geld in die eigenen Hände zu nehmen.

Gerold Schlegel

Neustart für Küche und Geld

Andere Wege und neue Beziehungen wagen

© 2020 Gerold Schlegel
Umschlag, Illustration: Gerold Schlegel, Michael Schäffner
Lektorat, Korrektorat: Michael Schäffner - schaeffner.ch
Weitere Mitwirkende: Ronald-Peter Stöferle, Vorwort – incrementum.li

Verlag & Druck: tredition GmbH, Halenreie 40-44, 22359 Hamburg

ISBN
Paperback   978-3-347-08654-8
Hardcover   978-3-347-08655-5
e-Book   978-3-347-08656-2

Inhalt

Einführung   9

Worum es geht? Kurz gesagt, um ein gutes, glückliches Leben. Das Buch soll helfen, Elemente und Aspekte dafür zu finden, wie der Einzelne, also der Leser, sich selbst ein solches Leben schaffen kann. Mit Rezepten und mit den Finanzen auf neuen Wegen – dazu soll das Buch verhelfen und auch ein wenig verleiten. Die Einführung gibt Orientierung für die 4 folgenden Kapitel.

Kapitel 1 – Erfahrungen mit der Lebensmittel- und Finanzindustrie   16

Vieles in beiden Industrien gleicht sich, auch wenn es augenscheinlich um völlig verschiedene Dinge geht: Lebensmittel und Finanzen. Sie gleichen sich auch in den Wirkungen ihrer Produkte: sie schädigen die Kunden. Das Kapitel gewährt einen kleinen Einblick, der den Leser anregen soll, selbst auf die Suche zu gehen: die Suche nach den Analogien, aber vor allem auf die Suche nach anderen, weniger schädlichen Wegen. Das zugehörige Element: Feuer.

Kapitel 2 – Macht und Inkompetenz   84

Macht, Inkompetenz, Narzissmus, Statusdenken – all das ist Realität in der Finanzindustrie und natürlich auch in der Lebensmittelindustrie. Was treibt Menschen an, «dabei sein zu wollen» und welche Wirkungen hat das? Welche Glaubenssätze leiten den Einzelnen? Und wer geht jetzt schon andere Wege und zeigt damit Kompetenz? Das zugehörige Element: Wasser.

Kapitel 3 – Monokultur

Unsere bunte Welt ist deshalb bunt, weil sie Vielfalt und Leben trägt. Die Luft gehört als Element zu diesem Kapitel. Doch es ist nicht zu übersehen, dass die Vielfalt abnimmt und die Einheitlichkeit – Monokultur – mehr und mehr Platz bekommt. Darunter leiden Traditionen und Kultur. Doch die Angst, Fehler zu machen, zu verlieren oder etwas zu verpassen, bestimmt heute das Handeln der Mehrheit der Menschen. Dabei ist es doch genau das, was ein gutes, glückliches Leben verhindert.

Kapitel 4 – Tuum Est – Deine Sache, Deine Pflicht

Meine Sache – meine Pflicht. Der Einzelne kann einen anderen Weg gehen, wenn er sich dafür entscheidet. Dann muss er ihn aber auch beschreiten. Das nimmt ihm niemand ab. Das Kapitel zeigt mögliche Wege auf und benennt Menschen, die andere Wege bereits beschritten haben. Das Element, welches hierzu gehört, ist die Erde. Es bleibt am Leser, wann er einen neuen Schritt macht: Tuum Est – Deine Pflicht!

Anhang

Eine Bücherliste, Essenzen und anderes Nützliches, das helfen kann, sich von der bisherigen Monokultur zu lösen.

Vorwort

«*Geroldig*». Sie kennen dieses Adjektiv nicht? Dann schlagen Sie bitte kurz im Duden nach oder fragen einen befreundeten Germanisten. Oder googeln Sie den Begriff. Sie finden nichts? Das liegt wohl daran, dass ich dieses Wort erfunden habe, um meinen Freund, treuen Wegbegleiter und Kunden Gerold Schlegel zu beschreiben, denn kein herkömmliches Adjektiv wird ihm gerecht.

Gerold ist ein kreativer Freigeist, ein weitgereister «Über den Tellerrand-Schauer», ein milder Wutbürger, ein wissbegieriges Multitalent, ein Mensch, der mehr Zeit außerhalb als innerhalb der Komfortzone verbringt. Und ein gemütlicher Schweizer, der eigentlich auch Wiener sein könnte, doch dafür ist er vermutlich stets zu gut gelaunt und zu wenig zynisch. Er stellt Fragen, die sich andere nicht zu stellen getrauen und zieht Analogien, die anfangs skurril, später interessant sind und sich am Ende als genial erweisen. Er geht auf Reisen, wenn andere Urlaub machen. Er setzt auf Selbstgemachtes, während Fast Food und Systemgastronomie bedeutender werden und er verlässt die Schweiz, während die Welt in die Schweiz strömt. Er kauft Gold, während die Mehrheit Anleihen und Immobilien als Zufluchtsorte sucht und er schreibt ein Buch, während die Welt sich nur noch auf Instagram und TikTok informiert. Sprich, er ist «*geroldig*».

Und genauso «*geroldig*» ist sein Lebensweg. Alle paar Jahre, stets, wenn er sich auf seinen Lorbeeren hätte ausruhen können, stand er auf und brach in ein komplett neues Gefilde auf. Sei es sein Auslandsaufenthalt in Südafrika als leitender Koch einer Produktionsküche mit etwa 30 Mitarbeitenden, seine Rückkehr nach Europa und seinem erfolgreichen Werdegang in der Versicherungsbranche oder anschließend als Baumeister eines höchst erfolgreichen und innovativen Family Offices.

Unsere Wege kreuzten sich, als ich zu Beginn unserer Selbstständigkeit in unserem Büro in Liechtenstein saß und eine kurze, sehr unkonventionelle Mail von Gerold bekam. Beim ersten Treffen stand eine sprachliche Barriere zwischen uns, denn sein Berner Akzent ist für einen Wiener kaum verständlich. Doch wir wussten sofort, dass er anders ist und wir zueinander passen wie der Deckel zum Topf. In den folgenden Jahren wurde Gerold einer unserer wichtigsten und treuesten Kunden. Im Zuge unserer Zusammenarbeit wuchsen wir zusammen. Wir redeten und philosophierten miteinander, wir stritten und lachten, wir assen und tranken und wir lernten voneinander. Ich lernte, wie ich Strukturen richtig aufsetze, wie ich die richtigen Partner auswähle und wie ich sie langfristig binde. Gerold lernte mehr über Gold, die Spezifika von Minenaktien, das Geldsystem und die Österreichische Schule der Nationalökonomie.

Nun liegt vor Ihnen das Ergebnis einer langen Reise. Ich ermutigte Gerold bereits vor einigen Jahren – zum Start seiner neuen Reiseetappe – ein Buch zu schreiben. Als Autor zweier Bücher und zahlreicher Goldstudien weiß ich, dass es harte Arbeit ist, dass man seine Gedanken in Worte fasst, sortiert und redigiert. Insofern bin ich froh und glücklich, dass dieses feine Buch nun fertig ist und ich einen kleinen Beitrag leisten darf.

Lieber Leser, ich wünsche Ihnen viel Freude beim Lesen dieses Buches und ermutige Sie: Gehen Sie andere, neue Wege. Zeigen Sie Mut zum Risiko, aber Respekt vor der Angst. Bleiben Sie mutig, wissbegierig, kritisch und nehmen Sie sich nicht zu ernst.

Gestalten wir unsere Welt, unser Zusammenleben und unsere Anlagelösungen ein wenig «geroldiger»!

Viel Freude, und Erkenntnisgewinn beim Konsum dieses fein komponierten Menüs wünscht Ihnen

Ronald-Peter Stöferle
Wien, im Sommer 2020

Einführung

Wir alle wollen ein gutes und glückliches Leben führen. Doch dazu müssten wir wissen, was die Zutaten für ein gutes, glückliches Leben sind. Alles, was Sie in diesem Buch finden, geht zurück auf die Grundsätze eines guten und glücklichen Lebens. Gesundheit und Finanzen sind zwei wichtige Pfeiler. Ein gutes, glückliches Leben kann ich weder an meine Eltern, Freunde, Lebenspartner, Kirche oder Arbeitgeber delegieren. Für ein gutes, glückliches Leben trage ich selbst die Verantwortung.

Um die Neugier zu wecken und den Spass zu fördern kommen Geschichten und Erlebnisse der beiden Küchen von Essen und Geld zur Betrachtung. Das heute übliche Ignorieren dieser beiden Baustellen zu beenden, ist das Hauptanliegen. Die Leser sollen beginnen, sich selbst um ihre Geldanlage und selbst um ihr Essen zu kümmern. Diese sind zwei tragende Pfeiler eines guten und glücklichen Lebens. Denn die Parallelen der Lebensmittel- und der Finanzindustrie sind verblüffend. Sie schädigen ihre Kunden. Die einen werden krank und die anderen kommen ins Armenhaus.

Das geht anders und sicher mit mehr Vorteilen auf Seiten der Kunden. Die fitten und kerngesunden Hundertjährigen der Welt zeigen das. Sie nutzen bestechende Gemeinsamkeiten: sie verzichten auf Delegation und Berater. Sie beschränken sich im Konsum und im Komfort. Das Verhalten und die Strukturen der smarten Reichsten der Welt sind weitere «Nützlinge», die zur Sprache kommen. Der Fokus des Buches liegt auf der Essenz und das Konzentrat macht es verständlicher. Die Theorie und Sprache aus Sicht des Praktikers macht es eher fassbar.

Wer gerne im Detail wühlt oder das Haar in der Suppe sucht, kann das Buch gleich auf die Seite legen. Hier kommt die Praxis zur Sprache. Die schwer verständlichen, theoretischen Abhandlungen können andere machen. Meine Sicht ist eine andere. In der Küche und im Umgang mit Geld gibt es kein Richtig oder Falsch, sondern vielmehr Wege, die funktionieren und andere Wege, die früher oder später zu Schäden führen. Deswegen geht es in diesem Buch um eine Essenz aus meinen Erfahrungen in beiden Industrien. Anstatt mit Fachbegriffen um mich zu werfen, sind Analogien aus dem Leben im Einsatz. Selbstmachen ist selten perfekt, doch extrem dauerhaft und unschlagbar in der vermittelten Freude und dem Stolz, es geschafft zu haben. Das Buch soll Anstoss sein, dass Menschen beginnen, sich auseinanderzusetzen und über Geld und Vermögen zu sprechen. Sich auszutauschen, den Prozess der Finanzindustrie sozusagen kurzzuschliessen. Solange Vermögen und Geld ein Geheimnis bleiben, sind die Anbieter im Vorteil, zum Nachteil der Kunden. Egal ob es um das Berufs-, Bankgeheimnis oder das Geheimnis um das Familienvermögen geht – wir sollten nicht über die Grösse der Vermögen sprechen, sondern über die Strukturen und Werkzeuge, die genutzt werden, um indirektes Einkommen zu erzielen. Oder über das, was hilfreich ist, um Investitionen und Verpflichtungen zu unterscheiden. Wer die Unkosten reduzieren kann, ist sicher im Vorteil.

So, wie es niemandem in den Sinn kommen würde, im Winter mit Sommerbekleidung in die Berge zu fahren, so gibt es in der Wirtschaft genauso Jahreszeiten zu beachten, die angepasste «Kleidung» erfordern. In der Wirtschaft bilden die vier Jahreszeiten den Wirtschaftszyklus, bestehend aus Aufschwung, Boom, Abschwung, Depression. Ein Naturgesetz, das sich wiederholt und das bleibt. Mittendrin das unbeachtete menschliche Verhalten. Egal in welchem Tempo der gesellschaftliche oder der technische Fortschritt vorangeht – Naturgesetze bleiben. Unverrückbar.

Ein bisher gültiges Naturgesetz ist, dass die Naturwissenschaft ein Verständnis hat für Wahrscheinlichkeiten. Speziell in der Physik. Doch weder in der Wissenschaft der Ökonomie noch in der Sozialwissenschaft ist das Verständnis von Wahrscheinlichkeiten vorhanden, egal wie oft das Gegenteil behauptet wird. Das irrationale Verhalten von Menschen in Unsicherheiten ist Randgebiet, obwohl das bei jeder Krise wichtig wäre. In der Küche kann das Verhalten trainiert werden, denn da herrscht öfters Krise, wenn alles gleichzeitig fertig werden soll, oder etwas zulange oder zu kurz gekocht wurde. In der Corona-Krise war irrationales Verhalten gut erkennbar am Kauf von WC-Papier.

Das Unmögliche ist, vorauszusehen, welches Wetter und welche Umstände den Wirtschaftszyklus, die Börsen und die Wertpapiere beeinflussen. Trotzdem gaukelt die Finanzindustrie mit TV-Sendungen, Finanzzeitschriften, -büchern, -Magazinen, YouTube, Jahresausblicken (2020) und anderem dem Laien vor, über die Kristallkugel zu verfügen. Die schon beinahe ordinär wirkenden Werbe- und Marketingbudgets machen aus den Zauberlehrlingen der Finanzen die besten Magier. Und die Mehrheit glaubt, was viel kostet, ist Qualität.

Eine der grössten Stolperfallen des Menschen ist es, das zu tun, was die Mehrheit tut, in der Annahme und im festen Glauben, dass das richtig sei.

Die beiden Gruppen der Gesellschaft, die im Buch vorkommen werden, sind: Mittelstand und Reiche. Mit «Reiche» meine ich Familien, die ihr Familienvermögen über mehrere Generationen erhalten konnten. Hier ist explizit die gute Seite von Reichtum angesprochen. Das Verhalten der Mehrheit, das heisst, der Gesellschaft, macht dagegen offensichtlich und verständlich, dass wenig Finanzkompetenz vorhanden ist. Selbstverständlich gibt es viele Nuancen und Differenzierungen. Wir sind einzigartige Menschen. Da die Detaillierung die Komplexität fördert, wird hier Einfachheit gepflegt. Denn genauso schnell wie das Detail aufblitzt, verschwindet das Prinzip und das Verständnis des Sachverhaltes. Das ist gewollt aus Sicht der Finanz- und Wirtschaftsindustrie. Verunsicherte Kunden sind einfach zu manipulieren und zu lenken. Doch die Sicht auf Grundprinzipien erleichtert das Verständnis und stärkt die Lust, sich mit Steuern, Geldanlage, Ernährung und Bewegung auseinanderzusetzen.

Übrigens: die Unternehmenslenker mit den Millionen-Gehältern sind Prototypen der Inkompetenz, denn trotz ihrer hohen Saläre verhalten sie sich wie Finanzanalphabeten. Erkennbar ist das an ihrer eigenen Hilflosigkeit. Den Beweis finden Sie später. Finanzkompetente Menschen wissen sich selbst zu helfen. Die grosse Verantwortung als Rechtfertigung ist ein Mythos. Kein Mythos ist im Gegensatz dazu die Inkompetenz. Der Blick auf die Einkommens- und Vermögensstrukturen und das Verhalten von solchen Managern und Angehörigen des alten Reichtums offenbart die Unterschiede schonungslos, und zwar nicht in Bezug auf das verfügbare Geld, sondern in Bezug auf ihre vorhandene oder nicht vorhandene Finanzkompetenz.

Die Leser dieses Buches verfügen über mehr Finanzkompetenz. Was als Hausmannskost daherkommt, wird sich zu einem Gaumenschmaus mausern. Einzigartige Gewürze, Aromen und dazu viel Erfahrung aus der Praxis machen es möglich.

11

Die Rezepte, die Sie finden, lassen viel Raum zum Ausprobieren. Vielleicht sind sie auch hie und da etwas knapp. Das ist Absicht. Die Leser sollen beim Ausprobieren der Rezepte den Umgang mit der Angst vor Fehlern und vor dem Misserfolg trainieren und sie später verlieren. Je mehr ausserdem mit unbehandelten Lebensmitteln gekocht wird, umso einfacher wird's. Theoretisches Kochen und theoretische Geldanlage haben ein Ende. Das ist eine Aufforderung, gemeinsam mit Familie, Freunden und Bekannten zu kochen. Ohne Fertigprodukte, Tiefkühlkost, Pulver und andere «Nettigkeiten».

Die eigene Intuition stärken – ihr wieder vertrauen. Aus dem Kopf und ohne Rezept kochen. Selbstvertrauen tanken und aufbauen. So trainiert das Kochen längst vergessene und vernachlässigte Fähigkeiten: Intuition, Ausprobieren, etwas wagen (Risiko)… Die so gemachten Erfahrungen sorgen im Unterbewusstsein dafür, dass sich Fähigkeiten auf andere Bereiche übertragen. Der gepflegte Absicherungsmodus wird reduziert.

Die einzelnen Kapitel beginnen jeweils mit einem Rezept mit Grundzutaten und Vorgehen. Die Grundzubereitungsarten des Kochens sind hingegen auf vier begrenzt: Feuer, Wasser, Luft, Erde. Wenn alle 12 Grundzubereitungsarten zur Anwendung kämen, ist wieder die Komplexität am Ruder.

Nach der Einführung kann das Buch kreuz und quer gelesen werden. Für ein besseres Verständnis ist das 1. Kapitel wichtig. Darin stecken Grundlagen und Hintergründe, die das Verständnis der anderen Kapitel erleichtern. Die Analogien reichen von der Küche, der Versicherung bis in die «Champions League» der Finanzen. Für den Schutz vor Übervorteilung ist das Einzige, was vor den eigenen Schwächen hilft: einfache Strukturen für das eigene Verhalten. Gegen die mächtigen Kräfte von Manipulation, Verkaufstechniken, Psychotricks etc. ist kein Kraut gewachsen. Wie bekomme ich die besten Preise und was beachte ich beim Einkauf bei der Geldanlage?

Der offiziell in Bern zugelassene Seitenwagen darf genauso wenig fehlen, wie der grenzüberschreitende Anlagebetrug, bis hin zu mehrfach versuchtem Betrug bei Finanzierungen von Firmengründungen. Auch nicht, weshalb als Sanierer ein branchenfremder Mensch nützlich ist, der gerade seinen bisherigen Job aufgegeben hatte.

Was braucht es, um allein für 130 Personen zu kochen und warum ist über 10 Jahre später bei den Gästen immer noch davon die Rede? Wo lerne ich zu improvisieren? Was ist nützlich, wenn beim 6-Gang-Menu der Saibling auf Gemüsebett im Backpapier abgefackelt wird? Wie komme ich versteckten Kosten bei Währungswechseln auf die Spur? Was sind die Lehren aus der Wahl von knapp 130 unabhängigen Vermögensverwaltern und dem praktischen Einsatz von 26? Wieso arbeite ich heute nur noch mit vieren davon zusammen? Oder wie geht das: am Dienstag grünes Licht für eine Investition von 4 Millionen Euro und am darauffolgenden Samstag wird die Firma liquidiert? Was zeichnet eine Bank im Umgang mit der Geldanlage aus? Wie gewinnt man Neukunden, die nach einem Milliarden-Firmenverkauf umworben und umgarnt werden? Welche Folgen haben die Drogen «Geld», «Macht» und «Status»? Was sind die Konsequenzen daraus?

Wer jetzt denkt, dies wird ein Buch nach dem Motto «Wie werde ich schnell reich?» oder wer die grosse Enthüllungsgeschichte erwartet, der ist auf dem Holzweg. Der Kern ist vielmehr: wie kann ich Vermögen aufbauen und im heutigen Umfeld schützen?

Meine Überzeugung ist, dass dies am besten gelingt, wenn ich die Produkte, Strategien, Strukturen und das Verhalten der reichsten Menschen nutze und die Produkte der Bank mehrheitlich im Regal belasse. Meine Erfahrungen im Umgang mit Vorgehen und Strategien der Finanzindustrie sind ein Fundus sondergleichen. Wer den Fundus kennt, traut sich nicht mehr ohne Vorsichtsmassnahmen in die Bank. Oder er lässt es lieber gleich bleiben und spielt nach eigenen Regeln, so wie das seinerzeit David mit Goliath tat. Der Sinn der eigenen Organisationen der Reichen und deren temporären Zusammenschlüssen ist es, den Missbrauch zu verhindern und die Bankkosten zu reduzieren. Deshalb ist mein Standard, überhaupt keine Bankprodukte einzusetzen. Am wichtigsten ist: je weniger Fehler und Verluste entstehen, umso grösser ist meine finanzielle Sicherheit im Alter.

Darüber, wie ich mein eigenes Vermögen bewirtschafte, werde ich einen externen Nachweis erbringen. Das ist einmalig. Meine Präferenz, die ich empfehle, ist deckungsgleich mit der Präferenz der Umsetzung. Meine Vermögensaufteilung besteht aus einer Basisanlage und einem Forschungs- und Entwicklungsteil. Der künftige Kunde kann entscheiden, ob er das Abonnement für die Basis oder beides haben will. Wer dieser Sache zum Durchbruch verhelfen will, kann das mit Geld oder Arbeit zusätzlich tun.

Ich wünsche mir, mit diesem Buch einen Beitrag leisten zu können, damit Menschen und Organisationen neue Wege und Vereinbarungen im Umgang mit der eigenen Gesundheit und den eigenen Finanzen finden. Jeder macht Fehler. Fehler sind der Nährboden, aus dem Neues entstehen und der Mensch oder die Organisation wachsen kann. Ohne Fehler keine Erkenntnisse und Einsichten. Wir alle machen Dinge, die nicht allen gefallen. Ein Naturgesetz. Jeder Tag ein Neuanfang. Dazu gehört, meinen Gegenüber so zu behandeln, wie ich behandelt werden möchte. Ich möchte Sorge tragen für meine Umwelt. Alles, was mir oder Dritten schadet, möchte ich unterlassen. Der Prozess ist auch für mich mit Rückschlägen verbunden, doch jeder Tag ist wieder eine neue Chance. Das Buch ist auf die gleiche Weise entstanden. Ein Prozess, der Veränderungen zuliess. Vieles ist über das Ausprobieren möglich geworden. Und das Buch soll dazu animieren, die Finanzen und die Gesundheit selbst in die Hand zu nehmen. Über den Austausch untereinander wachsen neue soziale Beziehungen. Ein gutes und glückliches Leben hat drei Säulen: Gesundheit, Finanzen und soziale Beziehungen. Das Fundament dazu sind die Werte und die persönliche Haltung.

Das gute, glückliche Leben hat nur einen Haken: «Tuum Est» - meine Sache und meine Pflicht.

Verführerisch und verheissungsvoll.
Delegieren, es vermeintlich bequem haben wollen...
Das Ergebnis ist oft das Problem.

Kapitel 1 – Erfahrungen mit der Lebensmittel- und Finanzindustrie

Essenz «Feuer»

Je mehr Training, umso besser die Resultate und das Gefühl für die Temperatur. Feuer kann unterschiedlich genutzt werden. Je mehr Glut, umso mehr Einsatzmöglichkeiten. Ich kann an einem Ort feuern und daneben beginnen, mit der Glut zu kochen. Auf Glut kann ich alles kochen und die Hitze bestimmen. Wer auf den Garküchen der Strasse in die Töpfe guckt, erlebt die Vielfalt der Möglichkeiten. Da werden zwischen 3 Steinen ganze Menüs zubereitet. Das «Dreibeinsystem» stellt eine wackelsichere Unterlage für die Pfanne sicher. Die Steine sind gleichzeitig Hitzespeicher. Diese Art des Kochens benötigt viel weniger Holz für die gleiche Leistung (Hitze). In Strassenküchen ein gewichtiger Kostenfaktor. Himba und Massai nutzen das System seit eh und je. Die Skandinavier haben ihr Holzbrett, das sie schräg zum Feuer im Abstand von etwa einem Meter hinstellen, um ihre Fische sanft zu garen. Das Eiweiss kann so viel weniger stocken, da die Temperatur unter 65 Grad bleibt. Auch der Speckstein, den die einen oder anderen zu Hause haben, könnte zum Kochen benutzt werden. Fleisch ohne Fett direkt in der Kohle gegrillt – ein Gaumenschmaus. Ausprobieren! Es gibt nicht vieles, was auf dem Feuer nicht produziert werden kann. Ausprobieren: 10-15 Lagen Zeitungspapier, Kräuter, Gras oder Heu darauflegen, danach eine gewürzte Lachsforelle darauf geben, alles zusammenrollen und verschnüren wie ein Packet und dieses in Wasser legen. Das vollgesogene Paket kommt direkt ins Feuer (max. 7-10 Minuten). Der billigste Dampfkochtopf.

Die Mehrheit kocht zu heiss und zu schnell. Die Feuerküche nimmt da viel Tempo und Hektik raus. So oft mit zu viel Hitze gekocht wird, so oft ist das gegrillte Fleisch zu wenig gesalzen. Wichtig ist, bei einem Feuer drauf zu achten, dass die Glut-Versorgung sichergestellt ist. Ein Ort für das Feuer und einer für die Glut. So ist schon viel mit der Hitze steuerbar. Weniger Hitze bedeutet mehr Zeit für den Garprozess. Ein empfehlenswertes sinnliches Kochbuch ist: «Feuerküche» von Chris Bay und Monika di Muro.

Feuerkochen – Temperaturen

- Räuchern, 25-90 Grad
- Smoken, 90-130 Grad
- Dämpfen, bis 100 Grad
- Kochen, 100 Grad
- Frittieren, bis zu 170 Grad
- Pfannenbraten, 140-180 Grad
- Grillen indirekt, 130-220 Grad
- Direktes Grillen, bis 260 Grad
- Steaks angrillen, 230-280 Grad

Grundausrüstung

- Gusseisenpfanne
- Wok mit zwei Griffen
- Grillzange mit Zähnen, ohne Plastik
- Schneidemesser (gross)
- Besteck (Sackmesser, Löffel, Gabel)
- Schneidebrett (Holz)
- Speckstein (für Fleisch und Gemüse u.a.)
- Feuerhandschuhe
- Feuerhaube (z.B. Deckel Weber-Grill)
- Grillrost oder direkt auf Kohle

Grundzutaten

- Steinsalz ist dem Meersalz vorzuziehen (Mikroplastik im Meersalz)
- Schwarzer Pfeffer aus der Pfeffermühle (kein Standardpfeffer gemahlen). Meine Favoriten: Kubeben, Tasmanischer, Langer Pfeffer.
- Knoblauch (gerne auch schwarz fermentierter Knoblauch)
- Chili
- Limette, Zitrone, Tomate (Fleischgerichte). Säure ist der Geschmacksturbo.
- Balsamico Hell/Dunkel
- Sauce von fermentierten Früchten

Feuerstufen/-reife, Hölzer und Brennstoffe

- Anfeuerung: Eichen-/Feigen-/Rebenholz
- Aufbauendes Feuer: Früchtehölzer (Äpfel, Birne etc.)
- Feuer-Höhepunkt: Gesammeltes Holz im Wald
- Niedergehendes Feuer: Birken-, Eschen-, Buchenholz (Cheminée-Holz)
- Rote Glut mit weissem Asche-Film: Kohle

Kochmethoden am offenen Feuer

- Glut- und Aschekochen: Ursprünglichste Form des Kochens. Artischocken, Kartoffeln, Paprika, Auberginen, Eier, Kastanien, Fladenbrot u.a. direkt in die Glut geben oder Glut auf die Seite schieben, Gemüse direkt auf die Erde, mit Glut zudecken.
- Lehmkochen in der Glut: Hobos (Nordamerikanische Wanderarbeiter) oder Roma garten das Huhn im Lehm. Leichtes Gepäck, kein Topf erforderlich. Den Lehm ca. 1-2 cm dick flach auseinanderdrücken. Das gewürzte und marinierte Huhn mit grossen Blättern umwickeln und mit Ton einpacken.
- Garen auf Stein: Einen flachen Stein als Herdplatte verwenden. Ca. 1 Stunde in die Glut legen. Dann einfetten. Fisch, Gemüse, oder Gebäck ist gut geeignet (keine nassen/feuchten Steine oder Kalk-/Feuersteine verwenden, diese zerspringen leicht).
- Garen im Blatt: Anstelle Alufolie grosse Blätter verwenden (Huflattich/Pestwurz). Gemüse, Fleisch, Früchte, Fisch oder Käse einwickeln und auf die Glut geben.
- Glutgrube: Ein Loch ca. 20-30 cm tief ausheben. Je nach Gargut die Grösse der Grube bestimmen. 1-2 Stunden feuern, damit 10-15 cm Glut entsteht.
- Indirektes Garen: in Argentinien werden Fleischstücke auf einem Eisengestell neben dem Feuer in den Boden gesteckt. In Schweden wird Fisch direkt auf ein Holzbrett neben dem Feuer platziert.
- Erdofen/-grube: Fast jedes Naturvolk hat Gerichte, die in der Erde gegart werden: Hawai/Imu, Maoris/Umu, Fidji/Lovo, Mexiko/Barbacoa, Kanake/Bougna, Peru/Pachamanca. In der Grube können ganze Ziegen oder Schafe gegart werden. Grube ausheben, Steine hineinlegen, Feuer machen. Sobald Glut vorhanden ist, das Bratgut mit Blättern oder nassen Tüchern einpacken, heisse Steine darauflegen und mit Erde zudecken. Das geht auch mit einem Topf. Der

Fantasie sind keine Grenzen gesetzt. Ziege/Schaf benötigt sicher 3-4 Stunden. Das Erdofen-Kochen bedarf etwas Übung.

- Glutsteine/der Fellkochtopf: Grube ausheben, Fellseite mit Haaren nach aussen am Rande befestigen, Wasser, Kräuter, Kartoffeln etc. hineingeben, heisse Steine dazugeben, zum Kochen oder Simmern bringen
- Glutbrennen: So werden Kochgeschirre und Boote aus ganzen Ästen oder Stämmen gebrannt. Das Essen aus diesem Geschirr schmeckt köstlich.
- Tontopf: Wir kennen den Römertopf, ev. die marokkanische Version «Tajine». Hier ist es besonders wichtig mit konstanter tiefer Temperatur zu kochen. Eine ausgesprochen gesunde Methode – Niedergarprinzip.
- Spiesse: diese sind mit allem zu produzieren. Im Orient ist es üblich, 1 Meter lange Spiesse zu benutzen. Diese werden mit Auberginen, Tomaten, Zwiebeln, Paprika direkt ins Feuer gegeben. Anschliessend, wenn sie kohlrabenschwarz sind, geschält. Würfeln und in der Pfanne würzen.
- Grillrost: der Klassiker, den jeder kennt. Ein Gusseisenrost lohnt sich.
- Weidengeflecht: das Weidengeflecht in einer Blechdose könnte zum Räuchern ideal sein. Weidengeflecht in Bratpfanne legen, wenig Wasser dazu, eventuell mit Kräutern Zitronen-/Limettenschale leicht würzen, Gargut dazu geben, zudecken, dämpfen.
- Töpfe, Bräter, Pfannen: die Klassiker.

Wildpflanzen

Ackersenf, Bärlauch, Beifuss, Pastinake, Wilder Thymian, Schafgarbe, Wiesenknöterich

Wilde Teekräuter

Birkenblätter, Brombeer-/Himbeerblätter, Hagebutte, Kamile, Pfefferminze, Wegwarten-Blüten (Heilpflanze des Jahres 2020), Weissdornblüten

Feuerrezepte

Garen im Blatt (alternativ: in Alufolie)

Camembert Fondue: Camembert dick einpacken. Langsam erhitzen. Etwas Glut am Boden. Päckchen draufstellen und mit Glut umschliessen und bedecken. Aufschneiden, essen. Wer mag kann mit Gewürzen, Kirsch, Früchten etc. ergänzen.

Schoggi Banane: Banane schälen/halbieren und auf das Blatt oder die Alufolie legen. Dann füllen/belegen mit Schoggi und allem, was gut ist: Nüsse, Gedörrtes, Minze, Orangen, Beeren... Wenig Hitze am Rande der Glut oder auf dem Grillrost. Kann auch grob gewürfelt werden. Knaller ist die Kombination von Feueraroma: Rauch, süss, sauer, etc.

Spiesse

Ganzes Gemüse: Peperoni, Tomaten, Zwiebeln, Auberginen direkt auf dem Feuer grillen bis sie schwarz sind... schälen würfeln und in die Gusseisenpfanne/Topf und würzen.

Feuerfeste kleine Formen

Frühstückskracher: Das feuerfeste Geschirr mit Speck auskleiden, 1 oder 2 Eier dazugeben (je nach Grösse), würzen, am Rande der Glut hinstellen, zwischendurch drehen. Brotscheiben toasten/grillen und mit Butter bestreichen.

Gusseisenpfanne

Nachos Pizza: Gemüse (Tomaten, Peperoni, Rüebli, Zwiebeln, Knoblauch, Chili, Zucchetti, Kohlraben, Babylattich, Rüebli...) Je nach Saison, Lust und Vorrat. Käse. Kleinschneiden, verteilen, würzen. Alles in der Gusseisenpfanne anziehen, mit etwas Butter oder Olivenöl, würzen, grosszügig Nachos dazugeben, mit Käse bestreuen und servieren. Pfeffer aus der Mühle für den der mag.

Erfahrungen mit der Lebensmittelindustrie

Von der Ess- und Kochkultur über das Private, Beruf, Wirtschaft, Politik, Religion – praktisch jeder Bereich der Gesellschaft und des Zusammenlebens ist in der einen oder anderen Form untereinander betroffen. Das treibt oft seltsame Blüten. Vor allem aber sind ähnliche bis gleiche Strategien, Argumentationen und Muster erkennbar und in der Produktion finden sich «Fabriken», die alle nach vergleichbaren Prinzipien arbeiten. Die Werbung und das Marketing machen sich Analogien zu Nutze. Gefühle von Freiheit und Unabhängigkeit – egal ob in Bezug auf Nahrungsmittel oder in Bezug auf Finanzen – werden vermittelt. Der Komfort, die Freiheit, das Grüne, die Bequemlichkeit, die Fitness und das Gesunde herausgestrichen.

In diesem Kapitel gebe ich einen kleinen Einblick in die Nahrungsmittelindustrie und später in die Finanzindustrie. Das soll Neugier wecken und das Verständnis der Zusammenhänge und Vorgänge in der heute weitgehend ignorierten Welt der Finanzen fördern. Beispiele und Episoden aus meinem Leben kommen vor, die sicher jeder von uns auf die eine oder andere Art selbst schon erlebt hat. Als neugieriger und vermeintlich risikofreudiger Mensch habe ich viel erlebt und noch mehr ausprobiert. Hobbies wie das Seitenwagenfahren bei jedem Wetter sind ein Fundus für Erfahrungen und Training, ebenso meine Zeit als Koch im Ausland oder die vielen Reisen abseits der ausgetretenen Pfade. All das sind meine Mittel, damit die unverständliche Fachsprache für einmal still ist. Wer viel probiert, erlebt ebenso viel und ist noch öfters in Schwierigkeiten. Das alles ist ein reichhaltiges Buffet für Einsichten und ein lebenslanges Trainingslager, um dem Umgang mit Risiken und Ängsten zu erlernen.

Vereinfachen

Anstelle der 12 Grundzubereitungsarten der Küche vereinfache ich und reduziere auf die vier Elemente Feuer, Wasser, Luft und Erde. Mit Wasser kann ich alle Suppen und Saucen herstellen. Beim Feuer ist Gebratenes vom Gemüse über Fleisch bis zum Fisch alles dabei. Die Luft ist beim Brotbacken und Bierbrauen ein zentrales Element. Als viertes Element kommt die Erde hinzu und damit das Fermentieren. Fermentieren ist etwas vom Wichtigsten für die Gesundheit und zur Optimierung des Geschmacks.

Je einfacher und archaischer gekocht wird, umso erfolgreicher kann jeder kochen. Da spielen sogar Mengenangaben eine untergeordnete Rolle. Das Probieren, mischen und unterschiedliches Würzen wird selbstverständlich. Je perfekter, umso komplizierter und theoretischer. Was wächst ist die Angst und Unsicherheit, es nicht zu schaffen. Willkommen in der Theorie, beim Fastfood und bei den Fertigprodukten. Ade Praxis und Gesundheit. Erwünscht sollte aber sein, sich selbst mehr zu trauen und mehr auszuprobieren. Die praktischen Erfahrungen sind viel wichtiger als theoretische Kenntnisse. Die praktischen Erfahrungen und das Ausprobieren von Gerichten fördert, Angst und Unsicherheit abzubauen. Das Zutrauen, selbst zu kochen, soll durch die eigenen Erfahrungen gestärkt werden. Das Ausprobieren erfordert es, Risiken einzugehen. Deswegen erscheinen in diesem Buch eine Reihe von archaischen Rezepten. Mit denen kann sich der Leser selbst trainieren – mit begrenztem Risiko und mit Freude beim Kochen.

Und genauso ist es mit der Finanzwelt: am Ende des Buches soll der Leser neugierig auf einfache, verständliche und risikoarme Rezepte für den eigenen Umgang mit Geld und Vermögen sein und trainieren, die Rezepte ohne Angst und mit begrenztem Risiko selbst anzuwenden.

Wer ist nicht auf der Suche nach dem guten und glücklichen Leben? Wie baue ich mir mein eigenes glückliches Leben? Was sind die Pfeiler eines guten, glücklichen Lebens? Und was kann ich vorkehren, um möglichst gesund zu bleiben? Da ist Ernährung und Bewegung blitzartig im Zentrum. Ernährung am besten gleich mit Selbstgekochtem. Mit längst vergessenen Rezepten, Zubereitungsarten, die förderlich sind für die Darmflora und für die schnelle Übermittlung von Informationen an Hirn, Beine, Hände etc. Zur Ernährung gesellt sich die Bewegung. Finanzen sind genauso zentral wie die eigene Haltung und Denkweise. Denn für ein glückliches und gutes Leben sind 4 Elemente wichtig, die ich weder delegieren noch ignorieren kann. Sie sind meine Pflicht: soziale Beziehungen, Gesundheit (Bewegung/Nahrung) Finanzen und als Fundament meine innere Haltung, Denkweise, Lebenseinstellung. Ganz gleich, wie viel ich in meinem Leben delegiere, ignoriere und verschiebe: um diese Elemente komme ich nicht herum.

Sie bleiben in meiner Verantwortung und sie bleiben meine Pflicht, mich darum zu kümmern. Das Ignorieren der Themen rund um Wirtschaft, Recht,

Steuern, Vorsorge und Geldanlage führt direkt in Abhängigkeiten und letztlich zum finanziellen Schaden, sei es bei der erwarteten Pension oder den vielen Verpflichtungen, die sich einstellen. Dabei ist Unabhängigkeit einer der Schlüssel sowohl finanziell wie persönlich. Es ist genau wie bei der Ernährung: das Ignorieren einer gesunden Ernährung führt in Abhängigkeiten zu Fast Food und geringwertigen Lebensmitteln und letztlich zu schädlichen gesundheitlichen Auswirkungen.

Verpflichtungen

Der Mechanismus, sich Verpflichtungen aufzuhalsen, ist oft bereits in der Kindheit gelegt worden. In den meisten Kinderstuben ist das Einüben von Plattitüden, Verhaltensregeln und destruktiven Selbstbildern die Norm. Das Benotungssystem sowie die Methoden von Schule, Universität und Erwachsenenbildung verstärken diesen Effekt. Sie legen ein erdbebensicheres Fundament von Unfreiheit, Fremdsteuerung und Unbeweglichkeit, jedoch mit der Vorstellung von Komfort, Bequemlichkeit und vermeintlicher Sicherheit.

Doch Komfort, und Bequemlichkeit führen direkt – über kurz oder lang – in die Verunsicherung und Abhängigkeit. Das «selbst machen» und «sich trauen» nimmt ab. Denn für alles gibt es einen Experten, der die Lösung beisteuert. So wird es einfacher – wenn es dann schiefgeht – einen Schuldigen zu finden. Diese Tendenz, die Verantwortung zu delegieren, greift wie eine Seuche um sich. Eigenverantwortung ade.

Das Festhalten an Macht und Status, die hippen Marken und die Neidgesellschaft verstärken das Fundament, ähnlich dem vielen Eisen, welches zur Stabilität eines Fundamentes eingebaut wird. Ständiges Vergleichen und Eintreten in einen vermeintlich notwendigen Wettbewerb runden das ganze Gebäude von Vorstellungen, Abhängigkeiten und Verpflichtungen perfekt ab.

Peter Thiel, einer der erfolgreichsten Investoren des Silicon Valley (PayPal, Facebook, Palantir etc.), hat seine eigenen Regeln. Die wichtigste davon ist: dem Wettbewerb ausweichen. Ein unbespieltes Feld suchen. Wer in Wettbewerb geht, hat schon verloren. Egal ob Gewinnen, Verlieren oder Vergleichen: genau das gilt es zu verhindern. Als Mitglied der Bilderberg-Konferenz hat Peter Thiel für neue Projekte einen Zugang in ein exklusives Netzwerk. Den Wissensvorsprung aus diesem Netzwerk nutzt er und wählt nur die Projekte aus, die diesem Wettbewerb ausweichen. Gleichzeitig hat er so Zugang zu Informationen, die Otto Normalverbraucher erst 2 bis 3 Jahre später mitbekommt. Sein Buch «Zero to One» ist jedem Unternehmer zu empfehlen, der eigene Wege erforschen will. Mit diesem Buchprojekt und meinem Geschäftsmodell der Abonnenten mache ich genau das. Neue und andere Wege gehen, etwas wagen, was noch nie gemacht wurde und das schwer zu kopieren ist.

Gehe ich Verpflichtungen ein, werde ich rasch im Hamsterrad dieser Verpflichtungen und Zwänge willkommen geheissen. Dort, wo keiner hineinwill, aber dennoch die Mehrheit sich darinnen gefangen gibt. Dabei ist es so einfach erkennbar: immer gibt es «über mir» jemanden, der schöner, reicher, glücklicher, erfolgreicher ist. Der Vergleich funktioniert: man beginnt, sich zu messen, eben: zu vergleichen und zu übertreffen. Doch wirklich einfach wird es im Leben, wenn man damit aufhört. Übrigens: das System von Vergleichen und Messen funktioniert auch in die andere Richtung: wer will schon mit den «Untenstehenden» tauschen?

Es ist höchste Zeit, die Schlaumeiereien der Industrien «Ernährung» und «Finanzen», des Bildungssystems und der gesellschaftlichen Mechanismen aufzudecken. Die Demaskierung ermöglicht einen realistischen Blick in die Zukunft – sprichwörtlich: der Realität ins Auge schauen und sie annehmen. Das ist unbequem und liegt ausserhalb der Komfortzone. Das fährt in die Knochen. Die prägendsten, eindrücklichsten Erinnerungen und Erfahrungen meines Lebens verschafften mir die Erlebnisse, die einen zartbitteren Hauch hinterliessen. Doch irgendwie verhalfen mir genau diese Erfahrungen und Momente, persönlich zu wachsen. Das erkannte ich oft erst im Nachhinein. Doch zuerst: wie kam es dazu?

Kochen war schon im Kindsalter etwas, das ich liebte. Auf den Geschmack kam ich auf der Alp bei meinem Grossonkel. Er sömmerte als Senn auf der Alp «Ahore» oberhalb von Walenstadt seine Rinder. Die Alphütte war sehr einfach. Fliessend Wasser draussen am Brunnen und drinnen Petrollampen. Kerzen waren nur in der Küche erlaubt. Geschlafen wurde über der Küche. Der Holzherd sorgte für die Schwärze und den Geruch nach Russ und Rauch. Wenn ich nicht auf der Alp war, verbrachte ich viel Zeit im «Fäsch». Die Küche dort war noch älter und der Geruch der frischen Rösti und Eier am Samstag oder Sonntag zum Frühstück waren einmalig. Hier kochte ich meine ersten Teigwaren: Hörnli en Bloc! Ja, Hörnli kamen am Stück aus der Pfanne und mussten geschnitten werden. Das passiert halt, wenn niemand rührt und ich Erwachsene kopiere. Dennoch entwickelte sich «Älpler Hörnli mit Härdöpfel, Böllä u Öpfelmues» zu meinem Favoriten.

Ein einfaches Gericht mit nur einer Pfanne auf dem Holzherd zu schaffen, wenn das Apfelmus schon hergestellt ist. Wenig abzuwaschen und einmal Wasser holen reicht. Teigwaren, Böllä (Zwiebeln), Käse, Kartoffeln und Apfelmus. Wer es mag eventuell noch Glarner Schabziger.

1. Böllä (Ringe/Scheiben) anrösten bis sie fast schwarz sind
   Auf einen Teller geben und auf die Seite stellen.
2. Wasser aufkochen, kräftig salzen und Hörnli (Teigwaren) dazugeben – umrühren, nach 5 Minuten klein gewürfelte Kartoffeln dazugeben und mitkochen – al dente kochen.
3. Schichtweise in Schüssel anrichten: Hörnli/Kartoffeln, Böllä, Käse, Hörnli/Kartoffel, Böllä, Käse usw.

Archaisches Kochen erfordert im Kopf eine Veränderung. Ohne Wasseranschluss ist alles Wasser zu holen und zu tragen. Da wird jeder kreativ, um den Wasserverbrauch zu reduzieren.

Leckereien aus der Dose waren für mich seinerzeit Erbsli und Rüebli, Birnen, Ananas, Pfirsich, Ravioli, Apfelmus.

Gottseidank war später über Jahrzehnte Genuss und Experimentierfreudigkeit bei mir an erster Stelle, sozusagen eine grosse Leidenschaft: Neues ausprobieren und Unbekanntes entdecken und lieben lernen. So ist Lernen ohne Pisa-Studie im Schnellzugtempo möglich und bleibend. Praktische Erfahrungen anstelle Theorie. Und die praktische Erfahrung schlug Theorie bei weitem, denn wer sensationelles Essen entdecken will, braucht dazu grottenschlechtes Essen, um zu wissen, was die sprichwörtliche Verheissung ist. Das ist meine Überzeugung. Meine Neugier und mein Optimismus und der Glaube an das Gute hat mir viel mehr zum Erfreuen und zum Entdecken gebracht als jedes theoretische Wissen.

Die Neugier, auszuprobieren, ist der heutigen Mehrheit leider abhandengekommen, so meine Wahrnehmung. Stattdessen wird ein Absicherungsmechanismus gestählt und jedes Risiko in kleinstmögliche «Teil-Risiken» zerlegt. Am Ende überwiegt eine tiefe Angst vor Fehlern und es wird nur noch das getan, was die Mehrheit tut. Das steigende Alter führt zu noch mehr Absicherung. Die Sorge, dass es im Alter nicht reichen könnte, wächst schneller als die Menschen altern. Chancen und Möglichkeiten werden mehr und mehr ausgeblendet. Und das lässt Menschen, die zum Lernen, Entdecken und Erobern gebaut sind, sprichwörtlich verkümmern.

Das erdbebensichere Fundament, nichts zu wagen, wird in der Schule gelegt. Fehlerfrei zu sein ist ständig im Unterbewusstsein verankert und wird gefestigt. Anerkennung von Autoritäten und Eltern zu bekommen, ist die Norm. Über Lehre, Studium, Standards, Berufsverbände, Zertifikate und anderes werden später die Wege aufgezeigt, wie was zu gehen hat. Der richtige Weg ist der einzige Weg, der begehbar sein soll. (Wobei ungeklärt bleibt, was «richtig» überhaupt ist.) Die vielen Experten und Einflüsterer wie Freunde, Bekannte, Eltern, Geschwister säumen diesen Weg. Sie alle singen das Lied, in das heute viel zu viele einstimmen: «Das geht nicht. So wird das gemacht!» Wer zu lange zuhört, schwächt sein eigenes Zutrauen und stärkt die eigene Unsicherheit. Im gleichen Takt wird der Durchschnitt gefördert, denn die Fächer, in denen der Schüler stark ist, kann er vernachlässigen. Das ist zu oft die Meinung der Eltern. Gleichzeitig werden für die Fächer, in denen der Schüler Schwächen zeigt, Nachhilfestunden organisiert. Stärken werden wenig beachtet, Schwächen werden hervorgehoben und höher priorisiert.

Mein erster Lohn hängt bei mir an der Wand: ein Plakat einer Ausstellung im Kunsthaus Glarus von 1978 mit Werken von Fritz Hug. Das war mein erstes Trinkgeld im Hotel «Hof» in Bad Ragaz. Leider habe ich dem bekannten Tiermaler kein Autogramm abgeluchst. Als Chasseur (Hotelpage) geziemte es sich nicht, Forderungen an Gäste zu stellen. Und mir war schlicht nicht klar, wer Fritz Hug überhaupt war. Klar war: Hilfsbereitschaft und Freundlichkeit helfen, um Trinkgelder zu erhalten. Doch nicht auf dem Radar war das, was wirklich wichtig gewesen wäre. (Unterschrift von Fritz Hug). Seine Anerkennung meiner Leistung, das Lob dieser Respektperson und die Beachtung meiner Person, haben mich blind gemacht. So geht es heute vielen Menschen, wenn sie Beachtung erhalten für das, was sie getan haben. Ablenkung ist heute ein zentrales Element in der Beratung und im Verkauf. Die wenigsten sind gewappnet gegen Beeinflussung und Manipulation. Im Kopf glauben viele, gewappnet zu sein. Das Plakat von Fritz Hug stärkt seit dieser Begebenheit meine Aufmerksamkeit bei Themen von Beeinflussung und Ablenkung. Ganz persönlich behielt das Plakat seinen Wert als Erinnerung an den Maler: es hat mich über Jahrzehnte begleitet und befand sich in jeder Wohnung immer in Sichtweite – von der Küche aus gesehen.

Im gleichen Jahr war ich als Schnupperstift auf dem Muottas Muragl im Engadin. Da lernte ich das erste Mal eine Küche kennen, in der es richtig rund ging. Bis zu 300 Personen assen am Mittag, drei Köche und drei Helfer inklusive Abwascher waren dafür verantwortlich. Hier lernte ich auf die harte Art, meinen Kopf zu gebrauchen und nicht alles für bare Münze zu nehmen. Der Auftrag Mehl zu hacken – unvergessen. Ebenso das Gelächter der Mannschaft. Meine Scham war damals riesig, der Lerneffekt ist es bis heute: auch als Lehrling kann ich unterscheiden, was richtig und was falsch ist.

Die Küche ist ein Ort, an dem ich ausprobieren kann. Ich kann Risiken eingehen und erkenne so, dass die Chancen grösser sind als die Risiken. Das wird sich übertragen auf das eigene Leben. In dem Sinne liebe ich Schwierigkeiten und Herausforderungen und der Weg meiner Kochkarriere ist gepflastert mit solchen Erfahrungen:

- Vom Lehrbetrieb mit Knorr und Hügli zum Landgasthof, in dem alles frisch selbst hergestellt wurde
- Danach direkt als Grillchef ins «Dolder Waldhaus» in Zürich
- eineinhalb-jähriger Auslandaufenthalt als Koch – ohne die Sprache zu können
- Produktionsküche leiten, wenn drei Viertel des Personals fehlen
- 23 Stunden Kocheinsatz mit zwei Köchen, einem Helfer: Buffet für 150 Personen und ein 6- Gang-Menü für weitere 70 Personen an Sylvester. Ein Mammutprogramm
- Grenzgänge des Kochens in der Armee: in veralteten Gemeindeküchen, mit offenem Feuer bis hin zu einer brennenden Bratpfanne, die beinahe die Küche abfackelte.

Eine einfache Suppe kann genauso der Inbegriff von Köstlichkeit sein, wie ein Stück Käse mit dunklem Sauerteigbrot. Der 5-Gänger genauso wie ein schlichtes Mittagsmenü. Dazu sind keine «Exklusiven Zutaten» aus der Ferne oder aus dem Meer nötig, Vielfalt und Abwechslung reichen. Je mehr ich Gerichte und Gewürze ausschliesse, umso mehr sind mir bleibende Erfahrungen verwehrt. Denn das verhasste Gericht anders zubereitet, perfekt gegart und gewürzt, kann zur Verheissung werden. Wer schon fast militant zum Ausdruck bringt: «Das habe ich nicht gerne!» oder «Das esse ich nicht!», bestraft sich selbst, denn Geschmacksnerven und Lieblingsaromen verändern sich. Dieses Jahr machte ich eine Erfahrung der ausserirdischen Art in Wien. Das Lokal «Wratschko» ist bei den Einheimischen populär für seine Wienerküche und seine unveränderte Lokalität. Touristen bleibt es oft unerschlossen. Es ist wenig bekannt, der Eingang schnell zu übersehen und befindet sich in einem Quartier mit wenig Partylokalen. Es erscheint genauso wenig in hippen Ranglisten und Stadtführern. Ich mache das «Wratschko» mit meiner Empfehlung populär und erhöhe die Gefahr, nicht mehr das Gleiche zu bekommen. Als ich das erste Mal da drin war, kam ich aus dem Staunen nicht raus. Egal ob ich die kleine Menükarte betrachtete, die Einrichtung (uralt) oder die Menschen (Vielfalt) – alles erfreute das Auge, weil es so ungewohnt war. Mein Freund bestellte «Beuschel», ich klappte die Karte zusammen und sagte: «Das nehme ich auch. Das, was du bestellst, ist gut.» Ich wusste nicht, dass in dem Gericht Niere, Lunge, Leber und Herz steckte. Das Gericht – ein Gedicht. Ich hätte es nie bestellt, wenn ich eine Ahnung davon gehabt hätte, was sich darin verbirgt. Die Verpackung «Wratschko» und «Beuschel» waren gewöhnungsbedürftig, das Resultat jedoch einmalig und sensationell gut!

Mit Mike Glauser von Jumi GmbH («Belperknolle») verbindet mich eine besondere Geschichte und die Leidenschaft für den Beruf. Lange Zeit waren wir Nachbarn in Ried bei Schlosswil (Kanton Bern). Dazumal wohnte er im Wohnwagen im Nachbargarten. Samstags ging ich nach dem Einkauf oft nach Belp, um bei seinem Onkel Käse zu kaufen und mich von Mike bedienen zu lassen. Während seines Studiums hat er dort nebenbei gearbeitet. Des Öfteren waren die Nächte kurz und dennoch versuchte jeder von uns den anderen zu übertreffen: wer war zuerst morgens um 6.00 Uhr wieder unterwegs? Der Zufall wollte es, dass wir beide keine Vielschläfer waren und uns spätestens im Kreisel in Worb sahen. Wir haben viel Spass genossen, aber zur Leidenschaft für den Beruf gehört ebenso Disziplin, um am Morgen wieder früh unterwegs zu sein.

Der Grossvater von Mike Glauser hat übrigens zu Rohmilchkäse ein logisches Verständnis: «Haltbar gemachte Milch. Je reifer und älter, umso sicherer und besserer für die Menschen. Wenn die Milch schlecht wäre, würde der Käse stinken, unförmig reifen und platzen!» Wie schön wäre es, wenn das mehr Menschen wüssten?

«Dass esse ich nicht!» – bei Fastfood und Fertiggerichten kann ich diese Aussage nachvollziehen. Bei Naturprodukten habe ich weniger Verständnis dafür. Klar, es gibt Allergien und die sind schon fast wie eine Epidemie. Was könnte der Hintergrund sein, dass immer mehr Unverträglichkeiten auftauchen? Oder was könnte der Hintergrund der Häufung von Krebs sein? Die Wissenschaft gibt Auskunft, sei es über Dopamin, Serotonin und anderes mehr. Im Kapitel über die Monokultur wird davon noch die Rede sein. Die Chemiekeulen bei Fertigprodukten oder behandelten Lebensmittel sind pures Gift. Allergien sind Anzeichen von Vergiftungen. Gleichzeitig steigt die Sucht nach Aufmerksamkeit, gefördert über Likes und Anerkennung. Doch ich kann auch als Opfer oder Kranker Aufmerksamkeit erhalten. Deshalb frage ich mich des Öfteren, ob es bei vielen Menschen mit Unverträglichkeiten um Aufmerksamkeit geht und viele dieser vermeintlichen Unverträglichkeiten gar keine sind. Doch das ist unfair, denn wer wirklich betroffen ist, leidet darunter. Könnte nicht eher die fehlende Vielfalt und der Einsatz der Chemie in den Fertiggerichten der Hintergrund sein? Das sogenannte frische Brot an der Tankstelle ist für den Menschen eine Giftkeule und hat wenig mit Brot zu tun. Trotzdem geht es weg wie die sprichwörtlichen warmen Semmeln. Es ist bequem, schnell, einfach und die Mehrheit macht es so, also ist es vermeintlich gut und richtig.

Jede Auflage oder Ausschluss bei Mahlzeiten reduziert die Vielfalt und die gesunden Anteile. Dass zu positiven Erlebnissen auch negative gehören, ist ein Naturgesetz. Genauso ist es mit den persönlichen Erfahrungen. Es gibt davon nicht nur «Gute», es braucht auch die «Schlechten», denn das Naturgesetzt von Plus/Minus, also die Polarität gilt. Die Erfahrung mit «grottenschlechtem Essen» hilft, gutes Essen früher zu erkennen. Genauso die Einschätzung von Lokalitäten. Am besten lerne ich das, wenn ich es ausprobiere.

Je mehr ich mich auf Listen (Ratings, «must see», Restaurantführer usw.) verlasse, umso weniger kann ich es einschätzen. Dieser Effekt lässt sich auf alles übertragen: Arbeit, Partnerschaft, Kunden, Lieferanten, Strukturen, Firmen… Um zu wissen, was funktioniert und was mir nützlich ist, benötige ich auch Erfahrungen davon, was schlecht ist. Gute und schlechte Erfahrungen bilden die Grundlage für meine künftigen Entscheidungen. Theorie und nur das tun, was sogenannt richtig ist, verhindern eigenes, unvergessliches Lernen, ein Lernen, das bleibt, ohne aufgeschrieben zu sein und das in den Bauch runterrutscht. Die Intuition wächst und damit deren Energie.

Meine Art, im Restaurant zu bestellen, bringt meine Partnerin Regina regelmässig aus dem Tritt. Vor allem, wenn ich schon bestellt habe, bevor ich am Tisch sitze. Oder wenn wir sitzen, die Karte erhalten und ich mit Lichtgeschwindigkeit weiss, was ich esse. Bestellt wird, was ins Auge sticht oder die Intuition mir zuflüstert. Da ich sowieso das Falsche bestelle, spielt es keine Rolle, was ich bestelle. Das ist meine Haltung und fester Glaube. Gleichzeitig ist es mein Trockentraining dafür, schnell zu entscheiden und Entscheide nicht aufzuschieben. Denn wenn am Nebentisch der farbenprächtige und duftende Teller serviert wird, erwacht die Unsicherheit. Der zweifelhafte Gedanke, «das Gericht ist das bessere» steigt in mir hoch. Dann gibt es ebenso Momente, die einfach sind, da das Gericht am Nachbartisch weniger verheissend riecht oder aussieht.

In dem Augenblick, in dem der Umgang in Neid und Wettbewerb kippt, beginnt der Vergleich. Wer beginnt, zu vergleichen, weckt den Mechanismus von Gewinnen und Verlieren. Das Spiel des Wettbewerbes beginnt. Das Rad dreht ab diesem Moment immer schneller, egal um was es geht: Schönheit, Reichtum, Gesundheit, Attraktivität, Haus, Ferienort etc. Und wer will schon zu den Verlierern gehören?

Woher kommt diese Einsicht? Meine ersten beruflichen Stationen (17. bis 25. Lebensjahr) wurden von der Küche dominiert. Die Hassliebe zur Lebensmittelindustrie entstand während meiner Kochlehre. Damals wurden fast alle Arten von Pulver und Fertigprodukten eingesetzt. Sie reduzierten die Arbeit und somit den zeitlichen Aufwand. Die Kochlehre, war «Trauma» und die Chance meines Lebens: ein Weckruf für den Einsatz unbehandelter Lebensmittel, für die Frische. Die Auslandserfahrung in Kapstadt zeigte mir, dass der Mensch eine Sprache schnell lernt, wenn er muss und keinen Notausstieg, keinen «Plan B» hat. Denn mit einem Wortschatz von knapp 10 Wörtern kannst du keine 20 Menschen in der Küche führen und anleiten. Das Schwierige reizte mich immer und half mir, meine Fähigkeiten zu entwickeln. Es bringt mich im positiven Sinne an und über meine Grenzen.

Der Eindruck, dass die Profi- und die Amateurküche beim Einsatz von Fertigprodukten vermeintlich Kosten spart und im Vorteil ist, ist eine Geschichte aus dem Märchenbuch. Wer sich auf «Fertiges» verlässt, verliert nicht nur gesundheitlich, sondern auf der ganzen Strecke. Das eigene Kochen dagegen stärkt und schafft Zutrauen in die eigenen Fähigkeiten. Das Einlassen auf Fertigprodukte dagegen reduziert Selbstvertrauen und baut Kompetenzen ab. Die wenigsten wissen, dass heute komplette Menükarten von Restaurants fixfertig aufbereitet gekauft werden können. In der Küche steht nur noch jemand, der die Beutel aufwärmt. (Bezeichnenderweise sind die Lieferwagen dieser Firmen neutral, also unbeschriftet.) Und genauso läuft das in der Finanzindustrie. Im Anlagegeschäft sind etwa die gemischten Anlagestrategiefonds «convenience food» - komfortabel für die Bank, zum Nachteil des Kunden. Immer wenn ich delegiere, lasse ich meine Fähigkeiten den Bach runtergehen, und im Lauf der Zeit verkümmern sie. Das sorglose Ausprobieren verschwindet. Die Angst vor dem Scheitern und vor Fehlern wächst und verfestigt sich.

Doch mit Training lässt sich die Unsicherheit eines Menschen verringern. Das im Training gewonnene Selbstvertrauen befeuert wiederum das Selbstvertrauen. Oder haben Sie schonmal ein Kleinkind erlebt, das wegen des ständigen Hinfallens aufhört, Gehversuche zu machen?

Die Wissenschaft findet immer mehr heraus, was alles krebsfördernd ist. Trotzdem geht die Gesundheit vor die Hunde. Je mehr die Industrie mit «gesund!», «fit», Schönheit usw. wirbt, umso mehr übergewichtige Menschen gibt es. Meine Überzeugung ist, dass viele Krankheiten mit der Ernährung zusammenhängen, mit den unmenschlichen Arbeitsbedingungen (Sinnlosigkeit, Leistungsdruck…), mit dem eigenen persönlichen Verhalten und mit Abhängigkeiten, die ignoriert werden.

Bereits seit dem Ende der 70er Jahre gibt es »Fertiggekochtes»: «gekochte» Eier am Stück, quasi als Meterware, Fleischpasteten, Terrinen, Wildpfeffer und natürlich viele Pulver, Dosen, Fertigsaucen, Gefrorenes, fixfertig Zubereitetes. Ja, sogar «frische» Ravioli, Lasagne, Pizzas und mehr zum Aufwärmen waren erhältlich. Heute ist das alles sehr verbreitet und dem Endverbraucher in grossen Mengen zugänglich: Kosten runter – Gewinne hoch beim Anbieter, beim Kunden dagegen Übergewicht und Krankheit.

Die Schwierigkeiten, die ich als Kunde damit bekomme und die Aufwände, die Folgen zu beheben, steigen. Keine Branche ist ausgenommen. Ich als Kunde, Patient, Investor werde zur Kasse gebeten. Alles, was im Restaurant auf einer Karte steht, kann fertig portioniert und gekocht geliefert werden. Kein Witz. Die neuen Techniken und Gerätschaften machen das möglich. Stichworte sind: Sous vide, Vakuumiergerät, Holdomat, Kombisteamer und anderes mehr. «Hausgemacht» wird vorgegaukelt, dabei sind die Speisen eingekauft und industriell hergestellt. In der «Küche» wird nur noch aufgewärmt. Einen Koch braucht es dafür nicht mehr. Die Dienstleistung «Kochen» wird «outgescourced» und das Fertigprodukt eingekauft. Es ist wie mit Dienstleistungen für IT, Buchhaltung, Kundendienst, Telefondienst, Datenerfassung etc.: sie werden in Ländern mit tiefen Lohnkosten eingekauft.

Der Holdomat ist das perfekte Gerät. Die Temperatur (20 – 120 Grad) kann fix eingestellt werden und bleibt konstant. Im herkömmlichen Ofen schwankt die Temperatur um 10 bis 15 Grad. Der Ofen heizt und kühlt sich ab und das braucht Aufmerksamkeit und die Erfahrung des Kochs. Im Gegensatz dazu der Holdomat oder Kombisteamer: das rosa gebratene Roastbeef kann mehrere Stunden mit konstanter Temperatur warmgehalten werden. Früher war bei Verschiebungen, etwa beim Hochzeitsessen mit rosa gebratenem Fleisch, höchste Alarmstufe in der Küche. Heute schmunzeln die Köche über solche Lappalien, denn sie sind mehr «Logistiker» oder «Chemiker» als dass sie Köche sind.

Trotz meiner Erfahrung und Kenntnisse von Produktion, Varianten, Techniken und anderem ist auch für mich vieles kaum mehr zu erkennen – zu «erschmecken». Die Methoden werden immer raffinierter. Heute werden ganze Menüs für Gesellschaften fertig abgepackt und – wenn gewünscht – portionenweise geliefert. Mogelpackungen auf die Spur zu kommen geht nur mit viel Erfahrung und trainierten Geschmacksnerven. Das tägliche Training mit dem Frischen ist das einzige Gegenmittel, um Fertigprodukte zu erkennen.

Bestellen Sie einen einfachen gemischten Salat, eine Bratwurst mit Rösti. Danach wissen Sie viel über die Küche. Lieblos; dann sieht es auf jedem Teller gleich aus. Karotten auf dem Salat sind nicht in der Küche geschnitten, sondern fixfertig geliefert. Die Salatsauce schmeckt genau gleich wie die, die im Supermarkt zu kaufen ist. Rösti sind Fertigportion: klein und rund; es geht um die Präsentation. Jedes Restaurant sollte eine eigene Handschrift haben, aber es sieht immer öfter alles gleich aus.

Es gibt Maggi und Aromat. Und wie bei den Migros- und Coop-Kinder in der Schweiz, ist der Entscheid zwischen Maggi und Aromat eine Glaubensfrage. Die einen «würzen», das heisst sie «verschandeln» grundsätzlich alle vorgesetzten Teller, ohne das Gericht zu probieren. Andere kochen mit Vorliebe mit Maggi und Aromat. Dann gibt es Leute wie mich, die, je älter sie werden, desto mehr Abneigung entwickeln sie.

Schon in meiner Kindheit war das berühmte Maggikraut (Liebstöckel) anstelle von «Maggi» im Vorteil, denn das Geld sparten sich meine Eltern für den Hausbau. Heute weiss ich, dass im «Maggi» kein «Liebstöckel» drin ist. Was die Mehrheit als richtig erachtet ist zu oft falsch.

Also doch Mogelpackung? Givaudan, einer der grössten Aromenhersteller weltweit, hat das ehemalige Original Maggi Firmengelände 2002 von Nestlé abgekauft. Ein Schelm, wer da Böses denkt. Oder doch eine unheilige Allianz und Duo mit weltweitem «Retter»-Verhalten? Wer die Nr. 1 ist, muss sich heute keine Sorgen machen um seine Marge. Die Marktführerschaft bringt viel Einfluss in der Preisgestaltung mit sich und somit mehr Rendite. Eine geniale Konstruktion der Zwei. Hier «Nestlé» als der Vermarkter von industriell hergestellten Lebensmitteln und dort der Aromahersteller «Givaudan», der noch den letzten Kick herauskitzelt. Der Profit steigt noch höher, wenn mit weniger Rohstoffen einfacher und günstiger produziert wird. Wie sonst soll das, was auf der Verpackung draufsteht, drin sein? Oder doch nur «Aroma»?

Sowohl die in der Lebensmittelindustrie, wie in der Finanzindustrie angebotenen Lösungen schaden über kurz oder lang dem Kunden. Die wirklich guten Produkte und Lösungen sind nur wenigen bekannt. Das ist logisch, denn die Kunden kaufen das, was populär ist – mit viel Werbung populär gemacht wurde. Wer smart ist, sucht das, was nicht beworben wird. Denn der

Gedanke, dass Beworbenes eine hohe Marge und mehr Gewinn für den Anbieter zum Schaden der Kunden auslöst, ist nicht von der Hand zu weisen.

Der grossen Verführung widerstehen – Ausprobieren

Egal wo ich mich aufhalte – Düfte. Neben der unsäglichen Musikdauerberieselung besteht auch dabei wenig Möglichkeit, diesen «Duftnoten» auszuweichen. Sie wecken blitzartig Erinnerungen, Bilder, Filme und lösen die unterschiedlichsten Gefühle aus – und dafür sind sie ja auch gemacht. Im Verkauf aller Arten von Produkten sind Düfte ein mächtiges Werkzeug. Der potenzielle Kunde wird via Duft «käufig» oder «milde» gestimmt. So wie Kinder ihre Eltern und Haustiere ihre Halter mit ihrem natürlichen Verhalten beeinflussen, wenn sie etwas angestellt haben. Da kann kein Mensch mehr böse sein, denn das sind Kompetenzen von Kindern und Haustieren. Bei den beiden Industrien von Lebensmittel und Finanzen, kann keine Rede mehr sein von natürlicher Beeinflussung und Manipulation, sie gehen beide weit über die Grenzen hinaus. Mit der Frage wird es klarer und verständlicher: wie fair ist die Industrie, wenn nur wenig Menschen widerstehen können?

Meine kochenden Wanderjahre führten mich von Nah bis Fern, durch Sterneküche, in Luxustempel bis hinaus zu den kleinsten Landgasthäusern. Ob Sepp Blatter klar ist, dass er mit seinem Anspruch an ein «Rindsfilet blutig gebraten» ganze Heerscharen von Köchen ausgebildet hat, mich inklusive? Er kam meistens dann, wenn der Grill im Dolder gereinigt und Freizeit angesagt war – kurz vor Schluss. Seine Anwesenheit hiess: Feierabend für den Grillchef (mich) gibt es nicht. Seine Lieblingsgarstufe «blutig» benötigt viel Zeit und Präsenz. Wenn das Innere kalt war oder die Garstufe falsch, war das Filet in Lichtgeschwindigkeit zurück in der Küche. Denn 200 Gramm kaltes Fleisch warm zu machen, ohne es zu garen, bedeutet auf gut-bernisch «langsam pressiere». Mindestens 20 bis 30 Minuten. Das Filet am heissen Grill, auf einem Teller am Rand, ohne direkten Kontakt wärmen, um ein warmes und blutiges Filet zu erhalten. Zu Beginn hatte ich Mühe, doch ich lernte dabei von Sepp Blatter, mich als Gast für meinen Anspruch einzusetzen und mich weniger zu scheuen, eine Reklamation anzubringen.

Was ist das Geheimnis, sich für die eigenen Ansprüche einzusetzen, Wünsche und Anforderungen und wenige Bedingungen festzulegen? Wer etwa «Rindsfilet blutig» bestellt, bekommt die beste und frischeste Qualität. Wer eher gegen Ende oder sehr früh zum Essen geht ebenso - Stosszeiten sind zu vermeiden. Mittagsmenü am besten nur früh und unbedingt vor 12 Uhr!

Wenn wir schon in der Sterneküche sind: die häufigsten Zutaten sind Butter, Säure und Zucker oder Honig. Diese Komponenten kitzeln den letzten Rest von Aromen in den Gaumen. Sanddorn ist die Königin unter den Säuren in der Küche von Andreas Caminada, einem der besten Schweizer Sterneköche. Diese Zutaten dürfen auch in keinem Fastfood-Gericht fehlen. Doch die Butter wird durch Fett ersetzt und der Zucker immer öfters durch Maissirup. Der Supergau beim «Maissirup» ist, dass das Sättigungsgefühl des Menschen lahmgelegt wird. Für mich ist das Betrug und gehört verboten. Für die Firmen, die Maissirup nutzen, ist es eine wirtschaftliche Notwendigkeit, um die Gewinne hochzuhalten. Maissirup wird zu 40 Prozent günstiger produziert, entsprechend schnellen kurzfristig die Gewinne nach oben. Langfristig werden die Konsumenten krank und das Gesundheitssystem der Schweiz belastet.

Im Kochclub Worb darf ich nicht mehr mit Säure kochen. Den Auslöser dafür habe ich auf einem gemeinsamen Segeltörn um die Insel Mallorca abgeliefert. Der Zitronenrisotto war nicht nur sauer, sondern entwickelte viele bittere Anteile. So hat jedes Mitglied sein Steckenpferd und seine Erfahrungen. Der eine verwechselte Zucker mit Salz, andere haben wenig Mass, wenn es um Schärfe geht. Oder es gibt Spezialisten, die nicht mehr an den Ofen ran dürfen. Wer hat schon mal ein Brot oder die Rüeblitorte ohne Salz gebacken? In dem Sinne ist Salz süsser als Zucker. Was gut ist, wird plötzlich schlecht. Die Dosierung ist das Geheimnis. Das Bittere kann wirklich nur von Menschenhand dosiert werden und die richtige Dosierung ist etwas vom Schwierigsten in der Küche. Die Lebensmittelindustrie wird Bitteres nie in ihr Sortiment aufnehmen. Sie würde sich zu schnell ungeliebt machen und Umsatz verlieren. Deshalb finden Sie in Fertigprodukten oder bei Fastfood nie Bitteres. Wichtiger wäre aber, ein Umfeld zu schaffen, in dem Fehler gemacht werden können, ohne gleich rauszufliegen. Heute dagegen dürfen Fehler nicht passieren. Wer Fehler macht, ist weg. Wer ein Umfeld hat, in dem er Fehler machen darf und kann, ist ein Glückspilz. In solchen Umfeldern können Menschen wachsen.

Die fünf Geschmäcker der Küche sind: Süss, Salz, Sauer, Bitter und Umami (Geschmack). Der getrocknete Fisch aus Japan heisst «Katsuobushi», auch bekannt als Bonitoflocken. Der Fisch gehört zur Familie der Makrelen. Der Herstellungsprozess ist seit über 300 Jahren gleich – Fermentieren. Es gibt Prozesse und Naturgesetze, die ändern sich nicht.

Wer gerne bei Migros oder Coop einkauft, lebt gefährlich. Denn rund die Hälfte der ca. 45'000 Artikel enthalten Maisbestandteile in allen Formen, die mein Sättigungsgefühl beeinflussen und somit zum Beispiel zu Übergewicht führt. Im Vanillezucker sind Maisbestandteile genauso vorhanden, wie in der Marmelade, im Senf und anderem mehr. Kunden werden sabotiert und geschädigt. Sinn: Gewinne, das heisst, die eigene Profitabilität steht im Vordergrund.

Das freihändige Kochen ohne Rezepte ist ein wiederkehrendes Training. Es fördert die Kreativität und die Neugier, etwas Neues auszuprobieren. Auch besteht die Möglichkeit, einmal weniger Erfolg zu haben. Und es stärkt das Zutrauen in die eigenen Fähigkeiten. Das ist gemeint mit «Lebensschule»: ich übe, auf einem überschaubaren Feld mit Misserfolgen umzugehen – mit von vornherein begrenztem sowie kalkulierbaren Schaden. Ich kann mich deshalb auf Vorhaben einlassen, die mich an meine Grenzen bringen.

So wie es mir vor einigen Jahren mit meinem Angebot an einen guten Freund passierte: «Ich schenke dir zu deinem 50. Geburtstag meine Arbeitsleistung für das Essen – ich koche.» Eine Party ist nicht vorgesehen, meinte Sämi. Viel später fragte er, ob das Angebot noch gilt. Ja sicher! Etwa 2 Wochen vor dem Fest erhalte ich einen Anruf von Sämi. Er druckst herum. «Komm, sag schon! Wieviel Gäste hast du?» Sämi: «Gerold es ist verrückt. Alle, die eingeladen sind, kommen; keine einzige Absage.» Wieviel? «120 Erwachsene und 18 Kinder.» Da bin ich mal etwas sprachlos. Doch ich hatte gesagt, «Das mache ich», also gilt das. Und ich weiss aus Erfahrung: komplexe Probleme sind mit Einfachheit lösbar. Auch das gilt und ist ein wichtiges Naturgesetz.

Also los: Wo machst du das Fest? Wie sieht die Infrastruktur aus? Wieviel willst du pro Person ausgeben ohne Getränke? Welche Wünsche hast du? Wann treffen wir uns – gestern? Ernsthaft, wann kann ich dich sehen: Heute oder morgen? Sämi hat über 150 Länder bereist. Wie baue ich das ein? Innert Kürze war einiges zu klären: Einkauf, Transport, Service etc. Zusammen mit

Werner Rothen, damals im «Schöngrün» tätig, konnte ich das dann einfädeln. Das Menu war eine Weltreise von warmen und kalten Salaten über alle Kontinente und durch die für Sämi prägenden Länder. Von der kalten Erdbeer- und Kirschensuppe über Kalbsteak am Stück (zu 80 % vorgebraten), Sauce mit Eierschwämmen, Bratkartoffeln und etwa 15 Salaten stellte ich alles in der Produktionsküche des «Schöngrün» her. Diese professionelle Infrastruktur war eine Erleichterung. Genügend Gefässe, Maschinen, Platz, Kühlung, Transport und anderes. Die Freude der Gäste war Lohn genug für die viele Arbeit. Sie schwärmen auch zehn Jahre später von diesem Fest. Möglich wurde es mit der richtigen Infrastruktur. Und Werner Rothen – Danke!

Das Essen für meine Cousine, die auf dem elterlichen Bauernhof heiratete und über 250 Gäste eingeladen hatte, war dagegen viel aufwendiger. Anstelle eines Hochzeitsgeschenkes stellte ich wieder meine Arbeitskraft zur Verfügung. Die Infrastruktur war diesmal eine einzige Herausforderung. Deshalb war klar: es gibt ein Salatbuffet, dazu drei verschiedene Fleischarten (Kalb, Lamm, Huhn), gegrillt, ergänzt durch eine Fischvariante. Dazu fünf verschiedene Saucen und Back-Potatoes. Alles während zwei Tagen im Voraus produziert. Ich konnte die Küche eines Restaurants nutzen. Dann wurde mit drei Gasgrills vor Ort ein Showkochen veranstaltet. Das Fleisch wurde nur noch für das Grillaroma heiss gemacht. Den Gästen wurden das Grillen und Kochen vorgegaukelt. Für diese Mammutaufgabe nahm ich mir eine Woche frei. Transport, Aufbau und Service übernahm ich dann zusammen mit einem Freund und Koch einer Grossküche.

Es war wie beim Skirennen in Adelboden. Im VIP-Zelt werden etwa 2'000 Menschen verpflegt. Das Essen wird in Bern hergestellt, auf Tellern angerichtet und hochgefahren nach Adelboden. Vor Ort wird es aufgewärmt und bereitgemacht für den Service: Gemüse mit Butter bepinseln, Sauce verteilen, Verzierungen platzieren - fertig. Damit so etwas gelingt, ist lediglich ein genauer logistischer Ablauf einzuhalten. Einfachheit schlägt Komplexität: Kochen in Bern – Transport – Logistik vor Ort – Abtransport Schmutzgeschirr – Abwaschen und wieder bereitstellen.

Das letzte Kocherlebnis des Erschreckens und der Freude hatte ich im Frühsommer 2019 in Wien. Da habe ich im «Muscheln & Mehr» zusammen mit dem Wirt in der Miniküche ein 6-Gang Fisch-Menü gekocht. Die Hälfte der Gäste waren von mir eingeladen und die anderen durch den Wirt. Das Zusammenstellen des Menüs und das Einkaufen waren eine Freude. Am besagten Tag ging zunächst alles wunderbar von der Hand. Die Sonne schien und es war möglich, im Innenhof zu essen – perfekt. Bis zu dem Zeitpunkt, als der Saibling im Backpapier auf dem Gemüsebett brannte. Oberste Schicht: schwarz, gottseidank ohne Aromaübertragung. Doch wie kriegen wir die vielen schwarzen Punkte vom Fisch? Nicht verzagen, Lara fragen. Sie, die Serviertochter, holt bei ihren Eltern in der Nebenstrasse Pinzetten, damit ich die hunderte von Punkten entfernen kann. Mit Kumquats und einem Rest von Gemüse wird in aller Not eine Sauce und ein neues Gemüsebett hergestellt. Ein Gang vorgezogen und der Saibling nach hinten verlegt. Da dieser mit dem Niedergarprinzip zubereitet wurde, waren Reserven vorhanden. Das rettete den Saibling vor dem Austrocknen und stellte sicher, dass die Gäste die Aromen und die Garstufe liebten. Die Mischung mit den Kumquats war ein Volltreffer. Etwas Zucker karamellisiert und die Kumquats darin angezogen und mit wenig Salz und Pfeffer gewürzt. Improvisieren ohne Rezepte und Anleitungen ist eine Gabe, die durch ständiges Trainieren gelingt. Auch dieses Essen bleibt in Erinnerung, weil der Erlebniswert hoch war und es «trotzdem» geschmeckt hat.

Das Wichtigste beim Kochen sind die Grundzutaten, und somit sind wir bereits beim Einkauf. Da ist «Schummeln bis sich die Balken biegen» oft Alltag. In der Gastronomie erleben Küchenchefs immer wieder eigenartige Überraschungen, denn Lieferanten haben viele kreative Ideen, um schlechte Qualität unterzujubeln. Einen Lieferanten zu finden der dagegen eine konstant gute Qualität liefert, ist eine Kunst und ein Geschenk. Deshalb ist die Annahme von Lebensmitteln Chefsache. Wenn es nicht der Küchenchef selbst erledigt, dann kontrolliert sein Stellvertreter. Bei frischen Produkten und Spezialitäten helfen oft nur viele Pleiten und damit immer mehr Erfahrung, um zu erkennen, ob gemogelt wird. Die Methoden werden immer raffinierter.

Alba-Trüffel zum Beispiel kostet gut und gerne 50 Euro pro Gramm. Je nach Herkunft, zum Beispiel aus Kroatien, kann das bis auf 4 Euro heruntergehen. Da die Alba-Trüffel die begehrteste ist, wird sie am meisten gefälscht. Dazu reicht im Auto eine Kiste rötlicher Erde aus Alba. Die Trüffel aus Kroatien zum Beispiel werden sauber gewaschen und gebürstet. Im Anschluss werden die Trüffel in der rötlichen Erde gedreht und während des Transports darin gelagert. Es ist sehr schwierig, diesen Betrug zu erkennen. Am meisten hilft noch die erfahrene Nase. Aber wer Trüffelbutter oder Trüffelöl kauft, wird mit Aromastoffen übertölpelt, genauso, wie das mit Safran passiert. Der Preis von Safran verlockt zu Manipulationen in vielen Safrangerichten. Die Blütenstempel des Safran werden ersetzt durch ähnlich farbige Blütenblätter. Die Safranblätter werden meistens gerissen, geschnitten, gepresst und mit Aroma aufgemotzt. Dabei ist Safran ein Blütenstempelhalm und pro Blüte hat es etwa 3 solcher Stängel. Die extreme und aufwendige Produktion und Ernte ist den wenigsten bewusst.

Die Schlaumeiereien bei der Präsentation von Frischwaren für die Migros- und Coop-Kinder ist legendär. Da ist der Abschnitt unter den schön geschnittenen Rohschinken noch das kleinste Übel. Wieso wohl ist die Haltedauer von Frischwaren beim Grossisten so viel kürzer als die beim Kleinproduzenten vom Wochenmarkt? Wem sind nicht schon der Salat oder die Früchte im Kühlschrank innert ein bis zwei Tagen ergraut? Einkäufe vom Markt kann ich regelmässig drei bis fünf Tage länger lagern als solche vom Grossisten. Könnte das eventuell mit der Frische des Produktes zusammenhängen? In Kühlhäusern können Fermentierungsprozesse von Käse, Früchten, Gemüse, Fleisch, Fisch etc. beschleunigt oder gebremst werden. Das Verrückteste ist, dass auch bei Gemüse und Früchten nicht das Aroma zählt – also der Inhalt – sondern die Verpackung, das Aussehen. Je verführerischer das Aussehen, umso besser im Geschmack. Ein Irrglaube. Wer kann, soll sich einen Null-grad-Kühlschrank zulegen. Wer so etwas hat, kann Käse, Gemüse, Früchte und Fleisch länger lagern. Gerade beim Fleisch ist die Reifung entscheidend. In Metzgereien kann aus Kostengründen das Fleisch nie so lange gelagert werden, wie es notwendig wäre. Das Kostensparen macht keinen Halt vor dem Fleisch.

Mit Musik, Duft, Befeuchtung, Licht oder natürlich auch mit Aktionsprei-sen wird im Supermarkt alles präsentiert und beschriftet. Doch sehr oft ist das, was mir nützt, gut versteckt und das was teuer ist, wird direkt vor mei-nen Augen platziert. Die Grenzen des Rechts werden ausgeschöpft, um den Konsumenten zum Kauf zu verführen. Die Auflagen, wie der Landwirt die Produkte zu produzieren hat, sind detailliert vorgeschrieben. Die Zertifikate der Detaillisten sind vielfältig. Da ist BIO, Demeter und IP (integrierte Pro-duktion) noch das Einfachste. Vorgaben, wie das Frische auszusehen hat, sind das A und O, denn was nicht der Norm entspricht, kauft der Grossist nicht. So wird zur Regel, dass der Bauer seine landwirtschaftlichen Produkte vernichten muss, wenn sie von der Norm abweichen. Die ständige Argumentation, «der Konsument verlangt das!», ist ein Märchen. Es geht einzig um bessere (und damit billigere) Transportfähigkeit, schöneres Aussehen, längere Lagerfähigkeit und somit um den eigenen Nutzen. Das heisst: es geht um den Gewinn. Wer käme sonst auf die Idee, im Januar Spargeln aus Peru anzubieten? Die Spargelsaison ist in der Schweiz ab Ende April bis Ende Juni, also zwei Monate.

Seit vielen Jahren liebe ich es, auf den Markt zu gehen und ich suche mir meine Produzenten für die besten Zutaten selbst. Wer es schafft, mich zu überzeugen mit seinem Produkt, hat mich viele Jahre als Kunde. Und das gilt auch dann, wenn mal etwas schiefgeht oder nicht ganz der «Norm» entspricht. Meine Warn- und Schadensgrenzen sind langfristig angelegt und nicht an Quartalszahlen orientiert. Mein Lieferant bleibt mein Lieferant. Kein Hin- und Her-Hüpfen. Lebenszeit ist kostbar.

Viele Frauen werden schwach bei Schuhen. Ich werde schwach auf Lebensmittelmärkten. Dort kann ich stundenlang schlendern, staunen, probieren und einkaufen. Meistens sind die Augen grösser als die Geldbörse. Freunde nehmen mich regelmässig hoch im Sinn: «Kein Wocheneinkauf,gell?»

Meine Gewürze kommen mit Vorliebe von Ingo Holland aus Klingenberg (Deutschland). Das «Brot mit Charakter», wenn ich in Wien bin, von der «Öfferl Dampfbäckerei» oder vom «Ängelibeck» in Bern. «Bruni» wie «Jumi» sind geschätzte Adressen, wenn es um Käse geht. Das Piemonteser Fleisch mit Vorliebe auch von Jumi, egal ob frisch oder getrocknet. In der Münstergasse in Bern gibt es am Samstag auch fantastisches Gemüse, Früchte, Fische, Fleisch, Geflügel und noch mehr Käseproduzenten. Es locken viele Raritäten und Köstlichkeiten.

Das Kabierfleisch von Sepp Dähler ist seit seinen frühen Anfängen mein Favorit bei Fleisch mit viel Aroma. Die Kälber werden bis zur Schlachtreife mit den Überbleibseln des Bierbrauens – dem Biervorlauf – und der übriggebliebenen Treber gefüttert. Tagtäglich werden die Viecher massiert, wie das beim Kobe Beef aus Japan der Fall ist.

Wie finde ich nun meine Spezialitäten und Produzenten? Oft stosse ich via Restaurantbesuch oder Empfehlung von anderen «Kochverrückten» auf solche Leckereien. Oder ich finde in Gourmetläden unbekannte Artikel und Lieferanten. Dem gehe ich nach und schon ist wieder etwas auf dem Radar. Die Restaurantführer oder andere Ranglisten beachte ich wenig bis gar nicht. Wer Werbung macht, ist bei mir im Nachteil. Meine Überzeugung ist, dass Gutes nicht beworben werden muss. Übermässige Werbung ist ein sicheres Ausschlusskriterium, mit dem ich der Verführung und Irreführung aus dem Weg gehe.

In all den Jahren sind mir immer wieder Berufsmänner mit viel Leidenschaft für ihren Job begegnet. Erstaunlich ist, dass die Mehrheit von kleinen Firmen stammen. Ihr Fokus ist: der Kunde soll ein optimales Peis-Leistungsverhältnis erhalten. In grossen Anwaltskanzleien und Beratungsfirmen ging es fast immer um möglichst viele Honorarstunden. Die Honorarnoten waren meistens um ein Vielfaches höher als bei kleineren Firmen. Dazu war der Output des Öfteren bedenklich. Doch die Leistungen der «Grossen» waren wunderbar verpackt und präsentiert.

Jeder von uns kennt Menschen, die aufgehen in dem, was sie tun. Genau solche Lieferanten sind gefragt. Bei den Themen Steuern, Buchhaltung, Geldanlage oder Nachfolgeregelung vermisse ich diese Leidenschaft mehrheitlich. Da sind viel mehr der Status und die Symbole der Macht und Kompetenz im Fokus. Ich frage mich, wieso Banken und Versicherungen meistens teuer bauen und noch luxuriöser einrichten. Dabei entsteht bei mir immer öfters eine ablehnende Haltung. Für mich sind das alles eher Symbole, die Kompetenz vorgaukeln sollen. Der Eindruck, dass der Kunde das bezahlt, ist nicht von der Hand zu weisen. Der Umkehrschluss kann doch nicht heissen: Wer mit Geld ums sich schmeisst, ist kompetent! Symbole von Status sind in der Regel reine Geldvernichtung. Denn wer clever investiert, kauft keine Verpflichtungen.

Von Südafrika zurück in die Schweiz

Nach meiner Zeit in Südafrika war die Angewöhnung in der Schweiz hart. Gefühle der Freiheit und Unabhängigkeit gingen unter. Das unbeschwerte und unbekümmerte, fröhliche Leben wich der Ernsthaftigkeit. Die vielen hilfreichen Geister in Haus und Garten waren in der Schweiz unbezahlbar. Sich neben der Arbeit selbst um saubere Wäsche und Zimmer zu kümmern, war eine grosse Herausforderung. In Südafrika hatten wir – 6 Freunde – ein Haus gemietet und Hausangestellte beschäftigt. Der Einzelne hätte sich nie ein Haus mit Garten und Pool leisten können. Die Finanzierung war durch die Wohngemeinschaft möglich. Obwohl ich in Kapstadt umgerechnet kaum 1'000 Franken verdiente, konnte ich mir viel mehr leisten. Das Leben 1984 und 1985 in Kapstadt war ein einziger Traum eines jungen Menschen. Die Lebensfreude, der Spass, die Feiern und die Bewegung beim Wandern, Wellenreiten, Squash, Radfahren und Beachtennis waren unvergleichlich. Es sollte über 18 Jahre dauern, bis ich mich wieder nach Südafrika traute. Bewusst «traute», denn die Sehnsucht war gross und ebenso die Angst, hängenzubleiben, wenn ich das Land noch einmal besuchte. Also beschränkte ich mich über die Jahre und brachte mich nicht selbst in Versuchung.

Dabei hatte ich nicht nur unbeschwerte Zeiten in Kapstadt. Während der damals schwierigen 80er Jahren musste ich lernen, dass das, was versprochen und vereinbart ist, nicht immer das ist, was gemacht wird. Ja, auch ein Vertrag hilft dir herzlich wenig, wenn die Gegenseite während des Spiels die Regeln ändert. – eines der populärsten Spiele in der Wirtschaft, Politik und der öffentlichen Hand. Da merkst du, was Abhängigkeit bedeutet, wenn du 12 bis 15 Stunden arbeitest und für 9 Stunden den Lohn bekommst. Am Ende bist du dafür noch dankbar, obwohl du nicht weisst, wie du den nächsten Monat finanziell über die Runde bringst... Glücklicherweise fand sich immer eine gangbare Lösung und ein Weg.

Zurück in der Schweiz musste ich wieder zu Geld und Reserven kommen. Das bedeutete: arbeiten und mich einschränken. Ein kleines Zimmer mit Dusche und WC auf dem Gang zu mieten war möglich. Autostopp war dazumal mein bevorzugtes Fortbewegungsmittel. Das sparte Geld. Alternativ stellte mir meine erste grosse Liebe – ein «Bernermeitschi» - einen Golf GTI zur Verfügung. Das Auto des Küchenchefs war tabu, nachdem ich dieses beinahe im Waschküchenschacht versenkt hatte. Ich geriet mit dem Vorderrad auf den Gitterrost, beim Abdrehen kippte der Rost und das Auto krachte auf die Schachtkante. Gottseidank: weder die Achse noch das Fenster der Waschküche trugen einen Schaden davon, ich hingegen des Öfteren das Gespött.

Schliesslich landete ich im Bernbiet, genauer in Kiesen, und arbeitete in der Stadt Bern als Aushilfskoch im «Le Mazot» und als Kellner im «Sternen» in Muri bei Bern Dort machte ich derart schräge Erfahrungen, dass mir das Kellnern augenblicklich verging. Eine Gruppe frühreifer Mädels und Jungs bestellte Getränke quer durch die Menükarte und trotz aller Vorsicht beim Aufschreiben kam es, wie es kommen musste: die Gäste begannen zu reklamieren: «Ich habe eine Schokolade bestellt, keine Ovomaltine!» - «Ja, und ich eine kalte Schokolade!» - «Bei mir stimmt's auch nicht...» - So ging das Spiel reihum. Am Ende musste ich für die Hälfte der Gruppe neue Getränke bringen. Mir riss der Geduldsfaden. Alle restlichen Getränke flogen in hohem Bogen und krachend in den Spültrog. Mit Kollateralschaden: eine Kollegin und ich waren komplett eingesaut. Noch am selben Abend verabschiedete ich mich von der Gastronomie. Und kurze Zeit später gelang mir der Einstieg in die Finanzindustrie.

Knapp 6 Monate nach meinem Umzug von Zürich nach Bern und ohne grosses Netzwerk startete im März 1987 meine Versicherungskarriere. Genauer gesagt: ich startete als Aussendienstmitarbeiter (ADM) bei der «Basler Versicherung» auf der Agentur in Wabern. René Merz war mein Vorgesetzter – ein Glücksfall für mich. Er schulte mich und zeigte mir die Vorteile der Personenversicherungen, im Speziellen die der Lebensversicherungen und Pensionskassen. Tagelang übte er mit mir Argumente zum besseren Verständnis. René vermittelte mir schon früh, dass die Grossrisiken die «Basler» tragen soll und alles, was kalkulierbar ist, der Kunde. Zusammen mit dem Kollegen Erich Manser wurde der HP-Finanzrechner programmiert und die Leben-Tarife der «Basler» erfasst. So konnten einfache Steuerberechnungen, Überschussguthaben und Renditen berechnet werden.

Die Themen des Ehe- und Erbrechts – heute wird der Begriff «Nachfolgeregelung» verwendet – lernte ich mit der Praxis. Schnell führten sie dazu, dass ich mich mit Steuern beschäftigte und mich bereits 1989 ausschliesslich auf Lebensversicherungen fokussierte. Das waren in der Hauptsache Verträge mit hohen Jahresprämien oder Einmalprämien. Ohne diese Fokussierung und damit ohne die Zeitersparnis hätte ich mein Versicherungsdiplom neben der Tätigkeit im Aussendienst nie abschliessen können. Das mir zugeteilte Gebiet Ittigen/Worblaufen – meine Einkommensgarantie – gab ich zurück, um weniger Aufwand für Pendenzen und Kleinkram zu haben. Stattdessen konnte ich die Zeit für Weiterbildung nutzen. Dann hatte ich aber auch keine Adressen und Kontakte mehr zur Verfügung. Tagelang sass ich in stickigen Gemeinderäumen, um die Steuerregister abzuschreiben. Damals gab es keine Kopierer und keine Handykameras. Dafür waren die Register öffentlich zugänglich und das verschaffte mir die Möglichkeit, mich nicht nur bei den Verträgen zu fokussieren, sondern auch bei den potenziellen Kunden mit hohen Einkommen und grossen Vermögen. Somit hatte ich Zugang zu möglichst guten Verträgen ohne die vielen Mutationen und Pendenzen und mehr Zeit für die Weiterbildung.

Als gelernter Koch waren das viele Papier und auch das viele Kleingedruckte eine einzige Herausforderung für mich. Die Konzentration hatte jedoch so viel Erfolg, dass ich neben meiner Arbeit am Versicherungsdiplom immer öfters zu internen Schulungen für exklusive Verkäufergruppen eingeladen wurde.

Aufgabe der Regionaldirektoren, Generalagenten und Verkaufsleiter ist es, den Aussendienst zu fördern und zu unterstützen, denn ihr Erfolg ist ja davon abhängig. Die Realität ist aber vielmehr so, dass lukrative Verträge und Kundenbeziehungen den ADM entzogen und von den höherstehenden Mitarbeitern selbst angeschnallt werden. Zu oft ist das Gerangel um lukrative Verträge und Einkommen im Vordergrund. Da war es kein Wunder, dass ich mit meiner unabhängigen, direkten, teilweise fast eigenwilligen Art mehr als einmal aneckte, weil ich offen kundtat, wie die Realität ist. Direkte Aussagen zu genau diesem Missstand führten dazu, dass das Beliebtheitsthermometer ziemlich frostige Temperaturen zu meinen Ungunsten anzeigte.

Schon damals war es für mich einer der grössten Anreize, die Statistik ad absurdum zu führen. Da war von 15 Pflichtbesuchen pro Woche für den Aussendienst die Rede. Ich führte maximal 8 – 9 Besuche durch, wenn überhaupt. Der Aussendienst wird dauernd gemessen und mit Zahlen geführt. Vom «durchschnittlichen Verdienst pro Abschluss» wird etwa gesprochen. Zu der Zeit betrug dieser Durchschnittsverdienst knapp 100 Franken. Die Anzahl der Verträge auf das ganze Jahr summierte sich auf 750 pro Aussendienstmitarbeiter. Um die «Basler» als «Allbranchen»-Versicherer bei den Aussendienstmitarbeitern zu verankern, wurden 3 Bereiche (Lebens-, Sach-, Haftpflichtversicherung) festgelegt. Der Versicherung war es wichtig, über alle Branchen hinweg möglichst viele Verträge abzuschliessen. Derjenige Aussendienstmitarbeiter, der umsatzmässig diese 3 Bereiche gleichmässiger verteilte, wurde belohnt. Alle anderen bestraft. Die Höhe des 13. Monatslohnes, das heisst, der im Februar ausbezahlten Superprovision, war abhängig von der Zusammensetzung der abgeschlossenen Verträge. Mein Rekord in der niedrigsten Anzahl Verträge waren einmal 56 Verträge. Diese hatten es jedoch in sich! Mit diesen 56 Verträgen erreichte ich den doppelten jährlichen Umsatz eines ADM. Somit hatte sich auch die Abgabe des Verkaufsgebietes bewährt, weil ich mich mit weniger Kleinkram beschäftigte und mich stattdessen auf die steuerlichen Aspekte meiner Kunden fokussierte und dadurch höhere Vertragsabschlüsse erreichte.

Mein Fokus auf Lebensversicherungen reduzierte jedoch das 13. Gehalt um 2/3, da ich ja nur mit einem Bereich den Umsatz generierte. Genauso, wie der Bonus über die Verteilung der abgeschlossenen Verträge über die Branchen gesteuert wurde, so wurden die Lebensversicherungsverträge über unterschiedliche Provisionshöhen gelenkt. Da ich die Lebensversicherung mit Einmalprämie als Anlage betrachtete, kam meistens eine Lösung zum Abschluss, die nur die Hälfte an Provision für mich einbrachte. So war es für mich nicht immer einfach, diesen Anreizen zu widerstehen und meinen Kunden das Optimale anzubieten, wohl wissend, dass das für mich persönlich geringere Einnahmen bedeutete.

Die Provision ist ein effizientes Mittel einer Versicherung, um den Aussendienst zu lenken und die margenträchtigen Produkte zu fördern. Das bedeutet aber andererseits, dass dem Kunden die optimale Lösung vorenthalten wird.

Funktionen von Geld

So wie es beim Kochen 12 Grundzubereitungsarten gibt, hat Geld verschiedene Funktionen. Über die kann ich schneller und einfacher die Mechanismen verstehen. Geld hat fünf Funktionen: Einnehmen, Ausgeben, Anlegen, Finanzieren und Verteilen. Die Schulden als Teil der Finanzierung sind von zentraler Bedeutung. Im Guten wie im Schlechten. Schon mancher Unternehmer ist froh gewesen, dass er im eigenverantworteten oder auch im unverschuldeten Konkursfall eigene Vermögenswerte erhalten und schützen konnte.

«Kochen» hat eine Schwemme von Kochbüchern, Kochsendungen und Zeitschriften mit Rezepten und Bewertungen oder Ranglisten hervorgebracht. Da findet «Kochen» theoretisch statt. Im Smalltalk ist «Kochen» sehr oft Thema und ein geeigneter Einstieg, um das Eis zu brechen. Jeder kann auf die eine oder andere Art mitreden. Die Verkaufszahlen der Kochbücher und die Zuschauerzahlen von Kochsendungen erreichen immer neue Rekorde. Aber so, wie das theoretische Kochen an Bedeutung gewonnen hat, ist der Wert des praktischen Kochens gesunken, auf heute noch zum Beispiel 27 Minuten pro Tag in Amerika. Und genauso ist es mit dem Thema «Geldanlage», Wirtschaft, Steuern, Ehe- und Erbrecht und anderes mehr. Je mehr Geldonkels in den Zeitungen, je mehr in TV-Sendungen auftauchen, je mehr Bücher über die Geldanlage und potenzielle Börsenabstürze publiziert werden, umso mehr sinkt der praktische Zugang zu den Themen vom Geld und Wirtschaften und nur der rein theoretische Umgang wird gefördert.

Dabei ist es wie in Küche, Garten und dem eigenen Heim: was ich selbst mache, erfreut mich um ein Vielfaches mehr als Gekauftes oder Beauftragtes. Das Betrachten und die Freude stärken mich, fördern neues Zutrauen für neue, schwierigere Vorhaben. Die Praxis schlägt die Theorie bei weitem. Und die Glücksgefühle lösen noch ganz andere Dinge in meinem Körper aus. Je mehr ich Berater und Experten einsetze, Dinge kaufe, umso unglücklicher geht es weiter in die Zukunft, denn umso unsicherer werde ich und umso mehr Berater und Experten benötige ich. All die Grossmärkte für Handwerk, Basteln, Garten, Haus würden nicht existieren, wenn anstelle des Glücksgefühls im Garten oder Heim nur die Theorie über Garten oder Heim zugenommen und sich so ausgebreitet hätte, wie es in der Finanzindustrie geschehen ist. Das Einfache wird kompliziert gemacht, um zu verunsichern. «Behüte mich vor Fehlern!» Alles soll bis ins letzte Detail perfekt sein. Dabei gehören die Themen der Geldanlage und Wirtschaft, genauer der Ökonomie, zu den wichtigsten Themen, um die Welt von heute zu verstehen. Das Ignorieren dieser Themen macht mich als Konsument genauso abhängig, wie einen Süchtigen von seiner Droge...

Aber wenn ich die Themen nicht ignoriere, sondern an Experten und Berater delegiere, kommt am Ende die gleiche Abhängigkeit heraus. Dank der Delegation der Themen Geldanlage, Ökonomie, Steuern etc. an Experten und Berater ist sichergestellt, dass sich die Verunsicherung auf viele andere

Bereiche des Lebens überträgt und darüber hinaus quasi mit dem besten Dünger ausgestattet wird.

Und das Beste an diesen abgegebenen Empfehlungen und erteilten Ratschläge: sie sind in der Regel ohne Nachweis. Vielfach hören wir Sätze wie: «Ich nutze das für mich genauso.» Oder: «Der grösste Teil meines Vermögens ist fast identisch angelegt.» Aber hat Ihnen der überzeugte Berater oder Experte seine eigenen Lösungen – von einer externen Stelle bescheinigt – schonmal vorgelegt? Ich war bei diesen Strategien gegenüber Kunden bisher keine Ausnahme. Doch jetzt bin ich an einem Punkt angelangt, ab dem ich meinen Kopf zum Fenster raushalte und mir zutraue und zumute, mich zu exponieren.

Der Zusammenhang der Lebensmittel- und Finanzindustrie ist frappant – das kann ich guten Gewissens sagen, denn ich kenne beide Branchen von aussen wie innen. Die Strategien ähneln sich mehr, als wir uns vorstellen können. Die fehlende Eigenverantwortung des Kunden ist bei beiden Industrien der Dreh- und Angelpunkt. Fast food ist bequem und schnell, Dosenessen sowohl in Heim als in Restaurantküche billig und einfach zu verarbeiten. Dementsprechend ist das Ignorieren von Nahrungs- und damit verbundenen Gesundheitsthemen über längere Zeit gesundheitsschädlich. Die Verlockungen der Industrie – ein schlechter Ratgeber. Das Ignorieren der Finanz- und Wirtschaftsthemen, wie das eine Studie der Universität Basel feststellte, ist ein ebenso ungeschickter Ratgeber. Fähigkeiten, eigenes Zutrauen und damit Selbstbewusstsein sinken. Es ist wie beim Kochen zu Hause: wer nicht kocht, macht keine Erfahrungen. Fertiges Essen zu günstigen Preisen gibt es eingefroren oder im Schnellrestaurant. Das freut die Nahrungsmittelindustrie. In der Finanzwelt freut sich die Branche der Berater und Experten: Arbeit und Honorare ohne Ende. Alles für Kunden, die über kurz oder lang abhängig sind und grosse Arbeitsvorräte über Jahre sicherstellen.

Der Komfort und die Bequemlichkeit führten mich bei der Basler Versicherung regelmässig in Schwierigkeiten. Sie führten mich hingegen ebenso mehrere Male in die «Top Five» des Unternehmens. Teilnehmer dieser auserlesenen Gruppe konnte sein, wer zu den besten fünf Prozent des Aussendienstes gehörte, gemessen am erzielten Umsatz. Dazumal hatte die Basler rund 1'300 ADM. Davon wurden knapp 70 ausgezeichnet. Da reicht Effort allein nicht, denn je länger ein ADM bei der Basler dabei war, umso kräftiger stiegen die Umsätze, die nötig waren, um in diesen exklusiven Zirkel zu gelangen.

Mit der Zeit jedoch langweilte mich das Ganze trotz der vielen Kontakte in die Geschäftsleitung der Basler und zu den erfolgreichsten Aussendienstmitarbeitern. Der Reiz des Schwierigen und der Herausforderung war weg.

In dieser Zeit erreichte die Allfinanz-Hysterie ihren Höhepunkt. Die Idee dahinter war, das Anlagegeschäft inklusive der Kreditvergabe der Bank mit dem Versicherungsgeschäft zusammenzuführen. Verschiedene Unternehmen spannten zusammen, um ihre Geschäfte zu verknüpfen. Die Skandalbank scheiterte damit grandios, aber die populäre «weissblaurote Mütze» ohne Zipfel wird heute noch des Öfteren im Stall getragen. Ob es an den beiden Spitzenexperten der Beratungsindustrie oder dem Verantwortlichen der Anlagestrategie mit dem passiven Ansatz lag, darüber ist sich die Branche heute noch nicht einig. Doch schon damals gab es keine Schuldsprüche.

Von allen Allfinanz-Unternehmungen hat es die Basler als einzige geschafft, die Hysterie ohne grösseren Schaden und Fusionen zu überleben. Sie hat später die Solothurner Bank übernommen und ermöglicht so den Mitarbeitern, Versicherungs- und Bankgeschäfte abzuschliessen.

Mein persönliches Waterloo erlebte ich dann 1997. Mit Mühe und Not hatte ich das minimale Jahresziel erreicht. Das Unternehmerrisiko delegierte die Basler an den Aussendienstmitarbeiter. Er haftet dafür, dass die vereinbarte Vertragslänge eingehalten wird. Hinsichtlich unsorgfältiger Beratung und Verkauf ist das verständlich und auch berechtigt, doch für mich bedeutete es den Supergau. Ich beriet einen Unternehmer privat und geschäftlich und schloss alle notwendigen Verträge ab. Seine Firma hatte über 100 Mitarbeiter. Die Verträge waren kaum sechs Monate in Kraft, da verstarb der Inhaber. Der neue Besitzer kündigte alle Versicherungen wegen Handänderung. Der Storno, das heisst sämtliche Kommissionen, die ich erhielt, waren rückzahlbar und Ende November fällig. Das verhagelte mir den ganzen Jahresumsatz. Klar, wenn der Fokus auf wenige Verträge mit hohen Umsätzen liegt. Mit viel Geknorze schaffte ich schliesslich das Minimalziel.

Etwas, was mir, nachdem René Merz nicht mehr mein Chef war, zutiefst zuwider war in all den Jahren bei der Basler Versicherung, waren die wöchentlichen und monatlichen Aussendienst-«Entwertungsgespräche».

48

Ranglisten mit Vergleichen der erzielten Resultate wurden geführt. Jeder ADM kommt an dieser ausgehängten Rangliste vorbei, wenn er auf der Agentur seine Neuanträge oder Pendenzen abholt. Wem es gelingt, das zu ignorieren, der bekam es einmal pro Woche im Kleinen und einmal pro Monat im Grossen um die Ohren gehauen. Für mich ein einziger Zirkus der Entwertung der Mitarbeiter. Wer in Führung lag, wurde über den Klee gelobt. Wer hinten abfiel, wurde – gelinde gesagt – beschimpft. Meine eigenen Erlebnisse wegen meiner wiederkehrenden, unterdurchschnittlichen Zahlen in der ersten Jahreshälfte waren ein gefundenes Fressen. Kaum kamen meine Zahlen ins Lot, war ich wieder der Vorzeigeaussendienstler. Solche Erfahrungen fressen sich ein. Ebenso das Belächeln, wenn anstelle mehr Umsatz die Weiterbildungen und Diplome im Vordergrund waren. Die Sprüche waren schwer auszuhalten: «Wieso Weiterbildung betreiben? Du könntest ohne Weiterbildung mehr Umsatz erzielen!» Egal was der Einzelne über die Jahre geleistet hat: gerieten die Zahlen aus dem Lot, ging der Tanz los. Da braucht es eine dicke Haut, um unbeirrbar den eigenen Weg zu beschreiten. Meine umsatzstärksten Zeiten waren die Monate von August bis Ende Dezember. Da konnte es dann schon mal vorkommen, dass ich in einer Woche den Jahresumsatz eines durchschnittlichen Aussendienstes abgegeben habe. Aber die ganzen Monate vorher gab es Gerede, Beschimpfungen und Entwertung.

Ganz im Gegensatz dazu mein erster Vorgesetzter, René Merz. Er hat nie ein entwertendes Wort verloren und nur trocken gemeint: «Du bist am Arbeiten, oder? Also dann wird es auch kommen.» Dieser unerschütterliche Glauben an das Können des Mitarbeiters und sein Schaffen war einmalig. Für diese Erfahrung und das weitergegebene Wissen bin ich bis heute dankbar. Das war die Grundlage dafür, dass ich meinen eigenen Weg gehen konnte. All den Verlockungen der Provision widerstehen zu können, war mit diesem Chef möglich. Dagegen war bei den späteren Vorgesetzten viel öfters Misstrauen deren Begleiter. René Merz war die grosse Ausnahme, doch auch er wurde wenig stilvoll «entsorgt» und in die Frühpensionierung entlassen. Er hatte als einziger Verkaufsleiter den Mut, sich vor seine Mannschaft zu stellen und diese gegen oben abzuschirmen. Mehr als einmal wurde er diskreditiert, um ihm sein Gebiet und seine erfolgreiche Truppe wegzunehmen. Dieser Chef war unbequem und forderte alles von seinen Mitarbeitern. Doch im Gegenzug vertraute er ihnen, vertraute ihren Kompetenzen und deshalb konnte er sich ihrer Kooperation sicher sein. Sein unabhängiges Denken war frei von Manipulation. Eine Rarität. Und er war eine Person, der auch die Machtgelüste und der Status abgingen. Seine Familie, seine Gesundheit und seine Mitarbeiter waren ihm hingegen überaus wichtig.

In den 90er Jahren begann es damit, dass immer mehr Innendienstaufgaben an den Aussendienst übergewälzt wurden. So wie Kunden heute immer mehr Aufgaben ihrer Lieferanten selbst wahrnehmen, mussten Aussendienstmitarbeiter jetzt Innendienstaufgaben übernehmen. Zum Beispiel stellten sie die Policen selbst aus oder wickelten kleinere Schadensfälle selbst ab. Der erste «Schlepptop», mit dem dieses Pensum zu erledigen war, wog noch gute 13 Kilogramm. Der Nachfolger kam bereits mit Drucker, war aber immerhin mit weniger als 6 Kilogramm erhältlich.

Dann machte ich die ersten Erfahrungen damit, wie Aussendienstler, die sich als Nieten entpuppten, versteckt werden, indem ihnen aufstrebende Geschäftsbereiche zugewiesen wurden. Klar: wer eine Stelle hat, die «hipp» ist, braucht auch nicht viel Kenntnisse. Wichtig ist die Verpackung durch die Bekleidung, die Statussymbole, verbunden mit einem sympathischen Auftreten. Was für Wirkungen übersetzte Löhne auf Menschen haben, ist eine ganz andere Baustelle, aber jedenfalls machen sie süchtig und abhängig, fast wie bei drogensüchtigen Junkies. Nur dass sich jetzt das Hamsterrad mit den vielen Verpflichtungen dreht. Alles hat standesgemäss zu sein: das Auto, das Haus sowie das kostspielige Hobby und die Liebschaften. All das fördert die Abhängigkeit blitzartig. Teure Uhren und Schmuck, massgeschneiderte Anzüge, rahmengenähte Schuhe, Ferien, Essen im Sternerestaurant und vieles andere sind dann nur noch die Zugabe. Sehr wichtig sind auch die Teilnahmen an den VIP-Anlässen, um gesehen zu werden. Meistens sind diese sogar der Anfang von Verpflichtungen und Hamsterrad. Denn wie sonst kann man mithalten unter all den anderen Statussymbol-Trägern, wenn man seinen eigenen Status nicht selbst zelebriert? Mir ging dieser Teil erst viel später auf; zu Basler Zeiten machte ich fleissig mit.

Was sind denn Schlaumeiereien der Finanzindustrie? Wer hat sich diese Frage schon mal gestellt? Sie sind manchmal so plump, dass sie erschrecken. Es geht um Geld, Macht und Ansehen, am besten und schnellsten zu erkennen an Lebensläufen von Kadermitarbeitern und über die offiziellen

Broschüren der Firmen. Je nach Branche ähnelt sich alles immer mehr, egal ob ich mit dem Notar, Wirtschaftsanwalt, Steuerexperten, Kreditverantwortlichen, Geschäftsführer, Versicherungsaussendienstler, Anlageberater, Vermögensverwalter oder weiss ich was für Menschen spreche. Der Stilberater und die Branchenregeln bestimmen, wie sich Menschen zu kleiden haben. Also wie sie Kompetenz und Erfolg ausstrahlen sollen. Der Knigge zeigt, wie sich zu verhalten ist, der Kommunikationsberater schleift am Text der Botschaft, bis sie nicht mehr fassbar ist. Alle Ecken und Kanten sind weg. Keine Schnittstelle, die irgendjemandem sauer aufstossen könnte. Letztlich kommen all die schon erwähnten Statussymbole hinzu, die am Ende des Tages dann der Kunde bezahlt. Aber der Schein muss gewahrt werden. Unabdingbar gehört dazu auch das Erlernen der Kommunikationstechniken für erfolgreichen Verkauf.

Ausbildung zum Finanzplaner

Die nationale Ausbildung zum Finanzplanungsexperten mit entsprechendem Diplom war eine meiner prägendsten Erfahrungen. Die abgelegte Prüfung in einem Fach wurde annulliert, da der Lehrer in der Vorbereitung die scharfen Prüfungsfragen verwendete. Jeder Schüler, der an dieser Privatschule eingeschrieben war, hatte die denkbar schlechtesten Karten, um die Prüfung in der Wiederholung zu bestehen. Bei dieser Prüfung wurde ein strengerer Schlüssel angewendet, um ein Exempel an der Schule zu statuieren.

Mein Vorhaben entsprach wieder ganz mir: mehr selbstauferlegte Schwierigkeiten. Im gleichen Jahr (1998) lagen mein Start in die Selbständigkeit und der Start dieser Weiterbildung in der Finanzplanung, wobei ich die voranliegende Ausbildung mit Fachausweis mit 350 Schülern im Jahrgang gleich übersprang und mich im Experten-Lehrgang mit knapp 30 Schülern anmeldete. Wie sonst soll ich denn einen Schritt voraus sein? Mit diesem Entscheid strapazierte ich mich und meine Familie. Das war alles andere als ein einfaches Jahr. Doch wie gesagt: «Schwierigkeiten» sind mein Lebenselixier». Bisher waren alle Probleme und Schwierigkeiten lösbar und das wird so bleiben. Denn Komplexität kann mit einfachen Lösungen aufgelöst werden – das hatte ich über die Jahre erkannt und immer wieder erlebt. Leider sind zu oft komplizierten und aufwendigen Lösungen für die einfachsten Probleme im Einsatz.

Doch zurück zur Ausbildung zum «Finanzplaner»: eine komplett neu geschaffene Ausbildung und eine Privatschule, die das Ganze mit eigenem unternehmerischem Risiko in Gang gesetzt hat, hat einen so bescheuerten Lehrer, der in der Prüfungsvorbereitung aktuelle Prüfungsfragen einsetzt. Auf so eine Chance haben die staatlichen Ausbildungsstätten gewartet. Sie hatten das neue Berufsbild bis dahin schlicht verpennt und waren wenig erfreut über private Initiative. Wie eine Steilvorlage kam da der Fehler dieses Lehrers, um den privaten Anbieter mit dem ramponierten Ruf in die vermeintlichen Schranken zu verweisen und um selbst die verschlafene Zeit aufzuholen. Der Schüler der Privatschule hat gleich einen Nachteil. Kollateralschaden – oder: Fördern des Scheiterns. Selbstverständlich ist alles mit rechten Dingen zu- und hergegangen. Ein Schelm, wer Böses denkt.

Ich staune noch heute, dass im Expertenlehrgang die Berufsgruppen so klar getrennt waren. Auf der einen Seite die Bankangestellten. Auf der anderen Seite die Versicherer. Je nach Ausbildung waren Juristen, Notare und Beratungsdienstleister (z.B. PWC) der einen oder anderen Seite zuzuordnen. Nur wenige konnten sich von der einen zur anderen Seite des Grabens bewegen, um das beste aus der Bankenwelt oder das beste aus der Versicherungswelt nehmen. Das Verhalten glich oft sprichwörtlich dem von «Hund und Katz» oder trug gar die Züge einer Sekte auf der jeweiligen Seite.

Am meisten mit Stolz erfüllt hat mich 1998 die Teilnahme am Anlass der «Skandia Leben» in Hongkong. Diese Reise war den 20 besten Verkäufern vorbehalten. Als Einzelkämpfer hatte ich mich mit den grössten Versicherungsbroker gemessen und durchgesetzt. Sicher hat auch die Wiedereinführung der Stempelabgaben auf Einmalprämien bei Lebensversicherungen im April 1998 geholfen. Dies führte dazu, dass innert kürzester Zeit vor der Wiedereinführung viele Kunden Verträge abschliessen wollten, um diese Kosten zu vermeiden. Der «Skandia Leben» verdankt die Schweizer Versicherungsbranche übrigens den heute so populären Anlagefondsvertrieb. «Skandia Leben» hat das möglich gemacht, indem sie bis vor das Bundesgericht gingen, um eine Zulassung für das Lebensversicherungsgeschäft mit Anlagefondsprodukten in der Schweiz zu erhalten.

In Hongkong gab es von den 20 drei Teilnehmer, die als Kleinfirmen unterwegs waren. Alle anderen Teilnehmer kamen von den damals grössten Versicherungsmaklern. Deswegen war die Reise ein schönes, aber gleichzeitig zwiespältiges Erlebnis und zog eine meiner grössten Lehren im Anlagegeschäft nach sich: die Russlandkrise löste eine weltweite Wirtschaftskrise aus, die auch zum Zusammenbruch des «Long Term Capital»-Anlagefonds führte, was den CEO der UBS den Job kostete. Kaum waren diese Probleme gelöst, platzte die Internetblase. Ich und viele meiner Kunden machten erstmals Erfahrungen mit Kurseinbrüchen. Ein klassischer Anlagefehler von Selbstüberschätzung und Gier, wenn zu Höchstpreisen in eine Euphorie hinein Aktien gekauft werden...

Die internationale Ausbildung zum «Certified Financial Planner» war dann wesentlich leichter, trotz der beschriebenen Schwierigkeiten der Schule. Meine Mitarbeit am Lehrbuch des WEKA-Verlages zur Finanzplanung war darüber hinaus nützlich und hilfreich, denn ich musste zum Erhalt der Lizenz einen praktischen Beitrag vorweisen. Das Diplom schloss ich schliesslich 2004 ab.

Mein Übergang in die Selbständigkeit

Als ich mich vor 22 Jahren selbstständig machte, nutzte ich das Anwenden und die Wirkung von Symbolen selbst. Ein standesgemässes Büro und anderes mehr war mir wichtig. In erster Linie jedoch wollte ich meine persönlichen Überzeugungen und Anliegen in das Arbeitsleben übertragen. Einen Ort schaffen, an dem Wissen – basierend auf Einsichten und Erkenntnissen – vermittelt wird und Kunden direkten Zugang zu diesem Wissen haben – das war mir ebenso wichtig. Ein Platz, an dem alle Kunden die gleiche Qualität erhalten. Leider konnte ich mich mit meinen Idealen nicht durchsetzen. Seilschaften und die daraus entstehenden Machtkämpfe machten mir einen dicken Strich durch die Rechnung.

Denn zuerst musste ich auf die harte Art lernen, dass bei Geld die Freundschaft aufhört. Im Jahr 2003 wurde mir in der von mir gegründeten Firma der Arbeitsvertrag gekündigt. Die Kräfte der strategischen Ausrichtung der Firma, die persönlichen Seilschaften und Ränkespiele – ich hatte sie völlig unterschätzt und missachtet. Mein Glauben an das Gute im Menschen wurde in einer Art und Weise missbraucht, wie ich es keinem Feind wünsche. Was nützen Verträge, wenn Menschen alles unternehmen, diese zu brechen?

Meine eigene finanzielle Unabhängigkeit war im Alter von 41 Jahren nur noch Schall und Rauch. Das erste Mal in meinem Leben konnte ich Menschen verstehen, die in ihrer Hilflosigkeit zu Pistole greifen. Während 6 Jahren hatte ich auf Lohn verzichtet, um die Firma über die Runden zu bringen und weiter entwickeln zu können. Und ich hatte persönlichen Vermögensverzehr betrieben, da ich mir zu viele Verpflichtungen aufgebürdet hatte. Und das brauchte seine Zeit, um dieses alles aufzulösen und vor allem brauchte ich Zeit, einzusehen, dass ich Verpflichtungen und damit die Kosten meines luxuriösen Lebensstils abbauen musste. Anders ging es nicht weiter. Doch das zu erkennen war nicht einfach und ging nicht schnell.

Darüber hinaus kommen weitere Fragen auf. Wie konnte ich mich in den Menschen, die ich ausgewählt habe, derart täuschen? Mir kam es vor, als ob mir der Boden unter den Füssen weggezogen wird. Das Fallen wollte nicht mehr aufhören. Also musste ich mir zuerst einmal darüber klar werden, wie ich in Zukunft mein Geld verdiene. Es standen die Finanzindustrie und – wieder als Koch – die Lebensmittelindustrie zur Auswahl. Eine mehrmonatige Auszeit im Ausland schaffte Klarheit. Gleichzeitig habe ich die Pensionskassengelder bezogen, um die Einkommenslücke zu schliessen. Mich auf Gelder des Staates zu verlassen, war dazumal und ist auch heute für mich ein Unding. Mein unerschütterlicher Optimismus half mir, wieder auf die Beine zu kommen. Dank meiner damaligen Frau konnte ich das Jahr 2003 für mich nutzen und mir klar darüber werden, was ich will und wohin es gehen sollte. Dafür bin ich ihr bis heute dankbar. Die Erfahrung mit den geldgierigen Geschäftspartnern hat mich geprägt und mir die nötige Härte für die neue Herausforderung gegeben. Doch das alles wusste ich zu diesem Zeitpunkt nicht.

Mein persönlicher Abwehrmechanismus ist eher schwach ausgebildet. Die Neugier etwas auszuprobieren, wenn ich Möglichkeiten und Chancen erkenne, ist im Gegensatz dazu viel zu gross. So auch Ende 2003, als ich entschied, in der Finanzindustrie weiterzumachen. Und ich mir schwor, die Anzüge und Krawatten auszuziehen und anstelle dessen meine Leidenschaften zu pflegen. Kunden sollten mich aufgrund der Kompetenz auswählen und nicht wegen der Verkleidung. Also verkaufte ich das Auto und beschaffte mir ein alltagstaugliches Seitenwagen-Gespann auch für den Winter. Ja, mein erstes Gespann (1997) hatte eine Leidenschaft zu Tage gefördert, die ich bis heute pflege. Aber damals war es mehr Sonntags- als Alltagsfahrzeug. Das Sensationelle an dem Entscheid zum Alltags-Seitenwagen war, dass ich auf einfachem Wege am Beispiel des Gespannfahrens zeigen konnte, dass jeder Entscheid gute und schlechte Nebeneffekte mit sich bringen kann. Denn: so viel Freude das Seitenwagenfahren macht, so mühsam kann es sein bei, Regen, Kälte oder Schnee und in der Hitze unterwegs zu sein oder was es heisst, im Kolonnenverkehr Schritttempo zu fahren. Einige meiner Geschäftspartner und Kunden durften das hautnah miterleben, wenn ich sie auf kurzen Fahrten mitgenommen habe. Mit meinem Seitenwagen konnte ich jedem Kunden zeigen, dass jeder Entscheid eine positive wie auch negative Seite hat, und sei es nur das Befahren einer Kurve im Stadtverkehr.

Nachdem ich meinen Entscheid getroffen hatte und in der Finanzindustrie nochmal von vorne begann, bekam ich einen Anruf der besonderen Art. Ein Kunde gab mir eine Telefonnummer. Ich solle mich doch einmal dort melden. Seine Familie hätte die Firma verkauft und er benötige meinen Rat. Das nenne ich eine Weiterempfehlung! Zu diesem Zeitpunkt war mir nicht klar, dass diese Firma für 1.5 Milliarden Franken verkauft wurde. Nach dem ersten Telefongespräch schien es sich um eine für mich kaum vorstellbare Vermögensgrösse zu handeln. Der persönliche Vorstellungstermin sollte in vier Wochen stattfinden – genug Zeit, mir Gedanken darüber zu machen, wie ich vorgehen wollte. Und vor allem, wie es möglich sein konnte, die «Creme de la Creme» der Finanzindustrie als Mitbewerber auszustechen. Klar war: ich hatte nur eine Chance. Gute Ideen waren jetzt gefragt.

Der Entscheid, künftig meine Leidenschaften zu pflegen, war gesetzt und ich wollte mein Versprechen mir gegenüber nicht brechen. Ich wollte mit meiner Dienstleistung überzeugen und weniger als Blender wirken. Also machte ich mich am besagten Tag mit meinem Gespann auf den Weg. Vor Ort habe ich mich umgezogen. Am bequemsten waren Jeans und ein Kurzarmhemd. Eine Schreibmappe und mein Taschenrechner waren ebenfalls dabei. So läutete ich an der Türe. Mein Herzklopfen war sicher zu hören. Selten war ich so unruhig und nervös. Die Begrüssung nahm mir die Scheu und das Lampenfieber. Nachdem mir der künftige Kunde seine Situation schilderte, rechnete ich aufgrund der Marge von Privatbanken die potenziellen Einsparungen aus.

Oder, falls keine Einsparungen zu erkennen waren, die zu erzielenden Einnahmen. Den Businessplan habe ich im Gespräch und mit wenigen Eckwerten auf einer Seite erstellt. Es war eine Planung nach dem Pareto-Prinzip. Und für den potenziellen Kunden live erlebbar. Das Ganze endete mit meiner Empfehlung: «Bauen Sie sich doch ihre eigene Organisation auf. Ich helfe Ihnen. Mit den eingesparten Kosten ist das selbst finanzierbar». Der Kunde würde es sich überlegen und mir beim nächsten Termin Bescheid geben. So verblieben wir. Beim nächsten Termin waren noch einige Verständnisfragen zu klären und der Kunde startete die 14-jährige Zusammenarbeit mit den Worten: «Das Experiment kann ich mir leisten. Das machen wir. Sie sind engagiert». Übrigens: dieser vermeintlich flüchtige Plan der Geschäftsidee erfüllte alle Erwartungen. Er übertraf die geplanten Einnahmen und lag unter den geplanten Ausgaben. In all den Jahren sind mir nur vier andere Geschäftspläne begegnet, die hielten, was sie versprachen.

Jetzt hatte ich einen Brocken an der Angel, und mir war erstmals unklar, wie gross diese Schuhe wirklich waren. Ich machte mir ernsthaft Sorgen, in diese Schuhe hineinwachsen zu können. Trotzdem galt es für mich, diesen Fisch an Land zu ziehen. Ich überwand meine Unsicherheit und Angst. Ich ging Schritt für Schritt voran.

Die neue Firma (das heisst: ich) hat fast alle Dienstleistungen eingekauft. Einzig drei Ausnahmen unter den künftigen Lieferanten hat der Kunde zu Beginn festgelegt. Das war ein Steuerexperte, ein Wirtschaftsanwalt und ein Vermögensverwalter. Diese Zurückhaltung des Kunden und das Vertrauen in seinen neuen Lieferanten – in mich – halfen beim Aufbau einer schlanken und effizienten Organisation, die innert 8 Jahren ihren Wert vervielfachte. Darüber hinaus war für mich klar, dass ich aus meinem persönlichen Umfeld keine Lieferanten einsetzte.

Beim Aufbau waren meine persönlichen Erfahrungen und beruflichen Kenntnisse ein wichtiges Element. Damit meine ich die vielen praktischen Erfahrungen und nicht das theoretische Wissen, wie es die Experten landauf und landab pflegen und das ich für viel Geld des Kunden hätte einkaufen können.

Von Beginn weg war klar, dass Anreizsysteme auszuschliessen sind, denn sie führen über kurz oder lang zu höheren Risiken und höheren Kosten.

Deshalb war die natürliche Konsequenz daraus, dass ich persönlich auch kein Aktionär sein kann und will. Die Grundlage meines Engagements war ein 3-jähriger Beratungsauftrag, der erneuert wird, wenn die Leistung stimmt. Gleich zu Anfang habe ich Festlegungen getroffen, die das Risiko meines eigenen potenziellen Ausfalles beachteten. Ich habe von Beginn weg meinen Ersatz integriert. Deshalb und aus anderen Gründen sprach ich wiederkehrend vom: «Selbstregulierenden Vermögensverwaltungssystem».

Wenige Grundprinzipien standen am Beginn und wurden integriert und beachtet. Weshalb das ganze System ohne grosse Vertragswerke und Handbücher funktionierte, wird später klarer, wenn die Rede von Betrugssystemen ist. Soviel zum Voraus: je mehr schriftlich festgehalten ist, umso mehr Zeit steht zur Verfügung, die Dokumente zu studieren und die Lücke zu finden. Fast wie in der Politik: ein neues Gesetz wird verabschiedet und die Branchenexperten haben bereits eine Alternative für ein gerade gestopftes Schlupfloch, noch bevor das Gesetz überhaupt in Kraft getreten ist. Solche Systeme wollte ich keinesfalls aufbauen.

Besonderen Wert habe ich auf eine Einzelunterschrift. Dies hatte Wirkung bei Verhandlungen, Entscheiden und der Umsetzung im Auftrag des Klienten! Und es war in 14 Jahren nie ein Problem. Im Gegenteil: es hatte viel mehr Vorteile. Was nützt mir die Kollektivunterschrift, wenn ich denjenigen Menschen beiziehe, bei dem ich am ehesten eine Gegenzeichnung erhalte? Das erinnert mich an Briefe und Verträge, die von vielen Menschen gegengezeichnet werden und jeder, der unterschreibt, schaut, wer alles schon mitunterzeichnet hat. Je nach Anerkennung und Respekt gegenüber der Person, die unterzeichnet hat, lese ich das Geschriebene nicht einmal. Wer einzeln unterschreibt, hat dann schon mal Schiss, denn er ist sich der Konsequenzen viel bewusster und deshalb weniger nachlässig – ein Element in einem sicheren System im Sinne des Kunden. Und administrativ konnte ich den Einsatz der Einzelunterschrift auf einem Blatt Papier festhalten. Reduktion des Aufwandes: 95 Prozent. Dafür ständige Diskussion mit Auditoren, Anwälten und Revisionsstellen: «So macht man das nicht!»

Eine wesentliche Bedingung des Kunden war, dass die Nennung oder das Erscheinen seines Namens in den Medien den Entzug des Mandates zur Folge hätte. Das war hart und in der Geschäftsentwicklung der Gerold Schlegel AG sehr hemmend. Ich hatte noch meine eigene Firma, aber Werbung konnte ich so keine machen und die gewonnenen Kontakte kaum integrieren. Doch genau so, wie diese Bedingung der Diskretion ein Nachteil war und mir schadete, genauso half sie mir: die Kunden, die mir trotz meines unorthodoxen Vorgehens das Vertrauen schenkten, kamen in den Genuss von Rahmenbedingungen, die nur den Reichsten der Schweiz vorbehalten bleiben. Und das mit einem bedeutend kleineren Vermögen ab 100'000 Franken. Weit entfernt von «Reichtum», doch punktgenau auf dem Interesse des Kunden an Kostenreduktion.

Die geforderte Diskretion setzte voraus, dass alle Leistungen an unterschiedlichen Stellen eingekauft wurden, um die Gesamtheit der Vermögensverhältnisse zu verbergen. Nur im Family Office des Kunden wurde alles zusammengefügt. Dieses Vorgehen hatte unglaubliche Vorteile, wie sich im Laufe der Zeit herausstellen sollte. Die ausgewählten Vermögensverwalter bekamen nur einen Teil des gesamten Vermögens zur Bewirtschaftung, ahnten oder wussten natürlich, dass sie in einer Reihe mit anderen Mitbewerbern gemessen wurden, und zwar nicht nur rein an ihrem Erfolg. In den gesamten 14 Jahren hatte ich einen Pool von 130 Vermögensverwaltern, wovon ich knapp 30 auswählte und über mehrere Jahre mit realen Vermögenswerten engagierte. Das «Pareto Prinzip» funktioniert auch im Verhältnis der Menge, der Auswahl und der Verbliebenen. Heute sind noch 4 der Vermögensverwalter im Einsatz. Die Festlegungen bezüglich Diskretion und Verteilung führten dazu, dass das Vermögen nur als «Familien-Clan» in der «Bilanz» erschien. Mein Kunde war geschützt und wurde in der Öffentlichkeit nicht genannt.

Einkauf von Dienstleistungen und der Zusammenhang zum Kochen

Der Einkauf von Dienstleistungen in der Finanzindustrie – ein spezielles Thema? Doch was ist die Ähnlichkeit zum Kochen? Mehr als die meisten ahnen oder sich vorstellen können!

Wenn ich das Beste bekommen möchte, beschreite ich andere Wege und nutze ein anderes Vorgehen als üblich, um mir das Überraschungsmoment zu sichern. Am besten ist es, den Verhandlungspartner auf Lieferantenseite gleich sprachlos zu machen. Das geht nur, wenn der Kunde – also in dem Fall ich – sich seinen Lieferanten selbst aussucht und kontaktiert. Das ist ein sehr wichtiges Detail und die Grundlage, um die eigene Struktur benutzen zu können. Wenn der Kunde den ersten Schritt macht, können eigene Spielregeln, Abläufe und Strukturen gesetzt werden. Wenn eigene Spielregeln genutzt werden, kann gesichert gearbeitet werden. Wenn dieser Vorgang umgedreht wird und der Lieferant sich bei mir meldet, setze ich mich «der Macht der Situation» und letztlich seinen Spielregeln aus. Die unterschätzte Macht der Situation kann enorme Kräfte freisetzen und Betroffene dazu verführen, Dinge zu tun, die sie sonst nie tun würden. Wer anstelle einer Abwehrstruktur im Voraus eine eigene Vorgehensstruktur nutzt, hat eine (kleine) Chance, diese Energie auszuhebeln. Wer sich unvorbereitet diesen Kräften aussetzt, ist mehr als nur im Nachteil. Denn jedes Gespräch hat versteckte Elemente, die ganz auf die Situation ausgerichtet sind. Sobald es um mein Geld geht, meine Gefälligkeit gefragt oder meine Kompetenz erwünscht ist, kommen diese Element zum Einsatz, indem ich zum Beispiel gelobt und mit Komplimenten bedacht werde, nur damit das Geschäft zum Abschluss kommt. In diesen Elementen liegt für die meisten Kunden im Umgang mit Bank und Vermögensverwalter der grösste Kostenvorteil – leider versteckt und zu oft ungenutzt. Die Normen und Rituale der Finanzindustrie sind zu dominant. Das nützt den Lieferanten und schadet den Kunden.

Einkauf Anwalt für Personenschadenfall

Über den Berufsverband ASDA («Schweizerische Vereinigung der diplomierten Versicherungsfachleute») hatte ich Zugang zu den Schadenabteilungen verschiedener Versicherungen. Eines Tages bekam ich eine Anfrage eines Kunden. Ein Todesfall. Ein Mann kam bei einem fahrlässigen Arbeitsunfall ums Leben. Er hinterliess seine künftige Ehefrau und die gemeinsame Tochter. In drei Wochen wäre die Hochzeit gewesen. Ob ich nicht einen guten Anwalt benennen könne? Ich rief in den Schadenabteilungen von drei Versicherungen in drei Städten an und erkundigte mich über jeweils drei «unangenehme Zeitgenossen» unter den Anwälten, mit denen sie zu tun hatten. Auf die Frage, wieso mich das interessierte, antwortete ich, dass ich viel lieber mit «freundlichen Zeitgenossen» zusammenarbeite. Es könne ja nicht sein, dass ich Honorar bezahle und mich ärgern müsse über meinen Auftragnehmer. So kam ich sicher in den Besitz der Namen derjenigen Anwälte, die den Schadenabteilungen den meisten Ärger machten. Den Namen, der mehrmals genannt wurde, gab ich meinem Kunden weiter. Die Auswahl war perfekt. Die hinterbliebene Mutter bekam vor Gericht einen Versorgungsschaden zugesprochen.

Einkauf unabhängiger Vermögensverwalter

Am Anfang meiner Tätigkeit und beim Aufbau des Family Office fragte ich bei den bereits für den Kunden tätigen Banken an, welche unabhängigen Vermögensverwalter sie empfehlen würden. Sofern ich einen ihrer drei genannten Vermögensverwalter auswähle und bestimme, würden sie Depotbank werden. Für Banken sind die Neugeldzuflüsse während eines Jahres eine wichtige Kerngrösse. Entsprechend engagiert waren die Banken. Die Vermögensverwalter, die vorsprechen konnten, fragte ich nach ihren drei grössten Mitbewerbern, die ihnen das Leben schwer machten. Die Struktur, der Ablauf und Prozess der Auswahl waren einfach. Sie bekamen einen Brief mit Vorgaben und einer Offertanfrage mit Fristen und Bedingungen. Die Offerte sollte höchstens auf 2 Seiten dargestellt werden. Das war die Voraussetzung. Ich kann mich nicht mehr erinnern wie oft ich hörte, dass das schwierig sei und «man so nicht vorgeht». Meine Kompetenz wurde offen in Frage gestellt, um mich und den Kunden zu verunsichern.

Wer gewählt war, bekam für mindestens drei bis fünf Jahre ein Mandat von etwa fünf bis maximal 10 Millionen Franken zur Verwaltung.

Wichtig: In den abgeschlossenen Verträgen gab es keine Erfolgsbeteiligungen und der Vermögensverwalter musste alle solche erhaltenen an die Firma abtreten. Wer seine Erfolgsbeteiligung nicht abtrat, erhielt keinen Auftrag. Auf der anderen Seite wurde ein fixes und faires Honorar festgelegt. Ich wollte die Arbeit des Vermögensverwalters bezahlen und nicht sein Glück und mein Risiko.

Pensionskassen wählen auf andere Art aus: sie verlassen sich auf Empfehlungen der Gutachter und Experten, die möglichweise gleichzeitig noch im Stiftungsrat sitzen. Das Formale, das was die Mehrheit tut, hat Vorrang anstelle des Nutzens. Und (oder gerade deshalb) wenn es schief geht, will niemand die Verantwortung übernehmen und/oder der Schuldige sein. Also wählt man das, was die Mehrheit als richtig erachtet und was Berater einflüstern. Unbekannte neue Vorgehensweisen oder Lösungen, in welche aktuelle wissenschaftliche Erkenntnisse integriert sind, bleiben chancenlos. Erst wenn sich derartige Lösungen mühsam am Markt durchgesetzt haben, wird die Lösung integriert. Ganz schwierig wird es bei persönlichen Verknüpfungen und Gegengeschäften. Sie erzeugen Abhängigkeiten. Dann werden auch hohe Kosten akzeptiert.

Ab dem Jahr 2009 hatte ich in der GSAG etwa alle zwei Jahre einen Depotauszug eines Verbandes in den Händen. Was sich beständig wiederholte: der Wert des Depots sank von Mal zu Mal. Doch es wurde weder Bank noch Verwalter oder Betreuer ausgewechselt. Einzig die Art der Berichterstattung wurde angepasst, um den Nachteil vorteilhafter zu präsentieren.

Auswahl einer neuen Depotbank

Jede Bank will Neugeld. Um jedoch Kostenvorteile zu erzielen, müssen mindestens 50 bis 100 Millionen Franken eingesetzt werden. Wenn mehrere 100 Millionen eingesetzt werden, sind die Konsequenzen klar: Tiefstpreise. Da kann der Mittelstand noch so lange um Kosten feilschen. Der Mittelstand wird nie an diese Konditionen herankommen und immer zu hohe Kosten haben. Deswegen ist es wichtig zu wissen: wer mit der Bank feilscht, hat verloren. Denn so gebe ich zu verstehen, dass ich die Margen und Kosten nicht kenne. Je mehr ich die Bank im Ungewissen lasse und nicht feilsche, umso mehr steigen meine Chancen für tiefe Kosten. Zu Beginn meiner Tätigkeit haben Banken oft zu hoch offeriert. Doch je länger sie mit mir zu tun hatten, umso mehr realisierten sie, dass sie gleich zu Beginn die besten Konditionen bieten mussten, um zum Zuge zu kommen. Wer nachverhandelt, verliert. Das gewählte Vorgehen schwächte das Selbstvertrauen der Bank und verstärkte die Unsicherheit der Mitarbeiter auf Seiten der Bank. Die Kunden von Banken, die verhandeln oder ein persönliches Verhältnis aufgrund langjähriger Beziehungen pflegen, sind mehr im Nachteil als Vorteil.

Einkauf von Dienstleistern (Treuhand, Bücherexperten u.a.)

Etwas vom wichtigsten – und das gilt für alle Lieferanten! – keine persönlichen Verflechtungen! Denn Dienstleister, egal ob Bank, Anwälte, Bücherexperten, Vermögensverwalter und so weiter, nutzen das aus, unabhängig davon, ob sie sich dessen bewusst sind oder nicht. Deshalb war meine Teilnahme an gesellschaftlichen Anlässen die Ausnahme aller Ausnahmen. Die Macht der Situation, wenn man wegen geschäftlicher Angelegenheiten auf der persönlichen Ebene angesprochen wird, ist gigantisch. Trotzdem beachten es die wenigsten. Das Stichwort dazu ist «Reziprozität» – das Prinzip der Gegenseitigkeit. Übrigens: an Anlässen der Banken habe ich zu Beginn viel teilgenommen und fühlte mich gebauchpinselt, auch dazuzugehören. Erst als mir die Gefahr der Verpflichtung bewusst wurde, habe ich bei Einladungen zu VIP-Anlässen verlangt, die Kosten selbst zu tragen. Ja, so verrückt das klingen mag: ich wollte für die entstanden Kosten eine Rechnung! Das hat dazu geführt, dass die Anzahl der Einladungen innert Kürze massiv zurückging.

Einkauf/Investitionen in Unternehmen und neue Projekte

Sobald persönliche Verflechtungen zum Tragen kamen, begannen die Probleme bei denjenigen Investitionen, welche allgemein als Risikokapital bezeichnet werden. Denn die Verpackung ist nicht wie im Restaurant «Wratschko» in Wien gewöhnungsbedürftig. Nein, im Gegenteil: die Verpackung entspricht dem Anspruch, seriös und perfekt zu sein. Schliesslich sollen Investoren anbeissen und investieren. Deshalb wird viel für die Senkung der Hemmschwelle unternommen. Sei es mit einem Beirat, Verwaltungsrat, mit anderen Investoren oder Empfehlungen von bekannten Persönlichkeiten. Damit sollen Wirkungen erzielt werden: «Wenn der dabei ist, mache ich auch mit». Die suggerierte Kompetenz verführt zu unvorsichtigem Verhalten. Prüfungsmechanismen sind ausgehebelt. Es geht immer wieder darum, persönliches und geschäftliches zu mischen, um auch auf der persönlichen Ebene Druck machen zu können. Die fehlende Distanz vereinfacht das Ganze, indem es die Angriffsflächen vervielfacht. Das ist ein unbeachtetes, mindestens sicher vernachlässigtes Thema.

Einkaufen und tun, was die Mehrheit macht

Ein wenig beachtetes Naturgesetz ist, dass das, was die Mehrheit haben will, als korrekt oder richtig empfunden wird. Wer einmal an der Gemeindeversammlung, Hauseigentümerversammlung, im Verein oder in der Familie aufgestanden ist und einen Standpunkt vertrat, den die Mehrheit ablehnt, weiss, wieviel Kraft und Energie das kostet. Das ist auch einer der häufigsten Anlagefehler, wenn es um Verluste und Fehlinvestitionen geht.

Aussagen, Verhalten und der Einsatz von Symbolen

In der Finanzindustrie wird von vielem Gebrauch gemacht, vor allem aber von Symbolen. Achten sie beim nächsten Gespräch darauf, was der Berater Ihnen Neues von sich sagt, ohne dass Sie danach fragen! Oder wie viele seiner Aussagen Zahlen, Daten und Fakten enthalten, also irgendwie nachvollziehbar sind. Wie sehen das Sitzungszimmer und Ihre Sitzgelegenheit aus? Wie ist der Raum ausgestattet? Geht es um Protzen und Klotzen oder ist es derart ungemütlich, dass Sie am liebsten rausspringen wollen? Wie oft bestätigt der Berater und macht Ihnen Komplimente? Es geht darum, ein Klima zu schaffen, das dem Umsatz hilft.

Betrugssysteme

Betrugssysteme basieren oft auf persönlichen Verpflichtungen, Abhängigkeiten und Belegen. Dieser Aspekt ist wichtig und irgendwie zweischneidig. Es ist Aufklärung und Sensibilisierung Betrogener und potenzieller Opfer und gleichzeitig eine Form der Ausbildung für Betrüger. Je mehr und je detaillierter Handbücher und Bedingungen beschrieben sind, umso mehr Zeit hat kriminelle Energie, um die Lücke zu finden. Eine Struktur, die geheim oder nicht im Detail dokumentiert ist, lässt mehr Spielraum, Missbrauch schneller zu entdecken. Trotzdem ist es wichtig, dass Betroffene und potenzielle Opfer sich besser schützen können. Deshalb jetzt etwas ausführlicher zu diesem Vorgang:

Jeder Mensch und jede Organisation haben ein System und eine Struktur: sein bzw. ihr eigenes. Je mehr beschrieben ist, umso mehr wird administriert. Je mehr Regulierung und Verbote, umso mehr wird die Lücke gesucht. Je mehr Reglemente, Gesetze und anderes mehr, umso mehr kreative Energie wird für deren Umgehung freigesetzt. Die Lücken werden gefunden. Die erdrückende Zunahme von Gesetzen und Reglementen sind die Zeichen neuer Regulierungen, die wiederum neue Ungleichgewichte schaffen. Ein einziger Wettlauf. Der ist nicht zu gewinnen, ausser ich mache in dem Zirkus nicht mit. Also sind andere Wege nötig. Dazu bitte keinen Juristen und Berater fragen. Diese verkaufen mehr vom Gleichen.

So wie der Mensch mit oder ohne Worte kommuniziert und durchschaubar ist, genauso sind Systeme und Strukturen durchschaubar. Je mehr beschrieben, umso einfacher lässt sich die Schwachstelle finden. Jeder Mensch hat ein wiederkehrendes Verhalten (System und Struktur). Der Sportler, die Mutter, der Geschäftsführer, der Pfarrer, der Gewinner, der Pechvogel und so weiter. Und genauso ist es mit Organisationsstrukturen. Je früher ich das Muster entdecke, umso sicherer kann gearbeitet werden. Systemen komme ich nur mit Stichproben und Zufällen auf die Spur. Zufälle sind möglich, wenn der Zufall provoziert wird.

Der Aspekt der persönlichen Verbindungen und Abhängigkeiten fristet zu Unrecht ein unbeachtetes Dasein. Denn in Systemen und Strukturen, in denen betrogen wird, ist hier der Abzweiger im Umgang mit Geld, Funktion und Belegen. Dieser erste Schritt wird oft noch mit Geheimnissen ergänzt und gefestigt. Wie oft haben Sie das schon gehört: «Ganz vertraulich, nur für dich!» Abhängigkeit par excellence.

Wenig erstaunlich ist, dass die Basis von Abhängigkeiten vielfach auf übersetzte Löhne und einen kostenintensiven Lebenswandel zurückzuführen ist. Die heute üblichen Anreizsysteme der Finanzindustrie, die Neidkultur und der Erfolg («es geschafft zu haben») und das gegen aussen darzustellen, verschärfen das Potenzial. Der Unsinn, sich das Auto neu zu leasen, ist mehrheitsfähig, also macht das die Mehrheit. Wer kein Haus oder Eigentum hat, hat es nicht geschafft, also muss Wohneigentum her. Das sind jedoch keine Investitionen. Das sind Verpflichtungen. Teure Ferien, Bekleidung und Essen in den Luxustempeln kommen dazu. Am Ende ist es Betrug, denn es gaukelt vor, dass das alles bequem ist und alles nichts kostet.

Je mehr Umsatz und Gewinnbeitrag ein Angestellter der Bank beisteuern kann, umso grösser werden die Risiken und die Gier. Die Finanzkrise hätte es nie gegeben, wenn Menschen, die wussten, dass es ein «Betrug» war, dieses Wissen öffentlich gemacht hätten. Das wussten viele, doch der Geldregen liess sie verstummen oder still bleiben. Im Bündner Bauskandal sahen wir, wohin es führt, wenn jemand Rückgrat hat und aufsteht: Verlust der Familie, Kinder und der wirtschaftlichen Existenz. Der Überbringer der schlechten Nachrichten wird bestraft. Diejenigen, die schweigen und profitieren, werden dagegen ausgezeichnet. Denn soweit mir bekannt ist, wurde niemand zu den Vorfällen im Jahr 2008 verurteilt oder vor Gericht gezogen.

Bei offenen Schulden denkt die Mehrheit an Kredite. Dabei geht vergessen, dass Schulden auch ein Missverhältnis von Gefälligkeiten sein können. Wer diese Schulden eintreibt, sprich: zurückfordert, macht das auf der persönlichen Ebene. Das Gefühl, der Person verpflichtet zu sein, ist eine mächtige Waffe. Je mehr ich gefördert wurde, umso mehr fühle ich mich innerlich verbunden. Die Macht der Situation entfesselt eine gigantische Energie. Ebenso verheerend wirken sich Geheimnisse aus. Das Geheimnis weckt Neugier. «Darüber möchte ich mehr wissen!» Aber über Geheimnisse wird nicht gesprochen, deshalb bewegt sich auch nichts. Andererseits: wenn etwas kein Geheimnis ist, wird es nicht wahrgenommen und verschwindet.

Betrugsmodelle sind einfach in der Umsetzung, wenn Abhängigkeiten, Erpressbarkeit, Geheimnisse und Verpflichtungen vorhanden sind. Es geht meistens um Arbeit, Geld oder Zeit. Diese drei Themen sind in jeder Form von Beziehung der Dreh- und Angelpunkt. In Firmen, aus Sicht und Verhalten der Mitarbeiter heisst das: krankfeiern, obwohl gesund, entspricht der Reduktion der Arbeitszeit bei gleichem Lohn – Diebstahl.

Bei Finanzbetrug werden wiederkehrend Belege manipuliert, um den Diebstahl zu verschleiern. Wie läuft der Belegfluss? Wer erfasst den Beleg? Wer löst Zahlungen aus? Wer erstellt den Bericht? Wer auditiert, kontrolliert den Bericht? Solange diese Arbeiten in ein und derselben Firma gemacht werden, solange ist Tür und Tor für Betrug geöffnet. Das könnte mit einer externen Kontrolle einfach verhindert werden, so wie ich sie für mich und meine Kunden eingerichtet habe.

Auch ich wurde einmal Opfer eines Anlagebetrügers. Als mir das klar wurde, waren Wut, Scham und Hilflosigkeit kaum auszuhalten. Die Angst vor Stellenverlust kroch in mir hoch. Ich, der mehrfach diplomierte Berater mit so viel praktischer Erfahrung, falle auf einen Anlagebetrüger herein! Aber das Geld war weg. Wie und wann teile ich das dem Kunden mit? Das sind Momente, in denen keiner meinen Job machen wollte. Und niemand konnte mir das abnehmen: die Information musste so schnell wie möglich an den Kunden raus – sofort. Das geht nicht mit einem Telefonat.

Wo hat der Betrug begonnen? Der Abzweiger war ein persönlicher Kontakt über einen Lieferanten der Firma. Das führte dazu, dass ich den Anruf entgegennahm, anstatt gleich aufzulegen. Der Anrufer bezog sich auf die persönliche Beziehung, bevor ich fragen konnte, woher er meine Adresse hat. Kurz: es ging um ein Verschlusssystem für Flüssigkeiten in Plastik- oder Kartonverpackungen. Und um Geld für eine Investition. Wir vereinbarten einen Termin.

Das vermeintliche Projekt einer Geschäftsidee (Risikokapital), das schliesslich an mich herankam, war ein Betrugssystem vom Feinsten. Das fand ich leider erst zu spät heraus. Die Mittel waren geflossen, die Investition war gemacht. Das Geschäftsmodell: Verschlüsse für Plastiksäcke und Kartonverpackungen. Von Lebensmitteln bis zur Pharmaindustrie, riesige Marktchancen... Vieles klang so perfekt. Über den Darlehensvertrag wurden Sicherungsmechanismen eingebaut. Die halfen erst wieder vor Gericht. Wie bereits erwähnt: einfache oder komplizierte Verträge nützen wenig, wenn der Vertragspartner sich nicht daranhält. Da war das harmloseste, den Umzug der Firma von Reinach nach Reinach zu erkennen. Es gibt zwei: eines in Baselland und eines im Kanton Aargau.

Obwohl bei der Vertragsunterzeichnung mündlich und im Vertrag schriftlich festgehalten wurde, dass keine Kommissionen und Provisionen für die Vermittlung der Investition an Dritte bezahlt werden dürfen, fand der Vorgang statt. Weder mündliche Versprechungen noch schriftliche Vereinbarungen helfen, wenn die Gegenpartei betrügen will. Logisches Verständnis und den grössten Teil des Gehirns einsetzen, also die Intuition, können Betrug verhindern. Der Besuch vor Ort in der Produktionshalle und in den Büroräumen und der Ablauf des Besuches, liessen alle Alarmglocken läuten. Trotzdem war es zu spät. Eine Lehrstunde für mich. Deshalb gilt heute: solange das Umfeld unbekannt ist, halte ich mich zurück mit Anstellungen, Investitionen und Geschäftsbeziehungen. Daraus ist für mich auch eine Checkliste von Vorgängen entstanden, die im Anhang enthalten ist.

Die Schweizer Schadensfälle im Bereich Betrug werden grösser. Hier ein paar Klassiker zur Erinnerung: Werner K. Rey, European Kings Club, Dieter Behring, Schenkkreise, Rolf Erb etc. sind nur einige der Grossen in der Schweiz. Die KBV-Krankenversicherung in Winterthur erfand über 2'000

Versicherte. Der Betrug flog auf, weil es keine Todesfälle unter diesen Versicherten gab. Das Gesetz der grossen Zahl und Statistik sei Dank. Was aus meiner Sicht eine Parallele ist: das Schweigen. Durch Menschen, die hätten erkennen oder mindestens wahrnehmen können, dass da etwas schiefläuft. Ist es die Gier, der schnöde Mammon oder einfach der damit verbundene «kaufbare» Status? Ich weiss es nicht.

Der Betrug, mit dem ich und der Kunde konfrontiert war, würde uns über 8 Jahre beschäftigen. Doch das wussten wir alles nicht, als der Beschluss getroffen wurde, dem Betrüger das Handwerk zu legen und ihn hinter Gitter zu bringen. Er sollte niemals wieder jemanden betrügen können! Das war die Motivation und der Auslöser, den Rechtsweg zu beschreiten.

Der gesamte Ablauf inklusive des Prozesses und der Verurteilung war ein Armutszeugnis oder Lachnummer dazu, wie Wirtschaftskriminalität in der Schweiz geahndet wird. Menschen, die zu schnell auf der Strasse fahren, werden konsequenter bestraft und weggesperrt. Eigenartig, denn der Sachverhalt des Betruges war klar und offensichtlich. Der Anwalt erstellte die Formalien und reichte die Dokumentation ein, um den Strafprozess in die Wege zu leiten. Doch dann passierte erst einmal nichts. Keiner der Kantone wollte den Fall übernehmen. Je nach Sichtweise des Gerichts war der Ursprung des Betruges beim Betrüger im Kanton Basel-Land (Darlehensnehmer), im Wohnsitzkanton des Geldgebers oder im Kanton Bern, Sitz des Family Office, das den Vorgang abgewickelt hatte. Oder noch schlimmer: die Gerichtsbarkeiten gingen von Wohnort, Produktions- und Patent-/Vertriebsstandort aus, was zu drei weiteren Gerichtsbarkeiten in drei Ländern führen würde: Schweiz, Frankreich und Deutschland. Die juristische Verfolgung von Wirtschaftsbetrug ist aufwendig und komplex, da der Betrüger viele Fährten legt, die in die Leere führen. Die knappen Personalbestände und die Überforderung aufgrund fehlenden Wissens sowie die mangelnden praktischen Erfahrungen führen zu eigenartigen Verhalten an den Gerichten. Niemand will Wirtschaftskriminalitätsfälle annehmen. Erfahrenes Personal, das die Fähigkeiten hätte, ist zu alt und wird frühpensioniert oder wird in der Privatwirtschaft besser entlöhnt.

Deshalb musste das Bundesgericht zuerst den Entscheid darüber fällen, welches Gericht zuständig ist, also wo der Anfang des Betruges ist. Das dauerte ca. 1 ½ Jahre. In dieser Zeit können viele Spuren verwischt werden. Die Unsicherheit und Angst, ins Hintertreffen zu geraten, ist ein ständiger Begleiter. Frustrierende 1 ½ Jahre, in denen ich mehrfach am Rechtssystem zweifelte und schauspielerische Fähigkeiten entwickeln musste, damit der Betrüger sich weiterhin in Sicherheit fühlte. Wenn der Betrüger misstrauisch geworden wäre oder Wind von der Anklage bekommen hätte, wäre alles umsonst gewesen. Also: gute Miene zum bösen Spiel machen. Die Erlebnisse bis zur letzten Verurteilung waren voller Überraschungen und verblüffenden Wendungen, garniert mit vielen Häppchen der Freude, Wut, Ärger, Hoffnung und Zuversicht. Heute ist der Betrüger in Frankreich, in Deutschland und der Schweiz jeweils verurteilt worden, inklusive eines längeren Gefängnisaufenthaltes in Deutschland. Grundlage zur Verurteilung waren der erwähnte Besuch vor Ort und der Nachtrag mit zusätzlichen Bedingungen zum Darlehensvertrag beim Abschluss. Beim ersten Besuch vor Ort, bei dem die Produktionsstätte überprüft werden sollte, flüsterte mir die Intuition zu: «Betrug, Betrug, Betrug!» Das führte dazu, dass ich geistesgegenwärtig eine Unterschrift verlangte für die erhaltenen Unterlagen. Die besprochenen und abgegebenen Dokumente hatten weder ein Erstellungsdatum, noch verfügten die Dokumente über Angaben zum Ersteller, der die Verantwortung für den Inhalt übernahm. Hier nützte mir mein Verständnis zu dem oft ungeliebten Qualitätsmanagement in der Dokumentenverwaltung.

Alle Kosten für den Strafprozess mussten vorfinanziert werden. Erst nach etwa 6 Jahren konnten die vorfinanzierten Kosten aus dem Verkauf der gerichtlich zugesprochenen Sicherheiten ausgeglichen werden. Diesen Sachverhalt «Vorfinanzierung» und «überfordertes Gericht» machen sich Betrüger zu Nutze. Welcher Betrogene kann während 6 Jahren auf das Geld im Gegenwert eines Einfamilienhauses verzichten?

Heute ist der Stand so: damit die Verjährungsfrist nicht abläuft, wird regelmässig der Wohnort des Betrügers ausfindig gemacht und eine Betreibung eingeleitet. Nur so lassen sich die Summen, die vom Gericht zugesprochen werden, schützen. Die Moral der Geschichte: Es ist einfacher, in der Geldanlage keine Fehler zu machen, wenn eine unabhängige Instanz zeigt, wie das gehen könnte. Dazu dann mehr in den nächsten Kapiteln.

Prominente, die blind vertrauten. Bis zum bitteren Ende.

Nachfolgend einige Menschen, die ein bitteres Lied vom Betrug singen könnten.

Beat Breu wurde vom Bruder ausgenommen, das heisst, hinters Licht geführt. Köbi Kuhn machte mit seiner Versicherungsagentur Konkurs und verlor alles. Erst das Nationaltraineramt ermöglichte es ihm, wieder Fuss zu fassen. Eigentlich hatte Köbi viele gute Berater. Der Immobilien-König von Bern, Peter Krüger, hat sich mit (zu) viel Risiko im dunklen Graubereich engagiert und in der Immobilienblase der 90er Jahre ging er unter. So auch Mathias Reim, der Sänger von «Verdammt ich lieb dich», den der Manager ins Armenhaus brachte. Auch Filmschauspieler sind nicht gefeit davor: Burt Reynolds oder TV-Prominenz wie Eva Herman und Ingrid Steeger. Sogar Boxer schaffen es, in Konkurs zu gehen, obwohl 3-stellige Millionenbeträge eingenommen wurden: Mike Tyson. Der deutsche Nationaltorhüter Eike Immel ist in Privatkonkurs gegangen – verspekuliert, opulenter Lebensstil.

Das Betrugssystem mit Prominenz und ohne existierendes Produkt: «Think Tools» der Schweizer Überflieger aus den späten 90er Jahren. Die Menschen im Verwaltungsrat heissen Peter Friedli (Risikokapitalgeber/Serienunternehmer), Flavio Cotti (ehemaliger Bundesrat), Klaus Schwab (Gründer WEF Davos), Urs Fischer und Hanspeter Bachmann (Bank Vontobel).

Status und Macht

Der Leser muss sich vorstellen, dass ich die einzige Anlaufstelle zum Kunden war. Wer etwas vom Kunden wollte, musste zuerst mich überzeugen. Als Delegierter des Verwaltungsrates und Geschäftsführer des Family Office lag alle Macht bei mir. Dazu viele Vollmachten und Zugangsrechte. Egal in welcher Funktion oder in welchem Auftrag und Projekt: ich war ausgestattet mit Generalvollmachten und Einzelunterschrift mit beinahe unbeschränkten Mitteln. Das hat auch schlaflose Nächte bereitet und Unsicherheit erzeugt. Denn wenn ich unterschrieben hatte, war es gelaufen und das Geld geflossen. Die Verantwortung hingegen blieb bei mir. Im Kundengespräch wurden die Grundbedingungen und der zu erzielende Nutzen des Kunden festgehalten und abgesteckt. Peinlichst achtete ich darauf, mein Territorium zu verteidigen und bei Übergriffen in meine Funktion oder meine Aufgabe augenblicklich und konsequent zu reagieren. Das hat öfters zu schwierigen Gesprächen und roten Köpfen auf Seiten des Kunden und bei mir geführt.

Mein Fokus war all die Jahre mehrheitlich darauf gerichtet, die Macht so auszuüben, dass mein Gegenüber nicht entwertet wird. Meine Jahre bei der Basler wollte ich nicht auf der anderen Seite des Besprechungstisches wiederholen. Denn wer Macht ausübt, ist mehr gewalttätig als angenommen wird. Damit ich sachlich und aufgrund von Zahlen, Daten und Fakten Entscheidungen treffen konnte, habe ich mir eine Unzahl von einfachen Strukturen und Abläufen zurechtgelegt. Der Status war mir mit so viel Macht und finanziellen Mitteln schlicht egal. Denn ich konnte über Projekte und Beträge entscheiden, die Menschen mit viel mehr Status nie hätten tun können.

Denn wenn das Vorgehen dem branchenüblichen Prozess angelehnt ist, setzt sich das Gegenüber einfacher und mit einer viel höheren Chance durch. Es ist die Macht der Situation, die genutzt wird und deren Vorhandensein nahezu überall missachtet wird, obwohl dieses machtvolle Werkzeug monumentale Energien freisetzt. Da ist kein Kraut gewachsen, es sei denn, ich habe Abwehrstrukturen/-prozesse eingerichtet, um einen Hauch einer Chance zu wahren. Doch auch mit solchen Strukturen bin ich im Nu in eine Falle getreten. Gesprächsanlagen sind eine filigrane Sache und aufwendig, wenn ich als Kunde frei entscheiden will. Die wenigsten Menschen nutzen Abwehrstrukturen, um der Macht der Situation zu entgehen. Woher sollte das Wissen dafür kommen? Auch das steht weder in einem Lehrbuch noch in einem Handbuch. Mögliche Aufmerksamkeitspunkte könnten sein:

- Dazu zu gehören wollen – Gleichgesinnter
- Persönliche Ebene ansprechen via schlechtes Gewissen, fair bleiben
- Komplimente, Sympathie
- Liebhabereien: Wein, Whisky, Golf, Hotels, Essen, Ferienziele, Reisen, Sport, Hobbys etc.

Lösungen vorgeben schafft Probleme

Was es bedeutet, Übergriffe auf das eigene Territorium zu akzeptieren, muss sich der Leser ähnlich vorstellen wie bei der Hundeerziehung: wenn ich einmal akzeptiere, was verboten ist (zum Beispiel auf dem Sofa zu liegen), dann vermittle ich mein Einverständnis. Der Hund wird es also wieder tun. Wenn der Kunde in mein Territorium eindringt und ich das akzeptiere, wird das immer mehr und häufiger der Fall werden. So werden Aufgaben beschnitten und damit die Schuld verschoben. Also hielt ich dagegen. Das war öfters unangenehm und schwierig für den Kunden wie für mich. Doch ich war einer der Wenigen, wenn nicht der Einzige, der sich zu widersprechen getraute. Im Gegensatz dazu das persönliche Umfeld, das mehrheitlich vom Reichtum profitieren wollte. und deshalb sympathisch und freundlich daherkam.

Wenn ich beim Hausbau bei Schwierigkeiten für den Handwerker eine Lösung unterbreite und damit sein Territorium beschreite und die Aufgabe des Handwerkers übernehme, hat es mich. Je mehr ich selbst glaube, zu verstehen, wie etwas geht, umso mehr disqualifiziere ich den Handwerker. Der wird das mit Handkuss nutzen und wenn etwas schief geht mir die Schuld zuweisen. Ich hätte das so gewünscht. Der Handwerker ist genauso wenig auf den Kopf gefallen wie das Kind oder die Haustiere, wenn sie etwas haben wollen. Die Kreativität ist grenzenlos und so ist das auch mit der kriminellen und schlitzohrigen Energie und den unbewusst angewendeten Normen der Mehrheit. Wer sie auf sein eigenes Territorium einlädt, muss sich nicht wundern. Alles Argumentieren nützt nichts mehr, wenn ich als Hausbesitzer Festlegungen mache und dem Handwerker Lösungen vorgebe: der Handwerker reagiert: Sie «Kunde» haben das so festgelegt und bestimmt. Ich kann nichts dafür.

Wer Lösungen vorgibt – egal ob als Chef, Kunde, Eltern, Partner, Freund etc. – bekommt Probleme. Wer aber Probleme vorgibt, bekommt Lösungen.

Meine ausgewiesene Machtposition und die beinahe unbeschränkten Mittel hatten eine Wirkung nach Aussen und nach Innen. Dass Macht ähnliche Gefühle auslösen kann wie Sex und süchtig macht, war mir nach 8 Jahren in der Funktion mehr als nur klar. Und den Unterschied theoretisch und praktisch zu kennen und erleben, macht die Mechanismen verständlich. Das theoretische Wissen, kann das überhaupt nicht vermitteln. Der betriebene Raubbau am Körper und Geist von 2007 bis 2011 zeigte Wirkung. Von Schlafstörungen, Schuppenflechte und Gürtelrose abgesehen war ich ausgepowert. «Flasche leer». Mir wurde immer klarer: um gesund zu werden, muss ich diese Funktionen abgeben. Macht, Status und Honorar haben mich süchtig gemacht. Ein süsses Gift. Doch ein Drogenkranker will den nächsten Schuss.

Der Entzug ist eine Achterbahn von Höhen und Tiefen. Er verunsichert und verursacht Existenzängste. Dazu kommt der eingebildete Verlust von Status. Sich davon befreien ist eine einzige Erleichterung.

Ich benötigte 12 Monate, um meine Nachfolgen als Delegierter, Geschäftsführer, Verantwortlicher QM, Leiter des externes Personal-Pools etc. innerhalb der Firma einzufädeln. Einzig den Kundenkontakt mit dem Besitzer des Family Office und den Einkauf der Dienstleistungen inklusive des gesamten Vermögensverwaltungssystems behielt ich als Funktion. Das selbstregulierende Vermögensverwaltungssystem kam so noch einmal auf den Prüfstand. Alle anderen Projekte und Aufgaben oder Vertretungen zu Gunsten des Kunden legte ich mehrheitlich 2012 ab. Dem ging ein langwieriger Prozess mit vielen Auseinandersetzungen und Reflexion voraus, um die Konsequenzen abschätzen zu können. Ohne diese Umsicht wäre es mir nicht möglich gewesen, mit dieser neuen Funktion und Rolle umzugehen, zumal wenn der Chef den Mitarbeiter zum neuen Chef macht und selbst vom Chef zum Mitarbeiter wird. Doch wie gesagt: einfache Sachen haben mich nie gereizt.

Bisher konnte ich alles in Absprache mit dem Kunden selbst bestimmen und meine Grundstrukturen beachten. Die heute bestehende Organisationstruktur der gemeinnützigen Stiftung des Kunden war mein letztes Projekt, welches mir am Herzen lag. Mit der Abgabe der Macht und des Status begannen meine Probleme und eigenartigen Verhaltensweisen. Jetzt, wo ich das schreibe, werde ich auch unsicher, welche Firmen und Personen ich bezeichnen kann und welche ich lieber aussen vorlasse? Wie schreibe und formuliere ich das? Egal, ob es sich um die Besetzung des Stiftungsrates, der Geschäftsführerpositionen, der Strategie und anderes mehr handelte, immer öfters waren die umgesetzten Entscheide im Widerspruch zu meinen Prinzipien, Strukturen und Vorgehen. Meine Kinder (Firmen, Funktionen, Projekte etc.) loszulassen, war etwas vom Schwierigsten. Wie der Vater, der sieht und einfach zulassen muss, dass sein Kind Schiffbruch erleiden könnte. Doch wie sonst soll das Kind sein eigenes Leben leben? Je mehr ich die Zügel aus der Hand legte, umso schneller kamen Menschen in Funktionen, die für mich im Widerspruch mit meinen Ansichten und Überzeugungen waren.

Exemplarisch waren die darauffolgenden Erfahrungen ohne die Rolle des Delegierten und Geschäftsführers. Einige der Geschäftspartner wandten sich ab oder verhielten sich mindestens eigenartig. Andere betrieben sonderbare Spiele «Erwachsener», indem sie sich auf mündliche Vereinbarungen oder Abmachungen beriefen oder schlimmer, mich beim neuen Geschäftsführer schlecht machten. Alles, um sich selbst in eine bessere Position zu manövrieren. Durch die sorgfältige Vorbereitung und vielen Gespräche liefen diese Vorhaben ins Leere. Ich frage mich, wie das in Firmen gehen soll, wenn innert Tagen oder Wochenfrist derart weichenstellende Veränderungen anstehen. Die Funktion ist alles und nicht der Mensch. Funktion weg – Mensch nicht mehr wichtig!

Hier wurde mir schmerzlich bewusst, dass die Funktion wichtiger als der Mensch ist. Denn mit der Funktion mache ich Geschäfte und nicht mit dem Menschen Gerold. In der Funktion werde ich aber als Mensch missbraucht. Ich begriff endlich Menschen wie Karl Schweri oder Nicolas Hayek, die nicht loslassen konnten. Macht und Geld zu haben, setzt Energie frei und bereitet Lust zum Gestalten. Spätestens, wenn die Gesundheit darunter leidet, sollte ein Stopp eingelegt werden. Falls es dann nicht schon zu spät ist.

Jetzt, nach zwei Jahren Reisen und Reflektieren befasse ich mich wieder mit dem Inhalt von «Status», dieses Mal von einer wissenschaftlichen Sicht her. Mir gefällt der Begriff, den Loretta Graziano Breuning verwendet: «Junk Status». Und ihre Erklärung dazu ist einer meiner Favoriten, denn sie meint, dass das fehlende Wissen über frische Lebensmittel zu *junk food* verführt. Und genau so ist es mit dem Wissen von Status, denn da, wo es fehlt, spricht sie von «Junk Status». Ich habe herzlich-herrlich gelacht, als mir das erstmals begegnete. Denn genau das ist es, was in der Finanzindustrie mehrheitlich gespielt wird: Junk Status. Doch da es die Mehrheit macht, ist das richtig.

Auslöser von Wettbewerb und Leben auf Pump

Mit dem theoretischen Wissen steigt das Unverständnis. Je mehr Taschengeld Kinder bekommen, ohne den Bezug vom Geld zur Arbeit zu machen, umso schneller schnappt die Falle des Konsumierens auf Pump zu. Fast jeder hat heute eine Kreditkarte. Ich kenne nur eine einzige Ausnahme, nur einen Menschen, der nach wie vor auf Kreditkarten verzichtet. Die Kreditkarte ermöglicht, heute zu konsumieren und den Kauf erst in der Zukunft zu bezahlen. Die tiefen Zinsen ermöglichen dem Mittelstand und Otto Normalverbraucher, Verpflichtungen einzugehen, die unter normalen Umständen, also normaler Zinslage, nicht in Frage kämen. Die Konsumorgie einzelner Reicher animiert viele aus dem Mittelstand, dem nachzueifern. Die Sozialmedien befeuern das, allen voran Fotoplattformen wie Instagram, auf der Statussymbole des Konsums hergezeigt werden. Das Bild ist: heute geniessen, morgen bezahlen. Wer sich dagegen entscheidet, ist die Spassbremse. Bei der Klimadiskussion ist das Bild identisch: Wir leben auf Kosten der Zukunft.

Betrachten wir die Leistungen, sprich: die Renten aus der AHV und der Pensionskasse, ist derselbe Vorgang anerkannt: Alte leben auf Kosten der Jungen. Die kurzfristigen Ziele und Massnahmen vieler Firmenführer basieren ebenso auf dem Konsumieren im Heute und dem Bezahlen morgen. Ich behaupte sogar, die Ehe ist heute diesem Konsum unterworfen. Der Verzicht ist etwas, das gar nicht mehr geht. Wir sind umzingelt vom ultraschnellen und kurzfristigen, aber vermeintlichem Glück.

Die Rezeptoren des menschlichen Hirns reagieren auf das Glückshormon Dopamin wie Suchtkranke auf die Droge. Deswegen muss mehr Dopamin her. Bereitgestellt wird es während der Jagd und der Aussicht den künftigen Konsum (zum Beispiel beim «Shoppen»). Für die Hirnforschung kein Wunder, im Gegenteil. Es ist ein Gebiet mit vielen neuen Einsichten und Erkenntnissen. Sie finden leider zu oft den Weg in die Öffentlichkeit nicht. Es gibt wenige Gebiete und Themen des menschlichen Daseins, die vom Dopamin ausgeschlossen sind. Hintergrund ist immer mehr das sofortige Befriedigen von kurzfristigen Glücksgefühlen, die aber am Ende unglücklich machen. Denn dieser Vorgang geht zu Lasten des langfristigen Glückes. Die Pharmaindustrie nutzt diesen Effekt schamlos aus. Doch auch der Städteplaner ist keinen Hauch besser. Wo sind die Gaudis, Hundertwassers und der Briefträger Ferdinand Cheval geblieben? Wo die Handwerker, die mit Werken beginnen, die beinahe unendlich lange dauern? In Barcelona und Wien strömen Touristen zu Hunderttausenden an einmalige Bauwerke und überbieten sich darin, mit offenen Mündern «Ahh» und «Ohh» zu rufen. Doch kaum sind sie zu Hause geht es los mit dem Einheitsbrei, egal ob Essen, Bekleidung, Architektur, Geschäftsmodelle etc. Wer sich einmal in Europa in anderen Ländern oder Städten aufgehalten hat, weiss bald nicht mehr, wo er sich befindet. Es sieht alles so gleich aus. Randzonen von grösseren Städten mit den Einkaufsmeilen wie auch die Bauwerke der Architektur - alles wird sich immer ähnlicher.

Zeitpräferenz – in der «Wiener Schule» beachtet!

In der «Wiener» – oder «Österreichischen Schule» der Ökonomie sind diese (kurzfristigen) Betrachtungen im Element der Zeitpräferenz berücksichtigt. Je kurzfristiger die Zeitpräferenz, umso zentraler wird die Bedeutung von Verlusten und Misserfolgen. Viele Menschen bevorzugen heute den Konsum «sofort», also in der Gegenwart. Die Zinslage hat dieses Verhalten verschärft, denn Schulden oder Leasingverpflichtungen (Flugzeuge, Schiffe, Auto, Grundstücke etc.) sind sehr billig und verführen zu Projekten, die im Normalfall nie angegangen werden. Weder die Privatperson noch die Unternehmung noch der Staat sind von diesem Verhalten ausgenommen. Seit der Corona-Krise ist diese Tendenz insgesamt und weltweit in einem unvorstellbaren Tempo zu beobachten. Innert 14 Tagen wurden Schulden von etwa 10 Prozent des weltweiten Bruttoproduktes von «regierungsnahen Denkern» neu geschaffen. Hier sehen wir exemplarisch, wie Verpflichtungen (Zahlungen) in die Zukunft verschoben werden. Das Versprechen einer Rückzahlung bis 2030, wie das der Bundesrat der SVP Ueli Maurer äussert, ist aus meiner Sicht grob fahrlässig. Dem Bürger wird eine «Heile Welt» vorgegaukelt, die jedoch utopisch ist. Politiker wollen gewählt werden und je mehr Gratiskredit/-geld sie für ihre Wähler herausholen, umso populärer werden sie und umso sicherer werden sie wiedergewählt. Bei über 140'000 Franken Lohn, Spesen usw. als Nationalrat mit einem 50-prozentigem Arbeitspensum bin ich in der obersten Liga der Unternehmer. Was gewichte ich mehr? Die Wiederwahl oder das Lösen von Problemen, das meine Wiederwahl gefährdet?

Die «Wiener Schule» mit ihren Prinzipien macht das Ganze offensichtlich. Doch die Menschen, die von dieser Lehre und ihren Grundsätzen überzeugt sind, werden als Minderheit belächelt und verhöhnt. Obwohl offensichtlich ist, dass wir heute zu Lasten unserer Kinder, Grosskinder, Urgrosskinder eine Sauerei hinterlassen, scheren wir uns ein Dreck darum und feiern Konsumorgien, leben im Luxus, zelebrieren Status ohne Ende. Die Rechnung kommt viel später. Polarität hat auch hier zwei Seiten. Der Fokus heute ist auf «Friede Freude Eierkuchen» und «nach mir die Sintflut». Und das trotz all der vielen Experten, Zertifikate, Normen, Regeln etc. Wäre es vielleicht an der Zeit, etwas anderes zu versuchen?

Bei Unternehmungen ist häufig das gleiche Bild anzutreffen. Dabei hat, wer sein Unternehmen auf langfristigen Erfolg ausrichtet, heute Wettbewerbsvorteile. Ich meine, dass das möglich ist. Doch dazu müsste ich als Unternehmer etwas ins Leben rufen, das es so nicht gibt und das schwierig zu kopieren ist. Wer als Unternehmer selbst nur kopiert oder einfach bei Mitbewerbern die Slogans, Preisgestaltung, Leitbilder usw. abschreibt, ist dem Gesetz von Gewinnen und Verlieren ausgesetzt. Trotzdem gleichen sich Firmen immer mehr und werden austauschbar. Für mich ist dagegen klar: Unternehmertum, welches von der «Wiener Schule» geprägt ist, richtet sich langfristig aus und vermeidet den Wettbewerb und den Preiskrieg. So, wie der Sportler tagtäglich mit seinem Trainingsfleiss sich verbessern will, handelt ein solcher Unternehmer. Das ist unbequem, doch sehr erfolgsversprechend. Daran arbeite ich mit meiner Firma, der Gerold Schlegel AG. Gefragt und gefordert ist die Aufbruchstimmung von Individuen, die sich trauen, einen anderen Weg zu gehen. Doch alle verbindet das gleiche Ziel: ein gutes, glückliches Leben. Dazu braucht es soziale Beziehungen, Gesundheit, Geld und Rückgrat und Haltung.

Es wäre ein Aufbruch in eine Zeit von Individuen, die selbst handeln und Verantwortung übernehmen und in einer Gemeinschaft eingebettet sind. Mein Traum ist ein Ort des Zutrauens, der Kooperation, der Gestaltung und des Austausches und Wissensvermittlung. Ohne komplizierte Verträge und Vereinbarungen. Freiwillig. Eine Gemeinschaft, die sich gegenseitig stärkt. Ich beginne mit meiner Kompetenz beim Kochen und bei der Geldanlage.

Einen Nachweis, wie der Vermögensverwalter oder Berater sein Privatvermögen anlegt, gibt es heute nicht. Wer von diesen Themen spricht, aber keinen Nachweis leistet, ist für mich alles andere als seriös, denn er hat kein eigenes Risiko. Sein Reden klingt unglaublich gut und vertrauenswürdig, doch eine Nachvollziehbarkeit und eine Verantwortung für sich selbst entsteht nicht.

Die «Wiener Schule» hat auch mit der Übernahme von Verantwortung für das was ich tue zu tun. Ich Gerold riskiere etwas, ohne zu wissen, ob der Bürger endlich aufwacht und neue und ungewohnte Methoden nutzt. Je mehr sich diesem Weg anschliessen, desto besser wird es uns gehen und umso schneller können wir an den 3 Hauptaufgaben der Zukunft wirken: Wissen –

Anwendung von Software/Hardware (Sozialmedien, Video, Film, Blog…) – Theorie ersetzen durch Praxis. Fokus legen auf die wirklich wichtigen Punkte: gutes, glückliches Leben. Und das Beste daran ist, im Alter auch noch für die Familie die notwendigen Familienvermögen zu haben. Wer den bisherigen Weg weitergeht, weiss spätestens hier, wohin das führt: Krankheit und Armenhaus.

Ich setze mich bereits über 8 Jahre mit der «Wiener Schule» auseinander und habe immer mehr den Eindruck, nur an der Oberfläche zu kratzen. Doch je mehr Menschen und Orte ich für den Austausch habe, desto verständlicher und einfacher wird es. Ja, da ist eine Sehnsucht, einen Platz zu haben, an dem Wettbewerb, Status, Dünkel keine Rolle spielen. Der Austausch von Wissen und Kompetenz ohne Normen und Vorgaben hat dort seine Heimat. Es wartet auf jeden, der mitmacht, viel Arbeit. Ich kann das nicht allein. Doch ich kann meine Kompetenzen einbringen, um Fehler und Verluste zu vermeiden.

All das, was es bereits gibt und schon viele machen, wird uns in der Zukunft nicht helfen. Jeder kann sich schützen. Die Gesellschaft ist der Bürger, das Individuum. Eine Veränderung der Gesellschaft geht vom Individuum aus, egal wie lange wir diskutieren, lamentieren und Opfer sein wollen. Die Gesellschaft verändert sich, wenn der Einzelne sich ändert. Wenn sich der Einzelne ändert, ändert sich die Gesellschaft automatisch. Das Buch liefert Werkzeuge und Zutaten für eine Gemeinschaft, die den Neustart und Aufbruch angeht. Alles was ich an Einsichten und Erfahrungen gemacht habe in den Themen von Küche & Geld lege ich in die Waagschale. Die Küche als das Werkzeug wimmelt von Analogien zum Geld. Ein gutes, glückliches Leben ist genauso wenig ein Quartalsereignis. Meine Lebenserwartung ist bei 58 Jahren weitere 30 Jahre. Also richte ich mein Geschäftsmodell daran aus: langfristig!

Die «Wiener Schule» nimmt den Menschen mit all seinen Schwächen und Stärken ernst und sucht nach Mittel und Wegen, die Schwächen aufzudecken und Strukturen zu schaffen, die mich als Mensch schützen. Mein Umgang mit Ungewissheit oder meine vermeintliche Sicherheit, als Mensch alles zu beherrschen, sind Luftschlösser, Fata Morgana. Wie lange folgen wir den Träumern und Verführern, die uns weissmachen wollen, alles im Griff zu haben?

Und uns dabei ein ums andere Mal beweisen, gar nichts im Griff zu haben und immer grössere Probleme schaffen?

«Richtige» Normen bis hin zur Verkleidung

Über all die Jahre, sind mir eigenartige Verhalten von Menschen begegnet. Egal ob im privaten Umfeld oder im Geschäft. Am sonderbarsten waren für mich die Menschen, die sich im privaten und im Geschäftsleben unterschiedlich verhielten. Bei mir hat sich da schnell mal die Fantasie gebildet, dass die zwei Kulissen «Privat» und «Geschäft» nicht reichen. Da muss noch eine Kulisse «Person» sein. Fast wie im Theater mit Aufführungen in zum Beispiel drei Akten und den dazugehörenden unterschiedlichen Kulissen. Wer ist die 3. Person? Was repräsentiert diese Person? Denn genau das wird ja versteckt. Es könnte die Seele sein, die weder in der einen noch in der anderen Kulisse zu Hause ist. Sie ist gekennzeichnet von ungelebten Sehnsüchten, Angst vor Ablehnung, unerfüllten Wünschen und anderem. Sie ist wie ein «inneres Kind» ohne Heimat.

Am offensichtlichsten ist dieses Verhalten bei vielen «Harley Davidson»-Verrückten erkennbar. Ich zählte mich auch einmal dazu. Den Harley-Seitenwagen habe ich noch, doch aus den Kleidungsstücken bin ich herausgewachsen. Von 1997 bis 2002 jedoch war das auch für mich ein wichtiger Aspekt meines Lebens. Viele Harley-Liebhaber tauschen den Anzug, die Berufsuniform mit der Lederkluft. Denn beim Motorradfahren wird über die grosse Freiheit, die Rebellion oder einfach dem «cool sein» alles zelebriert. Wer einmal in einem grossen Verbund von Bikern gefahren ist, weiss, wovon ich spreche. «Cool sein» - das war es für mich, als ich mir als damaliger Nichtraucher eine Kippe anzündete, um auf der Herbertstrasse in Hamburg zu schlendern. Über kleine Details, seien das Anpassungen und Veränderungen in der Kombination der gekauften Kleider oder bei der unendlichen Fülle von Zubehör für das Motorrad, wird die vermeintliche Individualität zelebriert. Klar ist: es kostet eine unheimliche Stange an Geld.

Der Gegensatz dazu sind die Gespann-Fahrer, die Szene der Winterfahrer. Das ist eine verschworene Gruppe von Individualisten mit viel Fantasie und Geschick im Umbau und der Zusammenstellung der Bekleidung. Keiner will im Winter frieren. Oder im Regen nass werden. Viele dieser Winterfahrer waren und sind Reisende. Sie sehen viel, lernen noch mehr und entwickeln viel

Kreatives, um warm zu essen und trocken zu schlafen. Was Gespann-Fahrer machen, sind Eigenentwicklungen. Selten wird Sonderzubehör gekauft.

Genauso wie Branchen ihre Normen und Rituale haben, so hat das die Finanzindustrie als auch die Lebensmittelindustrie.

Das meistbeachtete Ungeheuer ist die Veränderung, ob in Beruf oder privat Sie wird ergänzt mit dem Drang, alle Risiken auszuschliessen. Lieber verliere ich meine sichere Stelle, als dass ich Veränderung begrüsse. Oder das Verhalten «ich gebe dir den kleinen Finger und du packst gleich bei der Schulter zu». Je mehr Toleranz und Geduld, umso grösser ist der Widerstand. Fast wie bei Kindern. Dabei ist bei mir ein komplett anderer Effekt entstanden. Je mehr ich die Veränderung in meinem Leben und in allen Funktionen begrüsst habe, umso besser ging es mir. Die Vielfalt und die Möglichkeiten lassen sich mit Veränderungen um ein Vielfaches vermehren. Das macht die Arbeit und das Leben so bunt.

Das Pareto-Prinzip kommt so simpel daher aber die Einflüsse auf das Resultat sind massiv. Die Idee dahinter geht davon aus, dass ich mit 20 Prozent der Energie und des Aufwandes 80 Prozent der Lösung erstellen kann. Für die letzten 20 Prozent – für die perfekte Lösung – benötige ich 80 Prozent der Zeit. Wenn ich das auf Entscheidungen übertrage, bedeutet dies, dass ich mit 20 Prozent der Risikokriterien 80 Prozent dieser Risiken abgedeckt habe. Anstelle jetzt meine freie Zeit zu belegen, um mit Eifer die restlichen Elemente des Risikos zu finden, entscheide ich mit 1/5 der aufgebrachten Zeit 4/5 der Grundlagen. Denn egal welche Entscheidung ich treffe: es wird die falsche sein. Spätestens am nächsten Tag, in der nächsten Woche, nächsten Monat, in einem Jahr habe ich neue Erkenntnisse, die mich anders entscheiden lassen könnten. Doch wer schnell entscheidet, ist schneller in der Bewegung. Es ist wie beim Velofahren: solange das Velo in Fahrt ist, kann ich das Velo einfach steuern. Der Vorsprung durch das «in Bewegung sein» wiegt alles auf. Denn Projekte haben die Eigenart, Schwierigkeiten und Abweichungen auszulösen. Die einzige Konstante eines Planes ist die Abweichung vom Plan. Genauso kann ich mich in einer Prüfung auf die wichtigen und elementaren Dinge fokussieren. Die Auswahl von Menschen basiert genauso auf den gleichen Prinzipien. Wer in der Firma einmal nachschaut, mit welchen Kunden er am meisten Umsatz macht, stösst beim Verhältnis «Umsatz pro Kunde» auf dasselbe

Phänomen. Wer Entscheidungsprozesse in Grossfirmen mit mehrstufigen Hierarchien betrachtet, erschrickt ob des wahnsinnigen Aufwandes. Auch Betrugssystemen komme ich mit diesem Schlüssel viel schneller auf die Spur – Stichprobe sei Dank. Deshalb stütze ich mich viel mehr auf dieses Prinzip und bleibe meinen Geschäftspartnern treu, wenn sie all die Hürden geschafft haben. Und zwar auch dann, wenn bei ihnen in der Berichtsperiode die Zahlen einmal aus dem Lot waren. Nur bei Betrug und Übervorteilungen kenne ich kein Pardon.

Was ist das Fazit, die Kernpunkte und Einsichten

Ich könnte die Zukunft und die Entwicklung nach wie vor ignorieren und verdrängen. Smarter wäre, sich mit der Zukunft und den bestimmenden Themen auseinanderzusetzen und die Chancen zu nutzen, anstatt sich dauernd mit den Risiken und den negativen Aspekten zu befassen.

Für die Zukunft sind 3 Kernkompetenzen gefragt: Sprache, Wirtschaft und Geld, Anwendung IT (Programmierung, Nutzung inklusive Sozialmedien).

Menschen, die Deutsch oder Schweizerdeutsch als Muttersprache haben und fast so perfekt sprechen, wenn sie englisch parlieren, können ein viel höheres Einkommen erzielen. Je besser in Schrift und Sprache, umso besser. Viel der besten Fachliteratur zu Wirtschaft, Geld und IT sind in Englisch verfasst. Wenn ich die Weltsprachen betrachte, ist auch die Kombination von Deutsch mit Chinesisch, Russisch, Spanisch oder Französisch von Vorteil. Französisch vor allem deshalb, da das die Sprache der Elite in Afrika war, ebenso in Russland und Teilen Asiens. Mit der Sprache kann ich Kooperation fördern.

Die Kenntnisse über Wirtschaft und Geld stellen sicher, dass ich meine Vermögens- und Einkommensstruktur geschickter aufbaue, als das meine Vorfahren taten und die Gleichaltrigen tun. In einer Welt, die geprägt ist von Lug und Trug, sind Kenntnisse dieser Art ein Ankerpunkt. Wie sonst will der Anleger erkennen, wann er seinen Arbeitgeber wechseln oder sich von Anlagen trennen sollte.

Kennzahlen tauchen immer wieder auf, egal ob ich die Profitabilität oder Rentabilität meines Arbeitgebers einschätzen will oder einfach nur in eine Firma investieren möchte. Dasselbe gilt für den, der seinen Lebensmittelpunkt festlegt oder eine Selbständigkeit der Anstellung vorzieht.

Steuerstrukturen bergen Vorteile und könnten genutzt werden, wenn man sie kennen würde. Wer es unterlässt, Steuergesetze zu seinen Gunsten zu nutzen, wird künftig zur Kasse gebeten. Die öffentliche Hand wird in Kürze verzweifelt nach Einnahmen suchen.

Der Dritte wichtige Punkt in der beruflichen Zukunft sind Kenntnisse der IT. Sei es als einfacher Anwender oder als Programmierer. Doch was am meisten hilft, sind nicht theoretische Kenntnisse, sondern praktische, die keine Zertifikate oder Diplome voraussetzen. Wenn ich schaue, welche Unternehmer erfolgreich sind, dann sind das meistens Studienabbrecher oder Quereinsteiger. Menschen, die ihrem Herzen folgten. Menschen, die das taten, für das sie brannten.

Die vielen Funktionen und Projekte innerhalb der Firma des Kunden haben mich sensibilisiert. Daraus sind wichtige Aufmerksamkeitspunkte entstanden, die mir helfen, einen eigenständigen Weg zu gehen. Und daraus konnte ich für mich am meisten profitieren und Manipulationsversuche früh erkennen und mich wappnen. Denn je nachdem um was und um wieviel es ging, wurde aufgetragen und geklotzt. Die Reaktionen und Verhalten wiederholten sich Mal um Mal. Genauso wie Menschen eigenartige Strukturen und Verhalten an den Tag legten, so konnten bei Organisationen wiederkehrende Verhalten festgestellt werden.

Ich halte mich an Konfuzius: «Zwinge nie anderen auf, was du für dich selbst nicht wählen würdest». In dem Sinne mache ich zugänglich, wie ich mein Vermögen bewirtschafte. Ich belege das mit einem externen Nachweis. Jeder soll beginnen, sich selbst um seine Vermögenswerte genauso wie um seine Nahrungsmittel kümmern. Über das «selbst ausprobieren» soll dem Perfektionismus der Garaus gemacht werden. Jeder, der diesen Schritt geht, verabschiedet sich vom kurzfristigen Erfolg. Denn kurzfristige Erfolge bergen hohes Schadenpotential – sowohl beim Essen wie auch bei den Finanzen.

Corona Lockdown in Rubigen: Andere kaufen WC-Papier, ich kaufe eine Kiste Auberginen. Die Aubergine bleibt im Pizzaofen bis sie aufreisst. Danach rausnehmen, halbieren, mit einem Löffel das Fruchtfleisch in eine Schüssel geben, fein gehackter Knoblauch, Chili, Kräuter dazu.

Die Masse mit Salz und Pfeffer abschmecken und so viel Olivenöl beimischen, dass sie streichfähig wird. Das Ganze auf getoastetes Brot streichen – fertig.

In Georgien werden grosse Gemüsespiesse mit Tomaten, Peperoni, Auberginen, Zwiebeln direkt auf das Holzfeuer gelegt bis die Früchte schwarz sind. In der Küche werden sie geschält, gewürfelt und in einem Topf gewürzt und serviert – Himmlisches Raucharoma.

Das Gefährlichste an Halbwahrheiten ist, dass fast immer die falsche Hälfte geglaubt wird. *Hans Krailsheimer*

Wo und wie erhalte ich die besten unbehandelten Lebensmittel?

Welche Rezepte meiner Eltern und Grosseltern sind auf dem Feuer umsetzbar?

Was könnte ich zusammen mit Freunden an meinem Lieblingsort in der Natur am Feuer zubereiten?

Wie trainiere ich meinen Mut und meine Stärken, damit ich meine Angst und meine Schwäche abbaue?

Kapitel 2 – Macht und Inkompetenz

Essenz «Wasser»

Training bringt voran in jeder der 4 Grundzubereitungsarten. Seid ermutigt, etwas beim Kochen auszuprobieren! So, wie immer wieder von den vielen Wegen nach Rom gesprochen wird, so ist Kochen an Vielfalt kaum zu überbieten. Jeder hat andere Ideen, Geschmäcker und Vorlieben. Und das, was heute bei den Köchen gelehrt wird, ist auch nicht über alle Zweifel erhaben: beim Fleisch wird nach wie vor von «Poren» gesprochen, dabei wissen schon viele Kinder, dass Fleisch Fasern hat und keine Poren. Die Ausbildung zum «F&B Manager» (Food & Beverage), also zum Einkäufer in der Hotellerie und Gastronomie könnte längstens abgeschafft werden. Der Küchenchef, der Chef de Service, die Gouvernante und der Verantwortliche für die Infrastruktur, alle diese Menschen wissen sehr genau, was sie brauchen. Dazu braucht es keinen Super-Einkäufer. Das, was geschult und gelehrt wird, ist häufig nicht das, was aktuell ist. Die Lehrbücher der Experten und Branchen können nicht Schritt halten mit dem, was neu entsteht.

Alles, was in Flüssigkeit gekocht und gegart wird, findet an dieser Stelle Platz. In Küchen ist die Basis fast aller Gerichte die Sauce. Deshalb gibt es Grundlagensaucen vom Kalb, Rind, Wild, Huhn und Fisch. Wer Geschmack in der Küche will, fängt am besten bei den Saucen an. Das gilt für alle Kostformen, egal ob Veganer, Vegetarier, Steinzeit oder Fleischfresser. Klare Brühen oder braune Saucen sind die Grundlage des Geschmackes. Jede Küche würde ohne Pulver und Fertigprodukte auskommen. Es reichen einige Gewürze und ein Steinsalz bester Qualität, alles luftdicht und lichtgeschützt aufbewahrt. Anstelle grosser Recherchen dazu, welches Meersalz möglichst wenig Mikroplastik enthält, verzichte ich darauf und verwende Steinsalz.

Kochen ist keine Ideologie und keine Religion. Der Genuss steht im Vordergrund und die Gesundheit blinzelt dauernd irgendwo um die Ecke. Jeder soll nach seinem Gusto und seinem Gutdünken kochen. Einzig gekaufte, halbfertige Produkt einzusetzen, hat überhaupt nichts mit Kochen zu tun. Doch wer mag, soll auch das tun. Es ist wie in der Schule, wenn ich mir einen Spickzettel gemacht habe. Wenn ich das Gelernte nach dem Spickzettel schreiben konnte, dann war das nützlich. Doch meistens betrüge ich mich selbst und das hat tief innen eine Wirkung. Resonanz, Selbstbilder und Glaubenssätze erledigen den Rest.

Alle Gewürze, die auf den Märkten aller Herren Länder verkauft werden, können Sie sofort vergessen. Ebenso wenig brauchbar sind die Angebote aus den riesigen Regalen der Grossisten. Wenn Sie erfahren, was da alles drin ist, werden sie das nie mehr kaufen wollen. Verlassen sie sich auf einen Gewürzhändler, der Qualität bietet – für mich ist das Ingo Holland (Klingenberg, Deutschland). Bisher hat er bei eigenen Untersuchungen am besten abgeschlossen. Ich gab mehrere Proben ins kantonale Laboratorium in Bern. Das Einkaufen bei ihm im Laden ist für mich so, wie für Kinder ein Besuch im Spielparadies. Ich muss mir zum Voraus eine Limite setzen, um die Haushaltskasse nicht zu sehr zu strapazieren. Am Ende wird es dann doch meistens mehr.

Das Ganze mit den Saucen ist einfacher als angenommen. Hier noch einmal vorausgeschickt: dies ist kein Kochbuch nach klassischem Vorbild. Wie kann ich trotzdem wie ein Profi ohne alle Grundlagen kochen? Ganz einfach: indem das Kochen auf das Minimum begrenzt wird. Reduzieren und sich einschränken ermöglicht, ein schnelleres Zutrauen in die eigenen Fähigkeiten zu gewinnen. Die Resultate werden Sie verblüffen. Mit der Übung – wobei der Begriff «Trainieren» wirkungsvoller ist – und mit dem ständigen Probieren gewinnt die Aromavielfalt.

Wer einmal pro Monat einen Koch-Tag einlegt, kann für fast den ganzen Monat die Grundlagen herstellen, die es braucht, um ohne die Pulver der Lebensmittelindustrie auszukommen. Es ist auch möglich, etwas zu schummeln. Wer keinen braunen Kalbsfond/-jus zur Hand hat, der karamellisiert halt etwas Zucker oder noch besser Honig, um die braune Sauce herzustellen.

Der Honig anstelle des Zuckers ist vorteilhafter. Zucker ist eines unserer gefährlichsten «Gewürze» in der Küche, wenn es um die Gesundheit geht. Es gibt viele Bücher dazu und am besten recherchiert ihr selbst im Internet. Die Kurzfassung: Zucker beeinflusst unseren Insulinhaushalt/-spiegel. Je mehr dieser Zuckerspiegel Achterbahn fährt, umso schneller kommt der Stoffwechsel zum Erliegen. Das hat einen wesentlichen Einfluss auf unsere Verdauung und Verbrennung der zugeführten Ernährung. Je ausgeglichener der Zuckerspiegel ist, umso besser läuft der Stoffwechsel. Ich bin der Meinung, anstelle des heute üblichen Zuckers oder des immer populärer werdenden Agavensirups besser beim Imker meines Vertrauens Honig zu kaufen. Der Agavensirup hat keinen Einfluss auf den Stoffwechsel. Deshalb ist Agavensirup in der Fitnesswelt so populär. Doch er ist industriell hergestellt und muss über den ganzen Erdball gekarrt, verschifft oder geflogen werden. Der Honig kommt aus der Nachbarschaft.

Der Imker ist vor der Haustüre. Wichtig ist, dass der Imker über den Winter seine Bienen nicht mit Zucker oder schlimmer: mit Maissirup füttert, sondern etwas mehr Honig als Nahrung im Bienenstock belässt. Mein Verbrauch an Honig ist in den letzten Jahren erheblich gestiegen. Zucker habe ich portioniert für Gäste zu Hause oder etwas braunen Zucker, um einen Caipirinha zum Apéro vorzubereiten. Wird Zucker in Rezepten angegeben, ersetze ich diesen durch Honig. Auf Reisen probiere ich den Honig des jeweiligen Landes. Da gibt es die verrücktesten Aromen, je nach dem, was die Bienen bestäubt haben. Sei es im Wald, auf dem Feld oder in den Bergen. Probiert es einfach aus! Der Imker verkauft euch den Honig gerne.

Eine braune Sauce kann ich mit karamellisiertem Honig oder Zucker genauso gut herstellen, wie das mit einem Kalbsfond oder Kalbsjus geht. Das ist fast wie Schummeln, aber es kann auf das Pulver der Industrie verzichtet werden. Das Karamellisieren von Honig in der Bratpfanne oder im Topf auf dem Herd schafft die braune Farbe. Die Süsse hilft später, das Aroma der Sauce noch etwas zu verstärken.

Je dunkler der Caramel, umso dunkler wird die Sauce. Doch Achtung: schwarzer Caramel ist verbrannt und schmeckt bitter.

Gute Saucen sind die Grundlage guter Gerichte. Bei den Saucen fängt das Kochen an. Deshalb wird hier mehr Wert auf die Saucen und Suppen gelegt. Eine Bouillon oder Suppe selbst herzustellen, ist das Leichteste der Welt. Und je nach Gusto kann etwas abgekürzt werden. Dazu braucht es keine einzige Fertigsauce/-suppe.

Die Rezepte sollen den Leser dazu verführen, etwas zu wagen und auszuprobieren. Denn über das Ausprobieren kann Selbstvertrauen für mehr Kreativität in der Küche und auf dem Speiseplan getankt werden. Oder sie reduzieren ihre Gerichte derart, dass sie mit 3 bis 4 Zutaten zurechtkommen. Jürg Wyss lacht sicher laut heraus. In seiner Küche auf den Philippinen habe ich

10 bis 15 Zutaten in die Salatsauce getan. Danach hat er mir leicht zerknirscht, doch grinsend gesagt, dass er Salatsaucen mit möglichst wenig Zutaten liebt. Also egal, je mehr ihr ausprobiert und falsch liegt, umso mehr traut ihr euch je länger zu und umso mehr probiert ihr aus. Genau um das geht es.

Wichtig und an dieser Stelle noch einmal zum Ausdruck gebracht: Viel Zeit mit kleiner Temperatur bringt Aroma-Erlebnisse der besonderen Art. Egal ob Sie Gemüse andünsten, Knochen anrösten oder eben Saucen herstellen. Je länger und je perfekter unterhalb des Siedepunktes über mehrere Stunden hergestellt wird, umso mehr Aroma. Dieser Zusammenhang gilt genauso in der Geldanlage: langfristig oder gleich eine 100-jährige Anlagestrategie.

Gemüsebouillonersatz «Vegan»

4/5 Gemüse aller Art (6-10 Sorten) und 1/5 Steinsalz. Der hohe Salzgehalt garantiert die Haltbarkeit. So kann die Boullion aufbewahrt werden, ohne dass sie schlecht wird.

Das Gemüse je nach eigenem Geschmack und Saison mit Kräutern und/ oder Gewürzen ergänzen. Alles in einem Mixer pürieren und mit einem grosszügigen Schuss Oliven- oder Rapsöl ergänzen. Klotzen, nicht kleckern! Salz beigeben und mischen.

Gläser sterilisieren (keimfrei), die fertig gesalzene Gemüsepüreeölmasse abfüllen und die Gläser verschliessen und im Kühlschrank lagern oder an einem dunkeln trockenen Ort.

Ein Esslöffel der Masse reicht für ca. ½ bis 1 Liter Bouillon, die Grundlage, um Gemüse zu kochen

Diese vegane Bouillon ist für alle Fonds, Saucen, Suppen anstelle einer Bouillon mit Fleisch zum Würzen einsetzbar.

Braune Sauce

Rinds-, Kalbsknochen, Fleisch- und Gemüsereste werden benötigt. Die Knochen und Fleischreste, Fettabschnitte etc. mit grösster Hitze dunkel anbraten und anrösten. Vorher das Gemüse (Rüebli, Lauch, Sellerie, Zwiebeln, Knoblauch) klein schneiden. Eine ganze Zwiebel mit 3 bis 6 Nelken spicken. Das Gemüse mit den Knochen mischen und weiterrösten. Tomaten bringen die Säure in die Sauce, deshalb Tomatenmark grosszügig dazugeben und mitrösten. Mit Rotwein ablöschen und mit Wasser auffüllen. Die Herdplatte so einstellen, dass das Ganze knapp kocht. Immer wieder Wasser dazu geben und das ganze wieder einkochen, reduzieren. Mit der Gemüsebouillon würzen. Alternativ kann ein grosses Bratgeschirr, das in den Ofen passt, genutzt werden. Dann dieses im 180 – 200 Grad heissen Ofen gedeckt oder offen (mit kleinerer Temperatur) mehrere Stunden reduzieren.

Je mehr Zeit und je geringere Temperaturen eingesetzt werden, umso besser die Grundsauce. Sobald es abgekühlt ist, passieren (absieben) und dann kann die Sauce abgefüllt und im Tiefkühler gelagert werden.

Das ist alles auch mit den Knochen anderer Tiere (Wild, Rindfleisch etc.) möglich.

3 Stunden Dauer sind das absolute Minimum, besser wäre, sich 6 Stunden-Zeit zu nehmen.

Helle klare Sauce

Für Fisch, Huhn, Saisongemüse. Kaltes Wasser aufsetzen und mit der Gemüsebouillon (vorheriges Rezept) würzen. Alle Zutaten kommen ins kalte Wasser. Bei einer Hühner- oder Fischsauce unbedingt die Knochen, Fleisch- und Fischresten ohne Innereien verwenden.

Hier kommt wenig bis kein Tomatenmark dazu. Doch kann das Ganze mit dem hellen Teil des Lauchs, Zwiebeln, Sellerie und etwas kleingeschnittenen Rüebli, aufgesetzt werden. Unbedingt bei kleiner Hitze vor sich her simmern lassen.

Tomatensugo

Etwa 1 Kilogramm Tomaten waschen und in ein grosses Bratgeschirr geben. Mit Steinsalz würzen. Je einen Thymian- und Rosmarinzweig dazugeben. Etwas Honig und Olivenöl dazu. Den Ofen auf 80 Grad einstellen und 3 Stunden das Geschmackswunder abwarten. Rausnehmen, Tomaten schälen und vierteln. Gehackte Zwiebeln und Knoblauch mit wenig Pancetta (Alternative ist Speck) anziehen und Tomatenmark für Farbe und Geschmack (Säure) daruntermischen. Sich unbedingt Zeit lassen. Je nach Schärfegrad ein oder zwei Chili dazu. Dann die geviertelten Tomaten und den Tomatensaft dazu giessen und aufkochen. Abschmecken mit Salz, Pfeffer.

Das könnte auch eine Basis für Saucen sein.

Tomaten sind an Säure nicht zu übertreffen und das gibt Geschmack.

Fleischsugo (...mit Milch)

Je 1.5 kg Schweineschulter und 1.5 kg Rinds- oder Kalbfleisch grob gehackt oder fein geschnetzelt. Geschnetzelt verblüfft die Gäste am Tisch mehr.

Gewürzsack (Nelken, Zimtstange, Pfefferkörner, Wachholder, Piment, wenig Muskatnuss gerieben).

Eine Schale (Zeste) ohne die weisse Haut von Zitrone und Orange. Die Schale der Zitrone und Orange bleibt am Stück, um sie am Ende einfacher herausnehmen zu können.

3 grosse Rüebli, 3 Selleristangen, 4 mittlere Zwiebeln, alles grob schneiden und im Mixer fein hacken (kein Mus). Von Hand gemachte kleine Würfel wären das ideale, doch der Mixer macht es einfacher.

Eine Flasche Wein – derselbe, der zum Essen getrunken wird.

Das Fleisch bei grosser Hitze in kleinen Portionen braun anbraten (ungesalzen, da das Salz dem Fleisch das Wasser entzieht). Das ausgekochte Fett in der Bratpfanne belassen und Portion für Portion anbraten und in eine Schüssel geben.

Alles Fleisch zurück in die Bratpfanne und mit 3 – 4 Esslöffel Tomatenmark kräftig mischen.

Am Ende mit einem Schluck Wasser und Wein ablöschen und einkochen.

1 ½ Tassen Öl in die Bratpfanne geben um das soffritto Gemüse (leicht frittiert) zu zubereiten. Das feingehackte Gemüse im heissen Öl zuerst dünsten und im Öl belassen bis es leicht gebräunt ist. Das dauert etwa 40 Minuten. Unbedingt aufpassen, dass es nicht anbrennt!

Wenn das Gemüse fertig ist, das Öl und das Gemüse mit dem Fleisch mischen.

Fleisch mit Gemüse in einen grossen Topf geben, entweder 3 Tassen Bouillon oder etwa identische Menge Wasser mit Gemüsepaste und aufkochen.

3 Tassen Milch dazugeben, bis das Fleisch gedeckt ist und 30 – 40 Minuten leicht köcheln lassen, bis die Milch ausgeflockt ist, das heisst, eine Farbe hat, die Lust auf das Essen macht.

Während zwei bis vier Stunden leicht unter dem Kochpunkt sieden und immer wieder das überschüssige Fett abschöpfen. Falls zu wenig Flüssigkeit vorhanden ist, mit etwas Bouillon oder Milch auffüllen.

Kurz vor Schluss noch Abschmecken und testen, was an Säure, Salz, Pfeffer fehlt…

Macht und Inkompetenz – Fette Beute mit Symbolen

Wenn von Macht die Rede ist, sind Narzissmus und Statusdenken nicht fern. Die Bedeutung dieses Zusammenhangs wird unterschätzt, wenngleich die ausschweifenden Lebensstile der sogenannten Elite eine eigene Sprache sprechen und für jeden erkennbar sind. Zum Narzissmus und Status gehört auch die Konsumwut des Mittelstandes. Ebenso sind die wiederkehrenden Skandale von Betrug und Bestechung in den höchsten Führungsetagen ein beredtes Zeugnis. In jüngerer Zeit kommt die Überwachung von Ex-Mitarbeitern dazu, die selbstverständlich keiner der Führungsverantwortlichen veranlasst hat. Dazu reicht ein Gutachten einer namhaften Kanzlei zur Weisswaschung. Es wirkt eher wie ein Witz, denn die Weisswaschung wird bei einem jährlichen Auftragsvolumen von mehreren Millionen schnell möglich. Kunden sind schliesslich Könige. Also welchem Kunden leiste ich eine Gefälligkeit oder ein Gutachten? Erstaunlich ist, dass zu solch schrägen Vorgängen externe Beratungsfirmen beauftragt werden müssen. Nicht-Wissen ist die Strategie, die am häufigsten genutzt wird. Dabei ist klar: Nicht-Wissen schützt vor Strafe nicht. Einzige Ausnahme: Führungsverantwortliche können sich vor Gericht und Medien so äussern, dass Nicht-Wissen ohne Folgen bleibt. Eigenartig.

Insider sein – eine Triebkraft

Eigenartig ist auch, dass die Triebkraft, zu den «Insidern» zu gehören, nicht thematisiert wird. Doch wer Teil davon sein will, nutzt Stil, Gesten, Sprüche und Sprache der Insider. Nur so bekommt derjenige die Chance, in die Gruppe der Insider aufgenommen zu werden. Hier steht das Wort «Insider» bewusst. Wenn die Rede von Wölfen und dem Rudel ist, wird klar: wer dazu gehören will, muss Wolf sein, also ein Insider. Kompetente Top-Kader und die Reichsten der Schweiz haben eine Insidersprache. Genauso wie sie der Mittelstand, Politik und Ärmsten der Schweiz haben.

Achten Sie einmal darauf, wie oft Ihnen scheinbar ohne Grund etwas geschenkt wird – das heisst, wie oft Sie das absichtslose Geben erleben! Immer mehr bekomme ich Dankbarkeit zu hören, gelebte Wertschätzung, Unkompliziertheit im Umgang und Grosszügigkeit. All das sind Verhalten und

Aussagen der Elite. Tue Gutes und sprich darüber. Spende und engagiere dich sozial.

Influencer-Narzissten

Die «Influencer» heutzutage sind ohne Narzissmus nicht vorstellbar. Hinzu kommen Neid und ständiges Vergleichen. Popularität lässt sich zu Geld machen.

Karriere in der Politik

Wer in der Politik möglichst schnell Karriere machen will, macht das am besten in einer Partei, in der wenig Konkurrenz herrscht: «Rechts». Doch Achtung: gleich um die Ecke wartet Inkompetenz. Die Machtkämpfe sind heute die Regel, egal wo: Politik, Wirtschaft oder Privat. Zäumen wir das Pferd von hinten auf, beginnen wir anstelle mit den Machtkämpfen von Wirtschaft und Politik mit der Inkompetenz und deren Hintergrund.

Inkompetenz – was ist das?

Einigen wir uns, bevor wir Menschen und Organisationen als inkompetent bezeichnen, zuerst darauf, was Inkompetenz ist, wo sie beginnt und wo sie aufhört. Meine Sicht ist klar, irgendwie einfach und doch kompliziert: Je mehr Theorie anstelle praktischer Anwendung geschult wird und je mehr identische Lösungen geschaffen werden (Geschäft, Architektur, Steuerplanung, Geldanlage, Einkauf, Kleider, Nahrung, Möbel, Restaurants, Menus, Rezepte, Handwerk etc.), umso näher und wahrscheinlicher ist die Inkompetenz. Weil alle dasselbe machen, heisst das nicht, dass das richtig ist. Es gibt den eingebauten Fehlerfaktor: das tun, was die Mehrheit macht, denn das ist vermeintlich richtig. Aber vor allem: nur dann kann ich «dazugehören». Wie war das 2008 (US-Finanzkrise)? Da lag die Mehrheit daneben. Ebenso 2001 (Dotcom-Blase) oder 1998 (Asien-Russland-Krise).

Was wird in der Zukunft wichtig sein?

In der Zukunft wird das wichtig, was sich fast jeder auf die Fahne geschrieben hat, aber die wenigsten wirklich leben oder tun: kompetent sein und keine (oder wenige) Fehler machen.

Doch das hat seine Tücken. Wer genau hinhört, bemerkt: Aussagen sind oft ohne Zahlen, Daten, Fakten. Begriffe haben mehrere Bedeutungen. Etwa der viel benutzte Ausdruck «eigentlich». Was bedeutet das? Das Wort hat zwei Bedeutungen! Ich kann damit sagen, was immer ich will. «Eigentlich wird das Wetter morgen schön.» Doch es könnte auch regnen… Es ist der Klassiker: zwei Aussagen. Und egal was passiert, ich bin auf der richtigen Seite. Mir stinkt das. Deshalb hier mehr etwas aus der Sicht des Praktikers was wichtig ist. Das Ganze kommt fassbarer daher.

Die Zukunft gehört demjenigen, der Werte aus Wissen schaffen kann. Daraus sind enorme Vorteile möglich. Aber dazu ist es nötig, Modelle zu verknüpfen, gewonnene Einsichten und Erkenntnisse aus angewendetem Wissen zu integrieren und zu teilen. Je mehr ich das wertfrei und ohne Berührungsängste tue, umso mehr gelingt mir das. Wer seine Berührungsängste ablegen kann, richtet den Blick hinter die Kulissen, weg von der allbekannten Aufführung davor. Im nächsten Jahrzehnt geht es aus meiner Sicht darum, den Menschen und die Maschine möglichst optimal zu verbinden, jedoch nicht im Sinne von Hardware, sondern in dem Sinne, dass die Maschine Hilfsmittel wird, damit der Mensch seinen Leidenschaften, Kompetenzen und Fähigkeiten nachgehen kann. Einige Ansatzpunkte dazu: wie kann die Fähigkeit gestärkt werden, Zeitungsenten und Falschnachrichten («Fake News») zuverlässig und frühzeitig zu erkennen? Oder: habe ich eine Quelle mit Wissen ohne Verfalldatum und sicheren Informationen? Welche Informationsquelle ist frei von Eigeninteressen? Das zu erkennen und für sich selbst nutzbar zu machen, wird im nächsten Jahrzehnt Dreh- und Angelpunkt sein. Für dich als Leser wird entscheidend sein, diese Themen zu den eigenen Themen, zu «deiner Sache» zu machen!

Deine Sache wird sein, den Umgang mit Geld und das Wirtschaften zu lernen. Deine Sache ist die Ernährung und somit das Kochen. Deine Sache ist und bleibt, möglichst gesund alt zu werden und soziale Beziehungen zu pflegen. Das sind die wichtigsten Säulen des Lebens und das Fundament sind meine Werte und meine Haltung. Das kann kein Mensch ignorieren, der selbstverantwortlich durch seine Lebenszeit steuert. Doch wie gehe ich vor? Wem soll ich glauben? Auf wen soll ich hören? Höre und glaube ich den Menschen in der Herde oder denen, die sich ausserhalb bewegen? Wer kann eher über sich hinauswachsen? Das meine ich, wenn ich heute von Inkompetenz unter Experten schreibe. Die wenigsten überdenken ihr persönliches Handeln und ihre Entscheide in Beruf und Privatleben, denn die Anreizsysteme arbeiten filigran auf mehreren Ebenen und Tiefen. Hingegen ist derjenige kompetent, der Aufträge ausführt, nachdem eine eigene Überprüfung stattgefunden hat. Leider ist es heute so, dass vielmehr Aufträge ausgeführt werden wie Befehle in der Armee. Eine persönliche Reflexion und Entscheidung wären nötig. Das ist die Herausforderung, die jeder Mensch für sich selbst zu lösen hat, trotz der vielen Einflüsse auf allen Ebenen des menschlichen Daseins.

Normen und Symbole in der Gastronomie und anderswo

Die in der Gastronomie, der Lebensmittel- und auch der Finanzindustrie verwendeten Normen und Rituale und Symbole fördern das Verstecken der eigenen Grenzen. Bekleidung, Statussymbole, Jugendlichkeit, Schönheit, Gastro- oder Büroausstattung sind nur einige Beispiele. Hinzu kommen Verhaltenskurse, Smalltalk- und Knigge-Technik, Modeberatung, Medienschulung und Verkauf und so weiter. Letztlich ist es die Verpackung, und die bleibt – genau wie in der Werbung – spielentscheidend. Wer flüchtig hinschaut oder abgelenkt ist zum Beispiel mit dem endlosen Strom von «News» aus der Online-Welt, bekommt vom Charakter dieses einstudierten und angepassten Verhaltens immer weniger mit. Rituale, die wir von Kind auf lernen – «bitte» und «danke» sagen und anderes sind oft nicht mehr als Automatismen: sie sind weitgehend bedeutungsleer. Und genauso ist das mit einstudierten Automatismen und Vorgehen des Verkäufers. Er will am Ende mehr Umsatz und das geht über den Verkauf. Übrigens: jeder Mensch ist Verkäufer. Daran führt kein Weg vorbei. Einigen gelingt es, sich derart perfekt in Szene zu setzen, dass Menschen auf Schwindeleien aller Art hereinfallen: Heirat, Geschäft, Doping, Enkel-Trick. Wer im Nachhinein die Warnsignale betrachtet, erkennt ein Muster, ein Naturgesetz: jeder ist Verkäufer. Sei es bei der Partnerwahl, Familie, Erziehung, Stellensuche, Sport, Verein, Hobby, Betrug etc. Und egal wie oft die Aussagen kommen: «Ich bin nur Berater, ich verkaufe nichts» oder «Mein Job hat nichts mit Verkauf zu tun» – «Eine Hausfrau verkauft nicht» und vieles andere: Am Ende des Tages sind wir Verkäufer unserer eigenen Sache und unserer Anliegen. Auch ich.

Statistik

Die Sprache der Statistik zu können, ist das A und O. Das wusste auch Darrel Huff, der die Statistik entzauberte. Er meinte dazu: Die geheime Sprache der Statistik ist nichts weniger als eine faktenbasierte Sprache. Mit dem Vorbehalt, dass je nach gewünschter Wirkung die Statistik aufgeblasen wird mit Sensation, Verwirrung und Vereinfachung. Es bedingt viel Aufwand und Sorgfalt, dem Ganzen auf die Spur zu kommen. Die klassischen Lehren der Ökonomie, wie sie nach wie vor an den Universitäten gelehrt werden, gewähren effizient nur einen Teileinblick hinter die Kulisse. Wichtige Aspekte wie etwa das menschlich-subjektive Handeln bleiben bei den klassischen Lehren oft im Dunkeln verborgen. Gleichzeitig kommen der Politik und der Wirtschaft entgegen, dass die Mehrheit der Bevölkerung die Themen der Ökonomie und Geldanlage weitgehend ignoriert. Die Lebensmittelindustrie macht sich dieses Verhalten der Bevölkerung genauso zunutze. So nimmt zum Beispiel «Theoretisches Kochen» im gleichen Ausmass zu, wie das praktische Kochen abnimmt. Und die Statistik wird in Perfektion genutzt, erkennbar an den vielen Botschaften auf der Verpackung der hippen Vitaminbomben und in den wenig präzisen Studien. (wobei darin auch ein Gutteil Beeinflussung steckt).

Politik hinterher

Die Politik rennt jenen Themen nach, die für Popularität sorgen und ignoriert den Rest. Die Schlagzeilen sorgen für zusätzliche Verwirrung. Doch das grösste Übel ist unerkannt: ständiges Vergleichen und gewinnen-wollen. Mit «gewinnen» ist gemeint: schöner, schneller, reicher, gesünder, besser etc. Wer mit dem Vergleichen beginnt, hat so oder so bereits verloren. Der Weckruf für Neid und Gier ist der Vergleich. Der Zweite ist der erste Verlierer.

Monokultur beim Essen und anderen Konsumthemen

Wenn wir wieder zurückgehen zum Essen, fällt mir folgendes auf. Die Bahnhöfe und deren Umgebung ähneln sich immer mehr. Auf den Strassen vieler Städte ein identisches Bild. Zu wissen, wo ich mich befinde, wird schwierig für jemanden, der viel unterwegs ist. Die Bahnhöfe und Flughäfen und deren Essensstände sehen schweiz- und europaweit fast gleich aus. Denn möglichst viele Menschen sollen auf dem Weg zu ihrem Perron oder Abflug viel kaufen und konsumieren. Da wird mir als Bahn- und Flugkunde viel Gewalt angetan. Das erste Mal habe ich das auf dem berühmtesten Berg in Hongkong erlebt – dem Victoria Peak. Wer mit der Bahn hinauffährt, muss durch alle Regale schlendern, bevor er zum Beginn des Rundgangs zum Aussichtspunkt kommt. Klar, so lassen sich die Besuchermassen einfacher bewältigen. Andererseits ist das wie beim Verlad von Rindern, Schafen, Schweinen, die zum Schlachter müssen und mittels Gatter in die Lastwagen gelenkt werden: nur die gescheitesten Viecher erkennen das Manöver. Ganz klar. Die Gerüche und Vorgehen ähneln sich mehr und mehr, werden austauschbar und das auf der ganzen Welt.

Marginal werden Unterschiede noch erkennbar: in deutschen Bahnhöfen sind es das Nordseeangebot (Fischtheken «Nordsee») und die Currywürste. In Frankreich tauchen Gänseleber und Trüffel auf, am liebsten aus der Dordogne. In der Schweiz geht es etwas weniger genussvoll zu. Zeit und Geld zählen. Da reichen Sandwiches, das Einerlei für Migros-Kinder, der Bretzel-König, der Kebab-Stand, die Hamburger, der Asiate, der Italiener und in Bern seit neuestem ein Japaner. Schnelle Küche – schädigend vom Preis bis zur Gesundheit. Der Futterberg von Kohlenhydraten, Zucker und Säure stillt den Hunger. Kurzfristig.

Die Kosten, die durch den Kauf und Bezug dieser Leistung zusätzlich entstehen, werden ausgeblendet: Vereinzelung, Auflösung der Gemeinschaft, Produktion, Umwelt, Plastik, Gesundheit, Arbeitsverhältnisse der Erntehelfer, Verlust der Kreativität des Kochens und mehr. Was bei den Gerichten auffällt: Zucker, Fett und Säure steckt in den meisten von ihnen. Fastfood lebt davon und hat sich das in der Sterneküche abgeschaut, zum Beispiel von Andreas Caminada, dem besten Koch der Schweiz. Er kitzelt das letzte Aroma aller Aromen aus seinen Saucen, Suppen und anderem mehr heraus, indem er die Säure vom Sanddorn verwendet. Für mich ist Caminada ein sensationeller Koch und ein noch besserer Vermarkter seiner selbst. In beiden Aspekten – Koch und Vermarkter – stecken viel Arbeit und Training. Dazu musste er aber einen eigenen, anderen Weg gehen. Monokultur hätte ihn nicht so weit gebracht.

Sterneküche und Symbole

Sterneküche erkenne ich an Symbolen. Da sind die Mitgliedschaften in Zirkeln, die Auszeichnungen, Prominentenbesuche, Fotos von Berühmtheiten, Baukunst und anderes mehr wichtig. Früher hiess es «Hausspezialität», heute muss es das «Signatur Dish» sein. Jeder Sternekoch hat sein Gericht oder seine ultimative Kombination. Sepp Kalberer (Restaurant Schlüssel, Mels) war für seine geschmorten Rindsbacken weitherum bekannt. Paul Bocuse für seine Trüffelsuppe mit der Teighaube. Oder Andreas Caminadas mit dem «Urgeschmack Graubündens», bei der die Zwiebel Hauptdarstellerin ist, die mit anderen Komponenten präsentiert wird.

Das geht nahtlos weiter über Bekleidung von Service und Küche, Blumenschmuck, grandios eingedeckte Tische und Gerichte und Menüs, die so unglaublich verheissungsvoll klingen. Leider nimmt auch hier die schwarze Bekleidung inflationär zu. Trotzdem, die Gastronomie dieser Art ist eine Höchstleistung und kräfteraubend wie zerstörerisch für Familien. Egal wie die persönliche Verfassung des Kochs ist oder wieviel Bestellungen in der Küche am Brett hängen: die Ansprüche an Qualität, Aussehen, Geschmack, Präsentation und andere Details sind bei jedem Teller identisch. Eine Herausforderung sondergleichen. Jeden Tag sind die gleichen Leistungen und Qualität abzurufen. Vieles wirkt gekünstelt und aufgesetzt. Handkehrum ist die Sympathiewelle oft kaum auszuhalten. Auch das sind Botschaften von Alphas an andere Gäste.

Ein Ausflug nach Kopenhagen

Folgen Sie mir auf einen Ausflug nach Kopenhagen. Von 2004 bis 2012 hatte ich dort oft geschäftlich zu tun. In dieser Zeit fand ich in der dänischen Hauptstadt meinen Helden: René Redzepi. Sein Restaurant «Noma» wurde viermal als bestes Lokal der Welt ausgezeichnet. Er hat sich im Jahr 2003 entschieden, nur noch mit Lebensmitteln zu kochen, die in Skandinavien wachsen. Diese Einschränkung hat Konsequenzen. Welches Öl? Mit was ersetze ich Reis, Oliven und anderes mehr. Seine Kombinationen sind – vorsichtig ausgedrückt – etwas wild. Er hat das Fermentieren wieder populär gemacht. Doch einen Tiefpunkt hatte auch er, wenngleich dieser der Start für eine unglaubliche Leistung war. Seine Gäste mussten mit Anzeichen einer

Lebensmittelvergiftung ins Spital eingeliefert werden. Dabei war die gewählte Kombination der Auslöser: ein fermentiertes Gericht in Kombination mit Muscheln. Eine unheilige Allianz. Ein Jahr später war das «Noma» wieder das beste Lokal der Welt. Jetzt hat er ein neues Konzept mit 3 Saisons: im Winter alles aus dem Meer. Dann kommen die Veganer und Vegetarier von März bis September. Im Anschluss dann viel Fleisch, Beeren und Pilze. und anderes aus dem Wald. Es gibt nur wenige, die sich trauen, so konsequent einen eigenen Weg jenseits der Mehrheit zu gehen. Zu Beginn bekam man in Kopenhagen jederzeit einen Platz im «Noma». Heute sind Reservation lange vorab die Regel.

Von Kopenhagen rund um die Welt

Rund um den Globus gibt es sie: die einfachen, unvergesslichen Küchen und kleinen Restaurants. Zum Beispiel früher bei «Nonna» im Stöckli der Bauernstube in Ulmiz (Kanton Bern): italienische Küche vom Feinsten. Oder die «Weisse Kuh» in Seeberg, mit der der Koch und Inhaber Markus Sicher eine Oase schaffte, die mir viel Freude bereitete – leider geschlossen. Oder die «Schmitte» in Ostermundigen oder das Steakhouse «Noah» in der Nähe des Feuerwehrdepots der Stadt Bern und der Zentralwäscherei. Unvergessen auch der «Falken» in der Münstergasse für seine Spagetti und sein «Pulpo» - Gerichte von Weltklasse zu vernünftigen Preisen. Ebenso die Auswahl beim Wein. Die Kunst ist es, hervorragende Weine in der Preisklasse 20 bis 30 Franken zu finden. Denn Weinflaschen, die bereits 100 Franken und mehr kosten, sind in der Regel bereits auf einem hohen Niveau. Da ist neben dem bekannten Namen auch Qualität drin. Das ist bei preiswerten Flaschen viel schwieriger herauszufinden. Es erfordert, genau das zu probieren, was unbekannt ist. Nach diesem Grundsatz suche ich auch Restaurant-Erlebnisse abseits der Spitzengastronomie: sensationelle Qualität zu vernünftigen Preisen.

In traditionellen Strassenküchen und Hinterhof-Restaurants der Welt ist Einmaligkeit fernab der breiten Masse nach wie vor zu erleben – sofern sich der Tourist traut und überwindet. Diese Küchen brillieren mit anderen Qualitäten. Da kann das Staunen gross werden. Mit einfachsten Mitteln auf offenem Feuer und ohne Wasser gibt es die herrlichsten Gerichte. Für Europäer, die auf Reisen auf ihre Gerichte nicht verzichten wollen, seien dagegen all die Schweizerrestaurants und Nobelrestaurants empfohlen. Mich dagegen legen sie regelmässig auf jedem Kontinent flach. Wenn Magen oder Verdauung auf Reisen verrücktspielen, ist meistens ein internationales Restaurant oder Hotel die Ursache. In der Strassenküche ist mir das noch nie passiert, nicht mit Fisch, Fleisch, Eierspeisen, Eintöpfen oder anderem mehr. Auch der Einkauf von ungekühltem Fleisch auf dem Markt in Afrika ist sicher. Wichtig ist: es muss Fliegen in der Nähe des Fleisches haben, hingegen keine auf dem Fleisch. Wenn das so ist, ist kaufen und kochen ohne Probleme möglich.

Die viele Butter der Sterneküche macht mir dagegen immer öfters zu schaffen. Mit Butter wird der letzte Hauch von Aroma herausgekitzelt. Regelmässig nach dem Genuss von Raclette, Fondue oder Sterneküche plagen mich wiederkehrend Durst und die Verdauung. Daraus entsteht mein Symbol. Während die Sterneküche viel Butter nutzt, um Geschmack und Aroma zu fördern, pflege ich eine direktere Küche mit Oliven- oder Rapsöl und anderem mehr. Meine Küche ist einfach und direkt. Auf Fett, Zucker und all die chemischen Zusatzstoffe wird verzichtet. Behandelte Lebensmittel werden im grossen Stil gemieden. Ein besonderes Erlebnis für mich war es, diese Art der Küche auf meiner Reise nach Georgien das erste Mal zu erleben. Unglaublich viele alte und traditionelle, unbekannte Gerichte und Rezepte in ebenso alten Töpfen und Öfen! Ebenso neu waren für mich die sensationellen Lebensmittel und die Gerüche von längst verloren geglaubten Aromen. Das ist etwas völlig anderes als der Einheitsgeschmack von Gemüse und Früchten in der Schweiz.

Strassenküche in Hongkong, Marokko und Schweiz

Die Erinnerung an die Strassenküche in Hongkong löst gleich Hunger aus, obwohl die oft schmuddelige Umgebung gewöhnungsbedürftig ist. Wer hinter die Kulissen schaut, würde keinen Fuss ins Restaurant setzen. Doch hier ist jeder gleich. Egal ob reich oder arm. Der Austausch macht Freude. Das Bunte und Einfache ähnelt der Einkaufsstrasse auf dem Berg (Victoria Peak) mit den Fisch-, Fleisch, Früchte-, Gemüseständen. Da verkauft der Uhrenmacher gleich noch Eier in seinem Kabäuschen. Wer schon mal die gut gefüllten Plastiksäcke mit rohen Eiern gesehen hat, staunt darüber, wie die heil bleiben können. Wenn ich Eier so kaufe, sind sie bereits beim Kauf Bruchware. Doch die Vielfalt und Frische und die einfache Küche locken mich. Dasselbe an einem ganz anderen Ort: auf dem Djemaa el-Fna in Marrakesch – das grösste Freiluftrestaurant Marokkos und pulsierendes Herz der Stadt. Die Düfte, der

Lärm, das Gedränge und die ungewohnten Stimmen, das Geschrei – all das macht mich zum idealen «Opfer». Gefangen von so vielen Eindrücken habe ich innert Kürze etwas gekauft, was ich gar nicht will. An solchen Orten kostet es mich viel Energie, meine Geldbörse eingepackt zu lassen und mich von meinen Augen und den Gerüchen in der Nase weniger verführen zu lassen.

Einfache Gerichte, direkt gemacht auf dem Feuer, sind das Beste, was es gibt. So zum Beispiel auch an der Küste von Marokko, an der Plage Blanche. Dort gab es ein «Pulpo» der Weltklasse, zubereitet mit dem traditionellen Tajine, dem marokkanischen Kochtopf.

Es gibt nur wenige Orte in der Schweiz, an denen der Pizzakurier, Hamburger- oder Kebab-Stand fehlen. Viele Restaurants ähneln sich mehr, als mir lieb ist. Wer kennt sie nicht, die Gewürzständer mit Aromat, Maggi, Salz und Pfeffer auf den Tischen? Sie stehen dort genau wie vor 40 Jahren. Das populäre Maggi schmeckt wie Maggikraut (Liebstöckel), hat jedoch keinen Hauch dieses Gartenkrautes in der Rezeptur. Wieso nach wie vor mit Chemie würzen? Es gäbe mit den heutigen Gerätschaften und Erkenntnissen der Küche Alternativen und Geschmacksverstärker gibt es auf natürlicher Basis.

Zeitgenössische Restauranterfahrung

Letztens bekam ich eine Empfehlung, ich müsse unbedingt da und da essen gehen. Es war eine einzige Enttäuschung. Die Salatsauce und das Fleisch fertig gekauft. Auf dem gemischten Salat die roten Bohnen, der Maissalat aus der Dose und die Gemüsestreifen von Sellerie und Rüebli fertig gekauft. Ebenso die Brösel auf dem Salat. Die Erkenntnis aus diesem Erlebnis? Der Mehrheitsgeschmack passt sich mehr und mehr den Vorstellungen der Lebensmittelindustrie an. Kopfstehende Welt! Leider will die Industrie ausschliesslich mit chemisch hergestellten Hilfsmitteln oder anderen Kostenzaubereien die Effizienz erhöhen und somit höheren Gewinn erzielen. In der Werbung gesund, schnell und einfach. In der Wirkung aber teuer und mehr schädigend als nützlich. Den eigenen Verdienst hochzuschrauben steht im Zentrum.

Macht – Machtkämpfe in Küche und Leben

Die wenigsten können wie Frédy Girardet (Restaurant Girardet Crissier) mit 60 Lebensjahren alles an den Nachfolger verkaufen. Sein «Signatur Dish» war ein Amuse-Bouche, ein kleines Stück Zwiebelkuchen. André Jäger ist ein weiteres gutes Beispiel aus Schaffhausen. Er nahm mit 70 die Kurve und ist aber nach wie vor höchst aktiv. Seine Kaiserbratwurst hat Einzug gehalten in die First-Class der Fluggesellschaft Swissair. Die Kaiserbratwurst wird mit geräuchertem Kalbsfett anstelle von Schweinefett hergestellt, um allen Geschmäckern gerecht zu werden. Oder Paul Bocuse, der zeitlebens polygam gelebt hat und noch mit 80 Jahren seine Gäste persönlich empfangen hat in seiner L'Auberge du Pont de Collonges in Lyon. Wer den Kinofilm «Ratatouille» kennt, kann sich unter diesem Haus etwas vorstellen. Mein Besuch dort, das Essen – zwei Jahre vor seinem Tod – bleibt mir unvergessen. Übrigens: es gibt 4 Jahrhundertköche, die von Gault-Millau ausgezeichnet wurden: Frédy Girardet, Paul Bocuse, Eckard Witzigmann und Joel Robuchon. Anstelle des «Signatur Dish» gefällt mir der Begriff «Klassiker» oder «Spezialität des Hauses». Denn wer das Vergnügen hatte, den Zwiebelkuchen von Frédy, die Trüffelsuppe von Paul, das Kalbsbries von Eckard und das Kartoffelpüree von Joel zu kosten, weiss wieso.

Alle vier Köche sind einzigartig in ihrer Schaffenskraft und Leidenschaft. Eckard Witzigmann ragt heraus, da der Kokainkonsum, wie es Anthony Bourdain in seinem Kochbuch-Bestseller festhielt, mit der Verurteilung erstmals öffentlich wurde. Den Olymp bestieg Eckard Witzigmann wie Anthony Bourdain wieder. Beide haben Neues geschaffen und neue Massstäbe gesetzt. Unvergleichbare Menschen und kreative Köpfe. Meine Namensvetter Ernesto und Othmar Schlegel zähle ich ebenso dazu.

Zurück zu Paul Bocuse

Doch zurück zu Paul Bocuse. Die Leistungsfähigkeit und das jahrelang wiederkehrend gleiche Ritual, seine Gäste mit der offiziellen Frau zu begrüssen, für Fotos zur Verfügung zu stehen und die immer gleichen Sprüche, Fragen und Geschichten zu hören oder zu erzählen – das ist etwas vom Beeindruckendsten für mich, obwohl auch ich meine Strukturen habe und selten davon abweiche. Bei Paul Bocuse habe ich nun einerseits den Narzissten und anderseits den Geschäftsmann kennengelernt. Auf jedem Teller, Glas, Besteck, im Teppich seine Initialen: «PB». Bilder und Fotos an den Wänden wie auch seine Auszeichnungen und seine Kochbücher – egal wohin der Blick schweift, Paul Bocuse war nicht zu übersehen. Mir wäre es peinlich, mich derart penetrant zu vermarkten. Doch genau dort ist die Wurzel und daran leiden die meisten. Es sind mitgegebene «Massstäbe». «Das gehört sich nicht», hörte ich als Kind zum Beispiel öfters. Derartige Glaubenssätze begrenzen das Potential des Menschen. Unternehmertum dagegen hat mit Marktgeschrei zu tun. Je selbstverständlicher der Umgang damit, umso effizienter in der Wirkung. Bei Paul Bocuse war es erlebbar.

Verbundenheit von Macht, Status und Narzissmus

Macht, Status und Narzissmus sind tief miteinander verbunden, egal ob in der Sterneküche oder bei den Finanzexperten. Das eine geht nicht ohne das andere. Eine gesunde Distanz wäre wichtig, doch leider sind immer öfters der Drang nach Macht, Status und Befriedigung des Narzissten im Zentrum. Und je mehr theoretisch und in Fremdsprachen gesprochen wird, wo es nicht notwendig ist, umso sicherer und näher ist die Inkompetenz. Ein anderer Aufmerksamkeitspunkt: je mehr es der Meinung der Mehrheit entspricht, umso wahrscheinlicher ist, dass die Inkompetenz am Werk ist. Daraus ergibt sich: wer tut, was die Experten raten oder was die Mehrheit rät, hat einen sicheren Job. Und der hat, vor allem im Schadensfall, keine Konsequenzen zu fürchten, insbesondere, je höher seine Stellung in der Firma ist. Auch deshalb blüht die Beraterindustrie derart. Eigene Entscheidungen treffen und eigene Wege gehen, kann Karriere und Job kosten. Die Finanzkrise 2008 hat das deutlich zum Ausdruck gebracht. All die Experten sind völlig überrascht worden. Konnte keiner der Experten voraussehen?

Dabei ist es viel profaner. Wer etwas nicht einfach erklären kann, hat es nicht verstanden. Daran messe ich mich.

Kompetenz im Baskenland – Bittor Arguinzoniz

Kompetenz ohne Macht und Statusdünkel nehme ich im Baskenland in Axpe Achondo (Spanien) wahr, bei Bittor Arguinzoniz in seinem Restaurant «Neues Haus», baskisch «Asador Etxebarri». Er ist überzeugt, dass das, was wir essen und tun, anders gehen muss. Wer fragt, warum er nicht expandieren wolle, erhält zur Antwort: «Mein Platz ist am Feuer» und mit dem breitesten Grinsen im Gesicht: «Mit einem Hintern kann man nicht auf zwei Stühlen sitzen.» Mehr ist nicht immer mehr. Doch wer ist dieser Exot? Er ist die Kompetenz, wenn es um Gegrilltes geht. Er ist kompetent, weil er ausprobiert und vor nichts zurückschreckt, egal was Experten und Kochlehrer sagen.

Bittor Arguinzoniz ist ein Suchender und verwirrt oft mit seiner schon fast zerstörerischen oder kompromisslosen Art seine Gäste und Mitmenschen. Seien es die Menschen des Dorfes, Fremde oder Unwissende. Zubereitet wird alles auf der Glut seiner beiden Öfen. Die Temperatur ist selbstverständlich perfekt. Sein Umgang mit Kohle könnte konsequenter nicht sein. Jedes Gericht hat sein eigenes Holz. Er verzichtet auf kaufbare Kohle, diese ist in seinen Augen gar ein Verbrechen. Er stellt täglich aus Oliven, Eichen, Wein und anderen Hölzern seine eigene Holzkohle her. Für alles gibt es das richtige Holz und die richtige Temperatur der Kohle. Keine Temperaturanzeige. Ein einfacher Blick reicht, um die aktuelle Hitze abschätzen zu können. Der Kerl kann das, egal, ob Fisch aus dem Meer oder sein Fleisch und Gemüse. Seine Kunst ist hohe Schule, von der ich noch meilenweit entfernt bin. Für seine 6 selbstgebauten Edelstahlgrills ist nur das Beste vom Besten gut genug. Gleich gegenüber die zwei offenen Öfen, die er tagtäglich mit frischem Holz bestückt. Er hat weder für Veganer noch Vegetarier etwas im Angebot. Konsequenter und klarer geht es nicht: das kann ich, das mache ich.

Wer eine eigene Pfanne konstruiert, um dann Kilo um Kilo Kaviar darauf zu verarbeiten, um die optimale Zubereitung zu erkennen und entwickeln, kann nur als «verrückt» bezeichnet werden. Aber wie soll er sonst herausfinden, was das optimale Holz und welches die perfekte Hitze ist? Das Kilo Kaviar kostet mehrere Tausend Franken… Oder für seine Hausspezialität, die baskischen Glasaale, liess er eine Pfanne beim örtlichen Schmied herstellen. Die Pfanne sieht aus wie ein feines Lochbecken oder Abtropfsieb, das nur 1/3 der ordentlichen Grösse hat. Die kann er so direkt auf den Grill stellen und sie ist durch das kleinmaschige und metallene «Netz» belüftet. Bei ihm gibt es mehr, als in den Büchern steht und als die Experten schreiben. Da wird selbst ausprobiert bis zum perfekten Geschmack. Seine Motivation und Leidenschaft sind andere Resultate. Das beste Aroma mit der natürlichen Hitze von Glut erzielen. Das ermöglicht seinen Gästen einmalige und komplett neue

Aromaerlebnisse. Es geht nicht um Umsatz, Kosten, Gewinn oder den eigenen Lohn. Es geht darum, wie der Eigengeschmack verstärkt und hervorgehoben werden kann. Die Küche verzichtet mehrheitlich auf Luxus-Artikel, doch um das einmalige Geschmackserlebnis einordnen zu können, ist etwa der Kaviar ein guter Ausgangspunkt. Kaviar wird ausschliesslich roh und leicht gesalzen genossen. Wieso nicht grillen? Die Mehrheit isst Kaviar kalt und Bittor Arguinzoniz findet, das sollte man grillen und warm geniessen.

Bittors Fleischsteaks stammen von 10- bis 12-jährigen Kühen. Seine Butter wird ohne Brot direkt genossen. Wie finde ich heraus, wie Butter schmeckt? Geschmacksnuancen finde ich über den Ursprung heraus. Je natürlicher im Ursprung, desto grösser die Chance. Es geht nicht um das ultimative Geschmackserlebnis. Es dreht sich alles darum, wie das natürliche Aroma verstärkt und hervorgehoben werden kann.

In dem Sinne kocht Bittor Arguinzoniz aus der Vergangenheit für die Gegenwart. Das Heu hat er mit Ferran Adria, dem König der Molekularküche, nicht auf der gleichen Bühne. Die publizierte arrogante Aussage von Ferran Adria, Arguinzoniz könnte «ohne meine Leistung nie so kochen», lasse ich mal so stehen. Hier die Küche aus der Vergangenheit für die Gegenwart. Dort das pure Gegenteil der Molekularküche mit Ferran Adria: Küche der Zukunft im Labor. Ich weiss, was ich lieber esse: das Alte. Je älter das Rezept und je althergebrachter die Zubereitung, umso gesünder, da unbehandelte Lebensmittel zum Einsatz kommen. Der Ursprung. Jeder Gast bekommt genau das in der «Asador Etxebarri».

Bittor Arguinzoniz ist kompetent, ein Querkopf, geht andere Wege und mischt und probiert Sachen aus, die «unmöglich» sind und trotzdem geht's. Für ihn gibt es keine Berührungsängste und gemachte Fehler führen ihn zu seinen aussergewöhnlichen Resultaten. Respekt!

Fast-Food-Erfahrung von den Philippinen und anderswo

Stichwort Geschmacksverstärker und Weichmacher: sie sorgen in der industriellen Küche dafür, dass mindere Qualität zu höheren Preisen verkauft werden kann und beim Kunden appetitanregend wirken. Mit dem steigenden Appetit auf süchtig machende Speisen vervielfacht sich Umsatz und Gewinn – ein Geschäftsprinzip der Fast-Food-Industrie. Ist es verwunderlich, dass diese Prinzipien Anwendung in der Fast-Food-Finanzindustrie finden? Hier sind die Weichmacher die ungesunden Produkte für Privatanleger – schnell konsumiert und noch schneller «Finanzdurchfall» auslösend. Die Geschmacksverstärker sprechen die Gier der Kunden an und heissen «strukturierte Produkte» - verschachtelte, unverständliche Konstrukte, die genauso finanzkrank machen. Ich habe jahrelang meine Geschmacksnerven für Geld und Küche trainiert und bei krankmachenden Aspekten meldet sich meine Intuition und mein Körper rebelliert. Eine Anekdote dieser Art: vor 12 Jahren in Frankfurt nach einem fantastischen Rolando-Villazón-Konzert waren wir auf dem Heimweg. Meine damalige Frau Franziska wollte vor der Zugsreise beim Asiaten noch etwas essen. Ich stimmte zu, wenn auch widerwillig. Aber sie hatte Hunger und das Wochenende war ein Geschenk für die vielen Abende und Wochenenden, die sie wegen meiner Weiterbildungen und der Arbeit allein verbringen musste. Das Resultat: nach zwei Löffeln Asia-Fastfood ging es fluchtartig zum Reistempel raus. Ich schaffte es bis zu den Gleisen…

Trotz meiner traumatischen Erfahrungen mit Fertigprodukten in der Kochlehre gibt es immer wieder Momente, in denen ich selbst Fertigprodukte nutze oder Fast Food esse. Das ist kein Widerspruch, sondern einfach pragmatisch. Für mich ist es die Ausnahme und nicht die Regel. Etwa wenn ich als Gast eingeladen bin, kann ich gut Fertigprodukte, Aromat und anderes mehr essen, denn die Gesellschaft der Menschen ist viel wichtiger. Cynthia, meine Tochter, hat bei einem Halt vor einem McDonald's-Restaurant aus dem Seitenwagen heraus kommentiert: «Papi, bisch krank?» Der Auslöser dieses Halts war mein eigener Hunger und Durst und fünf geschlossene Restaurantküchen…

Nur, weil ich gegen Fast Food bin, heisst das nicht, dass ich kein Fast Food esse oder in echten Notfällen darauf zurückgreife. Das schon fast militant anmutende Verhalten der Veganer ist mir fremd. Das eine tun, das andere nicht lassen, ist mehr meins.

Das philippinische Fast-Food-Essen war so ein Notfall. Nach dem 18-stündigen Tag- und Nachtflug Zürich-Hongkong-Manila-Cebu stand mir noch eine sechsstündige Busfahrt bevor. Also deckte ich mich mit Essen und Getränken ein: «Jolly Bee Burger», dem populärsten Hamburger der

Philippinen. Heute weiss ich: nicht nur der populärste, sondern auch der schlechteste Hamburger, den ich je gegessen habe. Nur die soziale Kontrolle der Öffentlichkeit im Bus bewahrte mich davor, mich zu übergeben. Was ich heute auch weiss: in allen «Jolly Bee»-Produkten steckt Zucker ohne Ende. Für meinen Geschmack sind die Gerichte süss und nicht würzig.

Vergleichen, Kopieren, Gewinnen, Verlieren

Wenn nur der schnelle Franken, der eigene Vorteil, der eigene Profit oder der kurzfristige Gewinn im Zentrum stehen, wird es schwierig, kompetent zu bleiben. Abgesehen von dem Blödsinn, in Wettbewerb zu treten. Im Wettbewerb ist der zweitplatzierte bereits der erste Verlierer. Wer sich auf Wettbewerb einlässt, hat eine hohes Risiko, zu verlieren. Denn es wird immer jemanden geben, der schöner, schneller, reicher, gescheiter ist. Aus den Gesetzen der grossen Zahl und Statistik können Wahrscheinlichkeiten berechnet werden, egal wie gerechnet wird. Bei einem Gewinner ist der Rest Verlierer. Die Mehrheit verliert. Das gleiche gilt bei der Marktführerschaft: sie zu haben, produziert Verlierer. Je mehr das kurzfristige Verhalten, gewinnen zu wollen, die Oberhand hat, umso mehr nimmt aus meiner schlichten Sicht die Inkompetenz zu. Welche Eltern setzen ihr Kind wissentlich Drogen oder schädigenden Umwelteinflüssen aus? Das würde nie jemand mit Verantwortungsbewusstsein tun. Doch das, was die Experten der verschiedensten Branchen machen ist, dass sie die Vielfalt von Formen, Farben, Kreativität mehr und mehr ausblenden. Der kurzfristige Gewinn ist im Zentrum der Betrachtung. Die heutige Bauweise der Häuser, die Masse der schwarzen Bekleidung (privat und im Beruf), die IKEA- oder XXXL-Möbel-Invasion, das «richtige» Funktionieren in Gruppen und Mehrheiten oder das Vernebeln von wichtigen Themen durch Banalitäten – das alles ist Inkompetenz und führt zu mehr Inkompetenz. Die individuellen Fähigkeiten des Menschen verkümmern, weil so zu funktionieren einfach und bequem ist. Reflektieren und sich mit wichtigen Themen ernsthaft auseinanderzusetzen, wie das viele Künstler über ihre Arbeit tun, tut not. Doch es ist unbequem.

Je mehr vom Gleichen angeboten wird, umso kleiner wird die Marge. Im Gegensatz dazu steht das vegetarische Restaurant Tibits, das auf weiter Flur ein Alleinstellungsmerkmal hat. Die Preise sind happig und trotzdem «volle Bude». Das ist Kompetenz. Doch der Weg dahin war steinig und lang. Und auch hier kommt der Gast nicht drumherum, Mitarbeiter und somit Teil der Marge zu sein: er schöpft selbst und räumt den Tisch ab.

Doch kaum hat jemand eine Lücke entdeckt, die bequem ist und sich schon bewährt, wird es kopiert und nachgemacht. Der wievielte Pizzakurier, Hamburger-Laden, Dönerbude und weiss der Geier was alles wird in Betrieb genommen? Kaum jemand jedoch traut sich, etwas völlig Neues zu machen. Der Restauranttester Bumann hat schon in der ganzen Schweiz getestet. Einer der häufigsten Ursachen des Misserfolges: zu grosses Angebot und alles machen wollen. Ein anderes Übel: das Angebot verführt, Fertiggekochtes und Halbfertigprodukte einzusetzen. Was ihn in Rage bringt, ist die Fantasielosigkeit vieler Betreiber. Wo beginnt die Inkompetenz? Beim Gast, der sich solche Restaurants und Fresstempel aussucht? Beim Betreiber, der das Angebot gestaltet? Beim Personal, dass sich den Job auswählt? Oder ist es schlichte Bequemlichkeit und der eigene Narzissmus? Banken funktionieren wie Restaurants, die alles anbieten. Da wird dann an Stellen geschraubt, die Kunden und Gästen schaden.

Finanzen: Macht und Inkompetenz machen fette Beute und verhalten sich wie im Konsumrausch

Schauen wir uns die Schweizer Nationalbank an (SNB). Seit 5 Jahren kennen wir in der Schweiz die Negativzinsen. Erstaunlicherweise sind sie besser akzeptiert als jemals vorstellbar war. Die meisten Experten hüllen sich jedoch in Schweigen. Trotz des Widerspruches in den Lehrbüchern entsteht keine Opposition, wenngleich das Vorgehen der SNB unverschämt ist. Die Einführung von Minuszinsen basiert nur auf einer eigenen Sicht. Es gibt keine wissenschaftlich fundierte Lehre, die das Vorgehen bestätigt. Ist das, was die SNB macht, Blindflug oder wirkliches Steuern? (Übrigens: zu Preisstabilität gibt es genauso wenig eine wissenschaftliche Lehre oder Arbeit.) Die Argumentation klingt gut und ist schön verpackt. Mehr hingegen nicht. Die beschäftigten Ökonomen der SNB sind die hellsten Köpfe. Sie liefern eine filigrane Argumentation, die den Bürger fantasieren lässt, dass alles seine Richtigkeit hat. Ja, das Geheimnis ist, Fakten zu suggerieren und diese je nach Bedarf der Wirkung anzupassen. Wichtig ist jedoch zu wissen und zu verstehen: egal, welches Ungleichgewicht Thomas Jordan, der Präsident der SNB, ausgleicht – neue Ungleichgewichte entstehen. Was jedoch garantiert ist: unabhängig davon, was die SNB tut, wird eine andere Minderheit protestieren oder einen Aufstand provozieren. In dem Sinne ist Milde angebracht und Herrn Jordan Respekt dafür zu zollen, dass er diese Ungleichgewichte derart lange in der Balance halten kann.

Was hingegen glasklar ist, die Verantwortlichen der Zentralbanken der Welt inklusive der SNB haben sich verrannt. Dass sie Dummköpfe sind, schliesse ich aus. Vielmehr glaube ich, dass sie sich selbst derart in die Ecke manövriert haben, dass sie keinen Ausweg mehr finden. Das Interview, das Thomas Jordan (SNB) in der Sonntagspresse am 10. Mai 2020 gab, spricht Bände. Seine Vorbereitungen für das «Nichtschuldverfahren» laufen auf Hochtouren. Die «Nullzinsfalle» schlägt zurück. Das gleichnamige Buch von Ronald Stöferle, Rahim Taghizadegan und Gregor Hochreiter ist jedem Anleger zu empfehlen. Es ist selbst eine Essenz mit Alternativen und Lösungen.

Wenn ich ein Darlehen geben würde, müsste ich dafür Geld erhalten: den Zins. Genauso, wie ich heute eine Gebrauchsmiete für Auto, Ski und anderes abschliessen kann und für den Gebrauch eine Entschädigung zahle, so erhalte ich oder zahle ich Geld aus der Nutzung des Darlehens heraus. Dieses Geld ist der Zins. Bei der Wohnung ist es die Miete. Bei einem Darlehen muss ich davon ausgehen, dass die Rückzahlung in die Hose gehen könnte. Deshalb will ich mir dieses Risiko bezahlen lassen oder muss es als Darlehensnehmer bezahlen.

Banken haben in den 90er Jahren während der Immobilienkrise Erfahrungen mit Ausfällen gemacht. Die letzte Stufe eines Ausfalls ist die Versteigerung der Immobilie und das führte dazu, dass Banken bei Versteigerungen oftmals den Zuschlag gewannen. Denn nur so konnten sie den Schaden kleiner halten. Für die Bank galt es zu verhindern, dass die Immobilien unter der Höhe der aktuellen Hypothek ersteigert werden konnten. Eine Bank belastet oder entlastet mit Zu- oder Abschlägen die Zinszahlung. Je kleiner das Risiko eines Kreditausfalles und umso grösser sind – in Summe und Qualität – die Sicherheiten und umso grösser sind die Reduktionen bei den Risikozuschlägen. Jeder Schuldner kann mehr oder weniger Sicherheiten liefern. Mehr Sicherheit für die Bank, das Geld zurück zu bekommen, bedeutet mehr Reduktion auf den Zinszahlungen. So ist die Funktionsweise. Heute steht genau dieses System auf dem Kopf. Unabhängig von meinem eingegangenen Risiko, das Darlehen zu verlieren, muss ich als Darlehensgeber etwas bezahlen.

Die Argumentation der SNB und ihres Präsidenten, die Sparer und die Babyboomer seien die Ursache der tiefen Zinsen, ist nicht haarscharf, sondern meilenweit an der Wahrheit vorbei. Die riesigen Geldmengen der Zentralbanken haben ihren Weg gefunden, nämlich in die Kapitalmärkte und nicht, wie ursprünglich gedacht, in die Wirtschaft. Obwohl die KMU nach wie vor Kredite für Investitionen benötigen, gehen Banken sparsam mit der Kreditvergabe um, es sei denn, sie erhalten Sicherheiten in Form von Faustpfand. Eventuell sind aus langjährigen Geschäftsbeziehungen saisonale Muster erkennbar, die der Bank ebenso eine Sicherheit in Form einer Prognose ermöglichen. Je besser die Kalkulierbarkeit, umso eher ist ein Kredit aus Sicht der Bank möglich.

Die Milliarden der FED, EZB, SNB etc. dagegen fördern steigende Aktienkurse, denn die Zentralbanken bringen Geld in Umlauf, indem sie die Aktien und Unternehmensanleihen kaufen. Unternehmensanleihen sind im Grunde KMU-Kredite. Die japanische Zentralbank ist die grösste Käuferin von japanischen Unternehmensanleihen. Das ist so, als ob der Metzger seine eigenen Würste isst, anstelle sie zu verkaufen. Wie lange kann sowas gut gehen? So kommen heute an der Börse gehandelte Firmen zu wahnsinnig attraktiven, das heisst spottbilligen Krediten, die sich ein KMU weder vorstellen noch erträumen kann. Der Unternehmer, der sich mit der Kredit- und Rechtsabteilung der Bank herumschlagen muss, strampelt sich ab und erhält schlechte Konditionen, verglichen mit börsengehandelten Firmen. Das Bild des missbrauchten Mittelstandes zu Gunsten der reichsten (Personen oder Firmen) funktioniert auch hier.

Für den Schutz der «Minderheit» der Exportindustrie wird viel getan. Das kennen wir doch schon? Minderheiten bestimmen und die Mehrheit bezahlt. Ein bekanntes Vorgehen. Bei der Rettung der UBS war es das gleiche Bild. Genauso schnell wurde das Bankgeheimnis zu Grabe getragen, weil ein paar Grosse sich beim Bundesrat beschwerten. Wer ruft schon seinen grossen Bruder oder seine grosse Schwester? Da muss viel Verzweiflung herrschen, wenn die grossen Geschwister helfen sollen.

Die Schweizer Banken haben keine Brüder, sie haben Bundesräte. Denn der Bundesrat hat die heissen Kartoffeln für die «professionellen» Banken aus dem Feuer geholt. Bundesräte sind für eine Schweizer Bank das letzte Auffangnetz, wenn alle Halterungen oder Sicherungen reissen. Meinen Vater um Geld bitten wäre für mich nie in Frage gekommen. Wie wenig Scham hat die Führungscrew einer Bank? Oder herrscht doch finanzielle Inkompetenz?

Einige Wenige haben den Bundesrat dazu gebracht, Entscheide zu treffen, die der Mehrheit schaden. Alles nur, weil die Grossbanken ihre Kunden so beraten haben, dass diese strafrechtlich zur Rechenschaft gezogen werden konnten. Jetzt mussten die wenigen Kundenberater, die das verbrochen haben, geschützt werden. Das war die Motivation der Bank, denn bei einer Verhaftung der Kundenberater in den USA wären die Machenschaften sicher an die Oberfläche gespült worden. Das galt es zu vermeiden, koste es was es wolle. Der Umkehrschluss ist spannend, denn wenn alles so «Friede Freude Eierkuchen» ist, dann würde es keine Weisungen und Reglemente benötigen. Die Software auf dem Notebook bei Banken für ausländische Kundenberater und deren Kundendaten war schon in den 90er Jahren einzigartig gelöst, indem der Berater die Festplatte manuell rückstandsfrei löschen konnte. Im Notfall mussten die Daten geschützt sein und verschwinden – Bankgeheimnis. Das gab es auch bei Versicherungen. Bei den Gerichtsaussagen, bei der Vernehmung, dann eine plötzliche Amnesie der Führungscrew, denn die Kundenberater hätten das alles ohne Wissen der Bank getan. Wieso dann Weisungen und Reglementierungen? Wenn nichts ist, muss nichts sein. Wo kein Feuer, da kein Rauch. Vor allem unter dem Aspekt, dass Kundenberater das alles ohne den Segen der Führung gemacht hätten. Es gibt mehr als eine Bank, die rechtskräftig verurteilt wurde und als kriminelle Organisation gilt. Das führte am Ende dazu, dass die Schweiz das Bankgeheimnis verlor und die Welt mitbekam, wie schwach der Bundesrat in Verhandlungen auftritt. Das wird in den weiteren Verhandlungen mit der EU Konsequenzen haben. Kompetenz muss auch hier gesucht werden, denn Verhandlungsschwäche ist oft auf Inkompetenz zurückzuführen. Schlecht vorbereitet sein oder Druck nicht aushalten können, ist inkompetent. Wobei im Austausch mit der Bank viel Wert auf Professionalität gelegt wird. Sicher in Wirkung, Erscheinung, kostspieligen Broschüren, beeindruckenden Powerpoint-Präsentationen, feudalen Sitzungszimmern, Branchenritualen und anderem mehr. Kompetenz hätte all das nicht nötig und die Kosten bezahlt der Kunde, so oder so. Ein Naturgesetz. Wer das Spiel zu Blenden beherrscht, ist kompetent. Das ist heute die mehrheitsfähige Meinung. Doch im Umkehrschluss bedeutet das aus meiner Sicht: je mehr Symbole der Kompetenz eingesetzt werden, umso mehr Menschen der Inkompetenz sind anwesend.

Bücher und Schulbücher

Wenn ich die Schulbücher und damit die Lerninhalte der Ökonomie an Schule und Universität betrachte und abgleiche mit dem, was die SNB macht, dann ist das alles Tempi Passati – vergangene Zeiten. Heute müssten diese Lehrbücher neu geschrieben werden, denn das alles gilt nicht mehr. Trotzdem bleiben die Lehrbücher. Genauso wenig werden die erteilten Nobelpreise für Wirtschaft – die effektiv Gedächtnispreise sind – aberkannt. Alfred Nobel wusste schon früh, wieso er keinen Wirtschaftsnobelpreis festgelegt hat. In der Schule und Universität wird nach wie vor das Bestehende und das Althergebrachte gelehrt. Wer ist jetzt der Scharlatan? Laien, vertrauen den Lehrbüchern und Experten. Ist das, was wir an der Schule lernen, nur Theorie und hat nichts mehr mit dem Leben und der Praxis zu tun? Es scheint so. Es ist wichtiger, über ein Zertifikat zu verfügen. Also doch Theorie. Deshalb wird Inkompetenz in der Aus- und Weiterbildung gefördert. Theorie kann der Praxis nie das Wasser reichen. Trotzdem sind in der Schweiz Zertifikate wichtiger als praktische Erfahrung.

Lernen ist für mich eine Verbindung von theoretischem Wissen mit Einsichten und Erkenntnissen aus der Praxis. Reines Auswendiglernen für Prüfungen haben ohne die Verbindung zur Praxis wenig wert. Lernen und sich entwickeln ist ein schöpferischer Akt, Veränderung ist die Konstante davon. Trotzdem erscheint mir die gegenwärtige Situation so, dass viele Lerninhalte nach wie vor praxisfremd sind oder nicht zur Anwendung kommen. Wenn mehr von Theorien in die Praxis überführt werden würden, müssten doch mehr unterschiedliche Lösungen und Produkte entstehen? Stattdessen füllt sich die Welt mit immer mehr Verboten und unzähligen Kopien.

Für mich ist nur über die Veränderung und Integration von Einsichten Kompetenz zu erreichen. Anerkennen, dass es etwas gibt, das mehr Sinn macht – dafür wäre es höchste Zeit. Wie wollen Verantwortliche für Bildung in Schulen und Universitäten den Umgang mit Geld lehren, wenn sie selbst die Themen der Wirtschaft und des Geldes ignorieren? Logischer Schluss wäre somit: der grössere Teil der unterrichtenden Personen hat keine Ahnung.

Geschäftsführer von der Schulbank?

Ein ähnliches Bild zeigt sich bei angestellten Mitarbeitern, die die Funktion «Geschäftsführer» innehaben und unanständig viel verdienen. Das sind die Prototypen von Finanzinkompetenz. Wenn Geschäftsführer von Banken ein Mehrfaches davon verdienen und von Finanzkompetenz sprechen, bleibt sogar mir das Lachen im Hals stecken. Diese «Wirtschaftsleader» sind die Inkompetenz in Perfektion. Wer finanzkompetent ist, meidet hohe Kosten und kennt den Unterschied zwischen einer Investition und einer Verpflichtung. Wer diese beiden Aspekte auseinanderhalten kann, hat nur Vorteile als Anleger. Doch die meisten Bankleiter und sogenannten Finanzexperten verwechseln eine Verpflichtung mit einer Investition. Geschäftsführer, die über CHF 10 Millionen Franken Lohn erhalten, benötigen zusätzliche Hilfe ihrer Firma. Die Firma beschäftigt Steuerexperten, die eine Vereinbarung mit der Steuerbehörde treffen, damit der Geschäftsführer weniger Steuerlasten hat. Wenn der CEO seine private Steuererklärung ausfüllt und als erstes seinen Fixlohn deklariert, ist seine Welt noch in Ordnung. Spätestens, wenn sie fertig ist, kommt das Erwachen mit über 50 Prozent Kosten. Wer finanzkompetent ist, findet eine andere Lösung.

Zu diesen Mechanismen gehören auch die Verwaltungsräte solcher Firmen, die diese Lohnsummen abnicken, denn sie schädigen die Firma. Auch hier werden externe Firmen eingesetzt, die weltweit die Löhne und Boni vergleichen. Diese Firmen stellen aufgrund der Funktion oder des Stellenbeschriebs Muster für Boni, Lohn und Arbeitsverträge zur Verfügung. Für was sind die hochdotierten Verwaltungsräte nötig, wenn das meiste externe Firmen erledigen? Könnte der Status und das Prestige, das mit dem Job verbunden ist, im Vordergrund stehen? Wer weiss?

Die Ökonomie der Wiener Schule entblösst dieses Theater, doch diese Lehre wird an den wenigsten Orten gepflegt. Trotzdem beachten und vertreten die erfolgreichsten Anleger der Welt, genau die Prinzipien der Wiener Schule. Die Wiener Schule oder Österreichische Schule ist aus der Praxis heraus entstanden und integriert das menschliche Verhalten im Umgang mit

Geld, Zins und Zeit. Ich kann mit diesen Kenntnissen viele Aspekte des Lebens plötzlich besser verstehen. Wer diese Lehre aufgrund der liberalen Aspekte verteufelt, betrachtet einen Punkt und blendet alle nützlichen Aspekte aus. Das ist wie das Thema Bitcoin oder das Thema Gold. Eine kleine Facette wird herausgepickt und sofort weiss ich als «inkompetenter Fachmann»: das geht nicht. Wir kennen alle das Naturgesetz der Polarität: was Vorteile hat, hat auch Nachteile.

Drogensucht erkennen

Als Kunde und Anleger wäre es wichtig, blitzartig zu erkennen, ob ihm ein «Drogensüchtiger» gegenübersitzt. Auch in anderen Fällen wäre das hilfreich. Denn das Glückshormon Dopamin kann über vieles ausgelöst werden und süchtig machen. Abhängigkeiten und Süchte sind schleichend und doch schnell integriert. Das kann Sex, Macht, Status, Gier, Neid, Lohn inkl. Boni, Kaffee, Zigaretten, Alkohol, Zucker, Schokolade, Haschisch, Sozialmedien und anderes mehr sein. Die Folgen sind klar: immer höhere Dosen vom Auslöser. Drogen vernebeln die Sinne und bremsen mich aus in der Koordination. Doch was sind die Konsequenzen, wenn ein Drogensüchtiger mich berät? Was ist wichtiger, die Droge oder der Kundennutzen? Wo Anreizsysteme via Lohn integriert sind kommt es zu Missbrauch und der geht immer zu Lasten der Aktionäre, Kunden oder des Personals. Ganz am Schluss kommt dann auch die öffentliche Hand zu Schaden, die die «Too Big To Fail»-Banken retten muss. Die Banken dieser Kategorie können wiederum höhere Risiken eingehen. Der Staat, das heisst: das Volk wird die Sauerei am Ende bezahlen. Die hohen Risiken, die Verantwortliche von Banken eingehen, haben einen direkten Zusammenhang mit Macht und Status. Umsatz und Gewinn der Bank hängen direkt mit dem Lohn zusammen. Die mir heute bekannten Anreizsysteme sind nie im Leben im Sinne des Bankkunden. Banken steuern die Kunden über Verunsicherung, indem die Gier angesprochen wird. Ist es nicht so, dass mit der Verunsicherung das Geschäft überhaupt erst abgeschlossen wird? Schneller und einfacher kann ich Menschen nie bei der Stange halten. Meine Erfahrung im Umgang mit Banken zeigt einzig auf: die Methoden, Kunden zu schädigen, werden kreativer. Diesen Aufwand erspare ich mir. Einfacher und sicherer ist es, Produkte der Banken im Regal zu lassen. Wenn ich beim Coop oder Migros einkaufe, halte ich mich an den Rändern auf. Je mehr ich nach Innen vordringe, umso mehr sind die dort erhältlichen Lebensmittel behandelt. Sei es mit Zucker, Geschmacksverstärkern oder mit anderen Zaubereien. Ich bevorzuge Lösungen und Anlageprodukte ausserhalb der Bank, wo immer möglich.

Um Missverständnissen vorzubeugen: bisher war von der Inkompetenz die Rede. Kompetente Menschen stehen zu ihren Fehlern und korrigieren. Sie verändern und passen an, im Bedarfsfall auch sich selbst. Wo ich diese Veränderung und Anpassungsfähigkeit vermisse, sind das für mich die Inkompetenten am Werke. Es ist tragisch, wie sich sogenannten Experten ins Hamsterrad der Verpflichtungen und Ausgaben begeben. Die Tragik liegt vor allem darin, dass der Experte den Unterschied zwischen Investition und Verpflichtung verwechselt. Oder schlimmer: schlicht nicht kennt. Wie will jemand Kindern und Kunden das Einmaleins beibringen, wenn er es selbst nicht versteht? Dabei ist es ganz einfach: eine Investition bringt mir Einnahmen in die Geldbörse – Zufluss. Eine Verpflichtung kostet mich jährlich wiederkehrend Geld, deshalb ist das ein Abfluss aus dem Portemonnaie.

Mehrheit der Laien ignoriert Themen der Ökonomie

Über Generationen hat die Mehrheit der Laien die Themen der Ökonomie, also Geld und Wirtschaft ignoriert: Lerne was Anständiges, schau für eine Anstellung und spare. Das ist eines der bekanntesten Prinzipien. Weil das die Mehrheit macht, wird das als richtig angenommen und nicht in Frage gestellt. Das ständige Vergleichen und in Wettbewerb treten mit Reichtum, Schönheit, Erfolg führt schnurstracks ins Hamsterrad der Verpflichtungen. Was da blüht ist offensichtlich, aus dem Hamsterrad der Verpflichtungen wird das Hamsterrad des Lebens. Wer Platz nimmt, wird in Ketten gelegt. So können Bürger und Mittelstand einfacher gelenkt und ausgenommen werden. Wann merkt es der Einzelne?

Narzissten und andere verwöhnte Kinder

Jeder Narzisst wird sofort bestreiten, dass er ein Narzisst ist. So habe das auch ich jahrelang bestritten, trotzdem meine vielen Diplome und Weiterbildungen lange Zeit auf der Sehnsucht nach Anerkennung basierten. Der schon fast krankhafte Ehrgeiz erledigte den Rest. Es war ein weiter Weg, den Narzissten in mir einzuhegen und zu lernen, mit ihm sorgfältig umzugehen.

Narzissmus ist nichts anderes als der Wunsch und unstillbare Hunger nach Anerkennung und Bewunderung, gepaart mit einer übertriebenen Einschätzung der eigenen Wichtigkeit. Die vielen Teppichetagen sind voll von Narzissten.

Mangelnde Konfliktfähigkeit

Eines fällt immer wieder auf bei den Wirtschaftsführern: die fehlende Konflikt- und Kritikfähigkeit. Das gibt es auch in der Politik: Aussitzen. Eine Fähigkeit, die alle Narzissten auszeichnet, ist, dass es ihnen gelingt, ein Klima zu schaffen, in dem Kritik das grösste Tabu oder Verbrechen ist. Dazu kommt die extreme Verletzlichkeit des Narzissten. Kränkungen sind unverzeihbar. Eine effiziente Art, mir Feinde fürs Leben zu schaffen ist, Narzissten verletzten. Ein Narzisst vergisst nie, im Gegenteil: der Verursacher der Narzissten-Verletzung wird keine Chance mehr haben, das jemals wieder gut zu machen. Fehler zuzugeben oder sich zu entschuldigen sind zwei Vorgänge, die der Narzisst schlicht nicht kennt. Doch Achtung: es gibt unterschiedliche Formen von Narzissmus: normale – neurotische – bösartige. Und es gibt leichte Formen von Narzissten. Wie bei Drogen ist auch hier das Mass entscheidend.

Die Narzissmus-Forschung ist überzeugt, dass die übertriebene Sorge vieler Eltern gegenüber ihren Kindern Konsequenzen haben wird. Wenn Eltern den gross werdenden Kindern die Probleme vorenthalten, macht das diese zu Narzissten. Im Volksmund heissen diese Eltern «Helikoptereltern». Die Regel der Jugend ist heute immer öfters, eine extreme Anspruchshaltung einzunehmen und eine äusserst kleine Frustrationstoleranz auszubilden. Wie wollen diese Kinder dereinst Krisen überwinden und daran wachsen, wenn sie die Situation der Frustration kaum aushalten können? Wo bleibt die Vielfalt, wenn alle das tun, was ohne Frust geht?

Ignorieren und Verdrängen - eine unheimliche Energie

Ignorieren und Nicht-sehen oder Nicht-erkennen-wollen ist ein Volkssport, den die meisten in Bezug auf Konsum betreiben. Die wenigsten gestehen sich übermässigen Konsum in der einen oder anderen Form ein. Die Vielfalt der Angebote steigt mit dem Umsatz der jeweiligen Branche.

Auch hier ist das Glückshormon Dopamin am Werk. Dopamin begegnet dem Menschen in allen Lebenslagen und Abhängigkeiten. Das Hirn erfolgreicher Menschen schätzt dazu ab und entscheidet, wann die Dominanz ausgelebt wird oder wann es sich lohnt, sich einzureihen, sprich unterzuordnen. Je nach Stand des Dopamin-Wertes wird das eine oder andere passieren. Erfolgreichen gelingt schneller zu adaptieren, was im Moment gerade hilfreich ist. An anderen Stellen im Buch und später im Leben kommen die Glaubenssätze und genau dort ist die Verknüpfung oder unheilige Allianz am Werk: nicht auffallen, nicht vordrängen. Und genau da liegt der Grund: Wer nicht auffallen will, verhält sich niemals dominant. Je mehr ich mich als Person zurücknehme und je mehr ich meine angeborene Dominanz ignoriere, umso mehr schade ich mir selbst als Mensch, sei es in der Karriere oder bei der Partnerwahl. Doch auch das wird verdrängt oder Dominanz als grundsätzlich etwas Schlechtes dargestellt.

Ich kann nur eine Facette dieses umfangreichen Themas anschneiden, man könnte ganze Bücher damit füllen.

Grundkenntnisse Geldthemen

Durch Ignorieren und Verdrängen der Themen vom Verständnis und Umgang mit Geld, Wirtschaft und Steuern entsteht ebenso eine unheimliche Energie. Doch sie werden vom Gros der Bevölkerung ausgeblendet und ignoriert. Die produzierte Energie des Widerstandes jedes Einzelnen, sich weder um Geld zu kümmern noch sich damit auseinanderzusetzen, würde das Klima schon heute retten. Die Kreativität der Argumente, diese Themen zu ignorieren, ist gigantisch. Die Wirtschaftsprofessorin Annamaria Lusardi geht weiter und sagt, dass die Mehrheit nicht einmal ein elementares Finanzwissen hätte. Diese fehlende Finanzkompetenz verursacht einen enormen volkswirtschaftlichen Schaden. Das kann sogar der Laie an der unterschiedlichen Vermögensentwicklung bei identischen Einkommens- und Sozialverhältnissen erkennen. Die Entwicklung von Vermögen kann nicht von Glück, Einkommen oder der sozialen Schicht abhängen. Das Verständnis im Umgang mit Geld, weniger Fehler und weniger Verluste, machen den Unterschied. Auf drei gestellte Fragen hat sich Lusardi beschränkt und damit gleichzeitig beschenkt. Sie musste sich auf das Wesentliche konzentrieren.

Wieviel Geld haben Sie nach fünf Jahren auf dem Konto, wenn Sie in dieser Zeit weder Geld beziehen noch einzahlen (Kapital 100 Franken, Zins 2 Prozent)?

a) mehr als 100

b) gleichviel

c) weniger

Wieviel können sie nach einem Jahr mit ihrem Geld auf dem Konto kaufen?

a) Gleichviel wie heute

b) Mehr als heute

c) Weniger als heute

Der Kauf einer einzelnen Aktie eines Unternehmens garantiert üblicherweise eine sicherere Rendite als der Kauf eines Aktienfonds.

a) Falsch

b) Richtig

Der Hintergrund dieser Fragen war, das Verständnis hinsichtlich Teuerung, Zinsen, Risikoverteilung (Diversifikation) der Befragten zu erkennen. Das sind die häufigsten Fehler in der Vermögensbewirtschaftung. Die wichtigste Erkenntnis daraus war, dass die Mehrheit der Bevölkerung nicht einmal ein elementares Finanzwissen hat, auch nicht die über 50-Jährigen. Die Haltung, nichts über Finanzen wissen zu müssen, ist vorherrschend. Die These wird bestätigt: Zeitgeist ist heute der Finanz-Analphabet. In der Welt von heute ist jedoch minimales Finanzwissen eine Notwendigkeit. Denn das fehlende Wissen wirkt sich auf die Effizienz der Wirtschaft genauso aus, wie es Krisen begünstigt. Der Gift-Cocktail wird mit den Unkenntnissen oder Halbwahrheiten der neuen Technologien abgerundet. Das alles basiert auf dem fehlenden Bewusstsein der Konsequenzen. Denn wenn die Konsequenzen von Kleinkrediten jedem klar wären, würde es keine Kleinkreditanbieter mehr geben. Die Wenigsten würden heute, wenn sie finanzkompetent wären, Kleinkredite oder Leasing einsetzen, so wie das eine Mehrheit mit dem Autokauf macht. Übrigens: ein spezielles Problem hat Lusardi bei den älteren Jahrgängen ausgemacht: sie verfügen über die grössten Vermögen, verstehen etwas von Finanzen und meinen, am meisten zu wissen. Ein ideales Opfer für Betrüger. Und wer Zeitung liest, liest regelmässig, dass angehende Rentner auf Betrüger hereingefallen sind.

Übrigens: die richtigen Lösungen der oben gestellten Fragen sind a, c, a. 70 Prozent der Befragten konnten diese Antworten nicht geben.

Ein Lösungsansatz mit der GSAG

Was wäre, wenn jeder Einzelne diese destruktive Energie zu seinen Gunsten einsetzen würde? Damit ist gemeint, die Energie der Ablehnung und Ignoranz in das Verständnis und Lernen zu investieren. Was, wenn der Einzelne Geld- und Wirtschaftsthemen so versteht, dass es zu seiner Sache wird? Genau das ist eines meiner Ziele: das Thema der Finanzen zu «Deiner Sache» zu machen. Der Leser kann sich in einem geschützten Rahmen mit dem Thema Geld auseinanderzusetzen.

Viele Facetten und Aspekte basieren auf einem Durcheinander von Selbstbild, Glaubenssätzen, Erziehung, Moral und Komplexität der Themen. Die Lesefreundlichkeit und Verständlichkeit der heute genutzten, sperrigen Fachsprache, die immer mehr ins «Neudeutsche» ausweicht, erledigt den Rest. Dabei kann alles vereinfacht und reduziert werden, sofern das gewollt ist. Könnte es sein, dass der Branche diese Ignoranz entgegenkommt und sie kein Interesse hat, dieses Defizit aufzulösen? Wer sägt schon willentlich an seinem eigenen Stuhl?

Der Kranke, der dem Tod geweiht ist, erkennt oft den Ernst seiner Krankheit nicht. Kaum hat er Appetit und fühlt sich wohler, wird schon gejubelt. In einem Haus, in dem ein Kranker wohnt, wissen meistens alle, wie ernst die Lage ist und um was es geht. Nur der Kranke selbst will das nicht wahrhaben. Genauso ignoriert Amerika, die Weltmachtposition Nr. 1 an China verloren zu haben. Alle Welt weiss es, doch der Amerikaner will das nicht wahrhaben und verdrängt diese Sicht. Der Blondschopf schreit dauernd: «Make America Great Again». Ob das was nützt?

Und genauso wie es diesem Kranken geht, geht es den meisten Völkern der Welt, die ein krankes Währungssystem haben. Sie sind am Geld- und Geldsystem krank. Deshalb leiden sie unter dem Wertzerfall ihrer Landeswährung. Wir Schweizer können uns weniger leisten mit dem schwachen Franken. Wer die Kurse der Währungen mit dem jeweiligen Goldkurs vergleicht, könnte die Schieflage erkennen. Bequemlichkeit geht vor und der Bürger kann sich nach wie vor ohne grosse Einschränkungen viel leisten, könnte man meinen. Wäre da nicht die Zunahme der Verschuldung bei Privaten. Kein Wunder, bei der Konsumorgie und den unschlagbar tiefen Darlehenszinsen. Belohnt wird, wer sich verschuldet und dem Konsum frönt. Daraus wächst eine Scheinsicherheit. Die Party ist im Gang und deshalb ist das Ignorieren und das Verkennen der Wirklichkeit die Regel. «Also was soll diese Schwarzmalerei? Der schwache Schweizerfranken ist nicht so schlimm!» sind typische Aussagen des Wegschauens und einer verdrehten Denkhaltung.

Die Schwäche oder der Niedergang könnten unangenehm werden und schlimme Folgen auslösen, «doch wir sind hier in der Schweiz! Das hat weder mit Venezuela, Simbabwe, Argentinien oder Russland etwas zu tun. Es gibt bedrohlichere Krankheiten...» Die Blindheit, das Ignorieren, wird gesteigert, indem mit neuen Versuchungen (Gratisgeld) wie zum Beispiel dem Grundeinkommen neue Sehnsüchte geschaffen werden. Sehnsüchte, die die vermeintliche Not stillen, doch stattdessen die Bequemlichkeit fördern. Wie beim Drogensüchtigen. Der Drogenschuss wird dem Bürger via Fantasierechnung über vermeintlichen Wohlstand verabreicht. Kein Wunder, sonnen und gönnen sich die meisten im Konsumrausch zu viel, anstatt endlich den Wahnsinn zu stoppen und den Gürtel enger zu schnallen. Die Verharmlosung der aktuellen Lage ärgert mich immer weniger. Denn ich kann nicht mehr als meinen Standpunkt äussern und vertreten. Meine Eltern sagten mir dazu schlicht: Wer nicht hören will, muss fühlen.

Unangenehmes ausblenden – das beherrschen viele auf Meisterschaftsniveau. Politiker haben in dieser Disziplin die grösste Kompetenz, Probleme in die Zukunft zu verschieben. Wie soll der Bürger Problemlösung lernen, wenn Verdrängen gang und gäbe ist? Derselbe Effekt taucht auf, wenn es um Probleme geht, die es anzusprechen und zu lösen gilt. Möglicherweise kommt sogar der Unmut auf, sich der Veränderung zu stellen. Oder ist es mehr das Unbequeme, dass gescheut wird?

Dieses «Ignorieren» kann ich auf viele Themen übertragen. Die Geldanlage, die Wirtschaft, die Ernährung und die Gesundheit sind einige davon. Es gibt viel mehr. Doch wer sich in Zukunft auf seine Kompetenzen und Stärken verlassen will, ist darauf angewiesen, diese Themen zu kennen. Bei mir sind die Themen das Rauchen und Übergewicht, lange genug habe ich diese ignoriert.

Weshalb gibt es die Serientäter von Heirat und Scheidung? Wer kennt nicht jemanden, der immer wieder ähnliche Erfahrungen macht mit seinen Arbeitgebern? Oder wie wird das Beuteschema des Mannes genannt, wenn er laufend sich ähnelnde Frauen aussucht? Das Ende ist klar und absehbar schon zu Beginn: die Frau wird den Mann verlassen. Unklar ist der Zeitpunkt. Das alles hat nie mit der Person selbst zu tun, sagen die Betroffenen. Der andere Partner, die Freundin, der Arbeitgeber, der Experte und was weiss ich nicht, wer alles die Beschuldigten sind. Doch solange ich die dahinter liegenden Themen ignoriere und unreflektiert voranschreite, ist Dreh- und Angelpunkt der, der sich als Opfer sieht, diese Person. Der einzige Schuldige weit und breit. Egal wie lange ich andere zu Schuldigen mache und mich selbst zum Opfer.

Meine eigenen Schwierigkeiten mit Personalentscheiden, Projekten und persönlichen Problemen hatten oft den gleichen Hintergrund. Aufschieben und ignorieren der Tatsachen oder schlimmer: schönreden, anstatt die Dinge gleich zu erledigen. Daraus ist bei mir eine Haltung entstanden, freiwillig die Komfortzone, das Bequeme, zu tauschen mit dem Unbequemen und dem Schwierigen. Je schneller ich ein Problem anspreche und erledige, umso weniger Energie und Aufwand braucht ich für die Korrektur.

Der beste Warnindikator, dass die Veränderung ruft ist ein bequemer Zustand, allgemein bekannt als «Komfortzone». Sie ist sicherer Indikator dafür, dass etwas schiefläuft. Wenn ich die Wahrnehmung der Bequemlichkeit missachte, bekomme ich langfristig grosse persönliche Schwierigkeiten. Das ist bisher meine Erfahrung. Wer zu lange wartet und verdrängt, wird eine höhere Zeche bezahlen. Diese Einsicht ist mir im Leben immer wieder nützlich gewesen. Daraus sind Lebensabschnitte entstanden, in denen Schwierigkeiten eher die Regel waren, als die Ausnahme. Sei es die Zeit als Koch, mein Lebensabschnitt bei der Versicherung, der Beginn meiner Selbständigkeit, die

Zeit des Aufbaus und der Entwicklung des Family Offices oder jetzt der Beginn als Schriftsteller mit gleichzeitiger Anpassung des eigenen Geschäftsmodelles. Oder das Projekt des Auswanderns. Der Beginn der nächsten Lebensphase mit dem künftigen Lebensmittelpunkt in Georgien ist die Zugabe. Doch das alles hält mich lebendig und befeuert meine Neugier und den Hunger, zu lernen. Der Schritt ist machbar und hat wenig mit Mut zu tun, denn meine Zuversicht, das zu schaffen, fördert eine innere Stärke.

Misserfolg bringt mich dem Erfolg näher. So wie es der beste Basketballer aller Zeiten Michael Jordan mal selbst auf den Punkt brachte mit seinen tausenden Fehlwürfen bevor er ein Korb traf. Es geht nicht darum, von Beginn weg perfekt zu sein. Je mehr ich mir zumute und mich traue, umso mehr kann ich an meinen Fähigkeiten und Kompetenzen feilen. Deshalb ist für mich klar: je mehr ich mich auf das fokussiere, was nicht geht, umso schneller wird das meine Wirklichkeit. Je eher ich die Probleme und Schwierigkeiten als Chance zum Wachstum betrachte, umso eher wird sich der Erfolg einstellen. Probleme sind das Salz und der Pfeffer in der Suppe des Lebens.

Selbstbilder und Glaubenssätze der Schlüssel für Entwicklung

Meine innere Welt erschafft die äussere Realität. Ich bin, was ich denke, was ich glaube und sage und wie ich handle. Die Hindernisse meines eigenen Erfolges sind öfters in meinen Ängsten und Unsicherheiten verborgen. Je mehr Platz und Aufmerksamkeit ich diesen schenke, umso sicherer scheitere ich. Pass auf! Was du fürchtest oder dir wünschst, es könnte in Erfüllung gehen! Dieses Wunderding heisst «selbsterfüllende Prophezeiung».

Oder, wie so oft fälschlicherweise von Experten empfohlen wird, einen «Plan B» zu haben. Wer Schwimmen lernen will, der muss ganz ins Wasser. Der Plan B nützt nichts. Mit «Zehen nass machen» ist es nicht getan. Ein Plan B bindet Energie und Ressourcen. Diese fehlen in der Umsetzung von Plan A. Arnold Schwarzenegger ist überzeugt, dass er mit B-Plänen nie das geschafft hätte, was er erreicht hat. Schwarzenegger erachte ich als kompetent in dieser Sache. Denn kein Plan B zu haben zwingt automatisch dazu, alles zu geben und ein wenig darüber hinaus. Wer ohne Netz übers Hochseil läuft oder am Trapez turnt, ist aufs Äusserste konzentriert.

Wichtig und nützlich ist es, ein neues Programm zu wählen: Meine Gedanken werden Gefühle. Meine Gefühle führen zu Handlungen. Meine Handlungen zu meinen Erfolgen, das heisst, zu Ergebnissen. Dazu ist es wichtig und hilfreich, den eigenen Selbstbildern und Glaubenssätzen auf die Spur zu kommen. Denn das Unterbewusstsein ist ein unglaublich riesiger Muskel, der trainiert werden kann. Wie alles im Leben: ohne Training, ohne Übung geht es nicht.

Auch ich unterlag dem Einfluss von Beurteilungen und Selbstbildern, vor allem in der Schule und in der Lehre als Koch. Heute weiss ich, dass das mit meinen damaligen Selbstbildern und Glaubenssätzen zusammenhing. Wer lange genug hört, was er alles nicht kann und schlecht macht, glaubt das irgendwann selbst. Der Auslandaufenthalt in Südafrika mit jungen 22 Lebensjahren hat mir die Augen geöffnet. Mir meine Stärken und Fähigkeiten in den Vordergrund gerückt. Das war das Schlüsselerlebnis, durch das ich mein Selbstbewusstsein aufbauen und weiterentwickeln konnte. Es gab niemanden, der mich kannte und schon zum Voraus sagte, was ich kann und wer ich bin. Eine weisse Weste auf der grünen Wiese. Ade Vorurteile! Und das ist sehr wichtig, denn ich wusste lange nicht, dass ich mich Vorurteilen, die Dritte über mich fällen, anpasse. Ohne es zu bemerken, das ist das Verrückte an diesem Muster. Doch Achtung! Wenn ich über meinen Gegenüber ein positives Vorurteil fälle, passt sich diese Person genauso an. Polarität gilt auch hier. Das Ganze ist verzwickt und filigran ineinander verwoben. Ade, begrenzende Scheuklappen der eigenen Erfahrung! Weil ich selbst mein härtester Gegenspieler bin: nie zufrieden. Egal was wir erleben, das Hirn sucht nach Mustern und Regeln. Daraus gibt es Verbindungen, die sich flächendeckend wie ein riesiges Netzwerk unbewusst in meinem Körper verbreiten. Das kann fördernden oder begrenzenden Einfluss auf mich haben. Wer das Negative, das Risiko, die Gefahren im Fokus seines Schaffens hat, entwickelt sich retour und im Alter immer mehr zurück zum Baby.

Ein anderes Beispiel was zeigt, was mit diesem Riesenmuskel möglich ist: es ist der amerikanische Weltklasse-Läufer mit italienischen Wurzeln Louis Zamperini. Sein Leben hat Angelina Jolie verfilmt: «Der Unbeugsame». Der Titel kommt nicht von ungefähr. Was er alles durchlebt, überstanden und bewältigt hat, ohne seinen Humor, Überzeugungen, Ideale und Hoffnungen zu verlieren, ist unglaublich und klingt eher nach einem Märchen als einer

Tatsache. An den olympischen Spielen in Berlin erregt er die Aufmerksamkeit von Adolf Hitler im 5'000 Meter Lauf, denn da lief er die letzte Runde in 56 Sekunden. Louis war der jüngste Teilnehmer im Läuferfeld. Die Qualifikation für das Team der USA schaffte er im letzten Moment. Einer seiner Studenten-Rekorde in den USA hatte 20 Jahre lang Bestand. Seine Bekanntheit wurde ihm nach zwei Flugzeugabstürzen und einer 47-tägigen Irrfahrt in einem Gummiboot auf dem Meer zum Verhängnis. Er überlebte auch Flugangriffe im Gummiboot. Dann wurde er von einem japanischen Kriegsschiff geborgen und direkt in ein Kriegsgefangenenlager gesteckt. Der Leiter des Lagers fand heraus, dass er der Olympialäufer Louis Zamperini ist und nahm ihn aufs Korn. Sei es, dass Louis mit minderwertigem Material Rennen laufen musste oder seine körperliche Verfassung öfters mehr dem Tod nah war als dem Leben. Die ihm zugefügten Verletzungen im Lager verhinderten eine Fortsetzung seiner Sportlerkarriere. Es war ein Wunder, dass er die Schläge und Foltermethoden des Lagerleiters überlebte. Einzig die Alkoholsucht nach der Befreiung und dem neuen Leben in den USA schaffte um ein Haar, Louis zu zerstören. Seine Bekanntheit hatte die Konsequenz, mit zu vielen zu trinken. Wer will es Louis verargen, freundlich zu bleiben und anzustossen mit seinen Bewunderern? Doch irgendwie bekam Louis einmal mehr die Kurve mit seiner Frau und seinem Glauben. Bis weit über das 80. Lebensjahr hinaus fuhr er Skateboard und war sehr sportlich. Diesen Elan vermittelte er schwierigen Kindern in seinen «Kinderlagern» und verschaffte ihnen so einen optimaleren Start in die Zukunft mit dem vermittelten Glauben an sich selbst. Wenig erstaunlich, denn er selbst hatte eine schwierige Zeit in der Schule, bis ihn sein Bruder zum Laufen brachte. Die innere Welt des unerschütterlichen Optimisten, den es schlechter hätte treffen können, war sein bestes Werkzeug, um zu überleben. Seine Glaubenssätze und Selbstbilder waren die Garanten für die Machbarkeit. Die Schriftstellerin Laura Hillenbrand, die das Buch schrieb und ihn stunden- und tagelang mit Fragen löcherte, meinte dazu: *«Louis ist erfrischend aufrichtig. Er steht zu seinen Schwächen. Korrigiert beschönigende Darstellungen von Journalisten blitzschnell und hat ein einzigartiges Erinnerungsvermögen. Das half, seinen Heldenmythos und die Person Louis Zamperini realistischer darzustellen und diese Verzerrungen auszugleichen. Dass der Rummel um seine Person Louis je älter er wurde, umso peinlicher wurde, ist mit seiner Person logisch. Das einzigartige Erinnerungsvermögen war die Basis für das Buch. Egal welches Detail oder welche Information Louis lieferte, immer lieferte er auch gleich Daten, Orte und*

Menschen dazu. Das hat das Recherchieren und das Abgleichen der Fakten unglaublich erleichtert. Sei es, Zeitzeugen zu finden oder in den Archiven zu suchen, wo was zu finden war. Die genauen Angaben machten vieles möglich.»

Differenzierung von Neugierigen, Hungrigen im Gegensatz zu Vollgefressenen

Das Märchen vom Naturtalent – vergessen Sie das so schnell wie möglich. Einer der erfolgreichsten Baseballtrainer war ein begnadetes Naturtalent als Junge – Billy Beane. Das nützte ihm während seiner Spielerzeit herzlich wenig, denn er wusste nicht, wie Scheitern geht. Je grösser seine Fortschritte als Spieler, umso grösser der Frust, wenn etwas in die Hosen ging. Das hatte Katastrophale Folgen: Billy hatte die Haltung und Ansicht entwickelt, keine Fehler machen zu dürfen. Als Naturtalent konnte er sich keine Hilfe holen, denn das wäre das Eingeständnis gewesen, kein Naturtalent zu sein. Daraus kommt der Begriff des selbstzerstörerischen, einschränkenden statischen Selbstbildes. Der Betroffene kann ohne externe Hilfe das statische Selbstbild kaum ändern. Billy ist das im Umgang mit seinem Spielerkollegen Lenny Dykstra klar geworden. Lenny hatte viel weniger Talent, doch er hatte das Gen, das Sportler über sich hinauswachsen lässt. Lenny kannte Scheitern und Versagen nur vom Hörensagen und konnte so keine Angst vor Fehlern entwickeln. Er wollte tagtäglich ein besserer Spieler werden. Das Verhalten von Lenny Dykstra ist hingegen das pure Gegenteil. Polarität in Extremis.

Doch Lenny war der Auslöser, dass Billy als Trainer und Manager in seiner Mannschaft Selbstbilder und keine Talente engagierte. Das Sportler-Gen oder Sportler-Selbstbild ist unabdingbar im Prozess der Entwicklung. Der Wille, immer besser zu werden, ist wie ein Urtrieb integriert. Wer das hat oder kann, ist im Vorteil, denn für diese Menschen zählen nur die Fortschritte. Hindernisse, Rückschläge und Probleme sind Bestandteil des Prozesses. Ohne diese Anteile keine Entwicklung. Beanes Start als Trainer im Jahr 2000 war hart. Doch sein Verständnis und der Glaube an diesen Entwicklungsprozess war unumstösslich. Die Ernte erfolgte bereits in der Meisterschaft 2002 mit der Finalteilnahme seiner geliebten Oakland Athletics. Denen hält er noch heute die Treue, trotz vieler anderer lukrativerer Angebote. Die Mannschaft war die zweitbeste (-günstigste) Mannschaft, was die Kosten betraf, weil Billy auf Talente und überteuerte Saläre verzichtete. Im Gegenteil: er tauscht bis heute die

eigenen, gewachsenen und immer teurer werdenden Spieler mit neuen Selbst-
bilder-Spielern aus. Das Selbstbild ist ein mächtiges Werkzeug. Leider steht
es zu oft ungenutzt in der Ecke. Wichtig ist zu wissen, dass jedes Selbstbild
eine eigene, in sich geschlossene Welt darstellt.

Für mich gibt es zwei Arten von Selbstbildern – statisch und wandelbar.
Das statische Selbstbild bewegt sich in der Welt der unveränderbaren Tatsachen und Eigenschaften, in der das Talent und die Intelligenz eine Konsequenz des Erfolges ist. Naturtalente halt. Das wandelbare Selbstbild bewegt
sich hingegen in der Welt der Veränderung. Hier steht Erfolg für die Konsequenz und Eigenschaft, Grenzen verschieben zu können und Neues zu entwickeln. Genau die ist der schöpferische Teil, der immer mehr unter die Räder
gerät. Wer ein dynamisches Selbstbild sein Eigen nennen kann, sucht die Herausforderung geradezu und schöpft daraus sogar Energie.

Ein anderes Bild für diese zwei Arten des Selbstbildes: Sein und Werden.
Hier das starre Selbstbild, das im Sein verharrt, dort das lebendige Selbstbild
das Werden voraussetzt. Wer kennt sie nicht, die Menschen, die dauernd
Schuldige und Entschuldigungen suchen, für ihre eigene verfahrene Situation
und selbst gemachten Fehler? Oder diejenigen, die Menschen suchen, denen
es viel schlechter geht als ihnen selbst. Wer nach Schuldigen sucht, ist ein Ver-
sager, um die Worte von John Wooden, dem Basketballtrainer zu benutzen.
Anstatt die persönlichen Eigenschaften zu loben, ist es wichtiger, die dahin-
tersteckenden Anstrengungen und Leistungen hervorzuheben, betont
Wooden. Das ist der Kern seiner Trainingsprinzipien.

Selbstbilder sind früh erkennbar. Was für Sportler und Mannschaften gilt,
ist bei Arbeit und Partnerwahl genauso entscheidend. Wer sich über gewinnen und verlieren definiert, hat ein starres Selbstbild. Nicht zu genügen, den
Erwartungen nicht entsprechen zu können sind innere Einstellungen des starren Selbstbildes. Das führt dazu, dass der grössere Teil des eigenen Potentials
unausgeschöpft brach liegt. Egal wie talentiert ich bin, ohne das dynamische
Selbstbild kann ich nur einen Bruchteil meines eigenen Potentials ausschöpfen. Denn wer für etwas hart arbeitet, bekommt zurück, was er hineinsteckt.
Deshalb zeichnen sich Menschen mit einem dynamischen Selbstbild mit Charakter, Herz und einer Siegermentalität aus. Eine Siegermentalität zu haben,
bedeutet, bereit zu sein alles zu geben und noch etwas darüber hinaus zu

gehen. Deshalb ist der eigene Antrieb, die Eigenverantwortung und der Wille, sich selbst zu ändern, der Grundpfeiler. Übrigens: den eigenen Antrieb betrachte ich als die so häufig fälschlicherweise benutzte Motivation. Der einzige, der eine Person motivieren kann, ist die Person selbst. Das, was unter Motivation heute passiert, ist Bestechung und Manipulation. Egal was ich tue oder womit ich mich in meinem Leben beschäftige: das Selbstbild gibt Auskunft darüber, was machbar ist und wieviel ich ausschöpfe.

Das starre Selbstbild ist auf den ersten Blick bequem, doch das erweist sich als eine trügerische Falle der Unbequemlichkeit, denn viel später ist die Konsequenz sichtbar und persönlich fassbar: die eigene Begrenzung. Der Witz, dass jeder Mensch zwei Leben hat, ist unbestreitbar wahr: Das erste Leben endet, wenn ich erkenne, dass ich nur eines habe. Und so ist es mit dem Selbstbild. Jeder Mensch hat die freie Wahl. Übrigens, damit das nicht vergessen geht: Betrügen und Lügen hat gar nichts mit einem der beiden Selbstbildern zu tun. Wichtig zu wissen ist, dass der schöpferische Teil des Menschen im dynamischen Selbstbild eine Stärke ist und im starren Selbstbild eine Schwäche. Jeder Mensch, der Fortschritte macht und sich in der Entwicklung verändert, nutzt das dynamische Selbstbild. Denn das beste Versteck ist, etwas gar nicht zu verstecken, sondern absichtslos irgendwo zu platzieren oder es mit einem Etikett zu versehen. Achtung! Unbequem und mit viel Arbeit verbunden! Dieser Mechanismus hilft Politik, Partei, Familie und Arbeitgeber wiederkehrend, denn die Mehrheit macht sich das genauso absichtslos selbst zunutze. Die Menschen mit starrem Selbstbild sind zu bequem, um zu lenken und zu steuern. Welche Mitarbeiter sind in Firmen gewünscht und welche Mitarbeiter werden gefördert? Meine Fantasie ist, dass es die Bequemen mit starrem Selbstbildern sind, denn sie sind schon fast spielerisch simpel zu lenken und manipulieren.

Glaubenssätze

Glaubenssätze eines Menschen sind oftmals tief verwurzelte Überzeugungen. Sie stehen grundsätzlich auf tönernen Füssen oder sandigem Fundament, denn ihre Basis sind Einflüsterungen, Verhalten oder Habitus aufgrund der «Kaste», Verallgemeinerungen und Erfahrungen, die bis in die Kindheit zurückgehen. Sie könnten, wenn der Einzelne denn wollte, verändert werden. Manche Glaubenssätze, schnüren uns in der persönlichen Entwicklung derart zusammen, dass die persönlichen Machbarkeitsgrenzen schneller erreicht sind, als ich «bipp» gesagt habe. In Beziehungen und Sexualität sind Glaubenssätze mit moralischem Hintergrund permanent präsent. Andererseits sind Glaubenssätze aber auch ein zu oft unbeachtetes Werkzeug, denn es gibt immer zwei Wege, etwas zu sehen:

Da kommt der Mutlose und meint: Da habe ich keine Chance! Dabei basiert Mut auf der Zuversicht, das Projekt oder Vorhaben zu bewältigen und in die Realität umzusetzen – im Vertrauen auf die eigenen Fähigkeiten und Ressourcen. Somit könnte sich der Mutlose aufmachen und seine Realität bewältigen.

Oder der Pechvogel meint: Immer passiert mir das! Die andere Sicht wäre, gerade mehr auszuprobieren, denn je mehr ich übe, umso mehr «Glück» habe ich, in dem Sinne, dass mir mehr gelingt.

Der Habitus oder das Verhalten der Herkunftsfamilie wird zum Glaubenssatz: etwas wird auf die immer gleiche Art gemacht. Das bedeutet aber nicht, dass das richtig ist. Jedoch ist das Ausprobieren eines anderen Weges nicht in Sicht.

Eine Familientradition wird aktiviert, wenn der Sohn schlechte Französischnoten nach Hause bringt und der Vater meint: «Mir ging das auch immer so in der Schule.» Oder schlimmer: wenn der Grossvater mit der gleichen Aussage bemüht wird, anstatt sich zu sagen, die Anwendung der Sprache ist wichtiger als Noten oder Grammatik.

Doch es ist einfach, bequem und schnell, zu sagen, in unserer Familie ist Übergewicht die Regel. Die Wirkung dieser Glaubensätze ist etwas vom zielsichersten, dass es gibt. Zielgenaue selbsterfüllende Prophezeiung.

Bei der Basler Versicherung habe ich Hirngespinste in Form von Glaubenssätzen zuhauf kennengelernt: Zu teuer! Im Sommerloch kriege ich keine Termine! Mitbewerber ist günstiger! Telefontermine vereinbaren ist etwas vom Schwierigsten! Mein Fokus dagegen war, besser zu werden, mehr Nutzen bei meinen Kunden zu generieren, für mich in weniger Zeit mehr Telefontermine vereinbaren und die Statistik ad absurdum zu führen. Mein Fokus des Nutzens waren steuerliche Aspekte für Unternehmer und Einmalprämien als Geldanlage für den Mittelstand. Die bestehenden Glaubenssätze innerhalb der Versicherung habe ich in kürzester Zeit über die erzielten Resultate

abgeschafft. Denn diese Hirngespinste waren nichts weiter als «selbsterfül-
lende Prophezeiungen». Der eigene Glaube und Wille können mehr als nur
Berge versetzen. Sie machen jeden zu einem Riesen, wenn derjenige die
Selbstbilder und Glaubenssätze nutzt, die das Wachstum wie Dünger in der
Landwirtschaft potenzieren.

Wir sehen, glauben und hören, was wir sehen, glauben und hören wollen.
«Die lauten Kinder auf dem Spielplatz stören!» Stattdessen sollten wir uns an
der Kooperation der Kinder untereinander und dem Austausch und Lachen
erfreuen. Der nachbarschaftliche Lärm kann mit einer anderen Sicht auch
Freude machen. Spannend ist zu sehen, dass ich das, was mich beschäftigt
oder ich vor kurzem gekauft habe, plötzlich an vielen Orten wahrnehme:
schwangere Frauen, dasselbe Automodell, Brille, Uhr, Jacke etc. Die mentalen
Pfade, die mich in das Verderben führen sind vielfältig. Wer kennt das flüs-
ternde Ungeheuer, Hirngespinst: Bleib bescheiden. Dräng dich nicht vor. Sag
lieber nichts als das Falsche. Es soll mehr Menschen auf der Welt geben als
Glaubenssätze. Und dazu noch mehr fremde und eigene Hirngespinste.

Wer hat den Spruch von Buddha schon gehört: «Du bist was du denkst.»
Dem Deutschen Ludwig Feuerbach gehört der Spruch: «Du bist was du isst.»,
was in der asiatischen Kultur bedeutet: Ernährung ist die Grundlage der Gesundheit. Die Zitate sind klar, einfach, verständlich und logisch. Den Hinweis
haben Sie sicher auch schon gehört: «It's simple, but not easy.» Genauso gibt
es das ultimative Unternehmens- oder Geschäftsmodell: «Keep it simple and
stupid.»

«Warte nicht! Die Zeit wird niemals genau richtig sein.» (Napoleon Hill)

Die 4 Zitate werden uns in meinen nächsten Büchern genauso begegnen,
wie das Einfache, das schwierig ist.

Es fehlt oftmals an eigenem Antrieb, Wissen und Reflexion, um die Angst
und Blockade zu beseitigen, die mich an der Veränderung hindert. Wieso nehmen das die vielen Experten nicht in Angriff? Der Zusammenhang von Glaubenssätzen und Selbstbildern ist derart unbekannt und kein Schulfach, obgleich die beschränkende Wirkung auf die menschlichen Fähigkeiten offensichtlich ist. Ist am Ende die fehlende Kompetenz mit dem statischen Eigen-
bild der Schlüssel oder Hintergrund? Oder ist die Komfortzone derart

verwurzelt? Woher kommt es, dass die Eigenverantwortung immer mehr unbenutzt in der Ecke stehen muss?

Einige populäre Hirngespinste, die zu löschen oder mindestens zu vertreiben sind: zu alt, zu hässlich, zu dumm, keiner nimmt mich ernst, mir gelingt nichts, niemand mag mich, ich bin wertlos, ich muss für alles kämpfen, ich darf keine Fehler machen, für Sport habe ich keine Zeit, keine Chance haben, ich habe zwei linke Hände, ich habe nichts zu sagen, ich bin ein Chaot, Undiszipliniert und vieles mehr.

Das Wort «Verlangen» hat seinen Ursprung: es kommt vom Vater. Im englischen kommt es von «desire» und ist auf «de sire» zurückzuführen. In dem Sinne ist ein gesundes Verlangen nach Wohlstand, ein Verlangen nach Leben und persönlichem Wachstum. Doch auch hier wirken die populären Hirngespenste begrenzend. Welchen Wolf in mir füttere ich jetzt? Den mit dem gestörten Verhältnis und dem Mittelmass zu Geld und Vermögen? Oder füttere ich den Wolf, der mir ein pralles Leben mit gesicherten finanziellen Verhältnissen ermöglicht? Anstatt die Zeit mit dem Behinderer- oder Verhinderer-Wolf zu vergeuden, kann ich die Zeit mit dem Schöpfer- und Gestalter-Wolf verbringen und diesen stärken. Dazu sind Haltungen und Glaubenssätze zu verändern. «Reich» kann ich auf unterschiedliche Arten definieren. «Ich leiste mir die Sachen und die Erfahrungen, die nötig sind, damit ich ein erfülltes Leben habe.» Mich spricht diese Bedeutung von «reich sein» an. Je mehr ich beginne, meine Herzensangelegenheiten in Angriff zu nehmen, umso mehr lebe ich danach. So, wie wir es vorher bei den Selbstbildern gesehen haben. Sie können begrenzend oder eben wachsend wirken. Genauso ist es mit den Glaubenssätzen zu Unabhängigkeit, Reichtum und Vermögen. Mehrheitlich sind diese Glaubenssätze im Volksmund destruktiv besetzt. Das kann verändert werden. Wer seine Ängste loslassen kann, hat grosse Chancen, ein erfülltes Leben zu führen. Wer sich hingegen vor den Ängsten und Risiken zu schützen beginnt, der betet für Dinge, die er nicht will. Das Unterbewusstsein wird mit hoher Präzision liefern. Es ist wie beim Fahrradfahren: ich fahre in die Richtung, in die ich blicke. Wer den Baum anguckt, wird zielgenau in den Baum fahren. Wer den Blick auf das Machbare lenkt, hat alle Chancen und Möglichkeiten, das zu erreichen. Das Wunder der selbsterfüllenden Prophezeiung, im Guten wie im Schlechten, wird auch das «Gesetz der Resonanz» genannt. Wer herausfindet, was seine eigene innerste Überzeugung oder innerste Bestimmung ist, hat den Schlüssel in der Hand, das zu erreichen. Je mehr ich ausprobiere, desto mehr wird funktionieren. Je mehr funktioniert, desto glücklicher bin ich.

Genauso hat Mut viel mehr damit zu tun, zuversichtlich in die Zukunft zu schreiten. Abweichungen und Probleme sind ein Naturgesetz jeder Beziehung, Familie, Arbeit, Projekt und Tätigkeit. Der Reichtum, wie ich diesen verstehe, kommt zu denen, die unbeirrt an das Machbare und Mögliche denken, obwohl alle Zeichen «dagegen» sprechen und eher der Betreibungsbeamte Arbeit bekommt. Die Glaubenssätze sind genauso eine Art der Geisteshaltung wie das die Selbstbilder sind. Die Gehirnforschung hat vieles entdeckt und an die Oberfläche geschwemmt, nur machen die wenigsten davon Gebrauch. Wir alle kennen Sportler, die schon lange abgeschrieben sind und es doch immer wieder schaffen, an die Spitze vorzudringen. Ausnahmekönner wie Roger Federer basieren auf dynamischen Selbstbildern und Glaubenssätzen, die mental einwirken. Eines von vielen Puzzleteilen neben Talent, Können und Familie. Der Dartweltmeister Peter Wright ist ein fantastisches Beispiel. Vom unteren Rand der Gesellschaft, Verlierer und brotlosem Sportler zum gekrönten Weltmeister mit Werbeeinnahmen. Alles ist möglich; auch dank seiner Frau, die nie daran zweifelte, dass er Weltmeister wird. Dank Mentaltraining und einem unerschütterlichen Glauben an das Unmögliche schaffte es Peter Wright zum Titel. Und das obwohl alle Welt ihn als ewigen Verlierer sah. Sein Nervenkostüm machte Peter immer wieder einen Strich durch die Rechnung. Doch in dem Finalspiel 2020 gegen die Nr. 1 der Welt zeigte er Nerven wie Stahltrossen.

Die Generation der 60er und früher kennen alle Peter Müller, der verrufene Flachländler, der im Skizirkus mit eisernem Training und Willen unbeirrbar an seinem Können arbeitete und es bis an die Spitze schaffte.

Was sind Synapsen? Der Mensch kann mittels Reize dauerhafte Verbindungen zwischen Nerven- und Sinneszellen oder Nervenzellen und Muskeln herstellen. Neben der Herstellung und Aufrechterhaltung dieser Verbindung, kann ein komplett neues Programm geschrieben und integriert werden. Alte Programme können quasi überschrieben werden. Glaubenssätze und Selbstbilder sind Programme, die positive oder negative Einflüsse haben. Wer für sich entdeckt, diese Einflüsse konstruktiv zu nutzen, den werden die

Erlebnisse ins Staunen versetzen und unglaubliche Augenblicke der Freude bescheren. Die Veränderungen und das Wachstum verblüffen. Das persönliche Wohlbefinden wird durch die Nutzung von Glaubenssätzen gesteigert und es ist kaum vorstellbar, was alles möglich wird.

Hier geht es darum, die schöpferischen Aspekte zum persönlichen Wachstum zu nutzen, um ein pralles, gutes Leben führen zu können. Der Fachausdruck dazu ist «neuronale Plastizität». Glaubenssätze sind nichts anderes als Affirmationen. Affirmationen sind die effizientesten Techniken des mentalen Trainings. Für die meisten Schwinger-Könige wie Christian Stucki, Matthias Glarner, Matthias Sempach oder Hockeytorhüter wie Renato Tosio, Reto Pavoni, Jonas Hiller, Oliver Anken, Marco Bührer oder Martin Gerber und auch anderen Extremsportlern und Überlebenskünstlern, sind diese Techniken des Mentaltrainings einer der wichtigsten Schlüssel. Anders herum gedacht, müssten das hervorragende Instrumente für jedermann sein, um ein erfülltes Leben zu erreichen.

Mittelstand hängt an kontraproduktiven Selbstbildern

Damit das, was die Sportler heute schon tun, für den Mittelstand Wirklichkeit wird, ist es von grösster Bedeutung, das eigene Bewusstsein so zu stärken, dass ich meiner eigenen Anerkennung traue und glaube: das Beste zu tun und getan zu haben. Am besten geht das, wenn ich beginne, mich selbst wichtig und ernst zu nehmen. Robert T. Kiyosaki bringt es mit seinem Buch und Vergleich von «Rich Dad, Poor Dad» und seinen Folgebüchern auf den Punkt: «Verhalten und Strukturen Reicher nutzen führt zum Ziel».

Doch solange der Mittelstand – der in der Schweiz die Mehrheit ist – den Unterschied von Verpflichtung und Investition missachtet, solange wird der Mittelstand missbraucht. Der Missbrauch zieht sich durch alle Aspekte des Zusammenlebens, der Normen und der Regeln in der Schweiz. Ein erschreckendes Beispiel der Unverfrorenheit war die Abstimmung über die Unternehmenssteuerreform in Zürich. Jede Partei der Schweiz braucht den Mittelstand, um Abstimmungen gewinnen zu können. und deshalb wurde dem Mittelstand im Vorfeld dieser Abstimmung viel versprochen. Doch zwei Tage nach der Annahme des neuen Unternehmenssteuergesetzes wurden in einer Pressekonferenz Zahlen und Fakten präsentiert, die ein Festhalten an den Steuergeschenken für den Mittelstand unmöglich machten. Die

Argumentation war derart wasserfest, dass ich eine Fantasie entwickelt habe: Da haben ein Anwalt und ein Kommunikationsberater die Zahlen, Daten und Fakten der Pressemitteilung mehrfach geprüft bevor sie der Steuerverwaltung grünes Licht zur Veröffentlichung an dieser Pressekonferenz gaben. Und so ein Prozess braucht mehrere Tage, wenn nicht sogar Wochen. Von der Annahme des Gesetzes durch das Volk und der Pressekonferenz vergingen zwei Tage. Woher kamen die fundierten Zahlen? Wie kann eine Institution wie die Steuerbehörde innert nur zwei Tagen so viele wasserdichte Zahlen und Fakten liefern? Wie gesagt: meine blühende Fantasie...

Nicht zum ersten Mal wird der Mittelstand vor einen parteipolitischen Karren gespannt und am Ende fressen die vor die Nase gehaltenen Rüben andere... Wer die Parteien beobachtet oder sich auch nur auf die SVP konzentriert, stellt fest, dass viele der führenden Personen in der Parteispitze der obersten und reichsten Schicht der Schweiz angehören. Egal ob Autohandel, Bankwesen, KMU-Finanzierungen, Zughersteller, Landwirt oder Zementlieferant – eine ausserordentlich hohe Anzahl von SVP-Führungspersönlichkeiten sind alles andere als Vertreter des Mittelstandes, sondern eher Vertreter der Reichsten. Doch der Mittelstand macht mit und schafft es, diese Partei zur stärksten Kraft zu machen. Wessen Interessen werden jetzt gefördert? Über die Legende von der Verantwortung für das Vaterland kann ich weder lachen noch weinen.

Parteipolitik ist oftmals geprägt von Widerstand und Ablehnung. Für mich ist diese Haltung etwas vom destruktivsten, das es gibt. Deshalb kann ich mich persönlich weder bei der einen noch bei der anderen Partei engagieren. Zu viele alte Zöpfe, Rituale, Normen und Seilschaften sind die Regel. Übrigens gibt es auch hier vielfältige Analogien in persönlichen Beziehungen und auch dabei ist die Haltung von «Widerstand und Nein» destruktiv. Anstatt ein Wagnis einzugehen und gemeinsam mit dem Partner oder einer anderen Partei Lösungen zu suchen, findet Ablehnung statt. Ein Wagnis aber bedingt andere Vereinbarungen als landläufig in Politik oder Ehe oder sonst wo vereinbart werden.

Die aktuelle Zinslage hat eine kleine Gruppe bevorteilt und die Mehrheit geschädigt. Dieses Muster ist auch in der Personalauswahl von Geschäftsleitungen und Verwaltungsräten anzutreffen. Egal ob Rasse, Geschlecht,

Behinderung oder was auch immer. Ich nehme wahr, dass zwischen Reden und Handeln Welten liegen. Erstrebenswert wäre doch ein buntes Zusammenspiel von Menschen und Meinungen, Kompetenzen und Können. Im Föderalismus der Schweiz ist dieses Problem geschickt gelöst: im Ständerat ist jeder Kanton unabhängig von seiner Grösse mit seinen Besonderheiten vertreten.

Fazit – Empfehlung

Ein Naturgesetz einer Firma ist es, Gewinne zu produzieren. Leider wird das heute zu oft verwechselt und Kunden werden übervorteilt und/oder zu Gratismitarbeitern gemacht, sei es an der Kasse oder bei den Rechnungen, die der Kunde selbst erfasst und ausführt. Sogar beim Kerngeschäft einer Bank, dem Kreditwesen, schafft es die Bank, sich selbst zum Kunden und den Antragsteller zum Lieferanten zu machen. Verkehrte Welt. Alle helfen und machen mit. Die Wenigsten realisieren den Unsinn. Die Kosteneinsparungen werden für übersetzte Lohnzahlungen verwendet. Es ist nicht erkennbar, dass mir als Kunde diese Einsparungen zugutekommen.

Als Privatanleger kann ich bei der Bank nur die unvorteilhaften Produkte des Kleinanlegers einsetzen. Die Lösungen, die sich Pensionskassen und andere Grossanleger als sogenannte «professionelle Anleger» zunutze machen, sind für Privatanleger explizit ausgeschlossen. Stattdessen ist dieser für *fast food* zugelassen und konsumiert teuer und ungesund. Wie lange wird sich der Privatanleger dieser Ungerechtigkeit beugen, die darin besteht, Mehrkosten zu zahlen, obgleich eine Unterscheidung zwischen professionellen und privaten Anlegern unsinnig ist? Deutsche Regionalbanken haben sich 2008 als professionelle Anleger wie Privatanleger, das heisst, wie Laien über den Tisch ziehen lassen! Sind damit niedrigere Kosten für «professionelle» und höhere Kosten für Laien gerechtfertigt? Wenn sie professionell wären, dürften sie darauf nicht hereinfallen. Aber das ist kein «Privileg» deutscher Banken. Ebenso sind Schweizer Banken von Anlagebetrug betroffen.

Doch die Mehrheit hält am Althergebrachten fest und ignoriert die Frage nach der Alternative. Eine Alternative wäre, dass sich Privatanleger wie die Reichsten der Schweiz organisieren und zusammenschliessen. Die Reichsten reduzieren ihre Kosten nicht im Promillebereich, wie das der Privatanleger mit dem *fast food*, welches ihm von seiner Bank vorgesetzt wird, tun könnte.

Wenn er wollte, könnte der Mittelstand wie Reiche agieren und seine Kosten um 90 bis 95 Prozent reduzieren. In den Strukturen der Reichen funktioniert das dann, wenn sich diese Menschen und ihre Organisationen und ihr Geld zu einer grossen, temporär verbundenen Masse zusammenschliessen und gemeinsam Vorhaben durchführen. Die Bank wird dabei auch gebraucht, aber nur als Administrationsstelle. In Fragen von Firmenübernahmen zum Beispiel organisieren Reiche das Geld und führen die Übernahme durch. Das Investment-Banking der Bank hat da nichts zu sagen. Die Bank führt das Konto.

Doch das System mit den speziellen Kundenbindungsaktionen, VIP-Anlässen und dergleichen verführt den Mittelstand dazu, sich in immer grössere Verpflichtungen zu stürzen, anstelle endlich zu beginnen, sich wie ein Investor zu verhalten. Die Anlässe der Finanzindustrie sind Veranstaltungen, die den Mittelstand zu neuen Begehrlichkeiten verführen sollen, aus denen neuen Verpflichtungen werden. Doch solange die Unterscheidung von Investition und Verpflichtung unklar ist, wird das so bleiben.

Je mehr Kleinanleger und Mittelständler sich wie die Reichsten verhalten und deren Strukturen nutzen, umso eher können sie im Verbund ihre Kosten reduzieren. In einem solchen Verbund sind dazu Volumen von mindestens 50 Millionen Franken notwendig, besser 100 und mehr Millionen.

Ich kann eine Referenz dazu vorweisen. Mit diesem Fokus habe ich in 14 Jahren ein selbstregulierendes Vermögensverwaltungssystem entwickelt, welches den Anforderungen Reicher entspricht. Zudem wurden laufend alle Schlupflöcher geschlossen, durch welche mein Geld und das meiner Kunden abgesaugt werden sollte. Das schliesst auch den Griff zu komplizierten Bankprodukten aus, für deren Verständnis mir schlicht die Lebenszeit nicht mehr zur Verfügung steht und im Übrigen dafür auch zu schade ist.

Meine Überzeugung geht soweit, dass ich nachvollziehbar für mich selbst anwende, was ich anderen empfehle. Weil es funktioniert und weil ich an das glaube, stehe ich mit meinen eigenen persönlichen Mitteln dafür ein. In meiner Zeit als Koch, als Aussendienstmitarbeiter einer Versicherung, als Vermögensverwalter, als Töff-Fahrer und als Kunde in vielen Geschäften und Restaurants habe ich mein Gespür für Risiko und meine Fehlertoleranz trainiert. Nur Ausprobieren und sich einlassen auf Neues ermöglicht Erkenntnis und Erfahrung.

Der Privatanleger des Mittelstandes muss irgendwann einen anderen Weg beschreiten als den von seiner Bank vorgezeichneten. Und er wird alle damit verbundenen Ungewissheiten eingehen. Wo aber aus Fehlern gelernt wird und neue Einsichten integriert werden, entsteht mehr Zutrauen als gegenüber dem unbeweglichen Moloch einer Bank. Dafür kann ich im Rahmen meiner Möglichkeiten einen Beitrag leisten, die aus Fehlern gewonnenen Einsichten einer an Veränderung interessierten Öffentlichkeit zugänglich zu machen. Für mich selbst, für interessierte Anleger, für meine Kunden oder für meine Gäste in der Küche habe ich meine Fehler bereits gemacht und die Erkenntnisse in einen Lösungsweg eingebaut, den jeder Interessierte mitgehen kann, mitgehen sollte.

In einem ersten Schritt geht es darum, die Geldanlage so zu gestalten, wie es die Reichsten der Schweiz tun. Je mehr mitmachen und sich trauen, einen anderen Weg zu beschreiten, umso einfacher wird es. Meine Aufgabe dabei ist klar: ich verkaufe keine Anlageprodukte, sondern ermögliche jedem Interessenten eine klare Perspektive und die Möglichkeit, mehr und unabhängig zu lernen, damit er oder sie seine Angelegenheiten selbst beurteilen und einschätzen kann.

Was die meisten unterschätzen, ist das Gesetz des exponentiellen Wachstums. Und «gut Ding will Weile haben». Das ist eben auch mit der Geldanlage so. Je mehr Anleger beginnen, über die Geldanlage zu sprechen und diese Art der Vermögensbewirtschaftung nutzen, umso mehr kann die Bank unter Druck gesetzt werden. Dazu ist es nötig, dass jeder, der das für sich nutzt, auch darüber spricht und neue Kunden bringt. Die Lösung der GSAG ist darauf angewiesen, dass die Kunden arbeiten und Leistungen erbringen. Ohne Wenn und Aber.

Das ist einer meiner Glaubenssätze, die ich heute nutze: Ich, Gerold Schlegel, bin bereit, meiner Sehnsucht zu folgen, meine in der Praxis erworbenen Fähigkeiten und Kompetenzen Interessierten offenzulegen, indem ich rückverfolgbare und nachvollziehbare Werkzeuge und Strukturen liefere. Meine einzigartige Qualifikation, das umzusetzen und erreichen, ist über meinen unverwechselbaren Werdegang gegeben und auf der Welt einmalig. Und genau deshalb funktioniert das.

Neukaledonien 2011 – Das letzte Paradies auf Erden. Und nur wenige gehen hin.

Diese Schnorchelrunde hat mir den Atem genommen. Die Pracht der Formen, der Farben, der Strukturen, der Oberflächen und die schiere Grösse des Korallenriffs sind kaum vorstellbar oder gar in einem Bild zu erfassen. Nach anfänglichem Erschrecken bei der Sichtung eines Riff-Hais war die Erleichterung gross. Den der Riff-Hai ist ein friedfertiger Fisch. Doch damals wusste ich das nicht.

Das Wasser hat mit Hilfe von Lebewesen das Korallenriff in hunderten von Jahren geschaffen. Ein wahnsinnig langsamer Vorgang. Wer Saucen herstellt, sollte genauso vorgehen – im Zeitlupentempo kochen. Der Lohn sind aussergewöhnliche Gerichte und Aromen. Immer wieder Flüssigkeit reduzieren und eine geringe Hitze sind das offene Geheimnis, um mehr Geschmack zu erhalten.

Der grösste Feind der Qualität ist die Eile. *Henry Ford*

Welche Grundlagen schaffe ich mir selbst?

Wie überbrücke und nutze ich die Zeit beim «langsamen» Kochen?

Was könnte ich auf meinem Speiseplan durch Selbstgemachtes ersetzen?

Wem könnte das nützlich sein und gleichzeitig das Vorhaben voranbringen?

Kapitel 3 – Monokultur

Essenz «Luft»

Das Sauerteigbrot ist Königsdisziplin. Wer kann schon Gras in etwas verwandeln, das derart lecker schmeckt, leicht verdaulich ist und einen hohen Nährwert hat? Der Samen vom Weizen lässt das zu. Der menschliche Körper kann in keiner Weise die Gräser und Halme oder das Stroh so umwandeln, dass etwas Neues entsteht – zum Beispiel die Milch der Kühe. Doch Brot spielte in der Evolution des Menschen eine wichtige Rolle. Schon früh erkannten die Menschen, dass die Samenkörner der Pflanzen die meiste Energie liefern. Je nach Region und Entwicklungsstand wurden die Samen auf einem Feuer geröstet, zermahlen und in Wasser gekocht. Der entstandene Brei war keine Delikatesse, doch er war einfach zuzubereiten und lieferte die nötige Energie. Die Stärke sicherte uns Menschen den Zugang zu Proteinen, Vitamine und Mineralstoffe. Manche Völker verteilten den Brei auf einem heissen Stein nahe dem Feuer – fertig war das erste ungesäuerte Fladenbrot. Vor rund 6'000 Jahren irgendwo im Zweistromland hat ein aufmerksamer Beobachter ein Stück Teig gefunden, der zum Leben erwacht war. Er hat auf der Oberfläche das Wunder der Luftbläschen und des geblähten Teiges entdeckt. Dieser Teig wuchs durch das Backen fast auf die 2- oder 3-fache der Grösse der ursprünglichen Form.

Das Wunder der Brotvermehrung ist also kein Wunder, sondern Realität geworden. Während meiner Kochlehre habe ich oft in der Backstube des Dorfbäckers ausgeholfen. Am Morgen ging es nach der Verteilrunde des Brotes gleich in die Küche. Das waren anstrengende Tage und Nächte. Doch sie halfen mir, mich schneller und einfacher zu erholen, wenn zu wenig Schlaf möglich war. Die Devise von Arnold Schwarzenegger, doppelt so schnell zu schlafen, funktioniert nur in der Fantasie. Doch manchmal hat es nach einer durchzechten Nacht geholfen. Was ich nur noch selten ass, waren Nussgipfel, nachdem ich erfahren hatte, was alles da reinkommt. Die Reste müssen irgendwie verarbeitet werden und Nussgipfel und Studentenschnitten waren gute Möglichkeiten dafür. Schon damals kannte man in Backstuben Stabilisatoren oder Back-Beschleuniger. Der Duft einer Bachstube ist für mich nach wie vor etwas vom Feinsten. Die Wiener Dampfbäckerei «Öfferl» lieferte mir das grösste

Aroma-Erlebnis seit Jahren. Übrigens: der Duft vom Brotbacken ist die wichtigste olfaktorische Visitenkarte einer Familie, denn er verspricht Geborgenheit und der Geruch von gebackenem Brot ist der Garant für Behaglichkeit. Wer will kein behagliches Heim?

Das hier aufgeführte Rezept kommt von Chat Robertson und ich fand es im Buch von Michael Pollan «Kochen, Eine Naturgeschichte der Transformation». Das Rezept ergibt zwei sensationelle Laibe Brot.

Sauerteigbrot

Starter:

50 Gramm Vollkornschrot und 50 Gramm Weissmehl – 1dl Wasser lauwarm – mischen. Das ergibt den Vorteig plus jeweils 150 Gramm Vollkornschrot und Weissmehl zum Füttern des Starterkits und entsprechend viel Wasser beimischen. Dieser Starter ist der Vorteig.

Am besten ist es, die 2 x 50 Gramm Mehl in ein Glas zu geben und mit Wasser verrühren, bis es einen glatten Teig gibt. Sobald der Starter Blasen wirft, erwacht die Masse zum Leben und muss täglich gefüttert werden. Also «Futter» beimischen und kräftig umrühren. Es können Aromen von Hefe, Bier und Fruchtnoten entstehen. Das Mehl mit Wasser mischen und den Vorteig damit weiter füttern. Der Teig darf nie trocken werden. Das Ganze dauert ca. eine Woche.

Brotteig:

60 Gramm Vollkornschrott, 250 Gramm ungebleichtes Weissmehl oder Brotmehl mit hohem Proteingehalt, 150 Gramm Roggenmehl, 900 Gramm Wasser lauwarm (25 Grad), 3.5 Gramm Trockenhefe oder 3.5 Gramm Frischhefe (in lauwarmem Wasser auflösen), 25 Gramm Salz. Eventuell braucht es noch etwas mehr Mehl zum Bestäuben der Arbeitsplatte und der Formen.

Am Vorabend das Mehl mit einem feinen Sieb sieben und alle Zutaten in der Mehlschüssel mischen. Den Teig über Nacht an einem warmen Ort ziehen lassen, abdecken mit Klarsichtfolie, so kann die Gärung bereits in Gang gesetzt werden und das Brot ist besser verdaulich.

Am Morgen einen Teelöffel vom Teig in warmes Wasser gleiten lassen – schwimmt er? Wenn er nicht schwimmt, noch etwas Trockenhefe beigeben.

Etwa die Hälfte des angesetzten Starters in die Teigmasse geben und mischen und kräftig durchkneten. Danach 20 bis 45 Minuten ruhen lassen. Erst jetzt wird das Salz (50 Gramm) in lauwarmem Wasser auflösen und dem Teig beigegeben. Wieder kräftig durchkneten.

Tagsüber ruhen lassen, das ist das Stockgaren: mindestens 4 bis 5 Stunden. Jede Stunde einmal ¼ in der Schüssel drehen/wenden. Dazu die Hand gut mit Mehl einpudern und langsam vorgehen. Jetzt sollte der Teig Blasen bilden, die leicht säuerlich riechen. Den Teig teilen, Kugeln formen, diese wieder mit einem Baumwolltuch zudecken und 20 Minuten ruhen lassen.

Endgaren: Die geformten Laibe bei Zimmertemperatur 2 bis 3 Stunden ruhen lassen.

Backen: Den Ofen auf 260 Grad heizen und einen Römertopf oder Gusseisentopf warm stellen. Dann den Topf raus und den Teigling reinlegen. Egal wie der Teig fällt, die Hitze wird die Form richten. Den Teigrohling oben mit kräftigen Schnitten verzieren. Zugedeckt kommt der Topf in den Backofen bei 230 Grad für 20 Minuten. Dann den Deckel wegnehmen.

Der Teig sollte jetzt doppelt so gross sein. Er wird weitere 20 bis 25 Minuten fertig backen.

Dieses Brot schmeckt am Tag nach dem Backen am besten. Es ist eine Woche lang haltbar.

Monokultur auf allen Ebenen und Bereichen – Pandemie

In der Schule kennen wir die Entwicklung. Die Mehrheit der Schüler erhält Nachhilfeunterricht in Fächern, in denen sie Schwächen aufweisen. Und die Fächer, in denen sie ihre Stärken haben, werden vernachlässigt. Dort wo die Stärke lebt, braucht es wenig bis nichts, demgegenüber wird die Schwäche bearbeitet. Das Resultat ist offensichtlich: es wartet der Durchschnitt. In seinem Buch: «Die Durchschnittsfalle» beschreibt Markus Hengstschläger diese Entwicklung und untersucht den Vorgang anhand vieler Muster und Beispiele aus der Praxis. Das ganze System und die heute benutzten Strukturen sind darauf ausgelegt, Durchschnitt zu produzieren. Die Angst vor dem vermeintlichen Risiko verstärkt diesen Effekt genauso, wie es der Drang nach Perfektion bewirkt. Gleichzeitig lehrt die Schule nach wie vor Dinge, welche für das Leben nutzlos sind. Übrigens auch in der Kochlehre: dort werden nach wie vor Dinge gelehrt, die schlicht falsch sind. «Fleisch hat Poren!» und dann werden Zubereitungsarten vermittelt, wie diese Poren zu schliessen oder zu öffnen sind. Korrekt wäre: das Fleisch hat Fasern. Und das hat Konsequenzen auf die Zubereitungsart.

Verschiedene Studien, unter anderem die Studie von Annamaria Lusardi wie auch Untersuchungen der Universität Basel zeigen, dass etwa 70 Prozent der Bevölkerung Finanzanalphabeten sind. Dabei wäre es das A und O, die Zusammenhänge von Geld und Wirtschaft zu verstehen, um sich im Leben optimaler zu verhalten. Ein guter Anfang wäre, das Geldsystem zu begreifen. Und wenn 70 Prozent der Bevölkerung keine oder wenig Ahnung vom ABC der Finanzen haben, wieviel Prozent der Lehrer an den Schulen haben es dann? Es kann nicht verwundern, dass die Vorgänge für ein glückliches Leben quasi ein Geheimnis in der Schule sind! Persönliche Finanzthemen werden genauso vernachlässigt, wie die gesundheitsschädigenden Einflüsse der Lebensmittelindustrie. Sollte es stattdessen nicht besser darum gehen, die Schüler auf das Leben nach der Schule vorzubereiten, anstatt einen auf Faktenwissen basierten Lehrplan abzuarbeiten? Albert Einstein bringt es mit einem Zitat auf den Punkt: «*Bildung ist, das was übrigbleibt, wenn man all das, was man in der Schule gelernt hat, vergisst*».

Die Schule und das Lernen, wie wir beides heute kennen, sind Beispiele von Durchschnitt und Monokultur. Erkenntnisse vieler Wissenschaften werden ignoriert. Neue Erkenntnisse werden nicht vermittelt. Die Zusammenhänge von Darm und Hirn, Ergebnisse aus der Soziologie und aus der Hirnforschung bleiben ignoriert, obwohl direkte Zusammenhänge zwischen diesen Themenfeldern bestehen. Das ist eine Form von Monokultur: das Ignorieren und Verdrängen neuer Einsichten, ergänzt durch die fehlende Reflektion von Vorgängen.

Ein anderes Monopol der Monokultur betrifft die Finanzindustrie und soziale Einrichtungen wie AHV und Pensionskassen direkt. Einsichten aus Fehlern mit zu hohen Risiken bei der Geldanlage werden nie dem Kunden, das heisst Versicherten und Betroffenen vermittelt. Einzig die Berichte und Haftungsausschlüsse werden umfangreicher. Pensionskassen gehen mehr und mehr dazu über, Anlageentscheidungen in der Gruppe, das heisst in der sogenannten Anlagekommission zu treffen. Diese Anlagekommissionen sind die «Treibhäuser der Monokultur».

Das Verdrehte ist, dass die Pensionskassen sich eine 100-jährige Anlagestrategie leisten sollte, ohne kurzfristige Kurseinbrüche oder -gewinne zu beachten. Wir wissen doch, dass der Wettbewerb und der Vergleich das Ende sind. Alles was geweckt wird, ist Neid und Gier. Gleichzeitig bekommt Kurzfristigkeit Aufmerksamkeit, und die ist in der Anlagestrategie einer der grössten Fehler. Doch was Experten sagen und tun ist richtig. Bankprodukte werden komplizierter, so wie die Allgemeinen Vertragsbedingungen von Jahr zu Jahr umfangreicher und detaillierter ausfallen. Der Anbieter überwälzt alle Schuld und Verantwortung auf den Kunden. Dabei braucht es auch hier zwei Teilnehmer.

Anlageprofile sind nichts anderes als Nachweise des Anbieters dafür, ohne Schuld und Tadel zu sein. Wer Geld anlegt und bewirtschaftet, kann dies nur mit einer langfristigen Anlagestrategie tun. Egal in welchem Alter oder Situation sich der Mensch befindet. Denn wer langfristig anlegt, sorgt für ausreichend Liquidität und die Handelbarkeit seiner Anlagen! Der Ausstieg und dessen Kosten sind zu klären und nicht der Einstieg, so wie es heute gang und gäbe ist.

Stellen Sie sich vor wie es wäre, wenn Sie als Kunde oder Versicherter an den Erkenntnissen aus Fehlern bei Anlageentscheidungen Ihrer Banken, der AHV, Ihrer Pensionskasse beteiligt werden würden! Der Kunde oder

Versicherte könnte daraus sein eigenes Anlageverhalten anpassen und davon profitieren. Am Ende bin ich als Kunde und als Versicherter betroffen und müsste doch alles Interesse haben, dass meine Erträge aus der Anlage und damit meine Renten höher ausfallen? Höher könnten die Renten ausfallen, wenn aus Fehlern Einsichten gewonnen werden, die weniger Verluste produzieren oder bei kleinerem Risiko sicherere Erträge erzielt werden. Doch die Monokultur, Einsichten aus Fehlern als Geheimnis zu behandeln, ist die Norm in der Finanzindustrie. Fehler vertuschen ist mehr Regel als Ausnahme.

Die vielen ungelesenen, unterzeichneten oder «gelesen» bestätigten Geschäftsbedingungen, ohne dass diese jemals wirklich gelesen wurden, sprechen eine deutliche Sprache. Wer klickt nicht schnell die Allgemeinen Geschäftsbedingungen (AGB) im Internet weg? Oder bestätigt, ohne die AGB gelesen zu haben? Wenn unter einem Dokument schon eine Unterschrift ist, wieso soll ich das lesen? Je mehr Personen bereits unterschrieben haben und umso grösser die Reputation der Unterzeichneten ist, umso weniger wird gelesen, was dort steht. Die «Anlagekommissionen» fördern dasselbe Muster, denn dort wird gemacht, was die Mehrheit kennt und macht. Neues, Unbekanntes ist in der Minderheit und hat folglich wenig Chancen, die Türen dieser «Treibhäuser der Monokultur» aufzustossen. Eine Gruppe wie eine Anlagekommission trifft die Entscheidungen so, dass im Schadensfall keine Haftung entstehen kann. Dazu ist es hilfreich, das zu tun was die Mehrheit tut und empfiehlt.

Monokultur zerstört Tradition und Kultur

Wer von der Schweiz via Österreich nach Rumänien und zurück via Serbien, Kroatien und Österreich fährt, bemerkt die Monokultur auch in der Architektur. Gleichmacherei herrscht. Da sind die identischen Ladenketten von Möbel, Elektro bis Lebensmittel. Mit etwas anderen Namen, aber ansonsten genau die gleiche Entwicklung wie in der Schweiz. Schuhkartons in gross, die farbig bis grell angeschrieben sind und in die sich die Menschen in Massen hineinzwängen. Auf den Feldern wechselt im Frühjahr der Raps nur selten. Soweit das Auge reicht: gelbe Felder. Ich stelle mir gerade diesen Honig vor. Die Bienen sind genauso betroffen, weil denen die Vielfalt der Blüten und überhaupt der Natur vorenthalten wird. Könnte es sein, dass es einen

Zusammenhang gibt zwischen dem Bienenvölkersterben und der einseitigen Ernährung der Bienen? Auszuschliessen ist das nicht.

Ähnliche Entwicklungen habe ich auf meinen Reisen 2018 und 2019 festgestellt. Unabhängig davon, ob das in Ostafrika (in Kenia, Tansania, Malawi) oder im asiatischen Raum, auf Sri Lanka oder den Philippinen war: die Schuhschachteln der Architektur halten Einzug und verdrängen die Vielfalt immer mehr zugunsten eines Einheitsbreis. Ausserhalb, in verkehrstechnisch guten Lagen, sind immer mehr Industriebauten und Mehrfamilienhäuser mit Flachdach zu finden. Egal wo ich mich aufgehalten habe oder welche Länder ich bereist habe: das Bild und die Entwicklung ähneln sich fast aufs Haar. Städte wie Marrakesch, Durban, Kapstadt, Windhoek, Cancun, Hongkong, Bangkok, Auckland, Sydney, Noumea und so weiter – überall ähnliche bis gleiche Entwicklung – Schuhschachteln übernehmen und ersetzen die Vielfalt durch Monokultur. Der länderspezifische Baustil geht verloren und mit ihm das traditionelle Bauhandwerk. Gleichmacherei in unglaublich rasendem Tempo und das weltweit. Sogar der eurasische Raum kennt je länger je weniger die eigene Bauweise und gleicht sich dem weltweiten Trend an.

Dagegen staunt der Besucher in Barcelona über die Besucheranstürme an der Sagrada Familia, der Basilika des Architekten Antoni Gaudí oder am Park Güell, ebenfalls ein Werk dieses Architekten. Dort ist Schlangenstehen die Regel. Ähnlich ist es am Hundertwasserhaus in Wien oder am «Palais idéal» des Ferdinand Cheval, der sich – neben seinem Beruf als Pöstler – in Hauterives (Frankreich) seinen Traum eines Schlosses verwirklichte. Andere Orte, die ähnliches Interesse hervorrufen, sind der Tarotgarten der französisch-schweizerischen Künstlerin Niki de Saint Phalle oder der «Bruno Weber Park» in Spreitenbach (oder Dietikon, je nach Sichtweise und Ortskenntnis). Wie die Pärke, so sind viele Kirchen oder alte Prachtbauten das Ziel vieler Reisenden. Sie alle haben Zeiten von grösstem Besucherandrang. Was diesen Orten und ihren Erbauern gleicht, ist die Vielfalt von Formen, Mustern, Farben und die unglaubliche Handwerkskunst und unvergleichliche Architektur. Die Besucherströme zeugen von einer ungestillten Sehnsucht. Wieso aber hört die Sehnsucht nach dem Anschauen auf? Viele der Besucher wohnen in austauschbaren Häusern und Wohnungen, die nicht vergleichbar sind mit dem, wonach sich diese Menschen sehnen. Auch hier dominiert Monokultur.

Ich schätze die Vielfalt der Kulturen, Traditionen, Sprachen, Baustile und Landschaften von Europa. Island funktioniert ganz anders als der Süden oder Norden des europäischen Kontinents. Der Westen ist wiederum ganz anders als die östlichen Randgebiete von Europa. Erkennbar an Sprache, Traditionen, Ernährung, Nationalgerichten und Baustilen. Was in der Schweiz in Klein möglich ist, gibt es auch in Europa – Vielfalt. Was hingegen die EU anstellt, um diese Vielfalt zu eliminieren, macht mich sprach- und hilflos. Gleichmacherei und das Zerstören von Traditionen und Gebräuchen. Der Grieche hat ein anderes Verhalten als der Portugiese oder der Österreicher. Im Zoo wird es schnell klar, dass nicht alles gemischt werden darf. Das ist wie mit Begrifflichkeiten aus einer längst vergangenen Zeit, die nicht mehr benutzt werden dürfen. Egal ob es um politisch korrekte Aussagen geht oder gendergerechte Ansprache Pflicht ist. Wenn mir der Respekt gegenüber Menschen, Rassen, Völker, Traditionen und anderem mehr fehlt, muss ich mich nicht wundern.

Ich schäme mich, wenn ich mitbekomme, wie sich Touristen aus Asien, Amerika, Europa und der Schweiz während ihrer Besuche bei Naturvölkern verhalten. Egal ob bei den Samen im Norden, Sorben im Osten von Deutschland, bei den Buschmännern und Himba in Namibia oder den Massai vom Ngorongoro-Krater in Tansania: die Besucher sind oft komplett ohne Respekt unterwegs. Das Wichtigste für sie: sie haben ein Foto. Auch in Asien erkenne ich schnell, wer die Sitten respektiert. Schuhe gehören vor die Türe und sind auszuziehen, egal ob auf der Terrasse oder im Haus. Doch das respektlose und unangepasste Verhalten hat Folgen und führt ebenso zu einer tiefgreifenden kulturellen Veränderung. Reichten früher in Afrika kleine Spielzeuge und Süssigkeiten für die Kinder am Strassenrand, werden heute immer öfters US-Dollar gefordert. Das geht soweit, dass bettelnde Kinder heute Steine auf Autos werfen, wenn das Erwartete nicht gegeben wird. Ein Block, Kugelschreiber oder Süsses reichen schon lange nicht mehr. Gleichzeitig fordern immer mehr Touristen ihr aus der Heimat bekanntes Essen und tragen damit dazu bei, dass auch Ess-Traditionen zurückgedrängt und letztlich zerstört werden. Die vielen bekannten Schnellrestaurants in fernen Ländern sprechen deutlich für diese Monokultur. Ein anderes Übel mit wenig beachteter Tragweite ist die Trinkgeldkultur. Eigentlich (das Unwort nutze ich jetzt absichtlich) ist es ganz einfach. Je mehr Trinkgeld ich gebe, umso grösser ist die Gefahr, dass ich zu viel gebe. Sei es wegen der Umrechnung oder schlicht, weil

Verhältnisse der Schweiz angewendet werden. Oder aus Mitleid umgerechnet ein oder zwei Franken gegeben werden. Dabei wären 10 bis 20 Rappen angebracht. All das führt dazu, dass Begehrlichkeiten geweckt werden.

Morgens, mittags und abends weltweit ein ähnliches Bild: Verkehrschaos auf Strassen, Schienen und in der Luft. Einzig die Dauer des Chaos und die Länge der Staus weicht ab. Die Bahn ist hoffnungslos überfüllt. Unfälle und Unterbrechungen häufen sich. In Los Angeles soll es den ganzen Tag vom Morgen bis zum Abend verstopft sein. Wer bestimmt, dass der Arbeitsbeginn auf die Mitarbeiter abgestimmt wird, anstatt auf die Kunden? Ich gehe davon aus, dass die Mehrheit der Menschen zum arbeitenden Teil der Bevölkerung gehört. Somit müssten doch die Öffnungszeiten vor 8.00 Uhr, über Mittag und ab 16.00 Uhr begehrter sein. Doch Bürozeit ist ab 8.00 Uhr – wenn es gut geht. Und ab 16.00 Uhr oft bereits geschlossen. Wieso nicht eine Bürozeit von zum Beispiel 11.00 – 19.00 Uhr? Die Strasse und die Bahn sind weniger stark belegt und somit gelangen Mitarbeiter mit weniger Stress an den Arbeitsplatz. Monokultur heisst für die Mehrheit, am Abend ab 17.00 Uhr und am Wochenende arbeitsfrei zu haben. Die Staus auf der Strasse, im Zug und an den populären Ausflugszielen im Sommer und Winter sprechen eine deutliche Sprache. Das machen, was die Mehrheit macht, ist richtig, also mache ich das auch so. Monokultur in reiner Form.

Eigenartig wird es, wenn ich mir vor Augen führe, wieviel Geld der öffentlichen Hand in die Landwirtschaft fliesst und wie im Gegensatz dazu Geschäfte praktiziert werden. Wer eine «Landi» besucht und schaut, aus welchen Ländern die Produkte stammen, der kommt ins Staunen. Die «Landi» gehört zur Fenaco-Genossenschaft, die wiederum gehört den Schweizer Bauern. Erschrecken kann jeder, der schaut, woher die Produkte kommen, die unsere Schweizerbauern in der «Landi» verkaufen. Eine traurige Geschichte. Immer mehr der Produkte haben das Label «Made in P.R.C.» das bedeutet «People's Republic of China» oder besser bekannt als «Made in China». Um was geht es? Die Schweizer Bauern werden hoch subventioniert. Doch in den Regalen ihrer eigenen Geschäfte werden von Lebensmitteln über Werkzeug und Bekleidung bis zu getrockneten Bohnen Waren aus aller Herren Länder feilgeboten. Günstige Produktionskosten, hohe Marge und eine Qualität, die zu früh ersetzt werden muss. Das fördert das Wegwerfen. Haben die Bauern so wenig gelernt und so wenige Einsichten gewonnen, dass sie denselben

Verlockungen erliegen, wie andere Branchen und Industriezweige? Auslagerungen von Arbeitsplätzen und von Wissen ist die Folge, bei gleichzeitiger Subvention durch den Staat. Bin ich naiv, zu erwarten, dass Bauern mehr fürs Klima machen als andere? Und die künftigen Kosten – Klima, ans Ausland verlorene Kompetenz, verlorene Arbeitsplätze – bleiben in dieser Vorgehensweise ganz aussen vor. Doch weil die Mehrheit der Detailhändler so vorgeht, muss es richtig sein. Das Einheitsbild, das sich hier präsentiert: Monokultur wie aus dem Bilderbuch.

Diese Systeme von Monokulturen lassen sich ohne Ende weiterführen. Egal ob Wirtschaft, Lebensmittelindustrie, Pharmaindustrie, Schule, Ausbildung, Erwachsenenbildung etc. Die Gemeinsamkeit, die alle betrifft, ist «Kosten runter» und «Gewinne hoch». Was ist mit den zusätzlichen Kosten (Verlust der Vielfalt, Umwelt, Wanderarbeiter, Transport etc.)? Wo bleibt der Berufsstolz? Was ist mit der Gemeinschaft? Ist Wirtschaften begrenzt auf kurzfristige Aspekte? Geht es darum, mehr Lohn und Boni nach Hause zu bringen, damit die vielen Verpflichtungen und Begehrlichkeiten gestillt werden können? Oder geht es schlicht nur um Konsum um jeden Preis?

Dabei ist doch in der DNA des Menschen «Gestalten und Verändern» eingebaut? Etwas, das den Menschen der Schweiz nützlich ist, wäre doch Sinn stiftend! Doch Langfristigkeit ist nicht im Blick. Aus dieser Überlegung heraus, aus diesem Missstand, ist mein Geschäftsmodell entstanden und ausgerichtet worden.

Der Fokus liegt im Speziellen auf Langfristigkeit. Die langfristige Basis wird die heutigen Einkommensverluste und Einbussen wettmachen, das ist meine feste Überzeugung. Langfristigkeit ist im Vorteil gegenüber kurzfristigem Verhalten. Der Prozess zu diesem Buch ist selbst buchfüllend und das Projekt stand mehr als einmal kurz vor Aufgabe. Das fing schon mit dem Start in Tansania an im November 2019. Keiner der Auswanderer aus Europa wollte sich äussern, als sie erfuhren, dass es für ein Buch ist. Der damalige Präsident machte Menschen, die eine eigene Meinung hatten, das Leben schwer. Diese Angst, auf den Radar des Präsidenten zu kommen, hat die Personen geleitet. Dann, nach 2 Monaten täglichen Schreibens auf den Philippinen habe ich im Herbst 2019 über 400 Seiten auf die Seite gelegt. Zurück an den Start. Die Buchstruktur und den Inhalt nochmal erarbeitet. Der Blick auf

Langfristigkeit hat mich geleitet und meine Sprache war nach wie vor zu kopflastig und belegt von der Fachsprache. Jetzt, nach über 2 Jahren, bin ich entgiftet und kann frei von der Leber schreiben.

Ranglisten übernehmen

Touristen werden mittels Listen von Be- und Entwertungsplattformen geführt. Seien es die «100 schönsten Orte der Welt» oder die «Besten Reiseziele 2020», Die «Beste Fluggesellschaft» und anderes. Von Hotel über Restaurant, Bed&Breakfast, Pensionen oder Campingplätze – kaum etwas, das nicht mit Bewertungen von Gästen auskommt. Das «selbst entdecken» und sich Üben im Herausfinden von Achtungspunkten der Gastfreundschaft wäre doch hilfreicher! Stattdessen pilgern Millionen von Touristen zu den «100 Orten, die man gesehen haben muss». Auch das ist ein Teil von Monokultur und daneben sind Ranglisten der sichere Weg zur Zerstörung von Vielfalt und Einmaligkeit. Hier in der Schweiz war das bereits gut zu erleben. Das «Berggasthaus Aescher-Wildkirchli» wurde, nachdem es lange Zeit nur wenig bekannt war, von Touristen überrannt, so dass die bereits mehrere Jahrzehnte auf dem Aescher wirtenden Pächter das Handtuch warfen. Das alles, weil das Gasthaus auf einem Buchtitel von National Geographic landete (Destinations of a Lifetime, 2015).

Dagegen ganz ohne Rangliste: mein bestes Pulpo hatte ich an der Plage Blanche in Marokko. Das Restaurant wäre wahrscheinlich auf keiner Liste erschienen und nur das Äussere betrachtet und beachtet, hätte viele Menschen vom Essen dort abgehalten. Der Tresen - ein besserer Bretterverschlag mit einem Kühlschrank. Die Feuerstelle im Hinterhof. Draussen zwei Plastiktische mit 10 Plastikstühlen. Ein einfaches, strohgedecktes Dach, Wellblechteile mit Steinen beschwert, beschattete die Tische. Der Ort, ein einziges Sammelsurium von unfertigen Häusern. Baustopp für alle. Wir waren zu acht mit vier Allradautos 3 Wochen in Marokko unterwegs und kamen am Nachmittag wie gerädert an. Die Anfahrt war auch für harte 4x4-Liebhaber ausreichend holprig und mühsam. Unterwegs halfen wir zwei Einheimischen, ein Motorrad wieder flott zu kriegen und verzichteten auf eine Ruhepause. Der «Boxenstopp» dauerte knapp 1.5 Stunden und bei solchen Verhältnissen ist man damit mehr als genug im Hintertreffen. Wir hatten ausreichend Werkzeug und Ersatzteile dabei, um auszuhelfen. Die Freude der beiden war riesig, als alles wieder ging. Der Lohn: ein Lachen – ohne gleich mit dem Rechner die entgangene Zeit zu kalkulieren. Da ich für die Verpflegung verantwortlich war, habe ich in der Küche nachgefragt, was machbar ist. Tajine mit Fisch und Pulpo könnte er noch hinbekommen, wenn er die Fischer erwische. Um sieben könnten wir essen, wenn alles funktioniert. Und so war es. Am Abend war alles bereit und wir assen wie die Fürsten. Weltklasse. Wer nach dem Äusseren urteilt, hätte das verpasst.

Meine berüchtigten Teevarianten am Abend waren mehr als nur beliebt und Vitaminbomben der besonderen Art. Da hatte es von Ingwer, Zitrone, Granatapfel, Honig und Schwarztee, frischen Kräutern oder Pfefferminze fast alles drin. Doch es gab auch Abwechslung und einmal einen Aufstand. Alle haben sich unisono geweigert, einen speziellen Tee zu trinken. Ich hatte auf dem Markt ein Kraut gekauft, das ich nicht kannte. Das Aroma war scheusslich, freundlich ausgedrückt. Mit diesem eingegangenen Risiko ging der Schuss nach hinten los.

Es ermöglichte dagegen Reiseerlebnisse abseits von «Best-of»-Listen und bleibt lange Zeit als wertvolle Erinnerung erhalten, an die Teilnehmer der Reise gerne zurückdenken. Noch heute werde ich immer wieder aufgezogen mit meinen Teekünsten.

An der Ferienmesse in Bern 2020 ein ähnliches Bild von Einheitlichkeit. Was sind die Höhepunkte einer Rundreise? Abhaken von Destinationen, die der Tourist sehen muss und jeder sehen will. Das kann es doch nicht gewesen sein! So viele Orte, Handwerke und Traditionen, die kaum einer kennt und die die meisten Touristen nie im Leben sehen werden. In Südafrika kennen und besuchen die wenigsten Paternoster, Kagga Kamma, Groot Winterhoek Wilderness Area, Hogsback oder Coffee Bay. Oder «The Hell». Der Ort, der ein Paradies ist und Hölle genannt wird. Den Swartbergpass unbedingt von der Seite des Ortes «Prince Albert» her befahren und bei Regen bitte sein lassen. Wasser und dementsprechend Sturzbäche und Steinschlag sind keine Ausnahmen. Kurz vor der Passhöhe des Swartbergpasses zweigt eine Strasse ab – The Hell. Die Zufahrt und der Ort sind atemberaubend. Ein Naturparadies aus einer anderen Zeit.

Und mir ist klar: Mein Plädoyer für Reisen abseits der Pfade und meine Beschreibung der Besonderheit solcher Orte ist gleichzeitig ebenso Beitrag, den Orten die Besonderheit zu nehmen und «in Listen» einzureihen. Letztlich plädiere ich dafür, dass jeder seine eigenen Wege entdeckt.

Ranglisten enthalten Orte – keine Menschen

Am Lake Natron in Tansania hatten wir im Frühjahr 2018 eine Begegnung der besonderen Art. Regina und ich nahmen einen Massai mit. Er zwängte sich auf die Kisten hinter Fahrer/Beifahrer. Die Rückbank war zu Gunsten eines Kühlschranks, Werkzeug, Ersatzteilen, Küchenutensilien, Wasser und Lebensmittelvorräten ausgebaut worden. Es stellte sich heraus, dass er der Chef aller Chefs der Massai der Lake Natron Region war, in der etwa 5'000 – 6'000 Massai leben. So bekamen wir einen Zugang zu den Ruinen von Engaruka mit dem um 1700 erbauten und noch immer genutzten Wassersystem. Anbauflächen und Unterkünfte, die in Afrika einzigartig sind. Diese Anlage ist gut versteckt und nur die wenigsten Touristen kommen hierher. Es ist zu abgelegen und die Anfahrt ist zu unbequem. Ole Pello hat ganz afrikanisch innert Kürze den politischen Bürgermeister aufgetrieben, dazu einen Studenten, der bestes Oxford-Englisch sprach und der die Führung durch die Ruinen übernahm. Afrika verblüfft immer wieder mit der Fähigkeit der Improvisation. Im Anschluss daran liess Ole Pello uns nicht gehen, ohne uns in sein Dorf einzuladen und dort zu übernachten. Wir kochten mit allem, was wir hatten, einen Gemüserisotto. Da wurde mir erstmalig klar: Massai lieben Fett. Ich habe zum Schluss fast einen halben Liter bestes Olivenöl dazugegeben. Für Ole Pello war es immer noch zu wenig. Er wollte eine extra Portion, sprich einen Nachschlag.

Die Nacht war unvergesslich. Am vorhergehenden Tage fand die Beschneidung des ältesten Jungen statt. Ein Ritual, um vom Dasein als Jugendlicher in das Lager der Krieger zu wechseln. Wir haben gottseidank nur das Fest danach erlebt, das mehrere Tage in Anspruch nehmen kann. Nach viel Tanz, Musik, Gesang und einem Gebräu aus vergorenem Blut und Milch kehrte erst in frühen Morgenstunden langsam Ruhe ein. Für uns waren die Festivitäten ein alle Sinne berauschendes Erlebnis, wenngleich wir die Zeremonien auch kritisch verfolgten und Ole Pello Chief – Chief ist der tatsächliche Familienname im Pass – uns gelegentlich von dem Fest ausschloss mit den Worten «Ihr seid doch jetzt müde und wollt schlafen.» Den Initiationsritus eines Kriegers kann am besten der Schwede Max Röring schildern. Er hat sich in Kenia freiwillig den Massai angeschlossen und sich der schmerzhaften Prozedur unterzogen. Zwischen unserem Blick auf fremde Traditionen und meinem Wunsch, Vielfalt und eine bunte Welt zu erhalten, bin ich hin- und hergerissen, so vor allem bei dem Thema «Beschneidungen». Sie sind tief in der Tradition Afrikas und anderer Kulturen verankert, doch wo ziehe ich Grenzen? Für mich ist klar: in Afrika und auch sonst überall auf der Welt sollte es keine Mädchenbeschneidungen geben.

Kurz vor Weihnachten besuchte ich Ole Pello noch einmal und kam wieder in den Genuss von Erlebnissen der exklusiven Art in der Gesellschaft eines einzigartigen Reiseführers. Eine Getriebepanne im Busch, fernab von Strom, Wasser, Telefonverbindungen und Schweissern, die ihren Job mit Aluminium können – und das fünf Tage vor Abflug von Nairobi. Improvisieren und viele Helfer und Freunde machten das Weiterkommen möglich. Meine berührende Erkenntnis: die Menschen sind viel besser, als sie eingeschätzt und beurteilt werden. Ein besonderer Dank gilt Toni Schwaller aus Arusha, der mir den besten Mechaniker Afrikas schickte und mir ermöglichte, die nur einen Tag während Kaffeebaumblüte zu erleben.

Besonderen Eindruck bei mir hinterliess aber Ole Pello selbst. Er schaute, dass jeder Mann genug gegessen hatte. Alle – einer nach dem anderen – mussten bei ihm Platz nehmen und den Teller ausessen. Unvergesslich, auf diese Weise die Kultur der Massai kennenzulernen. Mit allen Schattenseiten. Eine Kultur, die von Ferne schlicht unverstanden bleibt. Wer schon einmal auf einem Bett der Massai geschlafen hat, schätzt den Komfort und die Sauberkeit. Auf dem Holzrost hatte ich meine Wolldecken und meinen Schlafsack ausgebreitet. Die Toilettenanlagen auf den Raststätten der Schweiz sind um einiges schmutziger als bei den Massai zu Hause. Und das alles fernab von Strom und Wasserversorgung.

Als ich Mitte Dezember 2019 Ole Pello allein besuchte, durfte ich in seinem Bett schlafen. Im Fahrzeug und ohne Bewachung zu nächtigen – eine einzige Beleidigung. Das Haus aus Dung geformt, zusammen mit dem Rauch ergibt sich ein eigenartiger Geruch, fast wie auf einer Alphütte. Die ungewohnten Formen, Gerüche und Geräusche, kombiniert mit einem einzigartigen Sternenhimmel, liessen mich kaum schlafen. Die Aufregung war zu gross.

Der Schutz des Gastes ist heilig. Ole Pello hat seinen Bruder als Nachtwächter bestimmt, damit ich, sein Gast, im Haus schlafen konnte. Er hat keine seiner drei Frauen besucht, sondern neben dem Haus geschlafen, damit ich nicht unbewacht und allein blieb.

Tansania war der Startschuss für mein Buchprojekt. Der Anfang war, einfach ausgedrückt, nur schwierig. Egal was und wie ich die Sache anpackte, nichts wollte gelingen. Überall stand ich an. Es war zum Haare ausreissen. Das führte dazu, dass ich mir Missionsstationen im Süden von Tansania suchte. Sie sind meistens in erhöhter Lage, in abgelegenen Naturparadiesen, wie dem Usambara-Gebirge oder eben im Süden oberhalb des Lake Malawi in Njombe. Ganz sicher liegen sie in den schönsten Gegenden mit wenig Touristen. Dort ging ich in die katholische Kirche um Hilfe für Unterbringung und Reise zu bekommen. Der katholische Pfarrer Yohannes Kaluwa wurde für vier Tage mein Reiseführer und das war ein Glücksfall. Vorher war ich hingegen gefordert, auf Menschen zuzugehen und meine Ängste und Unsicherheiten zu bändigen. Dazu war kein Mut erforderlich, sondern nur Zuversicht. Die Zuversicht, dass mir die Leute nicht den Kopf nicht abreissen würden, weil ich Atheist bin. Zuversicht, dass sie mich leben lassen, ohne mich bekehren zu wollen. Das reichte aus. Yohannes hat mir Wege und Orte gezeigt, die auf keiner Karte zu finden sind. Von Njombe ging es an einem Tag von morgens 5.00 Uhr bis am Abend 21.00 Uhr via Ifakara nach Mikumi. Mit einem einzigen grösseren Halt am Mittag, Pinkelpausen und Stopps für Fotos. Strassen der schlimmsten Art lagen hinter mir. Unglaublich müde, zerschlagen und glücklich war ich am Abend. Und vor allem auch erleichtert, da ich meine eigene Bedingung «Keine Nachtfahrten» gebrochen hatte. Nachtfahrten in Afrika sind etwas vom Gefährlichsten. Alles ist auf der Strasse und die wenigsten sind sichtbar: Wildwechsel, Fussgänger, Fahrradfahrer, Ziegen, Schafe, Pferde, Kühe, Fahrzeuge ohne Licht und vieles andere. Die Fahrt war eine Achterbahn der Gefühle und Eindrücke. Wer wird schon mit Maschinengewehren angehalten und hat einen Pfarrer dabei, der sich ausweisen kann? Seine Vermittlung hat das Schlimmste verhindert. Mitten im Busch kam ein Schild «20 km/h» kurz vor einer kurvenreichen Strecke. Ich dachte an einen schlechten Scherz, Yohannes hat das Schuld übersehen. So fuhr ich unwissentlich mit etwas über 40 Stundenkilometern direkt auf ein

Armeeausbildungszentrum zu und nur mein katholischer Pfarrer konnte die Situation noch klären.

Diese Erlebnisse und Eindrücke sind unvergleichbar zu den ausgetretenen und monokulturellen Pfaden der Touristen. Auch die «Steinerne Karte Afrikas» zu finden war ein Wechselbad der Gefühle, eine Geduldsprobe und ein Höhepunkt. Dort hat in Millionen von Jahren das Wasser die Umrisse des Kontinentes aus dem Stein gewaschen. Ein unvergessliches Erlebnis, doch auch wieder mein Zwiespalt: je mehr ich davon berichte, desto mehr Leute schicke ich dorthin. Besser ist: wer die in den Stein gewaschene Karte Afrikas besuchen möchte, soll sich an Pfarrer Kaluwa wenden!

Das Aushalten der Ungewissheit ist eine der schwierigsten Aufgaben und Herausforderungen unserer Zeit. Denn wer gute Entscheidungen treffen will, muss zuerst den ganzen Lärm der Medien und der Fachpresse ausschalten. Viel besser wäre es, Nachrichten und Berichte völlig zu ignorieren. Denn für Banken, Finanzinstitute und Journalisten ist Schweigen selten «Gold». Wer um Aufmerksamkeit buhlt, schafft es, mit möglichst viel Lärm, diese zu erhalten.

In der Anlagesprache sind «Bullen» die Menschen, die einen steigenden Kurs erwarten und «Bären» sind diejenigen, die einen sinkenden Kurs erwarten. Wer mit Risiken umgehen kann, dem ist es hingegen egal, ob die Kurse steigen oder fallen. Alle Prognosen und aufpolierten Zahlen all der Propheten und Weltuntergangsexperten können Sie wegwerfen! Denn diese Prognosen hätten nur Gültigkeit, wenn sie in einem statischen Rahmen überprüft werden können. Irgendwie müssten diese Angaben überprüft werden, doch was die Zukunft uns bringt, ist völlig unbekannt. Die Zukunft hat keine statischen, das heisst auswertbaren Zahlen. Dennoch: je geschickter die Verpackung und Präsentation, umso glaubhafter die Aussage. Gegen Ungewissheit ist kein Kraut gewachsen, doch es gibt ein paar Kniffe und Tricks, dieses Minenfeld zu umschiffen. Jeder kann sich gegen die Ungewissheit und den Zufall eine Struktur zulegen. Was sicher bleibt: die Welt dreht sich und jede Krise geht vorbei. Doch nutze ich die Chancen der Krise, wenn ich tue was die Mehrheit tut? Übrigens: Nassim Taleb hat dazu ein ganzes Buch geschrieben: «Narren des Zufalls».

Im Ausland treffe ich viel mehr Menschen an, die helfen und gutgesinnt sind. Des Öfteren bin ich mit Pannen und anderen Zwischenfällen in Nöte gekommen. Daraus hat sich bei mir eine Haltung entwickelt, die mich felsenfest überzeugt: mir wird geholfen. Und so passiert genau das. Überspitzt formuliert: von 1'000 Menschen, die mir im Ausland begegnen und mit denen ich Kontakt habe, sind vielleicht 10 Menschen böse. Mein Fokus liegt auf den 990 guten Menschen. In der Schweiz wird mich – etwas übertrieben – das Gegenteil gelehrt: 990 böse Menschen und nur sehr selten begegne ich den Guten.

Was mich einerseits gefreut und andererseits traurig gestimmt hat an der Ferienmesse 2020 in Bern, ist die geringe Auswahl von Reisezielen im Kaukasus. Die Angebote, die wir (Regina und ich) zum Kaukasus, das heisst zu Georgien fanden, begrenzten sich auf die klassischen Routen und diese Angebote gingen zwischen den vielen vermeintlichen Höhepunkten der Messe unter. Die Routen in Georgien lassen das Beste aus. Es geht darum, möglichst viele Attraktionen zu sehen. Es gibt wohl in Kutaissi einen Halt, doch Zqualtubo mit der russischen Bädertradition wird ausgelassen. Wer Georgien besucht sollte sich Zqualtubo zu Gemüte führen. Wieder ein Tipp, der die Gefahr in sich birgt, etwas Einzigartiges zu zerstören. Doch wie sonst will der Leser für sich selbst herausfinden, was Rosinen sein könnten und damit beginnen, selbst eigene Entdeckungen zu machen?

In Zqualtubo sind aus der Zarenzeit viele Gebäude zu besichtigen, die am Zerfallen sind. Doch der damalige Luxus ist nach wie vor an den riesigen Eingangshallen, grosszügigen Treppenaufgängen, den kitschig anmutenden Verzierungen in den Zimmern und öffentlichen Räumen zu erkennen. Die Tapeten und Deckenverzierungen rauben jedem Besucher den Atem. Die Säulengänge vermitteln eine Ahnung von der vergangenen Pracht. Das erste Hotel ist saniert und bietet einen reduzierten Service für Gäste an. Merkt euch: wer sich abseits der grossen Hauptverkehrsachsen bewegt, wird die gastfreundlichsten Menschen in Georgien kennenlernen. Die Natur ist eine einzige Pracht. Wie in der Schweiz, nur ist Georgien grösser und viel weniger bevölkert.

Angst ist die Macht, die verhindert, das Leben zu leben

Angst ist eine Regentschaft, die vielen Menschen darin im Weg steht, dasjenige Leben zu leben, das sie sich wünschen. Die Krankenpflegerin und Autorin Bronnie Ware hat viele Jahre Menschen am Sterbebett begleitet. In den Gesprächen und Offenbarungen dieser Menschen wiederholten sich Themen widerkehrend auf die Frage, was sie am meisten bereuen. Die Antworten kamen schnell und erschüttern. Die häufigsten Antworten begannen meistens mit dem Satz: Ich wünschte mir, …

… den Mut gehabt zu haben, das eigene Leben zu leben.

… weniger gearbeitet zu haben.

… mutiger und öfter meine Gefühle ausgedrückt zu haben.

… den Kontakt zu meinen Freunden aufrecht erhalten zu haben.

… ich hätte mir erlaubt, glücklicher zu sein.

Damit wir unser Leben frei von Angst leben können, brauchen wir weder Mut noch Geld. Zuversicht, es zu schaffen, reicht völlig aus. Meine Zuversicht, in Afrika auf Menschen zu treffen, die mir helfen, brachte mich sehr weit und sehr tief in diese Kultur. Meine Motivation und mein Mut, dieses Buch zu schreiben, mein Leben und meine Firma, die GSAG neu auszurichten, kommen genau aus diesem Hintergrund. Auf dem Sterbebett will ich weder bereuen, diese Idee liegen gelassen zu haben, noch möchte ich in der Ungewissheit leben, ob es funktioniert hätte. Noch weniger möchte ich nächtelang von Träumen und dem Bedauern verfolgt sein, es nicht probiert gehabt zu haben. Anstatt zu schlafen, um erholt in den neuen Tag zu starten, würde ich mich täglich wie zerfleddert aus dem Bett quälen. Diese Vorstellung ist genug Antrieb!

Und das Ziel, Lösungen, Strukturen und Produkte der Reichsten und der grössten Anleger der Schweiz dem Mittelstand zur Verfügung stellen, treibt mich seit den neunziger Jahren um. Mit dem Start meiner ersten Unternehmung, der «Gerber & Schlegel GmbH» hat es begonnen. In der Zwischenzeit habe ich vieles ausprobiert, manchmal gewonnen und noch mehr Einsichten erzielt. Das eigene Lehrgeld zu zahlen ist teuer. Schlauer ist, andere die Erfahrungen und das Lehrgeld zahlen zu lassen und selbst den Nutzen zu haben.

Das ist effizientes Lernen. Mit der 14-jährigen Praxis in der Zusammenarbeit mit einer der reichsten Familien in der Schweiz habe ich das Innenleben der Reichsten gesehen.

Ich bin ein Insider, weil ich die von der Familie delegierten Aufgaben im Family Office übernommen habe. In dieser Zeit habe ich eine solche Organisation aufgebaut. Diese Organisation war für die Durchführung aller Projekte, die Geld kosteten, zuständig. Dazu kamen mehrere Organisationen, von denen einige heute unter dem Dach der gemeinnützigen Stiftung, die mein Kunde geschaffen hat, auftreten. Für die Nachfolge und den Vermögensschutz waren ebenso Lösungen gefragt. Eines der Grundgesetze der Reichen ist, alles zu delegieren, was andere besser und schneller erledigen können. Sie selbst begrenzen sich auf die Aufgaben, die ihnen wirklich Spass machen. Der im Januar 2020 verstorbene Basketballstar Kobe Bryant hat, so oft es ging – also fast immer, anstelle des Autos den Helikopter genommen. Egal ob es zum Training oder zum Spiel ging. So kam er viel erholter an und konnte seine Leistung schneller abrufen. Er stand nicht stattdessen drei Stunden in einem der Verkehrsstaus, für die Los Angeles berüchtigt ist. Das ist Effizienz und in seinem Metier von grösster Wichtigkeit. Diesen sorgfältigen Umgang mit der Lebenszeit wünsche ich mir selbst mehr. Deshalb ist mir der unsorgfältige Umgang mit der Flughöhe und dem Wetter beim Bryants Helikopterabsturz ein Rätsel. Vielleicht vergleiche ich Äpfel mit Birnen, doch beim Fahren meines Seitenwagens spüre ich Veränderungen im Verhalten sofort am Hintern. So fokussiert Bryant in seinem Sport und als geübter Pilot war, in diesem einen Moment war er es wohl nicht.

Auch unter den Reichsten gibt es viele, die sich nicht trauen, ihr Leben zu leben. Sie kaufen wohl Dienstleistungen und Hirnkapazität ein, doch dabei vergessen sie, was sie schon immer gerne einmal tun wollten und ehe sie sich umschauen, ist auch ihre Zeit abgelaufen. Das Sprichwort «Bei den Reichen lernst du sparen» kommt nicht von ungefähr. Alles, was sie Lebenszeit kostet und sie ungerne selbst erledigen oder weniger verstehen, wird delegiert. Doch was sie in der Hand behalten, sind diese drei Standbeine: *Gemeinschaft (ihre Kontakte) – Gesundheit – Finanzen*. Hinzu kommt ihre Haltung. Diese vier Elemente sind grundsätzlich und sich um diese zu kümmern ist nicht vom Geld abhängig. Die Reichsten aber sind darauf angewiesen, diese Verantwortungen und ihre Pflichten in der eigenen Hand zu behalten. Wenn sie diese fahrlässig aus der Hand geben, fängt das Unglück an. Wenn sie delegieren, dann mindestens in eine ihrer eigenen Organisationen, in der das Personal handverlesen ist und sie die Schlüsselstellen selbst innehaben. So kann vieles gesteuert werden, um Missbrauch zu verhindern. Egal ob Herr Bertarelli, Herr Curti, Herr Blocher, Herr Frey, Herr Tanner, Herr Spuhler, Herr Schindler, Herr Fust etc. – sie alle haben eigene Organisationen, die ihren Besitz, Investitionen und anderes mehr verwalten und organisieren. So erzielen sie eine höhere Diskretion und müssen jeweils nur Bruchstücke ihrer Vermögenswerte bekanntgeben. Damit ist nicht Offenlegungspflicht gegenüber der Steuerbehörde gemeint, sondern ausschliesslich gegenüber anderen Dienstleistern.

Gleichzeitig können sie ihre Unkosten via Firma geltend machen. Mit einer schriftlichen Vereinbarung mit der Steuerbehörde können der Spielraum und die Vorteile zusätzlich um ein Vielfaches grösser werden. Diese Möglichkeit hätte der Mittelstand auch, doch sie werden selten genutzt.

Wenn ich mir dauernd Angst und Sorgen gemacht hätte während dieser 14 Jahre, dann wäre meine Gesundheit bachab gegangen. Selbstverständlich sind schwierige Tage, Wochen und Monate, wie etwa im Jahr 2008 die besten Möglichkeiten, sich verrückt machen zu lassen. Oder wenn mit Risikokapital etwas aus dem Ruder lief und Entscheidungen gefragt waren. Doch dabei nützt alle Angst nichts. Wer die Hausaufgaben vorher gemacht hat, kann, anstatt in Hektik zu verfallen, nüchtern die Sache anschauen und mit Prioritätensetzung das Problem angehen. Mit Betonung «vorher» konnte ich abgeklärt vorgehen und mich eventuell sogar zurücklehnen. Die Angst übernimmt, wenn ich nicht verstehe, was ich tue, wenn ich eine Anlagestrategie alle 3 bis 6 Monate auf den Kopf stelle oder wenn ich mich mit Gier in eine Anlage treiben lasse und diese aus lauter Unsicherheit gekauft habe, nur, weil ich aus dem Sitzungszimmer des Anlageberaters entkommen wollte. Das Stichwort der Küche hier ist wieder die Mise en Place. Je mehr Eventualitäten und Unbekannte beachtet werden, umso einfacher ist die Auflösung, wenn etwas schiefläuft.

Doch mit wenigen Bedingungen kann ich im Voraus Ruhe schaffen, sofern ich mit der Ungewissheit umgehen kann und eben weiss, was ich tue. Wer sich auf das Elementare begrenzt, hat mehr Chancen. Beim Aufbau des

Family Office habe ich immer wieder neue Elemente eingebracht, die ungewöhnlich waren. Wie oft habe ich gehört, dass «man das nicht so macht». Doch ich schaffte mir vorher Sicherheit, indem ich die Bedingungen festlegte.

Ein gutes Beispiel dafür war die Sanierung einer Risikokapitalbeteiligung in Deutschland. Ich wählte eine branchenfremde Person, denn dieser Mensch war sattelfest darin, mit Strukturen umzugehen und diese zu deuten. Dienstleistungen wie Buchhaltung, Marketing und anderes mehr kann eingekauft werden. Doch die wenigsten können versteckte Strukturen und unsichtbare Netzwerke in Firmen erkennen. Genau das war bei diesem Vorhaben jedoch wichtig.

Beim Kochen war das schon Thema: Komplexität kann mit Einfachheit gelöst werden. Und genau so ist es mit der Geldanlage. Die Ungewissheit bleibt gleich, ob mit oder ohne Angst. Also lasse ich die Angst in Ruhe und nutze die Nacht, um zu schlafen - und das ganz ohne Schlafmittel. Wer sich von der Unsicherheit fertigmachen lässt, wird krank. Wenn die maximalen Verluste definiert sind und die Anlagestrategie festgelegt ist - mit wenigen Bedingungen und Ausnahmen - dann kann die Anlagestrategie sich auch in 14 Jahren nur marginal verändern. Pro Aktie, Lieferant, Depotbank und anderes mehr habe ich Maximalwerte festgelegt. Ebenso im Schadenfall, also bei eventuell anstehenden Verlusten. Die Liquidität und die langfristige Sichtweise, ganz ohne Vergleiche der Zielerfüllung auf Quartals- und Jahresbasis war hilfreich. Das führte auch zu schlaflosen Nächten. Doch nie waren sie in einem Ausmass, wie sie Menschen mit der ständigen Angst erleben. Abgesehen von den Sorgen für nichts und wieder nichts, denn das, was alles passieren könnte, tritt sowieso mehrheitlich bis nie nein.

Sicher ging mir mehr als einmal der Hintern auf Glatteis. Etwa im Jahr 2008, als die Medien voll waren mit Schauergeschichten, die auch bei mir Angst und Verunsicherung auslösten. Viele Anleger ergriff die Panik ob der unzähligen Tipps, zu verkaufen. Und sie verkauften! Nur raus aus dem Aktienmarkt! Da gilt es, ruhig Blut zu bewahren und an der Anlagestrategie festzuhalten.

Persönlich hatte ich einen grossen Teil meines eigenen Vermögens Ende Dezember 2008 in den «Braun von Wyss & Müller»-Anlagefonds investiert. Im Januar und Februar ging es weiter abwärts. Wie oft ich mich in dieser Zeit beschimpft habe und Angst hatte, das Falsche getan zu haben, kann ich nicht zählen. Der Druck auf mich, der Mehrheit zu widerstehen, kommt noch dazu. Etwas vom Schwierigsten ist es, den eigenen Weg in der Geldanlage ausserhalb der Mehrheit zu gehen und dabei ständig mit der eigenen Gier und Angst und allen anderen externen Faktoren konfrontiert zu sein. Das hat auch bei mir unruhige Nächte ausgelöst. Doch das Wissen, nahe oder am Tiefpunkt zu kaufen, half mir, mit der Unsicherheit umzugehen. Mein Wissen war gesackt, das heisst, ich habe einige Prinzipien des Anlegens verinnerlicht. Also vertraute ich mir, unabhängig von der Mehrheit. Die Angst vor Fehlern und die Angst, das Falsche zu tun, lässt vielen Menschen wenig Möglichkeiten. Doch ich blieb dabei, weil es ein Naturgesetz ist und «das Falsche» deshalb äusserst selten eintrifft, wenn man zum höchsten Preis aussteigt oder zum tiefsten Preis einsteigt. Das Resultat Ende 2009: über 50 Prozent Rendite! Mein Lehrgeld war gezahlt. In Form von Nerven, Ängsten, Druck und einigen schlaflosen Nächten. Eingebaut habe ich diese Erkenntnis im Permanenten Portfolio der Gerold Schlegel AG. Jetzt sind Kauf (billig) und Verkauf (teuer) automatisiert und meine Kunden können von diesen Erkenntnissen profierten.

Im Frühjahr 2009, als der Partner von Warren Buffet, Charlie Munger, im grossen Stil in Wells Fargo-Aktien einstieg, passte ich das erste Mal die Anlagestrategie des Kunden an. Die Aktienquote wurde leicht erhöht und der festverzinsliche Anteil reduziert. Das Signal war klar: wenn einer der reichsten Menschen der Erde, der selten bis nie Veränderungen an der Strategie vornimmt, kauft, dann ist es Zeit, selbst auch zu kaufen. Dieser Entscheid ist rückwirkend betrachtet das Beste, was ich tun konnte. Meine Zuversicht, das Richtige getan zu haben, half mir, Angst und Unsicherheit zu bändigen. Mut hat viel mehr mit der Zuversicht zu tun «es zu schaffen» oder «das Richtige zu tun» als viele glauben.

Das Jahr 2008 war ein Jahr der Schwierigkeiten, Ängste und Unsicherheiten. Im Frühling kam die Trennung nach 13-jähriger Ehe. Im Frühsommer begann ich das Projekt «Dieselgespann», bei dem die Probleme schon zwei Monate nach Baubeginn zur Regel wurden. Dann die Erkenntnis, einem Anlagebetrüger aufgesessen zu sein und die daraus entstehenden Arbeiten und Unsicherheiten im Vorgehen. Ein Risikokapitalprojekt, welches völlig aus dem Ruder lief - auch ich war nicht frei von Rückschlägen und Problemen. Doch mit Jammern waren diese nicht gelöst. Das einzige was half, war die Zuversicht, das zu schaffen und mich nicht von der vielfältigen Angst verrückt machen zu lassen. Und es gab unglaublich viele Aspekte der Angst: Alleingelassen, Ungeliebt, Existenzängste, Zukunft, Scheitern, Fehler, Verlust, Entscheidungen, «Richtig und Falsch» und vieles andere.

Meine Unsicherheit und Angst, wenn ich als Mann eine Frau oder umgekehrt anspreche, ist schon fast eine Mutprobe. Die Angst vor der Ablehnung produziert viel Hemmendes. Die Dating-Plattformen und Tinder im speziellen überspringen viele Stufen des gegenseitigen Bekanntmachens. Der Zauber des Flirtens und die innere Aufregung inklusive der Achterbahnfahrt der Gefühle – all das ist fort. Wie weit diese Plattformen und Vorgehensweisen die menschliche Entwicklung beeinflussen, dazu weiss die Anthropologin Helen Fisher einiges zu berichten. Die Angst ist und bleibt einer der grössten Motivatoren für den Menschen. Für diejenigen Menschen, die lenken und manipulieren wollen, ist sie einer der grössten Hebel und Antriebe, um Menschen zu steuern. Das macht es einfach, Menschen zu lenken und zu manipulieren. Versicherungen und Finanzindustrie haben das schon lange entdeckt und schüren Ängste, um ihre Produkte zu verkaufen. Banken schaffen es darüber hinaus, ihre Kunden mit der Gier zu verunsichern.

Andere Ängste sind die vor der Veränderung. Anstelle des Austritts aus einem Leidensclub (Firma, Beziehung etc.) wird weitergemacht, denn die Schmerzen und das Leiden kenne ich, die Zukunft ist dagegen unbekannt. Doch was ich an neuen Möglichkeiten ausserhalb dieses Clubs erhalten könnte, wird komplett ausgeblendet. Der Fokus ist auf dem negativen, aber wohlbekannten Aspekt anstatt auf den Chancen und Möglichkeiten.

Selbstverständlich ist die eingebaute Angst seit Anbeginn der Menschheit ein zentrales Element, um zu überleben. Sie ist also eine Art von Lebensversicherung. Wie war das zu früheren Zeiten, wenn mit den einfachen Waffen Tiere gejagt wurden? Oder wenn uns unsere Intuition sagt: «jetzt die Kurve langsamer fahren!» und überraschend kommt ein Fahrzeug auf unserer Seite entgegen und wir können noch bremsen? Die Angst ist ein wichtiges Steuermittel, das uns am Leben hält. Doch es kann zur Last werden, wenn wir uns nur noch von Risiken und der Angst lenken lassen.

Die Politik nutzt die Angst oft, um ihr eigenes Handeln zu rechtfertigen. Vor dem dritten Golfkrieg war von Massenvernichtungswaffen die Rede. Der amerikanische Aussenminister hielt eine Rede vor dem Weltsicherheitsrat der UNO. Tony Blair verdankt seine Wiederwahl dem Krieg. Sei es dieser Krieg, bei dem er die USA kräftig unterstützte, oder der Krieg im Kosovo, bei dem er von Bill Clinton unterstützt wurde. Kann es sein, dass da jemand um einen Gefallen gebeten wurde? Reziprozität gilt auch in der Politik. Du machst mir ein Gefallen und ich mache dir einen. Im Grossen wie im Kleinen. So wie unsere Bundesräte lukrative Angebote aus der Wirtschaft erhalten, so geht es mit allen Politikern über kurz oder lang. Das beginnt schon mit dem Nationalrat – Jobschacher. Wer «Insider» ist also die Sprache und das Verhalten beherrscht kommt vorwärts. Überall Gefälligkeiten und Ausgleich von Gefälligkeitsschulden. Wer der Lobby hilft und das System der Umverteilung stärkt, erwischt den Lift nach oben. Wer hingegen genau das kritisiert, wird entsorgt. Medien helfen gerne mit neuen Schauergeschichten und Fehltritten, worüber dann die moralische Keule geschwungen wird.

Zurück zum Präsidenten. Wer bessere Karten für die Wahl will, beginnt mit Vorteil einen Krieg. Der Irakkrieg hat ca. 500'000 Tote gefordert und am Ende stellte sich heraus, dass er völlig unnötig gewesen ist. Alle behaupteten Tatsachen entpuppten sich als Lügen. Was die geostrategischen oder geopolitischen Hintergründe waren, ist wenig bekannt. Doch was blieb ist, dass die Bevölkerung bewusst belogen wurde mit der Angst eines Krieges mit Massenvernichtungswaffen und Atomwaffen. Angst ist eine der besten und am wenigsten beachteten Manipulatoren, um Menschen zu steuern. Im Irak-Krieg kann Öl ein anderer Grund gewesen sein. Wie weit der Zusammenhang von Saddam Husseins Tod mit der eingeführten Öl-Bezahlung in EURO ein möglicher Hintergrund ist, bleibt vorerst Spekulation. Die USA sind so mächtig geworden mit dem «Greenback» (US-Dollar), da bisher fast alle Rohstoffe in Dollar bezahlt werden. So auch das Öl. Erst seit kurzem regt sich Widerstand. Vielen Randregionen im Orient und Fernen Osten passt das nicht mehr und sie suchen nach Alternativen. Eigenartig ist, dass alle, die bisher eine neue Zahlungsmodalität für Öl einführen wollten, über kurz oder lang den Tod fanden. Zufälle? Mal schauen was jetzt mit Putin und den Saudis passiert die Amerikas Ölindustrie das Leben schwer machen.

Politik und Wirtschaft lügen oft besser als Pinocchio

Im vorhergehenden Abschnitt war bereits die Rede vom Lügen. In diesem Buch geht es darum, auf wenig beachtete Sachverhalte aufmerksam zu machen. Lügen und Verschleiern sind solche Sachverhalte. Das Ansprechen der Themen, die weder mit einer Theorie unterlegt noch wissenschaftlich anerkannt sind, macht Sinn. Es geht darum, mit Lügen optimaler umzugehen. Trotzdem ist das Buch kein Ratgeber «Wie lüge ich besser, schneller und effizienter?». Die paar Zeilen sollen dem Leser helfen, sich selbst besser zu wappnen und Lügen einfacher zu erkennen. Sich damit auseinanderzusetzen lohnt allemal. Wir Menschen haben nach wie vor die Anteile unserer Vorfahren aus dem Beginn der Menschheit in uns. Überleben um jeden Preis. Dieses Verhalten weckt den Überlebensmodus und lügen ist Teil davon, um sich selbst zu schützen. Egal ob das in der Partnerschaft, anderen Beziehungen oder im Beruf zum Tragen kommt.

Auf Reisen in fremdsprachigen Ländern hilft mir das Wissen der Körpersprache. Denn die Mimik, die Augen, die Körperhaltung und Bewegungen werden anders. So wie der Lehrer und der Steuerexperte öfters angelogen werden, so wurde ich mit dem vielen Geld im Hintergrund und meiner mächtigen Stellung dauernd angelogen. Es sind meine Erfahrungen, die mich sensibilisiert haben. Zu oft werden Lügen unbeachtet aussen vorgelassen, obwohl der Einfluss auf unsere Entscheidungen und unser Verhalten offensichtlich ist. Es gibt zu Körperhaltung viel Literatur. Sogar die Befragungen von FBI und anderer Geheimdienste nutzen dieses Wissen ebenso wie die vielen Experten, die Profile von Verbrechern aufgrund von Indizien und Tatorten erstellen. So wie der Täter Angst hat, entdeckt oder entlarvt zu werden, so geht das dem Lügner. Es ist Dauerstress. Wer hingegen schon lange mit einer Lebenslüge unterwegs ist, der glaubt, was er sagt. Für mich etwas vom Traurigsten sind Familien mit Kindern, in denen der Mann seine Lust im Geheimen auslebt. Das führt dazu, dass der Mann sein Schwulsein nach der Scheidung zu leben beginnt. Vorher musste er ein guter Lügner und Organisator sein. Ebenso geht es Menschen, die ein Doppelleben führen und genauso ist es mit Betrügern in der Wirtschaft.

Kinder nutzen Lügen ebenfalls. Wenn etwas kaputtgeht, ist selten jemand schuld. Auch nicht im Leben der Erwachsenen. Wer den Spruch «Ich war das nicht!» oder «Ich bin nicht schuld!» noch nie gehört hat, müsste schon fast taub sein. Je nach Naturell des Menschen haben zum Beispiel unsichere Menschen schnell Angst. Aspekte wie Unsicherheit verstärken diesen Effekt. Das zeigt sich in der Sprache, der Mimik, der Körperhaltung, dem Tempo beim Sprechen und vielen anderen Facetten.

Als Mensch bin ich nicht gebaut, Lügen zu erkennen. Was ich hingegen aus der Urzeit kenne, ist Angst. Angst zu sterben, Angst zu frieren, Angst zu hungern, Angst, aus der Sippe ausgestossen zu werden und vieles andere mehr. Daher kann ich als Mensch Angst einfacher und schneller erkennen. Merkmale sind aufgerissene Augen, hohe Stimme, Mundwinkel fallen leicht nach hinten und anderes.

Die Schlaumeiereien in der Politik haben System und kommen der Lüge öfters zu nah. Solange aber der Bürger die Themen um Geld und Wirtschaft ignoriert oder nicht verstehen will, genauso lange kann die Politik lügen. Denn wenn der Bürger sich schlau machen würde, kann er erkennen, dass er von der Politik verschaukelt wird. Der grösste Raubzug der Geschichte gegen die Bürger der Welt wird stattdessen gutgeheissen und von Experten abgesegnet. Dabei müssten jedem Anleger und jedem Geldgeber klar sein, dass wenn er jemandem Geld gibt, er dieses mit Zinsen zurückhaben sollte. Heute wird weder ein Zins auf dem Darlehen für den entgangenen Ertrag noch eine Entschädigung für das potenzielle Verlustrisiko bezahlt. Wenn die Zinsen für Darlehen (Schulden) in Italien, Spanien, Griechenland, Schweiz, Norwegen und Liechtenstein identisch sind, kann etwas nicht stimmen. Denn die Qualität von Schulden gegenüber der Schweiz, Norwegen und Liechtenstein kann niemals identisch sein mit der Qualität der Schulden unserer südlichen Nachbarn.

Übrigens: dass Griechenland derart tief im Schlamassel feststeckt, haben sie Herrn Draghi zu verdanken. Er war seinerzeit Berater bei Goldmann Sachs und hat dafür gesorgt, dass die Griechen die Aufnahme in den Euroraum schafften. Trotz zu hoher Schulden konnte mit einem Kniff in der Bilanz diese Verhältniszahl ausgehebelt werden. Je grösser der Betrug, umso mehr wird gelogen. Behauptet wird, dass das nur für die Kriminellen ausserhalb des politischen Systems gilt. Denn die Schule und Erwachsenenbildung lehrt viel Unbrauchbares. Das Wichtigste wie das unverstandene Geldsystem, die

Wirkung von Glaubenssätzen und Selbstbildern oder die Funktionen des Körpers oder eben das Durchschauen von Lügen aussen vor. Und das herrschende Geldsystem ist die grösste aller Lügen.

Übrigens: Herr Juncker hat vor seiner Zeit als EU-Kommissionspräsident im Jahre 1999 ein Zitat zum Besten gegeben, das mehr als einen Moment wert ist, darüber nachzudenken: *Wir beschliessen etwas, stellen das in den Raum und warten einige Zeit ab, was passiert. Wenn es dann kein grosses Geschrei gibt und keine Aufstände, weil die meisten gar nicht begreifen, was da beschlossen wurde, dann machen wir weiter – Schritt für Schritt, bis es kein Zurück mehr gibt.* Oder ein anderes Zitat ist: *Wenn es ernst wird, muss man lügen.*

Andere akzeptierte Lügen platzen öfters. So ist der frisierte Lebenslauf, das Abschreiben von Doktorarbeiten oder - noch dreister - das Führen irgendwelcher Titel, äusserst populär. In Deutschland hat es sogar einen Minister Amt und Würden gekostet, als publik wurde, dass die Doktorarbeit zu grossen Teilen abgeschrieben und ein Plagiat war. Auch in der Schweiz ist dieses Vorgehen bei Doktorwürden populär. Da gab es mehrere Skandale an Universitäten. Auftreten, Bekleidung und die Verwendung von ein paar Normen und Symbolen und fertig ist der Schein. Wo «Dr.» draufsteht, ist immer öfter kein «Dr.» drin. Oder wie geht es, dass Titel gehandelt werden und sogar Diplomatenpässe käuflich sind. Je exotischer das Land, umso sicherer ist das möglich.

So wie seinerzeit in Zürich, als es für das Wirtepatent eine Bewilligung brauchte. Die Gastronomie war streng reglementiert und Herr Raphael Huber von der Stadtverwaltung war gerne bereit, das erträumte Wirtepatent Realität werden lassen und den Prozess zu beschleunigen. Wenn der Kunde vorher ein Bild seines Vaters kaufte. Selbstverständlich zu einem Fantasiepreis. Mit diesen Geldern kaufte er sich ein Weingut in der Toskana. Hier hatte die Lüge zwei Seiten und keine sprach davon, weder der Begünstigte, der die Bewilligung erteilte, noch der Käufer der Bilder, der der Geschädigte war, aber das Wirtepatent benötigte. Herr Huber wurde in Abwesenheit verurteilt. Die Stadt Zürich wartet nach wie vor auf das richterlich zugesprochene Geld. Das Weingut in der Toskana hat Herr Huber frühzeitig seiner Haushälterin überschrieben, die heute seine Ehefrau ist. Er selbst sei armengenössig. Die Stadt Zürich hat die Forderungen sofort abgeschrieben. Die Frage ist: wieso? Kann es sein, dass die Verwaltung aus den Schlagzeilen kommen wollte oder scheute sie den langwierigen Prozess des Rechtsweges? Oder hätte da mehr an die Oberfläche gespült werden können, etwa die neuen Skandale der Zürcher Regierung bei der Kehrrichtverbrennung oder bei der Nutzung von Autos.

Wer lügt besser und schneller? Für mich ist dies die FIFA und im Besonderen der neue Chef der FIFA, der 2020 am WEF zum Abendessen mit dem US-Präsidenten die Tischrede sprach. Mir war es peinlich, Schweizer zu sein und ich habe mich geschämt, als ich diese Lobhudelei hörte. Wo finden die nächsten WM-Spiele statt, deren Vergabe noch hängig ist? Es würde mich nicht erstaunen, wenn es die USA sind oder ein Ort, an dem Herr Trump via Immobilien profitieren könnte.

Übrigens: 2008 haben ebenso viele in den USA Bescheid gewusst über die Art der Finanzierungen von Hypotheken und darüber, wie die Hauskäufer sprichwörtlich über den Tisch gezogen wurden. Keiner hat sich getraut, aufzustehen. Alle haben gelogen bis zum bitteren Ende. Die Anreizsysteme waren derart übersetzt oder die Menschen derart verängstigt ihren Job zu verlieren.

Viel tragischer ist, dass einmal mehr andere den Profit verdienten und den Hausbesitzern das Geld ausging. Dabei war schon zu Beginn klar, dass das passiert. Trotzdem sind bis heute keine wesentlichen Verurteilungen ausgesprochen worden, obwohl einzelne Geschäftsführer Millionen an Boni bezogen haben. Der damalige Chef von Lehman Brothers, Richard Fuld, war der Inbegriff des Bösen. Ihn kümmert es wenig, denn 10 Jahre nach seinem Debakel ist er mit seiner Matrix Private Capital Group wieder im Geschäft. Je grösser die Lüge, umso wahrscheinlicher ist, dass sie geglaubt wird. Für mich ist das ungerecht. Das Verrückte ist: es wird sich in anderer Form immer wiederholen. Wir Menschen vergessen unglaublich schnell. Was bleibt, ist der Schaden beim Bürger und beim Volk. Der Schaden ist bei der Mehrheit und die Profiteure sind eine Minderheit.

Auf meinem Twitteraccount finden Sie im März 2019 Berichte darüber, was mit couragierten Zeitgenossen passiert. Marc Cohodes gehört zu der – fälschlicherweise – meistgehassten Gruppe von Investoren, den Leerverkäufern. Er hat Richard Fuld, den Geschäftsführer von Lehman Brothers, ins Visier genommen. Hintergrund war der Betrug an Kunden, den er feststellte und belegen konnte. Deshalb verkaufte er im grossen Stil Aktien von Lehmann Brothers, ohne die Aktie zu besitzen. Grossanleger wie Banken verleihen (vermieten) die Papiere gerne für zusätzliche Rendite und Einnahmen. Cohodes geht von sinkenden Kursen aus, spätestens dann, wenn er seine Feststellungen des Betruges öffentlich gemacht hat. Deshalb übernimmt er zu Beginn die geliehenen Papiere, ohne sie zu besitzen. Sobald der Kurs sinkt, kann er die Papiere zu einem viel günstigeren Preis kaufen. Wenn der Kurs hingegen steigt, schmilzt sein Vermögen wie Schnee an der Sonne und damit ist die Solvenz schneller weg als vorstellbar. Man spricht hier von einem unbegrenzten Verlustrisiko. Marc Cohodes hat schon «Worldcom» und «Tyco» zur Strecke gebracht, das heisst, in den Konkurs getrieben. Sobald er Firmen findet, die betrügen, nimmt Cohodes die Bücher auseinander. Firmen, die betrügen haben in seinen Augen keine Existenzberechtigung.

Bevor es mit Marc Cohodes weitergeht, zunächst ein kleiner Einschub für ein besseres Verständnis dieses Vorganges am Beispiel «Tesla». Die Aktie «Tesla» hat eine Kursentwicklung hinter sich, die parabolisch ist, so wie das bei Bitcoin der Fall vor der Korrektur war. Der Aktienkurs geht durch die Decke. Die Bilanz und Erfolgsrechnung dieser Firma ist unglaublich verzerrt, charmant und freundlich ausgedrückt. Für mich sind die Geschäftszahlen geschönt und manipuliert, das heisst, schlicht falsch. Jeder Teslakäufer leistet beim Kauf eine Vorauszahlung. Dieser Betrag ist in der Erfolsrechnung zu hoch aufgeführt. Im Gegenzug werden die Schulden zu tief bewertet. Die zu hoch und zu tief aufgeführten Werte sind unrealistisch, doch buchhalterisch anerkannt. Das ist wie das aufgemotzte Auto oder früher die Manta-Fahrer. Auch die Damen und Herren mit Schönheitsoperationen sind Kulisse und Show. Verpackung Top, der Inhalt sicher mehr als eine Frage wert. Doch diese Verzerrung bei Tesla hat Leerverkäufer auf den Plan gerufen und die haben das, was Cohodes mit Lehman Brothers gemacht hat, nun mit Tesla versucht. Das Resultat: etwa 15 Milliarden Dollar Verluste bei den Leerverkäufern. Tesla hat zwei Lager von Aktionären: die «Anhänger – Fantasie: Aktie steigt» und die «Hasser – Zahlen, Daten und Fakten: Aktie sinkt». Bisher haben die Anhänger «Vermögensgewinne» und die Hasser «Vermögensverluste» eingefahren. Cohodes meint dazu: «Lass den Panther auf dem Baum in Ruhe. Du darfst den Panter erst jagen, wenn er runterfällt und am Boden liegt». Deshalb ist für ihn Tesla kein Thema.

Zurück zu Lehman Brothers. Richard Fuld war derart von Cohodes bedrängt und mit dem Rücken zur Wand, dass er Hilfe holte. Er fand sie in der Firma Goldmann Sachs, der Hausbank und Depotbank von Cohodes. Was jetzt passierte, ist besser als jeder Thriller oder Krimi. Goldmann Sachs als Depotbank verkaufte die Aktien und Papiere von Cohodes, die im Plus waren und beliess im Depot die Papiere, die im Minus waren. Wer Wertpapiere belehnt muss Sicherheiten bringen. Goldmann Sachs änderte die Spielregeln und verlangte mehr Sicherheiten innerhalb von 24 Stunden. Das war nicht zu bewerkstelligen. Deshalb konnte Goldmann Sachs die Titel verkaufen, denn im Kleingedruckten jeder Bank ist dieses Recht festgehalten. Marc Cohodes war so gezwungen, seinen Kunden die Verluste mitzuteilen und seine Firma zu liquidieren. Diesen persönlichen und beruflichen Tiefschlag zu überwinden dauerte fast 10 Jahre. Erst MiMedx betrog derart krass, dass es Marc Cohodes keine Ruhe liess und er diese Firma zu seinem nächsten Ziel machte. Er gab sich diesen Auftrag selbst. Ohne bezahlt zu sein. Er setzt seine Gesundheit, seine Familie, seine Reputation und sein Vermögen ein. Ohne doppelten Boden.

MiMedx betrog alle und jeden. Egal ob Patienten, Personal, Aktionäre, Krankenkassen, Behörden oder Lieferanten. Das ging über ein Jahrzehnt lang. Der Einzige, der das erkannte und gegen das Lügen und Betrügen eingriff, war Marc Cohodes. Alle Kontrollmechanismen der Aufsichts-, Gesundheits- und Wirtschaftsbehörde waren lahmgelegt. Der «Wilhelm Tell» der USA Marc Cohodes; an seiner Seite Frau und Sohn. Einsamer Kämpfer, der sich für seine Überzeugungen und das Wohl von Patienten, Versicherungen und Regierung einsetzt. Auf YouTube finden sich Beiträge unter den Suchbegriffen Marc Cohodes, MiMedx oder Realvision.

Auf Sozialmedienplattformen wird Lügen zur anerkannten Norm. Egal ob Instagram, Twitter, YouTube, Facebook, Blogs etc.: das was gezeigt wird ist alles, nur nicht der Alltag dieser Menschen. Egal wie schön das Makeup, das Foto, die Kleidung, der Drink, die Natur oder Umgebung und weiss der Geier was alles: es wird etwas vorgespielt, das nicht der Wirklichkeit entspricht. Doch viele springen an und meinen, das sei die Wirklichkeit. Die Fans der Influencer stürzen sich durch die Lügen ihrer Vorbilder in neue Verpflichtungen. Und es macht alle Beteiligten am Ende unglücklich. Influencer machen nichts anderes als das, was Werbung, Politik und Wirtschaft zu oft tun – lügen. Etwas vorgaukeln, das nicht der Realität entspricht.

Polarität – das Wunderding, um die Wahrheit zu finden

Doch wie in jedem Aspekt des Menschen und des Lebens gilt auch hier die Polarität. Ein unveränderbares Naturgesetz: wo Nachteile sind, sind mindestens so viele Vorteile. Was positive Seiten hat, hat mindestens so viele negative Seiten. Für mich ist daher erstaunlich, dass beim Verkauf von handfesten Produkten mehrheitlich die Vorteile im Fokus sind – zum Beispiel der Kaffee in der Kapsel: er ist einfach, bequem, kein Dreck, recycelbar etc., obwohl der Kilopreis dabei astronomische Höhen hat und der Energieverbrauch der Aluminium-Verarbeitung enorm hoch ist. Die Fertigpizza (Chemielabor-Pizza), der Kebab, der Hamburger, die Fertigprodukte im Laden etc. - all das hat so viele gesundheitliche positive Aspekte (weniger Stress, mehr Zeit für Fun etc.). Was mir auffällt ist, dass Lebensmittel immer positiv beworben werden. Der negative Aspekt wird ausgeblendet, genauso wie die anfallenden zusätzlichen Kosten (Bewässerung versalzt die Böden, Grundwasserspiegel sinkt, Wanderarbeiter, Plastifizierung des Meeres etc.).

Erstaunlich ist auch, wie die Werbung und das Marketing ein Problem schaffen können, das gar nicht existiert und gleich die Lösung anbieten – Kapselkaffee.

In den Anfangszeiten des Fernsehens war Werbung aus heutiger Sicht etwas hölzern in der Wirkung. Ich erinnere mich an die ersten TV-Spots mit Knorr, Maggi und Tütensuppen. Etwa so wie der Besitzer der Kissen- und Duvetproduktion im Kanton Schwyz, der selbst vor der TV-Kamera steht. Das Ganze wirkt derart amateurhaft, dass es im Sinne von guter Werbung einfach nur spitze ist.

Bei Dienstleistungen (Geld, Steuern, Recht) wird hingegen eher vom Negativen ausgegangen. Mit Komplexität, Hightech (IT, Software-Programme), Fachsprache, Literatur, Kleingedrucktem etc. wird der Laie kopfscheu gemacht. Seine Sicht, die Themen rund um Finanzen und Wirtschaft zu ignorieren, wird gestärkt. Vieles was angeboten und beschrieben ist, ist unverständlich, deshalb ist der Kunde so verunsichert und befasst sich nicht mehr mit der Sache. Dazu kommt im Hinterkopf dauernd die Angst, das Falsche zu tun oder Fehler zu machen.

Positiv wäre es doch, zu vereinfachen und Grundprinzipien vermitteln. Wenn ich in der Zeitung lese, ist für mich viel spannender, mich zu fragen: welche Themen bleiben unbehandelt? Wenn ich E-Mails erhalte mit ausführlichen Erklärungen (Person), Bestimmungen (Firma, Verträge), oder mein vis-a-vis sich langfädig und ausführlich erklärt (zu spät kommen, Einladungen fernbleiben, Liefertermin falsch etc.), dann kann ich mehrheitlich darauf verzichten, zuzuhören oder das Ganze zu lesen.

Also: viel Schreiben, viel Erzählen hat eine Gegenseite. Wer hat schon vom Spiel: Ich bin «unschuldig» gehört? Ich komme in kürzester Zeit diesem Spiel auf zwei Arten auf die Schliche. Eine, indem ich mit der Polarität auf den verborgenen oder geheimen Teil achte. Damit ist der unausgesprochene positive oder negative Teil gemeint. Auch wenn sich Menschen beginnen zu erklären, was auch ich gut kann und je länger je mehr ablege. Das Fundament dieser Verhaltensweisen ist die Delegation der Verantwortung, besser bekannt als fehlende Eigenverantwortung. Dort wo sie fehlt, hat sie Auswirkungen ins Berufsleben. Die Sicherung des eigenen Jobs hat die meiste Aufmerksamkeit und Priorität. Entsprechend nehmen Gesetze, Bedingungen, Beschreibungen zu, ebenso die Zahl der Anwälte. Die wenigsten Menschen lesen das Zeugs oder nehmen sich diese schriftlichen Auflagen zu Herzen, ausser, es dient der Delegation der eigenen Verantwortung und dem eigenen Schutz. Wer kennt schon ein über 300 Seiten langes Personalreglement in- und auswendig?

Psychologie der Überzeugung – die Macht im Schatten

Bevor ich es vergesse: es geht nicht darum, der beste Manipulator zu werden oder Menschen reihum zu beeinflussen. Doch Magier und Betrüger machen sich genau diese Zusammenhänge zunutze. Teilweise sind diese Vorgänge in der Wirkung natürlich, doch die Konsequenzen werden ausgeblendet. Mir liegt am Herzen, dass mir als Mensch bewusst ist, was alles machbar ist. Wenn es möglich ist, bin ich höchstwahrscheinlich im Nachteil. Also: wie schütze ich mich vor derart smarten Werkzeugen?

Denn alles, was ich tue ist, mich zu verkaufen. Immer wenn es um mich geht oder um an den Auftrag zu kommen, den Job zu erhalten, die begehrenswerte Frau zu beeindrucken, Einstieg in ein neues Umfeld zu finden, geliebt zu werden, Familie positiv zu stimmen, bei der eigenen Wahl des Partners und bei vielem anderen mehr. Das hat bei mir dazu geführt, eher Hürden einzurichten, die es zu überwinden gilt. Wer diese Hürden genommen hat weiss: hier ist drin, was draufsteht und alles ist echt, ohne Wenn und Aber. Meine Kunden sollen langfristig bleiben und mit mir zusammen grösser werden. Ich will keine Kunden, die beim leisesten Windhauch und der kleinsten Schwierigkeit Reissaus nehmen. Je weniger ich die Methoden der Beeinflussung einsetze, umso besser. Am einfachsten können das Kunden der GSAG erkennen, wenn sie die Aufmerksamkeit auf die Betriebskosten der Firma und auf meine privaten Lebenshaltungskosten richten.

Im Verlauf meiner Aussendienst-Karriere bei der Basler Versicherung habe ich allerlei Verkaufstechniken kennengelernt. Denn am Ende haben wir es mit Menschen zu tun und jeder hat eine andere Geschichte und die meisten sind empfänglich. Wir können drei Elemente ausmachen in der Kommunikation der Überzeugung: Der psychologische Hintergrund, die Zielperson und deren Verfassung. Wichtig hingegen ist der Sender mit seinen Merkmalen. Das ist Dreh- und Angelpunkt des Erfolges.

Ich selbst habe unbewusst eine der perfekten Methoden zur Terminvereinbarung angewendet. Die mühsam in den Beamtenstuben zusammengesuchten Adressen aus dem Steuerregister waren meine Schatzkiste. Da ging es nicht, 10 Anrufe zu machen mit 1-3 Terminvereinbarungen, wenn es gut ging. Jede benutzte Adresse war danach nicht mehr zu gebrauchen. Entsprechend sorgfältig habe ich mich auf die Anrufe vorbereitet und augenblicklich aufgehört, wenn es wenig lief. Gute Laune und gesundes Selbstbewusstsein sind ein Muss. Deshalb konnte ich die Anzahl der Termine ungewöhnlich hochschrauben.

Acht bis neun Termine waren die Regel, wenn ich zehn Anrufe tätigte. Wie schaffte ich das? Ich bot bei einem Termin an, innert 15 Minuten aufzuzeigen, wie hoch die Steuereinsparung sein könnte. Falls die Interessenten mehr dazu wissen wollten, würden wir einen Folgetermin vereinbaren. Wenn der Neukunden-Besuch stattfand, war ich nach zehn Minuten durch und fragte für einen Folgetermin. Innert zwölf bis dreizehn Minuten war das Ganze erledigt und ich wieder draussen. Das war essenziell, das heisst, eine absolute

Voraussetzung, um meine Wirkung zu verstärken. Der vielbeschäftigte und kompetente Mensch von der Versicherungsgesellschaft schenkt mir Zeit, das muss gut sein. Da gilt, was er sagt und diese Botschaft wurde auf meine Kompetenz übertragen. Wenn ein Folgetermin stattfand, waren meine Chancen für einen Abschluss grösser als 80 Prozent. Wieso das funktionierte, fand ich erst viel später heraus. Reziprozität – ein effizientes Werkzeug. Und ich habe die Macht der Situation genutzt. Heute ist es viel mehr die Regel, diese Elemente zu verknüpfen und zu kombinieren. Je mehr, umso wirksamer und einfacher geht es zum Ziel – den Verkauf.

Es war die «Macht der Situation», die ich nutzte, indem ich vor Ablauf der 15 Minuten bereits wieder den Treffpunkt verliess. Der Vorgang, mich an diese 15 Minuten zu halten, hat eigenartige Reaktionen ausgelöst. Ich strahlte Autorität aus, war die Ehrlichkeit in Person. Das machte mich sympathisch. Mir gaben diese Termine unglaublich viel Selbstvertrauen, das ich mit Blickkontakten verstärkte. So war ich regelmässig voller Energie bei solchen Terminen. Die Gespräche waren Momente, in denen ich mit keinem der Betroffenen tauschen wollte. Das war mir erst 20 Jahre danach klar. Ich nutzte zusätzlich das Prinzip der Reziprozität. Mit meinem Geschenk des Wissenstransfers versetzte ich mein vis-a-vis in ein Schuldverhältnis. Der Kunde wollte mir mehr zurückgeben.

Dieses Prinzip geht auf beiden Seiten, auf der positiven wie auch auf der negativen. Also: ich schlage dir mit dem Fuss ans Schienbein. Das führt dazu, dass du mir das zurückzahlen willst, hingegen sicher mit mehr als nur einem Schlag. Wir können das regelmässig in den Medien verfolgen, bei Schlammschlachten, wenn Ehen und Beziehungen auseinander gehen. Oder auch bei Unternehmungen in der Führungsetage, wenn zurückgeschlagen wird. Die positive Seite wäre: ich schenke dir etwas und du bist in grösster Versuchung, mir etwas zu schenken, das mehr Wert hat. Viele Firmen nutzen diesen Mechanismus bei ihren VIP-Anlässen. Diese sind für mich einfach Veranstaltungen zur Erzeugung neuer Begehrlichkeiten. Das ist nicht so geplant, doch es läuft auf das hinaus. Über kurz oder lang kaufe ich mir ähnliche Symbole, wie sie mir dort begegnet sind. Denn hier wirkt die «Macht der Situation» genauso. Ich treffe Menschen, die massgeschneiderte Anzüge tragen, über ihren Hauskauf berichten oder über ihr gerade neu erstandenes Auto. Begehrlichkeiten werden schnell zu Verpflichtungen. Dabei ist das die ungeschickteste

Art, zum Beispiel Autos zu kaufen. Besser wäre, den ersten Abschreiber andere machen lassen. Doch keine Illusion: auch ich gehörte zu der Mehrheit, die neue Autos gekauft hat. Es dauerte lange, bis ich begann, darauf zu verzichten. Wir sind eben die unperfektesten Wesen des Planeten.

Wer eine Frau oder einen Mann verführen will, flötet mit engelsgleicher Stimme, dass die oder der Angesprochene selbstverständlich immun ist gegenüber jeglicher Manipulation. Je besser dieser Kniff gelingt, um die Botschaft zu verankern, umso mehr steigen die Chancen. So wie ich mich bei meinen Kurzterminen äusserst lange mit dem Ergebnis auseinandersetzte, genauso nahm die Erfolgsquote bei den Folgeterminen und somit auch bei den Abschlüssen zu. Je mehr ich mich auf das Ergebnis vorbereite, umso eher trifft es ein. Die Erfolgsquoten steigerten mein Selbstbewusstsein nochmals, was sich in Sprache, Mimik, Gestik und Körpersprache niederschlug und zusätzlich mein Verhalten verstärkte.

Das Verrückteste daran ist, dass das, was uns dabei hilft, ein Projekt abzuschliessen, dieselben Elemente sind, die das Projekt zum Scheitern bringen können. Meine Kompetenzen und Stärken können gleichzeitig meine Schwächen sein. Die Kunst von mir ist es, zu erfassen, wann was gerade läuft. Das geht ausschliesslich über Reflektion. Als Mensch ist es eine der grössten Aufgaben, zu erkennen, wann andere Fähigkeiten gefragt sind.

Wieso sind Experten am besten und wirkungsvollsten, wenn wir das, was sie zu sagen haben, nicht verstehen? Viele Menschen in meinem Alter und darüber sind der englischen Sprache nicht mächtig. Wie versteht diese Altersgruppe die Sprache und die Fachbegriffe? Wer von ihnen traut sich zu fragen, was es heisst? Meine Fantasie ist: das Ganze hat in der Finanz- und Wirtschaftsbranche System, um das eigene Unvermögen zu kaschieren. Anders kann ich mir die vielen englischen Fachbegriffe nicht erklären. Wir sind in der Schweiz und hätten mehr Landessprachen zur Verfügung. Wieso muss es Englisch sein?

Die «Norman Mailer Technik» wird in der Politik sehr oft angewendet: sich selbst mit allen Schwächen darstellen und die Jugendsünden sofort öffentlich machen, bevor andere die Sünden finden. Sei es der Drogenkonsum, die ausserehelichen Sexaffären oder die Ferien auf Kosten einer Lobby. Den Wählern soll das Bild eines offenen und ehrlichen Menschen vermittelt werden.

Robert V. Levine spricht in seinem Buch «Die grosse Verführung: Psychologie der Manipulation» von den Phänomenen der Unverwundbarkeit, der Schlüsselreize, der Freundlichkeit als Waffe, «2 + 2 gibt 5» (weckt die Gier), von den schrittweise sich erhöhenden Verpflichtungen, davon, wie Herz und Verstand zu gewinnen sind oder von der Kunst des Widerstehen-Könnens. Dies sind nur einige der für mich wichtigen Beeinflussungsmethoden. Freunde, Verwandte und langjährige Geschäftspartner sind eine andere Falle, die mich zum Gefangenen macht. Spätestens dann, wenn mein Gegenüber auf der persönlichen Seite zu argumentieren beginnt. Die gegenseitige Verpflichtung packt mich blitzschnell und sie zu lösen ist schwierig. Aber wenn ich sie auflöse, gehöre ich nicht mehr zum Rudel, bin ich ein Verräter, werde ich nicht mehr geliebt und andere verrückte Konsequenzen.

Lange Zeit lebte ich in dem kleinen Örtchen Ried bei Schlosswil (Kanton Bern). Wie in jedem anderen Dorf funktionierte auch in Ried die «soziale Kontrolle». Ich habe das sehr geschätzt, spätestens als Menschen versucht haben, bei mir einzubrechen oder ich die Katze von einer der höchsten Tannen nicht mehr herunterbekam. Da kennt irgendjemand immer irgendjemanden, der helfen könnte. Bei der Katze ging am Ende ein Mistelsammler den Baum hoch. Doch Achtung! Im Dorf gilt auch: was die Mehrheit macht, ist das Mass – egal in welcher Situation. Ich bin dem Verhalten der Mehrheit ausgesetzt. Wenn ich mich anders verhalte, wird dies als falsch betrachtet. Die Mehrheit hat recht. Spätestens bei Versammlungen von Gemeinde, Stockwerkeigentümer, Verein oder Seminar gilt dasjenige Verhalten als richtig, nach dem sich die Mehrheit bewegt. Was ist die Wirkung, wenn sich einer traut, einen anderen Standpunkt zu vertreten? Mir sind viele Momente in Erinnerung, in denen ich allein dazustehen hatte. Bei solchen Situationen gibt es Gewinner und Verlierer, also die, die dich lieben und die, die dich hassen. Einer liebt dich (Minderheit), einer hasst dich und der Rest schlägt sich auf die Seite der Gewinner (Mehrheit).

Robert B. Cialdini hat dazu zwei Bücher geschrieben. «Die Psychologie des Überzeugens» ist sein Hauptwerk. Wenn die Kombination von Elementen der Beeinflussung und Manipulation in einer Abfolge erfolgt und gepaart wird mit der Macht der Situation, bestehen wenig Chancen, sich zur Wehr zu setzen. Auch wer für sich eine Schutzstruktur organisiert, hat ist nicht davor gefeit. Doch für mich ist sein letztes Buch «Pre-Suasion: Wie Sie bereits vor der

Verhandlung gewinnen» viel wichtiger. Denn auch bei Verhandlungen können diese Elemente genutzt werden.

Heute verzichte ich bewusst auf diese Elemente. Mir ist wichtig, dass mich Menschen meiner selbst willen so nehmen, wie ich bin. Ohne Wenn und Aber. Da ich in vierzehn Jahren lernen musste, ausserhalb der Mehrheit und abseits der Expertenmeinungen zu stehen, wehte mir öfters eine steife Brise entgegen. Ich habe gelernt, damit umzugehen. Um all diesen Spielen zu widerstehen und meinen Kunden und sein Vermögen zu schützen, war der einzige wirksame Standort derjenige ausserhalb der Mehrheit. Der eigene Weg schafft Zeit zum Reflektieren. Das hat dazu geführt, dass mir da heute äusserst wohl ist. Doch der Weg war gepflastert mit unbeliebten Aktionen und fragwürdigem Verhalten mir gegenüber.

Doch einen eigenen Weg zu gehen, hat sich mehr als nur gelohnt. Meine Sicht zu Rechts- und anderen Experten ist geklärt und heute weniger energieraubend. Die Welt von Anwälten, Notaren und meine Welt kann gegensätzlicher nicht sein. Hier ich, der auf die Verantwortung der Funktion pocht und «Schuld» sein will, dort der Experte, der das «Nichtschuldverfahren» einleitet.

Wenn von Anlagereglement und Unterschriftenregelung die Rede ist, werde ich heute noch ungehalten. Wenn ein Jurist am Werk ist, funktioniert mein System nicht, da ich im Zielkonflikt bin. Grundsätzlich ist das Leben einfacher ohne Anwälte. Es reicht festzulegen: *Jeder Mensch soll das machen, was er aus tiefstem Herzen will. Bedingung ist, dass keine anderen Menschen zu Schaden kommen dürfen.* Eine solche Regel lässt sich auch auf Stufe Unternehmung festlegen.

Dazu noch eine Geschichte aus der Praxis. Ich rief bei der Polizei – Abteilung Wirtschaftskriminalität – in Bern an und fragte: Bieten Sie Informationsveranstaltungen an? Könnten Sie ein Audit im Family Office des Kunden durchführen? Zu der Zeit war der Sitz der Firma in Muri bei Bern, in einem unscheinbaren Wohnblock der sechziger Jahre. Das führte dazu, dass äusserst selten unangemeldeter Besuch kam und ich nur wenig Werbematerial oder Werbeanrufe erhielt. Ende 2008 flog der Finanzskandal von Bernie Madoff auf und der bereits erwähnte Anlagebetrug innerhalb der Organisation wurde bittere Wirklichkeit. Das sensibilisierte mich zum Thema Betrug. Die Firma war nach den Grundsätzen der ISO-Norm 9001 aufgebaut und geführt, hingegen unterstellte ich mich nicht dieser Norm. Als Geschäftsführer und Delegierter des Verwaltungsrates wollte ich wissen, wo die Schwachstellen der Unternehmung sind und dieses von einer unabhängigen Stelle – der Polizei, Abteilung Wirtschaftskriminalität auditieren lassen. Für jeden Geschäftsabschluss wollte ich ein Audit mit dem Personal zur Weiterentwicklung des Betriebes und ein Audit, um deliktischen Handlungen auf die Spur zu kommen. Diese beiden Audits waren Grundlage für meine Entlastung als Geschäftsführer. Die freiwillige Unterstellung unter eine Revisionsstelle war ein weiteres Sicherungsinstrument. Das war der Plan.

Die Polizei erachtete ich als die unabhängigste Institution. So wie die Polizei bei Hausbesitzern im Herbst Kurse anbot, um vor Einbrüchen zu schützen, fantasierte ich, müsste es etwas geben, um Wirtschaftskriminalität vorzubeugen. Ein Audit, von der Polizei durchgeführt, wäre das Beste. Meine schriftliche Anfrage wurde nach etwa dreieinhalb Monaten beantwortet, auf mehr als 3 Seiten. Wer viel schreibt und viel spricht hat was zu verbergen – einer meiner Grundsätze. Die Polizei verbarg in dieser ausführlichen Antwort und der langen Bearbeitungszeit die eigene Überforderung. Da ich zu der Zeit einen direkten Zugang im Kader der Polizei hatte, bekam ich mit, wie viel Unruhe diese Anfrage ausgelöst hatte. Die Kurzform der Antwort: Wir bilden keine Menschen aus, um Wirtschaftskriminalität zu erleichtern. Umkehrschluss ist: Unternehmer sind Betrüger. Hausbesitzer die Netten, die Heiligen, denn ihnen werden Kurse zur Vermeidung von Einbrüchen angeboten.

Also gelangte ich schliesslich an die grössten Wirtschaftsprüfungsfirmen des Kantons Bern. Ich machte wie üblich zuerst als Einkäufer eine Struktur, wie der Vorgang und Prozess ablaufen sollte. Welche Themen wollte ich bearbeitet haben? Wie lang darf die Offerte sein? Welche Auswahlkriterien lege ich fest? Wie gewichte ich die einzelnen Aspekte? Was sind meine zeitlichen und finanziellen Grenzen? Was hat Priorität? So gewappnet erstellte ich eine schriftliche Anfrage. Als die Antworten eintrafen, wählte ich jedes Dossier, das zwei Seiten zur Antwort lieferte. Diese Angebote kamen auf eine Liste. Der Rest erhielt eine Absage. Mit zwei Anbietern traf ich mich zum persönlichen Gespräch, um die Details des Audits zu klären. Die Angebote reichten von CHF 70'000 bis CHF 6'000 - eine unglaubliche Preisspanne. Ich wählte den Anbieter mit dem Angebot von knapp CHF 18'000 aus. Ein eisernes

Prinzip von mir: nie den teuersten und nie den billigsten! Die Mehrheit ist nur noch auf die billigsten Angebote fokussiert. Die nützen mir herzlich wenig, wenn ich dann mehr Aufwand und Ärger in der Umsetzung habe oder spätestens, wenn es um Korrekturen oder Garantien geht. Dann werden Aufwandsstunden gebolzt, das heisst festgehalten, um den Preisnachteil zu kompensieren. Hohe Mehrkosten sind die Folge.

Das Audit wurde durchgeführt und der Bericht erstellt. Sehr erstaunte mich, dass mich der Auditor fragte, wie ich den Bericht haben wolle. Per E-Mail wurde mir die Rohschrift zugestellt, damit ich direkt Anpassungen reinschreiben kann – in das Dokument! Und das macht eine internationale Wirtschaftsprüfungsunternehmung! Deshalb sind Gutachten mit Vorsicht zu geniessen und zuerst die Abhängigkeiten zu klären. Seither ist mir klar, wie verhängnisvoll die Verhältnisse von Auftragnehmer und Auftraggeber sind, wenn Abhängigkeiten bestehen. Die wenigsten Kunden und Menschen können sich vorstellen, was alles unternommen wird, um einen Auftrag behalten zu können. Diese Abhängigkeit hat mich zuerst verblüfft und war dann ein Weckruf für mich. Je länger, je mehr freue ich mich in den letzten Jahren, meine Abhängigkeiten Schritt für Schritt aufzulösen und frei zu werden im Kopf und mit meiner Meinung.

Eine Konsequenz aus dem Audit heraus war für mich, dass ich den Belegfluss änderte und eine externe Unternehmung zur quartalsweisen Berichterstattung beauftragte. So konnten die Bankbelege nicht manipuliert werden und eine Gewaltentrennung von Ausführung und Erfassung wurde eingeführt. Das raffinierte war, dass dies ausserhalb des Family Office stattfand. Im Betrieb schaffte ich die Kasse ab und ersetzte diese durch eine Bancomat-Karte mit einem eigenen Konto für Briefmarken, Kaffee, Blumen, Büromaterial und anderes mehr. So waren über 80 Prozent Wahrscheinlichkeit von Betrug ausgeschlossen. Selbstverständlich kann jeder, der über diese Karte verfügt, zusätzlich eigene Bestellungen machen. Doch ein einziger Kniff schafft viel Ruhe: monatlich Kontoauszug unterschreiben und bestätigen lassen: «Keine deliktischen Handlungen gemacht – Keine Privatbezüge.» Wer das trotzdem tut, wird viel inneren Druck aushalten müssen, denn eine Unterschrift ist ein sehr mächtiges Instrument, vor allem, wenn sie unter Aufsicht monatlich zu leisten ist. Ein jährliches Mitarbeitergespräch kann dafür niemals ausreichen.

Jedes Quartal mussten dem Kunden bei der Berichterstattung die neuen oder ungewöhnlichen Vorfälle bei den Zahlungen mit den entsprechenden Konten auf einer Liste gemeldet werden. Für neue Lieferanten galt, dass die Erfassung der Adresse und Betreuung des Lieferanten getrennt war und dem Kunden ebenso in Listenform gemeldet wurden. Einfache Regeln, die mit wenig Aufwand umgesetzt werden konnten. Was neu oder ungewöhnlich war, erhielt mehr Aufmerksamkeit. Der Anfang ist der Schlüssel, der die Firma schützt.

Dopamin und Anreizsysteme – eine unheilige Allianz

Dopamin wurde schon einmal kurz erläutert. Grundsätzlich ist es ein erregend wirkender Neurotransmitter. Im Volksmund besser bekannt als das Glückshormon. Das Glückshormon ist die Vorstufe des Adrenalins und wird Noradrenalin genannt. Es bewirkt eine Veränderung der Psyche, wie das bei Zucker, Alkohol, Kaffee, Sex, Schokolade, oder Süchten wie Boni (Geld), Drogen, Sozialmedien und anderem mehr ist. Dopamin ist für Koordination, Motivation, Antrieb und den Appetit verantwortlich. Es löst den Wunsch nach mehr aus. Das macht es für Süchtige so schwierig, damit umzugehen. Anreizsysteme über Geld oder Boni sind somit nichts anderes als Belohnungssysteme, die abhängig machen wie die Drogensucht. Ist somit Dopamin der Motor und das Belohnungssystem Geld das Benzin?

Über das innere Gleichgewicht kann der Dopamingehalt gesteuert werden. Zuviel Dopamin fördert ADHS und Parkinson. Das Gleichgewicht wäre wichtig und doch gibt es Momente, in denen das eine oder andere nützlicher ist. Eine Unterversorgung ist genauso dramatisch, wie eine Überdosis. Dopamin ist ein Botenstoff und der Empfänger, der die Neuronen steuert, also Einfluss auf die Feinmotorik und die Geschwindigkeit der geistigen Beweglichkeit hat. Dopamin verantwortet mehr körperliche Reaktionen der Befindlichkeiten, als die meisten sich vorstellen können. Von Lebensfreude bis Lebensfrust bleibt nichts unberührt. Dämpfend wirkt Serotonin. Meine Konzentrationsfähigkeit hängt vom Dopaminspiegel ab. Je mehr, umso leistungsfähiger.

Das Serotonin kann ich über die Nahrung steuern, über Lebensmittel wie Ananas, Kiwi, Pflaumen, Bananen, Tomaten, Datteln und Kurkuma, Walnüsse, Pecannüsse. Tryptophanhaltige Lebensmittel sind die Vorstufe des Serotonins. Doch Achtung! Paradoxerweise sinkt der Level von Serotonin und

Tryptophan nach der Einnahme von proteinreicher Nahrung. Rohkostlebensmittel, welche Tryptophan enthalten und wenig Protein produzieren sind: Sesam, Sonnenblumenkerne und Weizenkeime. Quinoa und Amarant sind zu bevorzugen, da sie am meisten Vitalstoffe bunkern. Serotonin kann nur über tryptophanhaltige Nahrung produziert werden, denn zuerst gelangt Tryptophan in das Gehirn und regt die Produktion von Serotonin an. Dr. Judith J. Wurtmann hat diesen Schlüssel in ihren Forschungen entdeckt. Schon sind wir wieder bei der Ernährung.

Mein Ringen mit dem «Buchprojekt» entspringt genau dem gleichen Zusammenhang mit dem Dopamin. Das hat mir erst ermöglicht, dranzubleiben, so wie der Jäger seine Vorbereitungen für die Jagd trifft.

Doch als unverbesserlicher Optimist habe ich Geld und Zeit für diesen Prozess unterschätzt. Auch da ist der Zusammenhang zum Dopamin, denn es hat meinen Blick getrübt und ich habe diese Aspekte verdrängt. Jetzt, wo mir der Zusammenhang klar ist, kann ich meine Kosten einfacher reduzieren. Dafür kann ich jetzt frei schreiben und das verblüfft mich. Dabei ist es so logisch. Ich habe, seit ich auf Reisen bin, mein Leben reflektiert. Da gab es einiges, was ich herausfand und womit ich mich konfrontiert habe. Das macht Freude, aber es kann auch das Gegenteil auslösen. Manchmal war es ein schmerzhafter Prozess: mal himmelhoch-jauchzend und dann wieder am Boden. Das Ganze wirkt befreiend. Doch der Weg dahin ist unbequem. Vieles von dem, was ich hier niederschreibe, konnte ich erst durch den Abstand ordnen und zusammenführen. Erst die Erkenntnis des Zusammenhangs mit dem Dopamin veränderte meine Einstellung und ermöglichte mir, meine selbstgewählten Schwierigkeiten auch auszuhalten.

Progressive, das heisst liberale Menschen, träumen vom Wandel, von einer besseren Welt und sie begrüssen den Fortschritt. Sie sind Idealisten, die das Dopamin nutzen, um Fortschritte zu machen. Bei Tests, die die Fähigkeit messen, wie mit abstrakten Ideen umzugehen ist, schneidet die Gruppe der Liberalen besser ab, obwohl sie höhere Dopaminwerte ausweisen. Atheisten haben sogar einen höheren IQ als Religiöse, fand Satoshi Kanazawa heraus. Konservative haben wiederum andere Stärken und tiefere Dopaminwerte. Was klar ist: es gibt weder Gute, Richtige, Gewinner und anderes mehr. Der Mensch ist individuell und so hilft es, viele der Verhaltensweisen besser zu verstehen. Was ich nicht will, ist Durchschnitt zu produzieren. Deshalb ordne ich nicht und will auch nicht werten. Am Ende macht es die Mischung einer Gruppe aus und je mehr Typen von Dopaminmengen in einer Firma integriert werden, umso vielfältiger und sicherer kann gearbeitet werden. Wichtig dazu ist, dass eine Diskussionskultur im Betrieb und der Familie vorhanden ist und gepflegt wird.

Jäger können das Gefühl beschreiben, wenn sie das Tier jagen. Die Vorbereitung und die Jagd selbst ist es, was die Glückshormone noch mehr in die Höhe treiben. Sobald das Tier tot ist, ist die Luft draussen. Dasselbe erlebt, wer mit Kamera und Ausrüstung auf Foto-Safari geht. Unter Volldampf von Beginn an bis zu dem Zeitpunkt, wenn die gewünschten Tiere im Kasten sind. In dem Sinne ist Dopamin nicht der Botenstoff der Lust. Das Erlebnis der Vorfreude und der Aufregung der Foto-Jagd auf der Safari und die Suche nach den Tieren beschreibt am besten, wie das Dopamin die Erwartung ankurbelt.

Als ich mit meiner Tochter Cynthia drei Wochen mit einem Allrad-Fahrzeug in Namibia war, gab es so ein Dopamin- und Adrenalin-belastetes Ereignis. Wir waren in der Etosha-Pfanne unterwegs, da erreichte unseren Guide morgens in der Früh via Funk die Nachricht, dass ein Spitzmaul-Nashorn gesichtet wurde. Ein äusserst seltenes Ereignis, denn viel häufiger sind die zahlreichen Breitmaul-Nashörner anzutreffen. Es gibt Menschen, die unzählige Male auf Safari gehen und nie ein Nashorn zu Gesicht bekommen. Kaum war der Funk beendet, ging ein Ruck durch den Fahrer. Seine Körperhaltung und Körperspannkraft änderten sich von einem auf den anderen Moment. Volle Konzentration. Kaum nahm er Fahrt auf, begann es hinten rechts zu pfeifen. Nein! Nicht jetzt! dachte ich für mich – Plattfuss. Der Guide stoppte, öffnete die Türe und meinte kurzangebunden: «Für so was ist jetzt keine Zeit!» und fuhr weiter. Es dauerte etwa 5 bis 8 Kilometer, bis wir vor Ort waren. Dort wurden wir sofort in einen anderen Bus verfrachtet und uns wurde mitgeteilt, ruhig zu sein. Der Guide machte in der Zwischenzeit mit dem Fahrer des Buses den Radwechsel. Wir hatten genug Zeit, das Nashorn zu beobachten und zu fotografieren. Ein unvergessliches Erlebnis und einmalige Aufnahmen! Wer hat schon ein Nashorn auf dem Bild, wenn er Radwechsel macht? Kein Vergleich mit einem Boxenstopp der Formel 1. Da war Dopamin und Adrenalin in grossen Mengen im Spiel.

Ein anderes Beispiel, das sicher schon viele erlebt haben: Beim Abendessen in die Runde werfen: was treiben wir morgen? Und schon ist das feine Abendessen vergessen, obwohl alle noch am Kauen sind. Dopamin pulverisiert und basiert einzig auf den künftig entstehenden Möglichkeiten. Es ist in die Zukunft gerichtet und schaltet das «Hier und Jetzt» oder die Vergangenheit aus. Den Dopaminabsturz können wir vermeiden, wenn wir uns zügeln und lernen, damit umzugehen. Wer durch das Dopamin in Kaufrausch gerät, fühlt sich im «Hier und Jetzt», aber eigentlich geht es um die Besitzaussicht des Kaufobjektes. Kaum gekauft, ist die Luft draussen und das Verlangen nach der nächsten Dosis ist aktiviert. Und genauso ist es mit den Boni und den übersetzten Löhnen. Wem es gelingt, sich ausgleichend zu verhalten, weniger und günstiger einkauft und öfters weggeht, trainiert das Widerstehen des Kaufrausches. Dopamin ist ein effizienter Antrieb einerseits und andererseits der Ablenker in Perfektion.

Wissenschaftler gehen dazu über, immer mehr die Persönlichkeit zu erfassen. Dazu machen sie Studien mit Berufs-, Alters-, Geschlechtergruppen und anderes mehr. Manchmal wird sogar das Verhalten von Menschen innerhalb einer Partei erforscht. Nichts bleibt verborgen vor der Wissenschaft. Was dabei vergessen und unreflektiert übernommen wird, sind Durchschnittswerte. Durchschnittswerte sind nicht die Realität. Also können die ausgewerteten Resultate höchstens eine Richtung oder Ahnung geben. Wenn zum Beispiel Krankenschwestern verglichen werden, sind identische und komplett abweichende Aspekte zu finden. Es gibt die introvertierte und genauso die extrovertierte Krankenschwester. Obwohl beide die helfenden und sozialen Aspekte in sich haben, fallen die Auswertungen anders aus, wenn diese Bereiche betrachtet werden. Wissenschaftler lieben Durchschnitte und das ist für mich – einmal mehr – Monokultur. Der Vielfalt der Menschen, die in Spitälern, Altersheimen oder auf Pflegestationen tätig sind, kommt in keiner Weise zum Ausdruck. Deshalb ist auch das, was ich schreibe und glaube, differenziert zu sehen.

Die Auswirkungen von übersetzten Löhnen und Erfolgsbeteiligungen bestätigen hingegen die Fehlkonstruktion. Die eingegangenen Risiken der Betroffenen steigen. Denn das Dopamin – der Motor der Sehnsucht – will das Ziel, den verheissenen Honigtopf namens «Boni», erreichen. Dazu sind mehr Umsatz, mehr Profitabilität und höhere Bewertungen der Unternehmung des

Arbeitgebers nötig. Sprich, höhere Aktienkurse. Denn um die Boni in die Höhe zu schrauben sind höhere Umsätze und höhere Börsenwerte der Firma nötig.

Um die Profitabilität schnell zu erreichen, hat immer der Stellenabbau die Priorität. Bei Sanierungen von Firmen zuerst an dieser Kostenschraube zu drehen, ist die Norm, wenn es um das Überleben geht. In der Schweiz ist leider populär, anstatt am Status des obersten Kaders zu schrauben, die 50-Plus-Angestellten auf die Strasse zu stellen. Andere Firmen stellen über 40-jährige aus Prinzip nicht an. Auffällig ist ebenso, dass sich immer mehr Firmen auf Studienabgänger konzentrieren. Oder – wie aktuell bei der UBS – eben mal eine ganze Hierarchiestufe in der Vermögensverwaltung gestrichen wird. Das Vorgehen erinnert an die Credit Suisse, bei der der jetzt verantwortliche Chef der UBS-Vermögensverwaltung vorher tätig war und eine steile Karriere machte. Heute wird nur noch eine Kopie der Kopie oder eine Blaupause seines früheren Arbeitgebers umgesetzt. Schade, nichts Neues. Nur mehr vom Gleichen des bereits Gemachten. Wo bleiben da der Berufsstolz und die Herausforderung? Oder das Gleichgewicht von Leistung und Lohn? Trotzdem wird dieses Vorgehen in der Mehrheit der Bevölkerung anerkannt.

Könnte es sein, dass der Dopaminwert der Gesellschaft aus dem Ruder gelaufen ist und die Akzeptanz solcher Verzerrungen und Lügen deshalb derart gross ist? Oder ist am Ende das fehlende Tryptophan im Fastfood und den Fertigprodukten der Hintergrund? Ich denke, es gibt viele Facetten und Einflüsse. Aber wenn ich von dieser Überlegung und dem möglichen Zusammenhang ausgehe, ist dies wieder ein Grund, mir Zeit zu nehmen und selbst zu kochen – mit unbehandelten Lebensmitteln. Die Zunahme der psychisch Kranken und die Medikamentenabgabe von Stimmungsaufhellern sowie der Missbrauch von Medikamenten generell sprechen für mich eine deutliche Sprache, einen anderen Weg zu gehen. Die Zunahme von Apotheken in der westlichen Welt ist erschreckend. In Afrika, Asien und Eurasien sind sie höchstens in Grossstädten und Touristenhochburgen schnell wachsend, jedoch erreichen sie nicht die gleiche Dichte wie im Westen. Dafür gibt es umso mehr lachende Menschen, trotz teilweiser bitterer Armut. Also gibt es mehr als nur Dopamin und Serotonin.

Krank macht, was als gesund verkauft wird. Ein Wegweiser

Klingt schräg, doch wenn ich mir die Werbung im Kino, TV und anderen Medien anschaue, ist es eine traurige Wahrheit. Dazu einmal mehr: ich bin weder Arzt, Ernährungsberater noch sonst eine Grösse, die weiss, was richtig ist. Ich habe eine grosse Affinität für das Kochen und für Essen. Viel mehr steckt nicht dahinter. Doch beruflich meide ich alles, was beworben wird. Und so hat sich dieses Verhalten bei mir auch privat eingeschlichen. Obwohl meine Haltung der Ablehnung von Fastfood und Fertigprodukten dominant ist, habe ich kürzlich wieder mal einen Burger mit Rentierfleisch und vielen persönlich ausgewählten Zutaten gegessen. Doch wo immer ich kann, bevorzuge ich kleine Produzenten und Produkte vom Markt. Die grossen Einkaufsläden sind mir ein Gräuel, denn sie schädigen mich mehr als sie mir nutzen. Hintergrund sind für mich die unbeachteten Kosten, die auf mich, die Wirtschaft, die Umwelt und die Gesellschaft einwirken. Dies ist etwa der Kostendruck, der beim Einkauf auf die Produzenten ausgeübt wird. Das sind ebenso Anreize und Versuchungen, das wettzumachen. Was ist mit den Wanderarbeitern im Süden Spaniens, die Bio-Produkte für die Coop- und Migros-Kinder herstellen? Wer fördert die Ausbeutung? Der Produzent oder der Abnehmer der Produkte?

Beim Essen geht es um mehr als nur die Extreme der Labels, der Zucht, der Transporte und der Verarbeitung. Was machen die Lebensmittel mit uns? Was fördert meine Stimmung? Könnte es sein, dass die Krebszunahme mit der Ernährung zusammenhängt? Wie kann ich eher einschätzen ob das, was ich kaufe, gesund ist? Oder ist es die immer häufiger anzutreffende Sinnlosigkeit in der täglichen Arbeit?

Für mich gibt es dazu einen einfachen Schlüssel. Ich kaufe auf dem Markt ein. Alles was beworben wird, hat eine Marge für Werbung und die muss mitbezahlt werden. Deshalb meide ich diese Produkte, wo immer möglich. Ausnahmen bestätigen bekanntlich die Regel. Marketing und Werbung verteuern die Produkte. Ein gutes Beispiel ist die Uhrenbranche, in der mehr als 80 Prozent des Preises der Uhr für Werbung eingesetzt werden. Egal was ich kaufe, die Läden und Ausstellungsräume und das Personal werden sich immer ähnlicher in Verhalten und Bekleidung. Dabei werden nur immer neue Elemente der Verkaufsförderung und Umsatzsteigerung genutzt. Wer mit seinem Markenprodukt vorteilhaft in die Gestelle kommen will, zum Beispiel in einem Coop-Supermarkt, bezahlt eine hohe Eintrittsgebühr. Diese Kosten müssen über den Produktpreis wieder eingespielt werden. Betriebswirtschaft und kaufmännische Grundsätze lassen grüssen. So wie Flugmeilen nichts anderes sind, als die Versuchungen, mehr zu fliegen, so sind Treuekarten dazu da, mehr Umsatz zu erzielen. Die Auswertungen dieser Kundenkarten sind zu einem richtiggehenden Geschäft geworden. Viele würden staunen, wenn sie wüssten, was alles ausgewertet wird. Es benötigt viel Wissen, System und Beharrlichkeit, mich all diesen Verlockungen zu widersetzen.

Zersplitterung und Vereinzelung – Auflösung der Gemeinschaften und Gesellschaft

Wir können bei Jean-Jacques Rousseau und seinem «Gesellschaftsvertrag» anfangen. Rousseau hat sich im Seeland in der Schweiz inspirieren lassen. Hier einige seiner Aussagen, die ich unterschreibe:

«Der Mensch wird frei geboren und überall ist er in Ketten. Allein die gesellschaftliche Ordnung ist ein geheiligtes Recht, das die Grundlage aller übrigen bildet. Dieses Recht basiert auf Verträgen und ist keinesfalls der Natur entsprungen. Die älteste und einzig natürliche Form aller Gesellschaften ist die Familie. Demnach ist die Familie – wenn man will – das erste Muster der politischen Gesellschaften. Der Stärkste ist nie stark genug, um immerdar Herr zu bleiben, wenn er seine Stärke nicht in Recht und den Gehorsam nicht in die Pflicht verwandelt.»

Seine Frage zum Gesellschaftsvertrag bringt es für mich auf den Punkt: *«Wie findet man eine Gesellschaftsform, die mit der gemeinsamen Kraft die Person und das Vermögen jedes Gesellschaftsmitgliedes verteidigt und schützt und Kraft dessen jeder Einzelne, obgleich er sich mit allen vereint, gleichwohl nur sich selbst gehorcht und so frei bleibt wie vorher?»*

Aus dem Arbeitsleben kennen wir Planungen und Strategien. Ich kann in der Schweiz keine Strategie ausmachen, denn strategisch zu denken bedeutet, ein Ziel in der Zukunft zu haben, zu setzen und darauf hinzuarbeiten. Aufgabe der Führung wäre es, das formulierte Ziel und die Strategie dem Volk oder dem Mitarbeiter zu vermitteln. Das geht am besten, wenn der Sinn bekannt ist. Doch heute ist die Taktik von kurzfristigen Überlegungen bestimmt, um einen Vorteil gegenüber dem Wähler (Politik) oder potenziellen Kunden

(Wirtschaft) zu haben. Dabei ist das Gegenteil der Fall. Das heute vorherrschende, kurzfristige Verhalten führt in die Sackgasse. Die Chinesen, egal wie lange wir über sie schimpfen und lästern oder sie verurteilen, haben langfristige Pläne und langfristige Ziele, die sie beharrlich und langfristig verfolgen.

Die heute vorherrschende Kurzfristigkeit ist reduziert auf Tag, Woche, Quartal, Jahr und vielleicht noch 3-Jahresschritte. Dazu gesellt sich die Rentabilität und daraus der Gewinn. Sogar in der Schule herrscht die gleiche Seuche mit den diversen Klassenwechseln, Übertritt in Gymnasium und Studium. Weiterhin geht es bei Berufen immer mehr um Zertifikate und Abschlüsse. Praktisches Wissen von oben nach unten oder umgekehrt erarbeitet, hat keinen Wert. Grosse Firmen (börsennotiert) werden mit günstigen Krediten belohnt, denn der Aufkauf von Unternehmensanleihen von Nationalbank und Zentralbanken der Welt ist nichts anderes als Kredit. Der mittelständische Unternehmer träumt von solchen Bedingungen. Zwei Klassen. Einmal mehr ist der Mittelstand die Mehrheit, die die Zeche bezahlt und einige Wenige die Minderheit, die profitiert. Bei der Klimadiskussion ein ähnliches Bild: zwei Lager, die Mächtigen und die Schwachen. Diejenigen, die ein differenziertes Bild haben, getrauen sich nicht mehr, dies laut kundzutun. Die Spaltpilze sind gesetzt und lassen so die Gesellschaft nicht mehr zur Ruhe kommen. Zu viele, die ausgegrenzt werden oder am Rande stehen.

Die Sozialmedien gaukeln eine Gemeinschaft vor, die es so nicht gibt. Spätestens bei der Beerdigung wird es ersichtlich, wenn nur eine Handvoll Leute vor Ort ist. Da nützen noch so viele digitale Freunde herzlich wenig. Der Bluessänger Mighty Mo Rogers aus Chicago besingt diesen Zustand in einem seiner Lieder. Diese um sich greifende Entwicklung spaltet und zersplittert die Gesellschaft, was dazu führt, dass die Starken ihre Pflichten völlig ausser Acht lassen.

Auch ich mache meine Erfahrungen mit Sozialmedien und bin hin und her gerissen. Ich kann den Nutzen erkennen, den ich geschäftlich haben könnte. Denn das Internet arbeitet 24 Stunden während 7 Tagen pro Woche und verursacht bei mir keine Personalkosten. Dennoch bleibt es eine Beziehung von Liebe und Hass. Eine Ablenkung von meinem Buchprojekt und Verwirrung meiner Gedanken - eine wiederkehrende Erfahrung und Gefahr. Es fällt mir unglaublich schwer, die vielen Fäden im Auge zu behalten und einen einzigen

Strang zu binden. Das einzige, was mir hilft ist, mich in die Stille zurückzuziehen. Der vorherrschende Lärm verwirrt mich immer mehr, wenn ich in die alten Muster zurückfalle.

Fazit der Monokultur und meine Konsequenzen

Polarität ist ein Naturgesetz. Alles hat zwei Seiten. Eine Positive und eine Negative. Je mehr mir die Werbung das Gute mitteilt, umso mehr schaue ich auf das, was ungesagt bleibt oder negative Wirkungen hat. Wenn die Mehrheit etwas gut findet, frage ich mich: was sind die negativen Aspekte? Ende Februar haben Anleger genau dieses Verhalten wieder schmerzhaft spüren müssen. Auch ich mit meinen Anlagen habe Federn gelassen. Doch sowohl das «Sturmerprobte Portfolio der GSAG» wie auch mein «Forschungs- und Entwicklungslabor» haben sich im März und April unglaublich erholt. Der hohe Anteil an Edelmetallen, sei es physisch oder eben auch die Aktien, haben geholfen, diesen negativen Teil positiv zu verändern. Von 2013 bis 2020 bin ich öfters belächelt worden wegen des Edelmetalls. Doch wer das Geldsystem versteht, kauft mindestens 25 Prozent Gold. Denn wenn alle Stricke reissen, wie etwa jetzt in der Corona-Krise, ist das mein Rettungsanker, so wie die Zentralbanken der Welt ihre Rettungsanker mit physischem Gold abbilden – die ultimative Ersatzwährung. Die Edelmetallminenaktien haben Mitte März bis Mitte April über 70 Prozent Rendite erzielt. Darüber schreiben die Zeitungen wenig, denn das würde ihre Kunden, sprich Inserenten und Sponsoren der Finanzindustrie blossstellen. Gold ist eine der wenigen Anlagekategorien, die im Jahr 2020 positiv ist.

Die Edelmetallquote hat fast 7 Jahre lang Rendite gekostet – negativer Teil der Polarität. Doch in der Krise hat das Edelmetall nach der ersten Verkaufswelle das gemacht, was es seit 5'000 Jahren macht – Rendite erzielt und damit den positiven Aspekt der Polarität erfüllt. Adriano Lucatelli von Descartes Finance in Zürich ist überrascht, wie stabil die Strategie ist. Er bedauert, dass er die Lösung der GSAG nicht mehr Kunden anbieten kann. Die Einordnung der physischen Edelmetalle in «risikoreiche Anlagen» und als Rohstoffe verhindert, dass auf Sicherheit orientierte Anleger des Mittelstandes von dieser Lösung profitieren können. Diese Halbwahrheit schützt Bankenerträge und verhindert langfristiges, sicheres Anlegen mit einer höheren Risikoverteilung. Und genau darum geht es, denn wer Geld anlegt, kann das nur langfristig tun (negativer Aspekt der Geldanlage). Das Positive ist: wer langfristig Geld anlegt, beachtet, über genügend Liquidität zu verfügen und einen schnellen Verkauf innert Tages- und Wochenfrist zu ermöglichen. Diese Anleger, die sich trauen, bekommen eine grüne Wiese mit vielen Kräutern. Die andere Seite (Polarität!) ist, dass das nur ausserhalb der Mehrheit möglich ist (abseits von sogenannten «Risikoprofilen»). Dieser andere Weg bietet mehr Angriffsfläche, die ich aushalten muss, weil ich ständig verunsichert werde.

Meine Zeilen kratzen an der Oberfläche vieler angesprochener Themen und Inhalte. Das Buch müsste mehrere Bände und tausende von Seiten haben, um in die Tiefe gehen zu können. Doch sobald ich das tue, wird das Ganze ausufernd und fachtechnisch. Der Leser bekommt, was er überall bekommt und seine Ablehnung wird gefördert. Da meine Einsichten auf praktischer Erfahrung basieren, reduziere ich den Inhalt auf das Wesentliche. Das heisst nicht, dass das für alle passen muss. Es geht darum, Zusammenhänge zu erkennen und neue und andere Wege zu gehen, damit der Leser sich befreien kann von Abhängigkeiten, damit er Zutrauen gewinnt und sich um sein eigenes gutes Leben kümmert. Finanzen sind ein Teil davon.

Wie wir schon mehrmals gesehen haben, ist für ein gutes und glückliches Leben gar nicht so viel notwendig: soziale Beziehungen, Gesundheit (Bewegung/Nahrung), Finanzen und als Fundament die innere Haltung und Denkweise. Anstatt ein ganzes Studium über alle Fächer und Themen zu beginnen, konzentriere ich mich auf die Essenz.

Meine Erfahrung und Einsichten so preiszugeben und einen anderen Weg zu gehen, hat mich Überwindung, Mühe, Zeit, Fehlversuche und Geld gekostet. Es fällt mir nach wie vor schwer, mir ein- und zuzugestehen, dass diese Länge notwendig war, um mir selbst klar zu werden. Wie oft habe ich mich gefragt ob ich mir da nicht zu viel vornehme oder ob ich nicht grössenwahnsinnig bin. Viele Stunden der Reflektion und des Wachseins in der Nacht liegen hinter mir. Menschen, die mir nahestanden, haben sich abgewendet, nach dem Motto «jetzt ist er komplett übergeschnappt». Andere Menschen, von denen ich glaubte, sie nahe bei mir zu haben, sind abgetaucht. Der lukrative Job und die Macht sind weg und genauso schnell verschwinden die Menschen. Somit war mein neuer Anfang, Veranstaltungen zur Wissensvermittlung über Küche und Geld harzig. Oft waren nur wenige Menschen anwesend. Das nagte am Selbstbewusstsein, doch es förderte die Auseinandersetzung mit dem Thema und forderte mich heraus: «Wie könnte ich die Neugier meiner Kunden wecken?» Deshalb behalte ich diese vier Termine der GSAG pro Jahr bei, auch wenn ich meinen Lebensmittelpunkt verändere. Ich will mich entsprechend organisieren und vor Ort sein.

Unter der Homepage financialcoach.ch sind die Themen und Termine festgehalten. Jeder, der sich die Zeit nimmt, wird auf die eine oder andere Art profitieren können.

Was ich tue und vorhabe, ist nichts anderes, als die anerkannte und gelebte Welt der Schweiz aus den Angeln zu heben für ein gutes und glückliches Leben. Und das ist es allemal wert. Wert für mich und für jeden, der das liest und selbst neue Wege geht. Ohne zu wissen, was am Ende herauskommt oder was es mir finanziell einbringt und trotzdem dabei zu bleiben, ist eine einzige Herausforderung.

Wenn ich von Unsicherheit, Ängsten und anderem mehr schreibe, dann kannst du als Leser davon ausgehen, dass ich weiss, wovon ich schreibe. Deshalb nochmal: diesen Weg zu gehen, bedingt keinen Mut. Die Zuversicht, es zu schaffen, ist der Schlüssel. Ich zähle mich genauso zum Mittelstand und habe trotz vieler Ausbildungen und Diplome im Finanzwesen vieles erst in den letzten 10 bis 12 Jahren für mich entdeckt. Bei 70 Prozent Finanz-Analphabeten in der Schweiz kein Wunder. Darunter sind Laien und Experten und lange Zeit auch ich. Und da ich bereits so lange weg bin von der Gastronomie und der Profiküche, bleibe ich auch beim Kochen ein Laie. Die Angst und Unsicherheit kann ich in den Griff bekommen. Das geht mit Training. Kochen wäre eine Bühne für das gefahrlose Training und dafür, den Absicherungsmodus abzubauen. Je mehr mir beim Kochen gelingt, umso mehr setzt sich das im Unterbewusstsein fest. Meine Trainingslager sind ungewöhnliche und oft etwas unbequeme Reisen, das Seitenwagenfahren bei jedem Wetter, Projekte in Angriff nehmen, die ich noch nie gemacht habe, Schwierigkeiten eher suchen als ihnen ausweichen, neugierig bleiben, Kochen und Einkaufen von Lebensmitteln, im Restaurant öfters das Unbekannte bestellen. Die Wahl meines Wohnortes in Rubigen war ebenso von Unsicherheit geprägt und die meisten hätten sich im Jahr 2015 dagegen entschieden. In dieser Zeit wurde gerade ein mehrjähriger Streit mit viel Aufwand beigelegt. Die

Auseinandersetzung lief mit allen Mitteln: Gericht, Anwälte und die Polizei, all das begleitet vom Mediengetöse. Doch im Reich von «Mühli-Pesche» zu wohnen, ist ein Erlebnis!

Immer wieder kommt einer meiner Lieblinge zum Zug – das Pareto-Prinzip. Denn mit 20 Prozent der Grundlagen für eine Entscheidung kann ich 80 Prozent der Lösung erarbeiten. Es ist egal, wie lange ich plane. Die Pläne, die ich kenne, sind alle angepasst und verändert worden. Die meisten sogar schon kurz nach Beginn der Durchführung. Also ist das detaillierte Planen für mich wie vergeudete Lebenszeit. Daher kommt meine Abneigung gegenüber detaillierten Plänen. Planung mit Pareto ist schnell. Genauso schnell erfolgt die Korrektur. Welche 20 Prozent des Kapitels «Monokultur» sind meine Pfeiler?

Als ich als Delegierter des Verwaltungsrates das Family Office des Kunden führte und entwickelte, waren Planungen das Herzstück, um der Aufgabe überhaupt Herr zu werden. Das führte dazu, dass meine Agenda ab 2004 bis Ende 2017 mindestens zwei bis drei Jahre zum Voraus belegt war. Der Vorteil: ich bestimmte über meine Agenda selbst und somit über meine freie Zeit. So gelang es mir meistens, mehr als sechs Wochen Ferien im Jahr zu machen. Für E-Mail und Telefonate waren etwa 20 Prozent der Ferien belegt. Meine Frau Franziska und Tochter Cynthia waren gerne etwas länger im Bett. Das half mir, vor dem Frühstück und nach dem Tagesprogramm meinen Verpflichtungen nachzukommen. Neben all den Aufgaben und Funktionen, die ich innehatte, galt: je früher ich die Termine vorgab und bestimmte, umso mehr konnte ich Wochentag und Zeit festlegen.

Ein Beispiel, wie das funktionierte, sind die Vermögensverwalter. Diese traf ich 4 Mal pro Jahr für 45 Minuten zum Quartalsbericht. Alle Termine gab ich zum Voraus bekannt. Es waren meistens über Jahre hinweg die gleichen Wochen, Wochentage und Uhrzeiten. So war es möglich, alle Vermögensverwalter an einem Tag zu treffen. Wenn ein Vermögensverwalter den Termin verschob, musste der Ersatztermin an meinen Randzeiten erfolgen oder der Termin fiel aus. Das war die Höchststrafe für einen Vermögensverwalter, denn dann war er über kurz oder lang weg. Als Kunde bestimme ich, welche Tage und Zeiten mir genehm sind und passen. Es gibt Ausnahmen, die bestätigen die Regel. Doch wieso ist es zu oft die gleiche Art Lieferanten, die konsequent zu spät kommen und Termine verschieben? Die Termine fanden, wenn immer möglich, am Sitz der Firma oder in meiner eigenen Firma, der GSAG statt. Besuche beim Vermögensverwalter waren nur zu Beginn vorgesehen, um die Geschäftsräumlichkeiten in Augenschein zu nehmen. Je mehr Protz und Symbole, umso vorsichtiger war ich in der Zusammenarbeit. Genau hier können Fakten und Zahlen noch so sehr für das Unternehmen oder die Person sprechen, viel wichtiger ist, was der Bauch und die innere Stimme flüstern. Um es mit den Worten der Autorin Giulia Enders, die das fantastische Buch «Darm mit Charme» geschrieben hat, auszudrücken: «*Der Darm ist das grössere und effizientere Hirn.*»

Damit freie Zeit für Rückstände bei der Arbeit, Fehleinschätzungen von Aufwand, Erholung und Ferien möglich war, habe ich 20 Prozent meiner Arbeitszeit in der Agenda gesperrt. Praktisch sah das so aus: 1 Tag pro Woche wurde gestrichen. Diesen Tag füllte ich frühestens 3 Tage vorher mit Aufgaben und Notfällen und dem, was aus meiner Sicht notwendig war. So konnte ich jedem Kunden oder in Notfällen bei Projekten ohne grosse Mühe Zeit bereitstellen. Das Staunen der Betroffenen war wiederkehrend gross. Zusätzlich habe ich eine Woche pro Monat rausgestrichen. Die Arbeitszeit pro Tag war regelmässig im Normalfall 10 – 12 Stunden, wovon auch davon 1.5 Stunden reserviert waren. Die meisten, denen ich dieses System schilderte, winkten ab. Das könnten sie nicht machen, bei ihnen sei das alles ganz anders. Was mich wieder und wieder erstaunte war, kaum dass das Problem geschildert und ein alternativer Weg aufgezeichnet war, genauso so klar war, dass das unmöglich ist. Und das blitzschnell, anstatt zuerst einmal das Ganze auszuprobieren. Übrigens: alles was ich mir vornehme und innert 72 Stunden umzusetzen beginne, funktioniert oder hat die besten Chancen zum Erfolg.

Der Monokultur rückte ich zu Leibe, indem ich mir Lieferanten suchte, die eine Spezialität im Angebot hatten. Je identischer und vergleichbarer sie mit der Mehrheit der Finanzindustrie waren, umso vorsichtiger und zurückhaltender war ich. Ebenso verfuhr ich beim Umgang mit Ritualen von Lieferanten: Prestige, Geschäftssitz, eingesetzte Symbole/Statusobjekte der Kompetenz und Erfolges, den vielen Fragen mit wenig konkreten und verbindlichen Aussagen, Manipulation und Beeinflussung via persönlicher Verpflichtungen und so weiter. Klar war, dass dies alles Kandidaten waren, die die Aufträge schneller los waren, als sie sich das in ihren schlimmsten Befürchtungen vorstellen konnten. Ebenso anders waren die Grösse und die Ausführung der

Berichte. Denn wie kann es sein, dass mich der Lieferant quält mit ellenlangen Berichten, die ich im Detail lesen muss? Wenn ich diese langen Berichte nicht lese, finde ich nie heraus was fehlt. Doch dazu müsste ich ein aufwendiges Aktenstudium betreiben. Je kürzer die Berichte, umso mehr Zahlen, Daten und Fakten habe ich im Blick. Wenn der Lieferant der Experte ist und seinen Kunden nützlich sein will, begrenzt er sich auf das Wichtigste und verschwendet nicht die Lebenszeit seines Kunden.

Der Lieferant ist dazu da, mir das Leben einfacher zu machen. Viel wichtiger ist, dass er mit meiner Lebenszeit sorgfältig umgeht. Dort, wo ich diese Aufmerksamkeit und Sensibilisierung vermisse, dort schaue ich, so wenig wie möglich Kontakt und Aufwand zu haben. Die Konsequenz ist, dass Banken für mich höchstens eine administrative Plattform sein können. Die Mittel oder Ressourcen der Bank nutze ich ausschliesslich für die Aufbewahrung der Wertschriften. Den Handel und Verkauf via Bank nur, wenn ich Vorzugskonditionen habe. Die Banken, die die Schweizer Regierung retten muss, weil sie zu gross sind, um sie untergehen zu lassen («too big to fail») verfügen über Software, die mir nützlich ist. Das reicht mir. In über 32 Jahren Erfahrung in der Finanzindustrie traue ich einer Bank nicht mehr über den Weg. Zu oft und zu viele Erfahrungen mit Lügen und Betrügen habe ich gemacht. Deshalb mache ich bei einer Bank nur das, was ich nachrechnen und überprüfen kann. Unabhängig davon, ob ich das Supergeschäft verpasse. Der Struktur, die ich so gebaut habe, traue ich um einiges mehr zu, dass sie das tut, was sie soll. Die Strukturen der Bank oder der Versicherung mit ihren Anreizsystemen meide ich, wo immer möglich. Jedes Mal, wenn ich diesen Grundsatz unbeachtet liess, kam ich zu Schaden. Mehr muss ich dazu nicht wissen.

Dazu kommt, dass die Trauerveranstaltung vom 7. Februar 2020 mit dem Rücktritt des CEO der Credit Suisse und den im Vorfeld publik gewordenen Vorfällen deutlich zeigt, um was es bei den meisten Banken geht – um mehr Geld und um mehr Macht und Status. Konsequent wäre, wenn auch der Verwaltungsratspräsident den Hut nehmen würde. Er hat am Ende des Tages die ganze Sache mit seiner Personalwahl erst möglich gemacht. Doch das ist eine andere Geschichte. «Da ist der Verwaltungsrat schuld, die haben den Entscheid abgesegnet.» – das wird die Antwort *des Präsidenten* des Verwaltungsrates sein. Sicher ist er nicht schuld. Doch das ist alles meine Fantasie.

Bei Generalversammlungen der Finanzindustrie höre ich wenig vom entstandenen Kundennutzen, Innovationen oder in Sachen Personal. Höchstens, wenn wieder Boni bezahlt oder neue Entschädigungsmodelle durchgewunken werden. Da nützt die Minder-Initiative für die Lohndeckelung herzlich wenig. Die Verträge werden kreativer. Dafür garantieren weltweit Firmen, die den Verwaltungsrat gerne beraten, wie es trotzdem möglich ist.

Wer einmal ein Organigramm auf den Kopf stellt, sieht augenblicklich, was möglich ist und wo die Verantwortung sitzt: beim Personal. Denn ohne das Personal kann der oberste Chef noch so lange von grosser Verantwortung reden. Ohne ihn läuft der Laden trotzdem. Wenn jedoch das Personal fehlt, läuft herzlich wenig bis gar nichts mehr. Der Mittelstand sollte sich aufmachen, neue Wege zu gehen. Zusammenschlüsse von Vermögen, Hypotheken und Krediten würde schnell etwas verändern. Denn dank des Mittelstandes und der Privatkunden stimmen die Einnahmen noch einigermassen, da sich niemand die Finger verbrennen will und in der einen oder andern Form angewiesen ist auf ein gutes Einvernehmen mit den Schnittstellen. Ich hätte eine Alternative zu bieten zu dem Einerlei und die ist gleichzeitig ein Weg, der sicherstellt, dass mehr beim Kunden, beim Anleger bleibt.

Für die Gesellschaft bin ich weniger optimistisch, ausser ich richte mit der grossen Kelle an und nehme mir einen Sponsor mit an Bord. Für mich aber ist die Unabhängigkeit derart wichtig, dass das kein Thema ist. Ich will einen Ort, an dem sich die Kunden und KMU untereinander mit ihrem Können und ihren Produkten unterstützen. Denn einer der Pfeiler für ein gutes und glückliches Leben sind soziale Verbindungen. Anstelle einer Religion oder Ideologie schliessen wir uns frei zusammen. Denn wenn es hart auf hart kommt, ist Unabhängigkeit der Dreh- und Angelpunkt.

Tansania, im April 2018 – Ein Elefantenbaby mit der Plazenta auf dem Rücken. Diese bleibt für ein bis zwei Tage sichtbar.

Wegen der «Grossen Regenzeit» raten Reiseführer und Reisebüros von einer Tansaniareise im April ab. Wer sich trotzdem traut, wird grosszügig belohnt. Voraussetzung ist ein flexibles, von Tag zu Tag gestaltetes Programm und ein entsprechendes Fahrzeug. Strassen und Zugänge zu Unterkünften können unpassierbar sein und eine Anpassung der geplanten Route erfordern. Die Eindrücke und Erlebnisse sind dagegen intensiv: das pralle Leben der Natur in kaum vorstellbaren Formen, Farben und Vielfalt und auch das fast Unmögliche ist zu sehen, wie auf dem Bild. Die einzige Chance, das zu erleben ist es, andere Wege zu gehen.

Der Drang nach Luft beginnt bei der Geburt und bestimmt vieles im Leben. Die Luft meines Umfeldes und Elternhauses kann mich zum Wachsen bringen oder das Leben schwer machen.

Was du mir sagst, das vergesse ich. Was du mir zeigst, daran erinnere ich mich. Was du mich tun lässt, das verstehe ich. *Konfuzius*

Was probiere ich Neues aus?

Welche Chance könnte ich nutzen?

Was arbeitet unsichtbar für oder gegen mich?

Mit wem könnte ich das zusammen machen?

Ungewohnt und verschreckend.
Denn jetzt sind Eigenverantwortung und Selbermachen gefragt.
Das Ergebnis ist das «Glückliche Leben», das eine gewisse
Unbequemlichkeit und Verzicht zur Folge hat.

Kapitel 4 – Tuum Est – Deine Sache, Deine Pflicht

Essenz «Erde»

Fermentieren – und die köstlichen Wirkungen

Fermentation ist eine Veredelungsmethode und die Grundlage für köstliche Delikatessen. Fermentiertes öffnet einen weiten Horizont der Geschmäcker. Die Fermentierung verändert bekannte Aromen und Texturen. Fermentieren ist etwas zwischen «Slow Food» – Geduld für den Prozess – und «Fast Food» – Verbrauch. Die Sterneküche nutzt das ganze Spektrum des Fermentierens inklusive säuerliche Saucen für den letzten Pfiff und Kick.

René Redzepi fermentiert in seinem «Noma 2» in Kopenhagen im «Science Bunker» alles, was nicht bei drei auf dem Baum ist – salopp gesagt. Mit Milchsäure, Schimmelpilzkulturen, Alkohol und Essigsäue wird fermentiert und experimentiert. Das geht hin bis zu fermentierten Fischresten, aus denen er eine Fischsauce herstellt. Das Fermentieren hat René Redzepi mit seiner Küche und seinen verrückten Aromen viermal die Auszeichnung zum weltbesten Restaurant gebracht. Empfehlenswert ist seine Fermentierungsbibel: «The Noma Guide to Fermentation». René meint trocken: «Das Noma kennt kein einziges Gericht, das ohne Zutaten aus dem Milchsäuregärungsprozess auf den Tisch kommt.» Erinnern sie sich? Die Sterneküche kommt ohne Säure nicht aus, deshalb ist diese Art des Fermentierens so wichtig. Das populäre Kombucha ist eine andere Spezialität des Fermentierens. Kombucha ein Gärgetränk, das jeder selbst herstellen könnte, anstatt es teuer im Laden zu kaufen. Ahornblüten, Holunderblüten, Äpfel, alter Kaffeesatz, Kräuter oder etwas exotischer: mit Mango, könnte ein Kombucha hergestellt werden. Das Starterkit «Scoby» kann in der Schweiz bestellt werden, der Produzent ist in Deutschland (fairment.de) zu Hause.

Garum ist ein längst vergessenes Standardgewürz der römischen Küche. Ein Umami, das anstelle von Fischsauce verwendet wird. Umami ist das ultimative Geschmackserlebnis. Dazu gibt es noch zum Fermentieren Shoyu, Essig, Misos und Koji. Alle Zutaten, die ihr teuer einkauft und die mit viel schädigenden Zusatzstoffen versetzt sind, könnten mit Fermentieren selbst nachgebaut werden.

Das Fermentieren ist eine Urform des Haltbarmachens ohne Kühlung. Bakterien, Pilze oder Enzyme aus Kohlenhydraten sind der Hintergrund der Milchsäuregärung. Die Küche Koreas ist ohne fermentierte Gerichte unvorstellbar. Bei uns ist es mit dem Auftauchen der Kühlschränke in den fünfziger Jahren immer mehr in Vergessenheit geraten. Milchsäuregärung ist heute die populärste Form der Fermentierung. Das Fermentieren ist ein Eldorado des Probierens und Experimentierens und der unglaublichen Geschmackserlebnisse. Doch das Wichtigste sind die Bakterien, Mikroben und Keime, die Ihrem Darm helfen. Viele Krankheiten, Allergien und Unverträglichkeiten müssten nicht sein. Sogar das Serotonin ist davon abhängig. Je mehr Sie ihren Darm verwöhnen, umso bessere Informationen gelangen an die Organe und das Gehirn. Das bewirkt vorteilhaftere Ergebnisse und Funktionen, da kürzere Reaktionszeiten erreicht werden. Fermentierte Lebensmittel sind ein Jungbrunnen. Naturheilkunde besteht auf den Zusammenhang: Krankheit beginnt im Darm mit der Darmflora.

Lebensmittel-Produkte der Fermentierung

Die populärsten sind wahrscheinlich Tee, Kaffee, Kakao und Käse. Doch der Tofu gehört genauso dazu wie die Salami, Trockenfleisch, Joghurt, Bier, Wein und Whisky. Als Gemüse kennen viele Kimchi und Sauerkraut.

Die Japaner, Isländer, Schweden und Thailänder kennen die Fermentierung von Fisch. Beispiele sind der isländische Rochen «Kaest Skata» oder der Fisch «Hakari». Der Schwede bevorzugt «Surströming», der an keinem Fest fehlen darf. Der Stinker der Königsklasse wird einen ganzen Tag gelüftet, um essbar zu werden.

Fermentierte Tomaten werden matschig. Doch Tomatensauce oder Ketchup aus fermentierten Tomaten ist einzigartig. Alles Gemüse kann fermentiert werden. Euer Körper schätzt Fermentiertes!

Schnelle und einfache Herstellungsarten

Das Gemüse im Ganzen fermentieren oder vorab in Stücke schneiden. In ein grosses vorher mit kochendem Wasser sterilisiertes Glas (Prozess bleibt von aussen sichtbar) oder Topf geben. Das Wasser mit 2 % Salz mischen. Das Gemüse grosszügig decken mit einem etwas kleineren Teller (der beschwert wird). Das gesamte Gemüse muss luftdicht also unter den Salzwasserspiegel lagern. Je nach Gusto und Geschmack kann mit Kräutern und Gewürzen dem Ganzen eine eigene Note gegeben werden. Das Glas muss nicht zwingend luftdicht abgeschlossen sein. Viel wichtiger ist, dass das Gemüse in der Salzlake bleibt, denn an der Luft ist das Gemüse bald hinüber. Bei Raumtemperatur an einem dunklen Ort 7 bis 9 Tage gären lassen. Das Gemüse schmeckt wunderbar. Die Lagerung ist von 6 Monaten bis zu einem Jahr möglich, abhängig davon, was fermentiert wurde.

Wer den Prozess der Gärung stoppen will, stellt das Glas einfach in den Kühlschrank.

Veredelung

Grundsätzlich ist alles, was roh essbar ist, fermentierbar und kann zusätzlich aromatisiert und veredelt werden. Das gesamte Obstangebot, Trockenfrüchte (vorher in Wasser ohne Salz einlegen), Tiefgekühltes (vorab auftauen), Fruchtsäfte selbst hergestellt, Zitrusaroma (nur die Schale (Zeste), vorsäuern mit Essig (in Japan sehr populär mit Gemüse), Färben (Spinat, Brennnesseln, Randen, Curry, Chili, Rotkohl etc.)

Gemüseangebot nach Jahreszeiten

- Frühling: Radieschen, Bärlauch, Spargel, Rhabarber, Kohlrabi, Liebstöckel, Fichtenwipfel
- Sommer: Pfefferschoten, Gurken, Tomaten, Paprika, Chili, Zucchini, Stangensellerie, Beeren
- Herbst: Kürbis, Sellerie, Zwetschgen, Karotten, Sauerkraut, Kohl, Pilze
- Winter: Fenchel, Randen (Rote Beete), Zwiebeln, Meerrettich, Schwarzer Rettich, Kurkuma

Protokoll für Dokumentation

- Datum des Ansatzes und Info zur Lagerung (Raum, Temperatur, Platz)
- Zutaten (Obst, Gemüse, Zutaten) und Besonderheiten ihres Zustandes

- Sauerstoffabschluss durchgehend (Ja/Nein)
- Salzkonzentration
- Fermentationsdauer

App für iOS oder Android

- «Fermentors Friend»: Doku, Notizen, Umrechnungsfaktoren und Werkzeuge zur Salzmessung

Werkzeuge zum Fermentieren

- Behälter: Glas (bleifrei), Keramik, hochwertiger Edelstahl, Plastik (zwingend lebensmittelecht)
- Glas: Einmachgläser mit Drahtbügelverschluss oder Federklammern lassen Überdruck ab
- Begehrt: Glas mit Schraubdeckel der neuen Generation – erkennbar am blauen Dichtungsring
- Gärtöpfe: Keramik-Töpfe haben eine Wasserrille im Deckel um als Ventil zu funktionieren. Damit sind allerdings nur grosse Mengen machbar. Diese müssen dann umgefüllt werden für den Kühlschrank-geeignete Gefässe.
- Gewichte: Unbedingt darauf achten, dass die Gewichte aus Keramik oder Glas bestehen
- Material: Reiben, Sparschäler, Julienne-Schneider, Mixstab (stark), Anstelle Mixer geht auch der Fleischwolf (innen Edelstahl), Krauthobel
- Starter: Restlake, Molke, Rejuveliac, Brottrunk (Veganer), Scoby und andere

Menschen, die das Fermentieren auf einen neuen Level heben:

- Mein Fermentierungsheld: René Redzepi, «Noma 2» in Kopenhagen
- Fermentierungskünstler: Markus Shimizu in Berlin, Deutschland
- Blubberküche: Ingrid Palmetshofer in Österreich
- Krautbraut: Cathrin Brandes aus Deutschland
- Beste Köchin der Welt: Ana Ros, Hiša Franko, Kobarit in Slowenien
- Fermentierungspapst der USA: Sandor E. Katz
- Säurezauberer: Andreas Caminada, Schweiz

Rezept Koreanisches Kimchi

- 1 Chinakohl (Kohl, Kabis würde auch gehen), ca. 1.2 kg
- 1 Bund Frühlingszwiebeln
- 1 Knoblauchknolle (8-10 Zehen)
- 1 Schalotte
- 20-50 g Ingwer
- Steinsalz oder Meersalz verwenden (wichtig: ohne Fluorid/Jodid)
- 1 EL Reismehl (aus dem Asia Laden oder normales Mehl)
- 1 EL brauner Zucker (oder Honig: 2 Löffel)
- 30 ml Fischsauce
- 175 ml Wasser
- 40 g Paprikapulver Edelsüss
- 20 g koreanisches rotes Chilipulver «Kochugaru»
- Das Ursprungsrezept nimmt Paprika und Chili in der gleichen Menge. Vorsichtigerweise habe ich das Chili um die Hälfte reduziert. Da habt ihr Möglichkeiten zum Auszuprobieren.

Zubereitung:

Chinakohl schneiden (mundgerechte Stücke) und mit dem Salz gut mischen, durchkneten und beiseitestellen. Das Reismehl mit kaltem Wasser anrühren, in einen kleinen Topf geben, heiss machen, Zucker (Honig) beigeben, von der Platte nehmen und auf die Seite stellen (sieht aus wie Tapetenkleister, keine Angst).

Ingwer, Schalotte und Knoblauch schälen und möglichst klein hacken, alternativ in der Küchenmaschine fast bis zu einer Paste mixen. Die Fischsauce, das Chilipulver und das Paprikapulver dazugeben und gut mischen. Danach alles mit dem «Tapetenkleister» mischen. Diese Paste erst nach einer Stunde mit dem Chinakohl mischen. Besser wäre, den Chinakohl eingesalzen über Nacht stehen zu lassen und erst dann die Paste untermischen. Mischt das kräftig mit den Händen, doch Handschuhe sind sehr zu empfehlen, denn die Chilipaste würde eure Hände zum Glühen bringen. Erst jetzt die Frühlingszwiebeln klein schneiden und beimischen.

Jetzt alles in einen grossen, mit kochendem Wasser ausgewaschenen Steingut-Topf oder in die Einmachgläser abfüllen. Unbedingt bei den Einmachgläsern beachten, dass oben genügend Luft bleibt. Denn das Kimchi wird sich noch ausdehnen. Wichtig: das Kimchi muss ganz bedeckt sein mit Flüssigkeit und deshalb mit einem Gewicht belegt werden. Darauf achten, dass das Gewicht keine eigenen Aromen abgibt, also aus Glas oder Keramik besteht. Nach 24 Stunden Ziehen bei Raumtemperatur kann es für weitere 7-10 Tage ab in den Kühlschrank. Dann ist es essbar. Haltbar ist es mindestens 2 Monate.

Kaffee Kombucha – Durstlöscher

Kombucha kann mit allem gemacht werden. Das Kaffeekombucha für das Tiramisu wird die Gäste beim nächsten Dessert verblüffen. Wer mit Kaffeekombucha den Löffelbiskuit einweicht, hat das perfekte Zusammenspiel der Gegensätze. Die Süsse der Biskuits und die Säure des Kaffeekombucha harmonieren. Für die Herstellung sind unbedingt Gläser zu verwenden, um den Gärungsvorgang überprüfen zu können. Abgedeckt wird nur mit einem Baumwolltuch, das mit einem Gummi fixiert wird.

Rezept:

- 240 Gramm Zucker
- 1.8 Liter Wasser
- 730 Gramm Kaffeesatz (alternativ 200 Gramm frischer Kaffee)
- 200 Gramm Scoby (nicht pasteurisiert). Scoby ist eine Symbiose von Bakterien und Pilz

Zubereitung:

240 Gramm Zucker zusammen mit 2.5 dl Wasser in der Pfanne erhitzen und den Zucker auflösen und zum Kochen bringen. Auf die Seite stellen und abkühlen lassen. Danach den Kaffeesatz in ein grosses feuerfestes Porzellangeschirr geben und den heissen Sud von Zuckerwasser darüber leeren. Das restliche Wasser dazugeben. Die Mischung auf Raumtemperatur abkühlen lassen und danach sofort über Nacht in den Kühlschrank stellen. Am nächsten Tag das Ganze mit einem Passiertuch absieben.

Bevor der Glasbehälter mit einem Baumwolltuch zugedeckt und mit einem Gummiband gesichert wird, die 200 Gramm Scoby daruntermischen. Beschriften und an einem warmen Ort lagern. Jeden Tag kurz kontrollieren und durchmischen. Die Oberfläche darf nicht austrocknen. Nach 7 bis 10 Tagen in Flaschen abfüllen, tiefkühlen oder sofort innert 2-3 Tagen weiterverarbeiten oder trinken.

Übrigens: gekochte Pastinaken erhalten den absoluten Turbo im Aroma, wenn in der Bratpfanne diese gekochten Pastinaken mit etwas Kaffeekombucha abgelöscht werden, das Ganze reduziert und am Schluss mit einigen Butterflocken den nötigen Glanz verschaffen. Die Flüssigkeit sollte fast karamellisieren und mit der Butter den ultimativen letzten Kick beim Aroma schaffen.

Ginger Beer

Zutaten Ur-Bier: Je 1 Teil Vollrohrzucker und Ingwer, 10 Teile Wasser

Zutaten Ingwer-Bier: 3 Teile Vollrohrzucker, 1 Teil feingehackten Ingwer, Wasser, 2x Zitrone, 1x Blutorange.

Um das Ur-Bier anzusetzen, benötigen wir 1 Teil Vollrohrzucker und 1 Teil Ingwer fein gehackt. Den Zucker und den Ingwer in ein Einmachglas geben und mit 10 Teilen Wasser ansetzen. Das Einmachglas mit einem Tuch zudecken. Während einer Woche mit einem zusätzlichen Teil Vollrohrzucker und Ingwer – wieder feingehackt – füttern. Das Tägliche Füttern ist das Doping für den Fermentierungsprozess. Je mehr es beginnt zu blubbern und Blasen zu bilden, umso besser. An einem trockenen und abgedunkelten Ort aufbewahren. Der Kühlschrank ist zu kalt und nicht geeignet zur Aufbewahrung. (es sei denn, ich will ihn ohne Fermentierung zwischenlagern).

Nach einer Woche den Sirup ansetzen. Zutaten: Ur-Bier aufkochen und ca. 30 Minuten auf kleinem Feuer köcheln lassen. Alles kalt stellen und mit einem Passiertuch absieben. Dann in sterilisierte Flaschen abfüllen. Wieder an einem trockenen, kühlen und abgedunkelten Ort aufbewahren.

Wer die Zeit und Geduld nicht hat, mixt das Ganze und verwendet Mineralwasser und fertig ist das Ingwerbier. Herrlich ist auch, anstelle eines Gin Tonic das Ingwerbier mit Gin zu mischen – Gin Ingwer.

Deine Sache. Und wieso deine Pflicht?

Drei Kapitel lang habe ich mögliche Einflüsse und kaum beachtete Aspekte angesprochen oder gestreift. Jetzt sollen die Enden miteinander verbunden werden. Der Fokus in diesem Buch ist wohl auf der Geldanlage, die ich über das Kochen fassbarer mache. Doch am Ende geht es um ein gutes und glückliches Leben. Dazu sind Finanzen und Gesundheit grundlegende Teile.

Ein gutes und glückliches Leben wird nirgends geschult oder gelernt. Der Umgang mit Geld oder der clevere Vermögensaufbau ist an den wenigsten Familientischen ein Thema. Ausnahme sind oftmals Familien, die das Wissen, die Hintergründe und den Umgang mit dem Familienvermögen vermitteln. Das sind meistens Familien, die über mehrere Generationen ihr Vermögen erhalten konnten. Doch zu oft steht nach wie vor ein destruktives Verhältnis zu Vermögen und Geld im Weg. Negativ belegte Glaubenssätze und Selbstbilder zum Thema «Geld und reich sein» wirken im Unterbewusstsein. Somit müssen viele immer wieder von Anfang an ihren Vermögensaufbau organisieren. Selbst entdecken, dass eine Investition keine Verpflichtung sein kann, kann Jahre dauern, anstatt in einem abgekürzten Verfahren mit einem Grundstock an Wissen beginnen zu können. Das Geheimnis «Geld und Vermögen» verstärkt die destruktive Wirkung, ebenso das Bank- und Berufsgeheimnis.

Jeder hat sicher bereits erlebt, dass er es eilig hatte und anschliessend jede Ampel auf Rot gestellt und jeder Bauer der Umgebung mit seinem Traktor unterwegs war. Das ist das Naturgesetz der sich selbsterfüllenden Prophezeiung und darauf ist Verlass. Mit dem ersten Rotlicht geht's im Kopf los, da werden die Ampeln gezählt und laufen bildlich ab. Dazu die Gedanken: Hoffentlich ist die und die Ampel nicht auf Rot! Bingo – wir rufen genauso die rote Ampel. Das, was ich befürchte, was mich verunsichert, oder etwas, vor dem ich Angst habe, das bekomme ich. Denn meine Energie und meine Sinne sind auf das gerichtet, was ich nicht will. Das Gesetz der Resonanz, hier am Beispiel Angst, die lenkt und steuert. Die identische Wirkung gibt es bei meiner Entwicklung meines Vermögens, positiv wie negativ.

Wer Hunde oder Katzen nicht sonderlich mag, der kennt den Mechanismus zur Genüge: Katzen wie Hunde lieben es, Menschen zu bedrängen, die Angst, Unsicherheit oder Abneigung vermitteln. Denn die Viecher wollen diese Menschen vom Gegenteil überzeugen. Sie spüren und riechen den Zwiespalt. Haustiere riechen es, denn Angst stinkt. Das Gesetz der Resonanz. Im Volksmund salopp: wie ich in den Wald hineinrufe, so tönt es heraus. Das Rufen bezieht sich auf mein Verhalten, meine Aussagen, mein Tun, meine Selbstbilder, meine Glaubenssätze, mein Verhältnis zu Geld und anderes mehr. Ich bekomme, was ich fürchte. Doch andersherum geht das genauso.

Zum Thema «Die Angst riechen» hier eine Episode aus dem Leben: Als wir in Ried bei Schlosswil wohnten, hatten wir eine völlig verängstigte Border Collie-Hündin aus dem Tierheim geholt. Wir nannten sie Dolly, wie das geklonte Schaf. Sie wurde so oft wie möglich neuen Situationen ausgesetzt und überallhin mitgenommen. Nach drei Monaten fuhren wir im Seitenwagen zu dritt plus Dolly nach Dänemark. Die Strecke ist äusserst kurzweilig und abwechslungsreich: von Schlosswil ging es auf Nebenstrassen nach Lörrach, dann mit dem Autozug nach Hamburg Altona, von da wieder auf kleineren Strassen bis Fynshav und von dort mit der Fähre nach Bojden auf der Insel Fünen. Doch zuerst galt es, den Autozug zu bewältigen. Die Angst von Dolly stieg im Zug derart an, dass der Gestank im Schlafabteil von Lörrach nach Hamburg kaum auszuhalten war. Alle waren froh, das Schlafabteil verlassen zu können, frische Luft ein fantastisches Elixier. Meine Lehre daraus ist, dass wir Angst bewältigen können, wenn wir das Zutrauen in uns selbst finden und unserem Umfeld nicht alles Böse unterstellen. Das war das einzige Mal, das ich die Angst bei Dolly riechen konnte und wir haben sie danach überall mitgenommen. Die Zuversicht, etwas schaffen zu können, ist mein Angstvernichter und Mutgeber.

Reiche Familien mit eigenen Organisationen, «Family Office» genannt, haben einen Ort und eine Zeit des Austausches und Lernens im Umgang mit dem Familienvermögen. Zu diesem Zweck werden Strukturen eingerichtet, in denen die Eigenheiten der Zusammensetzung und der Hintergrund vermittelt werden. Das Sprichwort, dass die Erste Generation ein Familienvermögen aufbaut, die Zweite Generation das erhalten kann und die Dritte Generation das Familienvermögen verspielt, fährt in die Knochen. Je besser der Wissenstransfer gelingt, umso geschützter ist das Tafelsilber der Familie. Je mehr die nächste Generation über gemachte Fehler mit dem Familienvermögen erfährt und erkennt, wie diese beginnen, umso besser ist der Schutz. Das wird verstärkt durch die Möglichkeiten, das Gelernte anzuwenden. Die

Lernkurve ist dann am effizientesten, wenn es via praktische Anwendung umgesetzt wird, obwohl heute scheinbar Theorie mit Zertifikaten wichtiger ist als praktische Erfahrung. Trotz verheerender Konsequenzen für die nachkommende Generation ist das Vermitteln von Finanzwissen überraschenderweise beim Mittelstand nach wie vor keine Selbstverständlichkeit. Dabei könnte das gestörte Verhältnis zu Vermögen, Reichtum und Wirtschaftsthemen einfach korrigiert werden. Daran, dass Menschen mit ähnlichen Voraussetzungen und Verhältnissen (Soziale Stellung, Berufsgruppe, Einkommen, Vermögen etc.), grosse Abweichungen in der Vermögensentwicklung haben, wird die unterschiedliche Kenntnis und der unterschiedliche Umgang sichtbar. Wem es gelingt, von der Welt «Für Geld arbeiten» auf diejenige Seite zu wechseln, in der die Welt «das Geld arbeiten lässt», ist im Vorteil. Innerhalb der Familie Strukturen einrichten, in denen Wissenstransfer stattfinden kann, würde das möglich machen. Wann wird endlich damit begonnen?

Ein Aspekt ist das Budget. Ein anderer sind die Einnahmen und die Ausgaben. Der wichtigste ist hingegen, eine Investition von einer Verpflichtung unterscheiden zu können. Eines der grössten Missverständnisse, auch unter Experten. Selbstbewohntes Wohneigentum zum Beispiel ist eine Verpflichtung und keine Investition oder ein Vermögenswert, da Kosten entstehen, die Aufwand sind und auf der Einnahmenseite keine Erträge ins Portemonnaie fliessen. Diese verdrehte Sichtweise richtet viel Schaden an. Da können die Experten mich jetzt in der Luft zerreissen...

Die einen Menschen pflegen einen grosszügigen Umgang mit Geld und konsumieren wie verrückt. Wieder andere verfolgen eher einen sparsamen, knauserigen Weg. Dazwischen gibt es viele Abstufungen oder mehr Tage im Monat als Geld. Ohne Budget wird es schwierig, auf einen grünen Zweig zu kommen. Doch zuerst ist das Geheimnis und Verständnis von Geld zu knacken. Ohne diesen Wechsel werden unsere Kinder keine Chance haben. Dort, wo Kinder einen spielerischen Umgang pflegen, dort, wo sie Geld für Projekte und Ideen erhalten oder sich unter festgelegten Bedingungen erarbeiten, ist das Können im Umgang mit Geld angesiedelt. Cynthia, meine Tochter, erhielt mit 14-Jahren ein Konto bei der Post inklusive Karte. Der budgetierte Bedarf für ein Jahr: Taschengeld, Bahnabonnement, Essen in der Schule, Schuhe, Hobby, Kleider, etc. wurde im Januar transferiert. Im ersten Jahr war im September der Ofen aus – Geld alle und noch 3 Monate Jahr. Der Frust und Ärger waren bis Ende Dezember – auf beiden Seiten – gross. Die Lösung war, dass sie einen Vorbezug des Geldes für das nächste Jahr erhielt. Das Gute an der Geschichte: Markenartikel waren nie ein Thema, da diese zu viel kosteten. Seither ist Cynthia das Geld nie mehr ausgegangen. Im Gegenteil: sie schaffte sich Reserven.

Für die Mehrheit des Mittelstandes gilt jedoch: Geld und Vermögen ist und bleibt ein Geheimnis. Dieser Zustand «Geheimnis» spielt der Finanzindustrie mehr als nur perfekt in die Hände. Er wird noch verstärkt durch das marode Bankgeheimnis. Solange das Zitat «Über Geld spricht man nicht» verdreht benutzt wird, ist die Mehrheit im Nachteil, genauso wie das Ignorieren dieser Themen zum Nachteil führt. Das Verhalten und die Sicht der Eltern übertragen sich auf die meisten Kinder. Beenden wir doch dieses Verhalten und gehen einen anderen Weg. Kümmern wir uns selbst um dieses wichtige Thema! Wer ein gutes und glückliches Leben führen will, kann das nicht delegieren. Die Finanzen sind ein gewichtiger Teil des guten Lebens. Solange wir das Thema Finanzen delegieren, solange wird die Finanzindustrie ihr wiederkehrendes Spiel der Übervorteilung anwenden. Glauben Sie mir: Sie wissen nicht, wo Sie überall Nachteile haben aus der Ignoranz der Finanzthemen! Die Verpackung und das Vorgehen werden immer kreativer und als Kunde und Laie bin ich dauernd im Nachteil – mehrheitlich.

Wer kennt sie nicht, die Handwerker, die einen super Job machen und echte Handwerkskunst abliefern, bei der Rechnungsstellung hingegen komplett einknicken und deshalb oft in Zahlungsschwierigkeiten kommen? So wie mein Vater seinerzeit, der ein fantastischer Dachdecker war, doch viel Mühe hatte, Rechnungen zu stellen. Anstatt dieses Problem mit externer Hilfe im Büro zu lösen, schied er freiwillig aus dem Leben. Hier sind einmal mehr die negativen Glaubenssätze am Werk: es nicht Wert zu sein – nicht zu genügen – dumm zu sein etc. Wieder andere Handwerker schicken Rechnungen, kaum dass sie von der Baustelle herunter sind. Deren Firmen machen eher Entwicklungen von Wachstum durch. Jeder Weg, jede Stunde, jede Maschine und jede Schraube sind verrechenbar. Was hingegen bei Handwerkern öfters fehlt – meine Fantasie –, sind die Kalkulationen, das heisst, Entschädigungen für das eingegangene Risiko (Unternehmer-/Konkursrisiko) und den kaufmännischen Gewinn inklusive der Reserven für die Bildung der Liquidität. Also geht es von der Hand in den Mund oder zu den Löhnen, die weit unter denen von Angestellten liegen. Das sind unisono Aussagen, die ich immer wieder von Treuhandbüros zur Umsatzentwicklung von mittelständischen Unternehmen höre. Es würden zu viele von der Substanz zehren. Sicher, es gibt auch Ausnahmen. Doch um die Realität darzustellen, sind Schwarz-Weiss-Gegensätze für mich sehr hilfreich. So kann ich Nuancen erkennen. Die Corona-Krise wird dieses Fehlverhalten leider schonungslos aufdecken.

Es ist kein Geheimnis, dass die öffentliche Hand viele Aufträge zu erteilen hat. Um dieses Volumen gibt es ein riesiges Gezerre. Wer Beziehungen und Zugänge zu den Menschen an den Vergabepositionen hat, nutzt das. Das ist ein natürliches Verhalten. Wenn beim Tunnel- und Strassenbau, Bau von Botschaften, Bundesämtern etc. die Kosten aus dem Ruder laufen, ist das normal. Auffallend ist, dass aus vergangenen Erfahrungen wenig Einsichten integriert werden. Bei Ausschreibungen der öffentlichen Hand ist ein Vorgehen immer wieder zu beobachten. Firmen offerieren Tiefstpreise und sobald die Abweichung oder Korrektur des Projektes kommt, ist alles, was zusätzlich oder neu ist, zu verrechnen. Von diesem Zeitpunkt an gilt es, sämtlichen Aufwand detailliert festzuhalten. Das ist die Chance und der Beginn, das offerierte Projekt zur Goldgrube zu machen. Wofür brauchen wir derart überdimensionierte Prachtbauten für die Bildung (Schule, Matur, Universität, Hochschule etc.), wenn fast alles seit März 2020 via Internet möglich ist? Zu Hause zu arbeiten, ist der Renner und plötzlich möglich.

Wenig erstaunlich ist, dass die Projektleiter, Einkäufer, Finanz- und Bauexperten der öffentlichen Hand das zulassen. Für mich bedeutet das im Umkehrschluss: eine Abweichung im Projekt hat keinen Einfluss auf das Projekt, selbst in der Konsequenz nicht. Dabei sollte das Gegenteil der Fall sein! Eine Projektveränderung ist der Grund und ein Naturgesetz - zurück an den Start mit dem Projekt! Und genau das wird meistens nicht gemacht. Beispiel in Deutschland sind das Autobahnmaut-Kontrollsystem, der Flughafen Berlin oder in Hamburg die Elbphilharmonie; nur drei Projekte. Es gäbe mehr. In der Schweiz kennen wir den Lötschberg-Basistunnel als Teil der NEAT-Lösung und daraus entstand das Tropenhaus Frutigen. Auch das sind Projekte mit Budgetüberschreitungen. Erstaunlich ist, dass die ETH Zürich als Bildungsstätte von Welt in Basel aktuell das BSS erstellt, die Forschungsstelle für Bio-Systeme. Dort spielen Kosten keine Rolle. Was die öffentliche Hand vorgibt, wird unbesehen umgesetzt. Egal ob sinnvoll oder nutzlos. Keiner der

Verantwortlichen will sich exponieren oder Schelte beziehen, wichtig ist, den Job zu behalten. Die ETH Zürich ist kein Einzelfall. Die Baukosten der öffentlichen Hand und Bildung im Speziellen sind exorbitant gestiegen. Hintergrund sind unsinnige Auflagen, die alles viel komplizierter machen. Die Projekte der öffentlichen Hand in Sachen Beschaffung sind wiederkehrend mit Skandalen belastet. Doch die Skandale zu Einkauf und Offert-Wesen kommen und gehen. Konstant bleiben ihre Häufigkeit und die steigenden Schadensummen. Denn Betroffene der öffentlichen Hand verstecken sich gerne hinter den Auflagen, Gesetzen, Zertifikaten, Normen und Vorgaben. Das ist bequem und stellt den Job sicher. Das tun, was die Mehrheit tut. Keine Seltenheit ist es, wenn Angestellte der öffentlichen Hand gesundheitliche Schwierigkeiten wie Burnout bekommen oder unerwartet im Alter die Beziehungen zu Bruch gehen. Die Gründe und Auslöser, die genannt werden, sind phantasiereich, seien es die erwachsenen Kinder oder der Eintritt ins Pensionsalter. Dabei ist es eher die fehlende Sinnhaftigkeit der Tätigkeit.

Um Missverständnissen vorzubeugen: diese Entwicklung ist auch in der Privatindustrie zu beobachten: die fehlende Sinnhaftigkeit der zu verrichtenden Arbeit. Aus dieser Sinnhaftigkeit heraus kommt auch mein Antrieb, diesen schwierigen Weg des Buchschreibens zu gehen, denn das hält mich lebendig. Sicher kann ich mich am Ausdruck und der Wortwahl oder im Detail verbessern. Doch wichtig ist es, doch einmal damit anzufangen und nicht zu warten, bis es absolut perfekt daherkommt. Meine vielfältigen Erfahrungen und Interessen ermöglichen mir, Zusammenhänge darzulegen, die die Industrie so nie machen würde. Die Leser und Menschen, die sich dafür interessieren, sollen Strukturen und Werkzeuge nutzen können, die sie vor Rückschlägen und Fehlern bewahren. Ja, das ist tief in mir drin die Motivation. Jeder macht dann halt wieder andere Fehler. Gottseidank, sonst könnten wir nichts lernen. Und das wäre doch extrem langweilig! Doch im Gegensatz zur Industrie zeige ich nachvollziehbar, wie ich es mit meinem Vermögen mache. Sei es das «Wetterfeste robuste permanente Portfolio der GSAG» oder die Resultate aus der «Forschungs- und Entwicklungsabteilung». Ich halte mich an Konfuzius, der sinngemäss meint:

«Der Mensch hat dreierlei Wege, klug zu handeln: durch Nachdenken, das ist der edelste – durch Nachahmen, das ist der einfachste – durch eigene Erfahrung, das ist der bitterste.»

Wieso wird das so selten bis nie angeboten? Ignorieren und Verdrängen sind die schlechtesten Ratgeber und gleichzeitig die häufigsten Fehler. Problemen wird aus dem Weg gegangen, anstatt sie zu lösen. Sie werden in die Zukunft verschoben. Ein häufiges und «anerkanntes» Grundprinzip: von der Person zur Familie, zum Mitarbeiter oder der Organisation. Alles ist dabei: Wirtschaft, öffentliche Hand, Nonprofitunternehmen. Dieses Verhalten und diese Phänomene werden weltweit praktiziert. Aber die Beratergilde der Finanzindustrie liebt diesen Zustand, denn das sichert Aufträge und Honorar.

Wieso ist es in der Dienstleistungsindustrie nach wie vor verpönt, Kostentransparenz herzustellen? Wer ein Produkt herstellt, muss bis auf den letzten Rappen die anfallenden Kosten berechnen, um den optimalen Verkaufspreis festzulegen. Wer mit Geld arbeitet, legt die Kosten gerne in Prozenten des Vermögens fest. Fixpreise sind nach wie vor eher die Ausnahme und oft nur mit zwei- bis dreistelligen Millionen-Vermögen möglich. Ein Umstand, der für mich stossend ist.

Die unverschämt hohen Einnahmen motivieren die wenigsten Menschen. Frederick Herzberg hat seine Zwei-Faktoren-Theorie. Die bestätigt nach wie vor, dass übersetzte Boni und Löhne in die Sackgasse führen. Herzberg ist der Meinung, dass es eine Kombination von Hygiene und Motivation braucht. Denn erst daraus können sich verschiedene mögliche Situationen ergeben, die leistungsfördernd wirken. Übersetzte Löhne und Boni bergen destruktive Elemente, die wiederkehrend erhebliche Schäden anrichten – Swisslife, Zurich, General Motors, UBS, CS, VW…

Diese ungünstigen Auslöser führen dazu, dass ich mein künftiges Entschädigungs-, Arbeits- und Lebensmodell umstelle und der Zukunft anpasse. Heute, in der Gegenwart, nehme ich Einkommensverzichte in Kauf und finanziere die Lücke mit einem Vermögensverzehr, um später in der Zukunft weniger Schwierigkeiten zu haben. So wie meistens in meinem Leben, bin ich wohl einmal mehr zu früh mit diesem Anliegen, indem ich mein Wissen und meine benutzten Strukturen inklusive Nachweis meinen Lesern und potenziellen Kunden, dem Mittelstand, zur Verfügung stelle. Wer das Portfolio «für jede Wetterlage» übernimmt, beginnt, seine Eigenverantwortung für die eigenen Finanzen wahrzunehmen und mit einer effizienten, langfristigen Anlagestrategie umzusetzen. Er leistet einen Beitrag für weniger Einnahmen der

Banken und erhöht den Druck auf die Kosten und damit indirekt auf die übersetzten Löhne. Gleichzeitig ist das ein erster Schritt, dem Finanzanalphabetismus den Garaus zu machen. Es gibt viele mögliche Wege, nur kann ich heute keinen anderen erkennen, der dem Laien wirklich hilft und ihn unterstützt. Deshalb stelle ich meine Einsichten aus 33 Jahren Finanzindustrie auf höchster Ebene den Lesern, Abonnenten und Besuchern meiner Veranstaltungen zur Verfügung. Die vermittelten Einsichten sollen den Einzelnen vor Fehlern und Verlusten schützen. Fehler führen zu Verlust. Verlust führt zu Mehrarbeit. Mehrarbeit geht zu Lasten Lebenszeit. Verluste verführen zu oft zu höheren Anlagerisiken, um schneller aufzuholen, was letztlich zu noch mehr Verlusten führt. Vorteilhafter ist es, Einsichten, Verhalten und Strukturen der Reichen selbst nutzen.

Die von mir erwünschte Änderung der Entschädigung basiert auf einem komplett neuen Vorgehen und Lebensmodell. Mein Einkommen wird sich zusammensetzen aus Einnahmen von Abonnementen der beiden Lösungen. Um ein gutes und glückliches Leben zu haben, will ich mehr von dem machen, was mir Freude macht. Dazu schaffe ich mir ein soziales Umfeld, in dem Ernährung und Bewegung eine grössere Rolle spielen als heute. Das verstärke ich, indem ich und meine Partnerin unseren Wohnsitz nach Georgien verlegen. Georgien sieht aus wie die Schweiz «in gross». Mit Meer und mediterranem Klima und 1 ½ Mal so gross, aber nur 3.5 Mio. Einwohnern. Dazu kommen fruchtbare Böden und eine der vielfältigsten und urchigsten Küchen, die mir je begegnet sind. Und ich habe Vieles weltweit ausprobiert auf meinen Reisen zu Wasser und zu Lande. In Georgien glaube ich, die besten Voraussetzungen zu haben für unbehandelte Lebensmittel. Lebensmittel mit den besten Aromen und uralten Rezepten stellen meine Gesundheit eher sicher, als das in der Schweiz möglich ist. Gleichzeitig kommen dort viel weniger Mikroteile von Plastik in meinen Körper. Die Aromen der Früchte, Gemüse, diversen Fleischsorten, Milchprodukte, Wein etc. sind unvorstellbar köstlich. Nicht umsonst – und das haben wir (Regina und ich) aber erst dort erfahren – stammen die Haselnüsse der Traditionsmarke Ragusa zum Teil aus Georgien. Dazu kommt, dass die Lebensmittelindustrie in der archaischen Küche Georgiens fast gänzlich fehlt. In den drei Zentren Batumi, Kutaissi und Tiflis werden erst langsam die Gastrobetriebe mit viel Süsse, Säure und Kohlenhydraten sichtbar. Ausserhalb dieser Zentren ist die Küche nach wie vor sehr ursprünglich, was sicher auch mit der Armut zu tun hat. Dazu kommen in Georgien eine geringere Gesetzes- und Reglementierungsflut, mildere Steuerlast, tiefere Lebenshaltungskosten, vernünftigere Preise für Grundstücke und beeindruckend hilfsbereite wie lebensfrohe Menschen. Wenn Georgien zu Europa zählen würde, wäre es das zweitfreundlichste Land für Unternehmer nach Dänemark. Übrigens: weltweit steht Georgien an 6. Stelle, was Sicherheit betrifft. Wir sind der Meinung, dort mit unseren Kompetenzen mehr bewirken zu können als in der Schweiz.

Wir werden jedes Quartal knapp eine Woche in der Schweiz weilen, denn die Firma, die Gerold Schlegel AG bleibt aktiv. Jedes Quartal werde ich berichten und Veranstaltungen durchführen. Sei es, wie der Stand und die Entwicklung der Geldanlagen sind, oder seien es Themen rund um die Entwicklung des Lebens und meiner Gesundheit. Denn die Integration von täglicher natürlicher Bewegung hat eine hohe Priorität. Die Veränderung wird über das Schreiben meiner Erfahrungen und darüber, wie sich das gute Leben anfühlt und finanzieren lässt, für jeden nachvollziehbar und rückverfolgbar. Dabei nutze ich Verhalten und Strukturen der Eliten, der Reichen und der neuen Generation, der digitalen Nomaden. Gleichzeitig erbringe ich externe Nachweise, wie ich das tue. Seien es soziale Beziehungen, Gesundheit oder Finanzen. Die quartalsweisen Anlässe in Rubigen sind Möglichkeiten, Neues zu erfahren zu den Themen rund um ein glückliches und gutes Leben mit den drei Säulen der sozialen Beziehungen, der Gesundheit, der Finanzen sowie der Haltung und Denkweise als Fundament. Die gewählte Struktur, quartalsweise in der Schweiz zu sein, stellt sicher, hierzulande nicht steuerpflichtig zu werden. Dazu darf ich mich 30 Tage in der Schweiz aufhalten, um zu arbeiten oder 180 Tage, ohne einer beruflichen Tätigkeit nachzugehen. Wie ich mir ein gutes, glückliches Leben vorstelle und die Ergebnisse dazu sind in jedem Quartal ein Thema.

«Deine Sache» steht in der lateinischen Übersetzung auch für eine Pflicht und heisst «Tuum est». Denn für ein gutes und glückliches Leben bin ich selbst verantwortlich. Willkommen Eigenverantwortung! Bitte nicht wegspringen. Dies zu lernen ist viel einfacher als gedacht, wenn der Experte – als den bezeichne ich mich – seine eingesetzten Strukturen und Verhalten nachvollziehbar öffentlich macht. Ich zeige, wie ich es von der Lebensgestaltung über den Lebensmittelpunkt und von den Tätigkeiten bis hin zur Bewirtschaftung meiner Vermögenswerte für mich löse.

Sicher ist es zu Beginn ungewohnt, eventuell sogar teilweise unverständlich. Deshalb werden anstelle der für Laien oft schwierigen Fachsprache die Analogien zur Küche eingesetzt. Doch in diesem Kapitel lässt sich nicht vermeiden, die Geldanlage und die für mich wichtigsten Funktionen von Anlagen zu thematisieren. Hier, in diesem Buch und in diesem Kapitel ist alles begrenzt auf die Funktion der Anlage. Dem Anleger hilft es, sich für ein besseres Verständnis das Verhalten in unterschiedlichen Jahreszeiten anzuschauen und diese mit den unterschiedlichen Phasen der Wirtschaft zu vergleichen. Denn wer geht in Sommersachen im Winter Skilaufen oder im Sommer in Wintersachen an den Strand? Unvorstellbar. Ganz anders dagegen bei der Geldanlage. Da werden die angemessenen Kleider der Jahreszeiten, also der Wirtschaftsphasen ignoriert.

Die Zyklen der Generationen mit ihren veränderten Bedürfnissen und unterschiedlichen Verhalten haben ebenso Einfluss auf die Geldanlage. Veränderungen gehen so langsam vor sich, dass sie oftmals nicht wahrnehmbar sind und erst im Nachhinein – im Schadenfall – ins Gedächtnis gerufen werden. Sie sind heute genauso wenig ein Thema. Ich gehe davon aus, dass dies aus Unkenntnis geschieht und nicht, weil es verschwiegen werden soll. Die wenigsten Berater aus der Finanz- und Wirtschaftsindustrie beachten diese Zyklen und die ablaufenden Veränderungen. Vielleicht deckt der mediale Lärm, die Anreizsysteme der Finanzindustrie und die immer mehr überbordende Komplexität mit ihren englischen Fachausdrücken das alles zu? Oder schlimmer: sie, die Finanzindustrie-Experten gehen von einem Szenario aus, das Mitte der 80er Jahre begann. Denn ab diesem Zeitpunkt war Anlageberatung einfach. Das kann ich heute erkennen aus der rückwärtigen Perspektive und der gemachten Erfahrung in den letzten 33 Jahren in der Finanzindustrie. Damals war der Beginn der sinkenden Zinsen und der steigenden Schulden. Doch jetzt befinden wir uns in einer komplett neuen und noch viel verrückteren Welt. Diese Welt, in die wir jetzt mit der Corona-Krise eintreten, hat noch nie ein Mensch zuvor gesehen. Was der Bundesrat im März 2020 mit Darlehen für Unternehmen losgetreten hat, ist in den Konsequenzen nicht absehbar für den Laien. Die Zentralbanken der Welt inklusive der Schweizer Nationalbank verschärfen das Ganze. Sie kaufen alles, was auf dem Kapitalmarkt zu kaufen ist, seien es nun Aktien oder Obligationen. Die Mehrheit der Weltbürger realisiert noch nicht, dass 2008 erstmals eine riesige Umverteilung von der Mehrheit zur Minderheit stattgefunden hat. Was jetzt ab März 2020 passiert, verschlägt mir den Atem und ist an Unverfrorenheit kaum noch zu schlagen. Die Profiteure der letzten 12 Jahre erhalten einmal mehr das ganze Stück des Kuchens und die Ausgebeuteten, die Mehrheit, die Brosamen.

Wer mehr Details wissen will, kann selbst viel Lebenszeit aufwenden mit der Suche nach der optimalen Literatur und Ausbildung. Die Lebenszeit ist ein kostbares Gut und entsprechend sorgsam gehe ich mit dem Aufwand, dieses Buch zu lesen, um. Hier finden die Leser die Essenz aus einem prallen Leben mit entsprechenden Erfahrungen und bereits bezahltem Lehrgeld. Das bedeutet, dass der Leser im Schnellverfahren an die Essenz kommt, ohne Lehrgeld bezahlen zu müssen. Wieso macht das die Finanzindustrie nicht? Fürchten sie um ihre übersetzten Margen? Oder schafft ihnen einfach das Geheimnis in die Hände? All diesen Fragen müssen wir uns gar nicht mehr stellen. Es reicht, einfach einen anderen Weg zu gehen. Ich kann weder Politik, Wirtschaft noch sonstige Machenschaften verändern, also stecke ich meine Energie dorthin, wo es mir nützt. Wie schütze ich mich vor dieser gigantischen Vermögensverschiebung und was hilft mir, ein gutes, glückliches Leben zu haben?

Was sicher bleibt und helfen würde, ist die Neugier und der Antrieb, etwas zu wagen. Wer mehr ausprobiert, zum Beispiel in der Küche und wagt, dem gelingt, umso mehr, je mehr Fehler passieren. Einsichten basieren auf guten und schlechten Erfahrungen. Je mehr ich trainiere, umso stärker werden meine Fähigkeiten. So kann ich im Unterbewusstsein eine Erfahrung hinterlegen, die mich mehr wagen lässt. Was wiederum in anderen Bereichen der Vorteil der Leser ist. Hilfreich ist, wenn der betroffene Mensch sich die Zeit für Reflexion im Rahmen der Optimierung nimmt. Nur so lassen sich gewonnene Einsichten aus der Erfahrung integrieren. In dem Sinne mache ich meine Erfahrungen mit reichen Menschen der Schweiz für den Mittelstand zugänglich. Denn solange der Mittelstand sich missbrauchen lässt, anstatt den Missbrauch zu stoppen, solange wird der Mittelstand der Dumme sein. Jede Partei ist bei Abstimmungen auf den Mittelstand angewiesen, um zu gewinnen. Egal ob Wirtschaft, Partei oder Eidgenossenschaft, Kirche, Bank, Versicherung etc. Alle Organisationen haben die Eigenart, den Mittelstand zu missbrauchen, sei es mit zu hohen Preisen, leeren Versprechungen und Angstmacherei bei Abstimmungen oder zu hohen Abgaben. Die Kirche deshalb, weil ich nach wie vor als Unternehmer Kirchensteuer bezahle, obwohl ich seit Jahrzehnten ausgetreten bin. Unabhängig, in welchem Lebensabschnitt sich die Leser befinden: ohne Mittelstand würde in der Schweiz herzlich wenig möglich sein. Deshalb gilt es, dem Sorge zu tragen. Neue Wege zu gehen ist die Chance.

Wirtschaften mit den Ressourcen von Arbeit, Zeit und Geld ist viel mehr, als uns Experten weismachen wollen Trotzdem ist es ein stiefmütterlich behandeltes Kind. Das menschliche Verhalten mit den unterschiedlichsten Prägungen und Erfahrungen aus Erziehung, Schule, Beruf, Sport und Beziehung bleibt genauso auf der Strecke, wie der Einfluss der Werbung und die Wirkung von Mehrheiten. Die Fehlkonstruktion des Menschen liegt darin, das als richtig zu erkennen, was die Mehrheit macht und tut. Während der Corona-Epidemie war das gut erkennbar beim Kauf von WC-Papier. Dabei nutzt die Mehrheit der Menschen Wasser, um den Hintern zu reinigen. Trotzdem wurde WC-Papier gehamstert, frei nach dem Motto: «wenn die das nehmen, muss das wichtig sein, dann mach ich das auch.» Egal ob als Single, im Konkubinat, in der Ehe und der Familie oder auf der Arbeitsstelle: alles dreht sich am Ende um Menschen und ihr Verhalten. Die Geldanlage zu betreiben, ohne den Menschen und sein Verhalten zu beachten, ist Unfug. Trotzdem macht es eine Mehrheit.

Viele leiden unter «Burnout», dabei ist ihnen schlicht nur die Sinnhaftigkeit der täglichen Arbeit abhandengekommen. Sinn finden und erhalten ist heute rar. Wenn die Mehrheit das könnte, würden die Umsätze für Psychopharmaka einbrechen.

Der Einkauf ist ein anderer Ort der Übervorteilung und Manipulation. Jeder weiss es und doch schützen sich die wenigsten davor. Am besten ist es erkennbar mit der wissenschaftlich längst belegten Tatsache der fehlerhaften Neigung beim Wahrnehmen, Erinnern, Denken und Entscheiden des Menschen. Der Visualcapitalist.com hat dazu 50 Vorgänge auf seiner Homepage aufgeführt (50 Cognitive Biases in the Modern World), die uns immer wieder stolpern lassen. Die Darstellung ist sicher nur ein Ausschnitt. Doch die

Grundstrukturen und Grundüberlegungen machen es verständlich und sind es Wert zu beachten.

Das grösste Risiko des Lebens ist das ungelebte Risiko

Die Angst vor dem Risiko und das steigende Sicherheitsbedürfnis im Alter führen direkt und ohne Umwege zum grössten Risiko und somit auch Schaden. Das gefährlichste Leben, dass jemand heute führen kann, ist es, ein überschaubares Leben zu führen, in dem ausschliesslich vernünftige Risiken eingegangen werden, die überschaubar sind. Wer Angst ausweicht, anstatt mit Zuversicht in die Zukunft zu schreiten, bestiehlt sich selbst um ein erfülltes Leben.

Je mehr das Risiko im Leben gemieden wird, umso mehr wird das Leben zum Risiko. Risikovermeidung hat eine Potenzierung von Risiken zur Folge. Daher macht es mehr Sinn, anstatt über entgangene Chancen nachzudenken und zu trauern, die künftigen Chancen zu beachten. Harald Kriegel, leider viel zu früh im Jahr 2018 verstorben, fuhr 13 Jahre lang mit dem Seitenwagen um die Welt. Es lohnt sich, die Berichte, den «Blabla Blog» und die Fotos auf «thetimelessride.com» zu Gemüte zu führen. Auf seiner Homepage ist vieles zu finden, doch das für mich Eindrücklichste waren seine Reisen in die Mongolei und an den Baikalsee im Winter. Auf dem «Blabla Blog» finden sich viele differenzierte Kommentare zum Leben und zu dem, was er erlebte. Die ganze Palette von Besinnlichkeit, Trauer, Freude, Zufällen, Einsamkeit, Glückseligkeit, Abenteuer, berührenden Momenten und vieles anderes mehr.

Sein wichtigstes Prinzip, das er im Jahr 2017 den Besuchern eines Anlasses der Gerold Schlegel AG auf den Weg gab: *Hast du heute schon ein Risiko genommen?*

Er betrachtete den Entscheid, im Jahr 2005 alles zu verkaufen und auf Reisen zu gehen, als den besten seines Lebens. Grundlage für sein Entscheid war die Frage: Was habe ich mit 65 Jahren, wenn ich weiterarbeite oder was habe ich jetzt, wenn ich alles verkaufe und reise? Er hat sich für kein Geld und viele Erfahrungen entschieden. Weiterzuarbeiten und mit 65 Jahren auch zu wenig Geld zu haben war keine Alternative für ihn. Hubert Kriegel hat mich geweckt und beflügelt, meinen Weg zu gehen und meine Sehnsüchte zu stillen.

Hyman Minsky war ein grosser Forscher und Ökonom, der sein ganzes Leben lang, weil völlig verkannt, eine Randerscheinung blieb. Gänzlich unbekannt in der Öffentlichkeit und Finanzindustrie – bis zum August 2007. Sicher ab dem Zeitpunkt, zu dem der Nobelpreisträger Paul Krugman Minsky an der Preisverleihung 2008 zitierte. Der Ablauf der Finanzkrise, die im August 2007 begann, ist wie das Drehbuch von Minsky. In seinen Schriften und Theorien zu Risiken sind erschreckende Parallelen zu den Vorfällen von 2007/2008 zu finden Die Theorie von Hyman Minsky ist, dass vermeintliche Stabilität über kurz oder lang Instabilität auslöst. Er befasste sich mit der Rolle und dem Einfluss des Finanzsektors in der Realwirtschaft. Lebenslang vertrat er die Haltung und Meinung, dass der Finanzsektor derart viel Einfluss auf die Realwirtschaft hat, dass ein Ausblenden dieses Sachverhaltes die vermeintliche Sicherheit durch Kontrollen und Aufsicht ad absurdum führen würde. Risikovermeidung führt immer zu Risikosteigerung und höheren Schäden. Wenn ich die Rechtsabteilung mit dem Namen «Compliance» ins Auge fasse, kann ich klar erkennen, dass die nichts nützt, um Schäden und Bussen wegen zu hoher eingegangener Risiken der Banken zu verhindern.

Die heute eingesetzten Methoden des Risikomanagements und die Finanztheorie rund um die Geldanlage können den Faktor Mensch nicht ausschliessen: Die Gier nach mehr und die darauffolgende Instabilität ist im Kern der Grundmechanismus, den Minsky aufgedeckt hat.

Für mich bedeutet dies, mit dem Risiko umgehen zu lernen. Damit zu leben, ist eine der wichtigsten Lebensaufgaben. «*Stabilität führt zu Instabilität. Je stabiler die Dinge werden und je länger sie stabil sind, desto instabiler werden sie sein, wenn die Krise eintritt*» (Hyman Minsky). Dieses Zitat ist mein Favorit und löst immer wieder eine Gänsehaut aus. Es gilt für das Leben im Generellen und auch für die Geldanlage.

Mario Andretti, der begnadete Formel-1-Fahrer, bringt diesen Aspekt mit seinem Zitat im Original auf den Punkt: «*If everything seems under control you're just not going fast enough*». (Wenn die Dinge unter Kontrolle scheinen, bist du einfach nicht schnell genug.) Oder anders: Schwierigkeiten sind ein Teil, um das eigene Können zu verbessern oder Neues zu entdecken.

Nicht viele Schweizer kennen den Namen Felix Somary. Den Menschen, die den zweiten Weltkrieg erlebt haben oder in der Schule und Universität

Geschichte vermitteln sollte er bekannt sein. Er hat nichts weniger als die Versorgung der Schweiz mit Lebensmitteln im zweiten Weltkrieg sichergestellt. Nirgends in den Geschichtsbüchern taucht der Name auf. Felix Somary war unabhängig und hat viele Minister, Wirtschaftsköpfe und Unternehmer mit seinem Rat und seiner Tat unterstützt. Die Bank Rothschild gäbe es ohne Felix Somary in dieser Form wahrscheinlich nicht. Er half und setzte sich mit allen seinen Beziehungen ein, wenn er etwas als wichtig und nützlich betrachtet hat. Seine finanzielle Unabhängigkeit hat es ihm erlaubt, die Angebote anzunehmen, die sein ganzes Können erforderten und die ihm Freude machten.

Spannend ist, was Otto von Habsburg am 8. Dezember 1959 an die Schwester schrieb, nachdem das Buch «Erinnerungen aus meinem Leben – Felix Somary» herauskam: «*Was Felix geschrieben und gedacht hat, wird noch viele kommende Generationen von Denkern beeinflussen.*»

In der zweiten Ausgabe von 2013 hat Tobias Straumann das Vorwort geschrieben und schliesst mit den Worten: «*Diese Zeilen wurden vor 80 Jahren geschrieben, aber könnten nicht aktueller sein... ein unbestechlicher Beobachter des Weltgeschehens... bis heute ein inspirierender Beobachter und Denker...*»

Felix Somary war ein Experte darin, das Wesentliche vom Nebensächlichen zu unterscheiden. Er nutzte anstatt eines Gebetes zur Meditation ein Symbolon, welches Kopernikus zugeschrieben wird. Die Bedeutung von Symbolon ist: jedes Wort und Zeichen möchte auf etwas Dahinterliegendes aufmerksam machen und an etwas Tieferliegendes erinnern. Etwas, was nicht mehr rational erklärbar ist. Sein wuchtig gesprochenes Gebet war für Somary besser als jede theologische Aussage. Dabei war es Ziel, das Vergangene aus einer Erinnerung in die Gegenwart zu transportieren. Gegenwart, und nicht in die Zukunft. Also ins Hier und Jetzt. Das bedingt, mit sich selbst im Klaren und in Kontakt zu sein. Kontakt zu der eigenen Seele zu haben. Allen Lärm, Geschrei, Verwirrungen ausblenden. Das schaffte Felix Somary mit diesem Gebet, doch für mich ist es eher eine Affirmation der besonderen Art. Denn persönliche Anteile sind öfters Emotionen und verhindern geschickte Lösungen. Dieses Gebet oder Glaubenssätze wecken alle Sensoren und Intuition. Mit dieser Sinnhaftigkeit kann ich sicher das Wichtige vom Unwesentlichen unterscheiden.

Lateinisch:

Non parem Pauli, gratiam requiro. Veniam Petri neque posco, sed quam. In crucis ligno dederas latroni. Sedulus oro.

Übersetzt heisst das: Nicht fordere ich die Gunst, wie sie Paulus zuteilwurde, noch die Verzeihung, die Petrus erhielt, sondern bitte nur um die Gnade, die du einst dem Schächer gespendet hast.

Gerd Gigerenzer hat ein für mich wichtiges Buch zum Thema Risiko geschrieben: «Risiko – Wie man die richtigen Entscheidungen trifft». Was mir daraus wichtig geworden ist, sind einige wesentliche Kernaussagen, die ich hier aufführe:

- In einer ungewissen Welt müssen wir lernen, mit einer guten Wahl zu leben und den Gedanken ertragen, dass es da draussen vielleicht noch etwas Besseres gibt – *Weniger Vergleichen hilft*
- Risiko = Wenn die Risiken bekannt sind, verlangen gute Entscheidungen logisches und statistisches Denken – *je kleiner die Auswahl, umso glücklicher bin ich mit der Wahl*
- Ungewissheit = Wenn einige Risiken unbekannt sind, verlangen gute Entscheidungen auch Intuition und kluge Faustregeln – *Je mehr Erfahrung aus dem Tun, umso realistischer*
- Die Suche nach der Gewissheit ist das grösste Hindernis auf dem Weg zur Risikokompetenz – *Vier Wirtschaftszyklen machen risikokompetenter*
- Wir müssen durch Misslingen lernen, oder es wird uns misslingen zu lernen – *Selbst machen; die Küche ist das Trainingslager*

In all den Jahren ist mir immer mehr gelungen, wenn ich mich der Unbequemlichkeit freiwillig ausgesetzt und mir selbst in den Hintern getreten habe. Je länger ich mich hingegen der Bequemlichkeit hingab, umso grösser waren meine Leiden, Nachteile, Lehren, Kosten und Schmerzen. Häufig, wenn ich mich auf einen unbekannten Namen und eine neue Technik, Produkt etc. einlasse, sind meine Erfahrungen und Risiken vermeintlich höher. Meine Erfahrung ist: je unbekannter und kleiner die Firma, umso besser waren Service und die Qualität. Je grösser und je bekannter, umso mehr Ärger hatte ich. Wer sich hingegen auf das Unbekannte einlässt, hat den Autopiloten ausgeschaltet - im übertragenen Sinn. Die innere Aufmerksamkeit ist um ein Vielfaches grösser und deshalb wird selbst gesteuert. Am Steuerrad bekomme ich viel mehr von dem mit, was auf der Strasse, auf dem Meer oder in der Luft abgeht. Gleichzeitig habe ich in der Regel bei kleinen Lieferantenfirmen mehr erhalten als ich bezahlt habe. Bei grossen Firmen habe ich das äusserst selten erlebt. Die Wahl der Kleinen hat sich für mich gelohnt. Und deshalb beachte ich das Prinzip von handverlesenen, feinen und kleinen Lieferanten, egal ob in der Küche, bei der Geldanlage, bei Steuern, Immobilien, Gericht, Recht, Wirtschaft etc. Am Ende machen langfristige Beziehungen mehr Freude. Doch auch da gibt es Widersprüche, denn für die Abwicklung meiner Bankgeschäfte benutze und schätze ich die Infrastruktur der Grossbanken, zum Beispiel im Bereich der IT.

Und das gute und glückliche Leben bestätigt das Ganze: soziale Beziehungen sind eine tragende Säule davon. Dazu will ich noch ergänzen, dass mein Einfluss bei Fehlern und Schwierigkeiten bei kleinen Firmen mehr Wirkung erzielt als bei Grossunternehmen. Es sei denn, ich komme als «Superkunde» zur Grossbank. Mit der Bildung einer Gruppe, die als «Superkunde» auftreten kann, will ich Einfluss nehmen können, zum Beispiel auf die Kosten.

Wir sind nett und sympathisch: Dramadreiecke

In den früheren Kapiteln war oft vom Einkauf und von Projektleitungen die Rede. Die Zusammenarbeit mit Vermögensverwaltern und dem vermögenden Kunden war bisher wenig zur Sprache gekommen. Genau so wenig davon, welche Wirkungen die Komplikationen meiner Strukturen und das Beschreiten eines eigenen Weges abseits der Mehrheit auslöste. In einem Wort – Auseinandersetzung. Unbequeme bis sehr unangenehme Situationen. Das Unbequeme aushalten zu lernen, ist eine andere Geschichte. Das macht oft einsam und angreifbar.

Gleich kurz nach Beginn der Zusammenarbeit war die Gefährlichkeit von Dreiecken bei Personenkonstellationen auf dem Tisch. Für mich war das seinerzeit neu. Ich hatte nie davon gehört. In einem Dreieck nehmen die beteiligten Personen die Positionen von Täter, Opfer und Retter ein und können diese im Verlaufe des Prozesses tauschen. Das «Drama-Dreieck» beginnt sich zu drehen. Mit offenem Mund, aufgesperrten Augen habe ich hingehört und gestaunt. Eine der ersten Erfahrung damit war ein einziger Frust und nur entwertend. Es ging um eine Investition in eine Firma, die eine neue Behandlungen anbot. Derjenige, der das Täter-Opfer-Retter-Spiel auslöste, war ausgebildeter Psychologe und benötigte dringend die Geldmittel für seine Firma. Von der Interessenseite kann ich das Vorgehen verstehen und nachvollziehen. Dafür, als Fachmann der Psychologie diese destruktive und mächtige Struktur bewusst einzusetzen, habe ich kein Verständnis. Das war Manipulation der schlimmsten Art.

Um Risikokapital oder Geld in Neugründungen und neue Methoden zu investieren, sind viele Vorleistungen und Abklärungen notwendig. Diese setzen sich aus weichen Fakten und harten Fakten zusammen. Das erst ermöglicht es, die Erfolgschancen einzuschätzen. Nach dem Studium der Geschäftspläne und Dokumentationen war ein Besuch vor Ort nötig. Da sollte es um die Höhe der Aktienquote in der Firma gehen und um den Aktienpreis. Das Resultat war niederschmetternd und wenig erfreulich. Probleme sofort zu lösen, kann auch ein Nachteil sein, denn damals gab ich dem betroffenen Unternehmer viel zu früh bekannt, kein Geld zu investieren. Die Preisgestaltung der Aktie war schlicht unrealistisch und somit nicht machbar. Auffällige Punkte, die ins Auge stachen: «klotzen nicht kleckern», grosszügige Bürofläche mit hochwertiger Einrichtung, Designmöbeln, Porschefahrer, Höchstpreis für die Aktie obwohl dem nur sehr geringe Einnahmen gegenüberstanden. Visitenkarten, Homepage, Firmendokumentation waren alles vom Feinsten. Viel Schein und Geldverschwendung. Mein Entscheid war ein deutliches «Nein».

Der Neuunternehmer kannte den Geldgeber persönlich und nahm direkt mit ihm Kontakt auf. Da er aus dem Umfeld des Kunden stammt, verfügte er über die Telefonnummer. So erreichte er nach meiner Absage einen zusätzlichen Termin. An diesem Gespräch nahm der Neuunternehmer-Psychologe, der Investor/Kunde und ich als Projektleiter und Überbringer schlechter Nachrichten teil. Das war der einzige gemeinsame Termin mit dem Kunden in all den Jahren der Zusammenarbeit, wenn es um Investitionen, Sanierungen oder salopp gesagt, um Geld ging. Die Erfahrung mit dem Psychologen war nachhaltig genug.

Die Gesprächskonstellation war der Beginn des Dreiecks. Vor dem Gespräch trafen der Kunde und ich eine Vereinbarung darüber, wer das Gespräch eröffnet und leitet. Damit funktional gearbeitet werden konnte, war der Fokus klar: ich bin in der Funktion Projektleiter. Damit verbunden ist

Kompetenz, Expertentum, Entscheidungshoheit. Das heisst, der Projektleiter ist der Auftraggeber. Somit leite ich das Gespräch. Der Kunde ist in der Funktion Mitarbeiter (Ausführung, Arbeit, Auftragsnehmer) anwesend. Doch zuerst einmal hat der Ort des Gespräches eine Leitung von meiner Seite schlicht nicht zugelassen. Das Gespräch fand am Firmensitz des Neuunternehmers und Psychologen statt. Ein Kardinalfehler, wie ich heute weiss und nie mehr zulassen würde. Der Psychologe hat so schnell das Dreieck eröffnet, dass bei mir wie beim Kunden die Dysfunktionalität das Gespräch übernahm. Die Gefühle und perfiden persönlichen Angriffe liessen mich zum Opfer und zum Täter und Retter werden. Und das in einer Geschwindigkeit, der ich nicht mehr folgen konnte. Dasselbe geschah mit meinem Kunden. Der Psychologe erkannte seine Chance und beschwerte sich beim Kunden über mein unverschämtes Verhalten. Das sei eine Beleidigung seiner Arbeit und Fähigkeiten. Wenn der Druck auf meine Person abnahm wurde ein neues Kaninchen aus dem Hut gezaubert. Dann wurde mit persönlichen Angriffen auf den Kunden gezielt. Kurz: wir wurden beide in einer Weise vorgeführt, wie mir das später nie mehr passieren sollte. Die anschliessenden 3 Stunden Zugfahrt halfen mir, mich zu sortieren. Dieser Vorfall war das Fundament für das künftige Vorgehen im Auftrag des Kunden: Einzelunterschrift und/oder Vollmacht. Das Reflektieren dieses Vorganges war der grösste Fundus an Einsichten und Prinzipien, die ich als zentral erachte. Wer verhandelt muss die Macht haben!

Der Klassiker im Umgang mit Menschen und Organisationen ist das Drama-Dreieck: Opfer, Retter, Täter. Wer in diesem Dreieck gefangen ist, kann schneller den Hut Opfer/Retter/Täter anlegen, als das vis-a-vis reagieren kann. Davon ist jeder betroffen. So gehen die wirklichen Themen verloren und wechseln in der gleichen Lichtgeschwindigkeit wie die Hüte. Verbrannte Erde ist das was bleibt. Denn die Betroffenen werden entwertet, vorgeführt und anderes mehr. Heute ist es mehr Norm als die Ausnahme, mit dieser Opfer-Retter-Täter-Struktur in allen Bereichen zu arbeiten: Gespräche, Führungsfunktionen, Beziehungen von Kunden/Lieferanten, Projekten, Politik, Schule, Familien, Beziehungen. Alles tun, um nicht schuld zu sein.

In Paarbeziehungen sind Kind, Vater und Mutter die Beteiligten. Das hat jeder schon erlebt, wie das Kind die Eltern ausspielt. Das zu verhindern bedingt klaren Regeln und Disziplin. In der Wirtschaft ist das belastete Verhältnis wegen des Schweizerfrankens und des Euros ein Dreieck geworden:

Aufgaben der Nationalbank, Nutzniesser Export-Industrie und Tourismus, Betroffene sind die Schweizerbürger mit dem schwachem Schweizerfranken.

In der Politik läuft es viel perfider. Dort ist die Wiederwahl der dominante Antrieb. Wenn ich als Nationalrat Unpopuläres in Angriff nehme, was den Arbeitnehmer etwas kostet oder seine Leistungen reduziert, wird derjenige abgewählt, obwohl die Wiederwahl langfristig den Arbeitnehmern und Bürgern mehr dienen würde. Wieso nicht auf 10 Jahre wählen mit fixem Lohn ohne Nebeneinkünfte? So wäre weniger Wahlkampf während der Ausführung seiner Amtszeit.

Viele Sitzungen von Vereinen, Firmen, Arbeitsgruppen etc. sind so eingerichtet, dass derjenige, der zu spät kommt oder verhindert ist, egal ob kurzfristig oder langfristig bekannt, belohnt wird. Mindestens durch die erhöhte Aufmerksamkeit: ein Teilnehmer der Gruppe wird den Neuankömmling ins Bild setzen. Manchmal geht es sogar auch zurück an den Beginn der Themenliste. Diejenigen, die sich die Zeit reserviert haben und vor Ort sind, werden so bestraft. Der Organisator der Sitzung, die Teilnehmenden und die Fehlenden bilden das Dreieck. Diesen Vorgang bezeichne ich als Auszeichnung von Minderheiten. Doch landauf und landab machen viele mit. Eine idealere Lösung wäre es, das Verhalten zu korrigieren.

Wer abwesend ist, organisiert einen Ersatztermin, damit alle teilnehmen können. Das war eine Bedingung von mir: Sitzungen finden statt, wenn alle anwesend sind. Wer dann nachträglich mal einen Ersatztermin organisieren muss, wird sich das künftig überlegen. Das ist fast wie ein Flohzirkus: sehr lebendig und kaum zu fassen.

Überhaupt nicht witzig ist die Unart, wie Fluggesellschaften interne Arbeiten an Drittfirmen auslagern und damit weitere Dreiecke bauen. Die Hin- und Rückreise meines Fluges auf die Philippinen zu Weihnachten 2016 dauerte beinahe fünf Tage, anstelle von knapp zwei Tagen. Für mich war es eine der schlimmsten Flug- und Reiseerfahrungen. Wenn ich Geld spende, will ich wissen wohin und für welche Projekte das Geld eingesetzt wird. Ich spendete grosszügig für das Projekt von Jürg Wyss (e-startup.ch und estartup.ch): «Frauen unterstützen, schulen und begleiten», damit sie mit einem eigenen Geschäftsmodell ihr Einkommen erzielen können. Er beschaffte den Frauen die Infrastruktur anstelle eines Mikrokredites. Im Gegenzug mieteten die

Frauen das Material und die Einrichtungen. So war sichergestellt, bei einem Misserfolg einen Teil der eingesetzten Mittel zurückzuerhalten. Dazu hat er sich eine der ärmsten Gegenden im Süden der Insel Luzon ausgesucht. Der Ort heisst Donsol und ich wollte mir das Projekt anschauen, für das ich spendete. Heute ist er auf der Insel Negros Oriental tätig. Auch dort habe ich ihn bereits zweimal besucht.

Also flog ich auf die Philippinen. Geplant war eine Route via Hongkong, dann von Manila nach Legazpi. Von Legazpi würde es etwa zwei 2 Stunden mit einem Jeepney – Transportsystem auf den Philippinen – an den damaligen Wohnort von Jürg Wyss in Donsol gehen. So der Plan. Bis Hongkong war alles in bester Ordnung. Die Fluggesellschaft Cebu Pacific von Hongkong via Manila nach Legazpi und später zurück nach Hongkong dagegen ein Ärgernis in Reinkultur. Die Fluggesellschaft hat vom Flugpersonal, Check-in, Kundendienst, Gepäck, Unterhalt alle Tätigkeiten ausgelagert. Wer beim Einchecken nur 1 kg zu viel Gewicht beim Gepäck oder Handgepäck mit sich führte, bezahlt. Dazu gibt es einen separaten Schalter mit langen Warteschlangen, an dem die Zahlung gemacht werden kann. Inzwischen verpassten viele deswegen ihren Anschluss. Ab Hongkong und bei der Rückreise zurück bis Hongkong ging praktisch alles schief. Flugausfälle, technische Pannen und Verzögerungen von bis zu 9 Stunden waren die Regel. Garantieansprüche oder Kosten geltend zu machen für Unterkunft und Essen waren ein hoffnungsloses Unterfangen. An jedem Schalter identische Aussagen: «Wir sind nicht schuld. Da müssen sie direkt an die Fluggesellschaft gelangen, wir sind kein Teil dieses Flugunternehmens!» Das perfekte Dreieck und nur die hartnäckigsten Kunden erhalten etwas. Noch dazu ein effizientes Dreieck zum Schaden der Kunden. Achten Sie selbst einmal auf Ihre Erfahrungen als Kunde! Ich bin überzeugt, dass bei Unstimmigkeiten dieses Dreieckspiel zum Tragen kam: Opfer – Retter – Täter.

Dasselbe erlebe ich heute immer wieder bei Konto, Bankeröffnungen, beim Notar, Steuerbehörde, Treuhänder – keine Branche ist ausgeschlossen. Termintreue und reibungslose Abläufe bei Standardprozessen sind eher die Ausnahme. Verzögerungen und Abweichungen dagegen sind die Regel, inklusive Tausch der Position auf dem Drama-Dreieck.

Ein anderes Prinzip erleben wir tagtäglich bei Firmen, die ihre Führung oder wichtige Stellen neu organisieren. Obwohl populär und beliebt, ist die Unart, zwei Menschen zur Führung einer Firma, Partei etc. einzusetzen schlicht Unsinn. Der Leser ahnt es: Dreiecke. Und keiner ist schuld, wenn etwas schief geht. Egal, vor Gericht kann ich mich nicht erinnern und leide unter Gedächtnisverlust.

Verdrehte Konsequenzen

Oft geht es auch darum, die Quote auszugleichen. Die Auswahl erfolgt über das Defizit oder das Minderheitenprinzip, anstatt über Fähigkeiten und Kompetenzen. Die Firmen, die Fähigkeiten und Kompetenz in den Vordergrund stellen, gehören zu den Raritäten. Der SC Bern hat mit der Wahl von Florence Schelling zur neuen Sportchefin genau das getan – die Frau ist kompetent und keine Defizitwahl. In Südafrika führte der Weg der Defizitwahl zum wirtschaftlichen Desaster. In der Minderheit sind in Südafrika Weisse. Jede Firma hat auf Führungsstufe einen Menschen mit afrikanischen Wurzeln zu beschäftigen. All die zugewanderten Weissen mit den Kompetenzen und Qualifikationen sind zweite oder dritte Wahl. Dieses Prinzip findet immer öfters auch in der Politik statt. Südafrika hat sich in den letzten 10 Jahren selbst demontiert und vieles ist desolater als 1985, egal wohin ich schaue: Strasse, Strom, Wasserversorgung, Kanalisation, Sicherheit, Bahn, Telefon. In Tansania herrscht ein ähnliches Bild. Erschwerend ist unterhalb des Äquators in Afrika das Verhalten, die eigene Familie und den eigenen Stamm zu bevorzugen. Zuerst kommen die Familie und der eigene Stamm. Deshalb sollten keine Spenden an Non-Profit-Unternehmen gemacht werden ausser, der Spender kennt die Betroffenen und hat einen Menschen vor Ort, der 10-30 Jahre lang das Projekt betreuen kann. Afrika ist kreativ und das Leeren von Honigtöpfen ist eine Kernkompetenz. Jahrzehntelange Erfahrung hat es möglich gemacht.

Die Ökonomin Dambisa Moyo mit Wurzeln in Sambia ist vehemente Gegnerin von Spenden und der Ansicht, dass die Länder Afrikas so nie lernen sich selbst zu helfen. Vor allem werden mit diesen Spenden die Kompetenzen der afrikanischen Bevölkerung mit Füssen getreten. Diese Meinung teile ich.

Trotzdem fördere ich zwei Schulprojekte in Tansania: Jacky Sweetberty ist die Tochter der Haushälterin von Toni Schwaller. Sie lebt im Haus von Toni und wird täglich von ihm in die Schule gebracht. Die Leistungen der Schule werden kontrolliert und die Ziele jährlich festgelegt. Bei einer möglichen Fehlentwicklung kann Toni sofort eingreifen. Er ist für mich der John Wayne von Arusha. Hart, gerecht und grosszügig. Für Jacky eine einmalige Chance, da sie sonst diese Ausbildung nie im Leben geniessen könnte. Toni Schwaller lebt schon seit 45 Jahren in Tansania. Diese Konstellation gibt mir die Sicherheit, dass mein gespendetes Geld etwas bewirkt. Auf meinem Blog geroldschegel.ch gibt es dazu einen Artikel: Entwicklungshilfe, die Erfolg verspricht.

Das zweite Projekt, das ich unterstütze, betrifft auch die Schulbildung, und zwar die von Namulok, der Tochter des Massai-Chefs Ole Pello Chief. Ole Pello muss jedes Mal Toni zu Hause in Arusha besuchen und die Rechnungen bringen. Aufgrund der Belege bezahlt Toni meine Mittel aus. Diese Sicherung ist für mich wichtig, damit dieses Geld bewirkt, wofür es gespendet ist. Bei beiden Spenden fallen keine Verwaltungskosten an. Das kann ich verantworten.

Weltweit werden Politiker gewählt, die ihre Arbeit so ausführen, dass einer Wiederwahl nichts im Wege steht. Denn das Prinzip ist weltweit erkennbar. Die Folgen: Scheinprobleme mit Marathonsitzungen, Sofortmassnahmen und anderes werden mit viel Theater scheinbar gelöst. Dabei werden Probleme konsequent in die Zukunft verschoben. Ist das jetzt die Regel oder doch ein ungeschriebenes Naturgesetz im Verhalten des Menschen? Oder wird das mit dem Konsum heute und dem Bezahlen in der Zukunft speziell trainiert? Denn Veränderungen in Gesellschaften sind schleichende Prozesse von zwanzig und mehr Jahren. Wenn wir die Millennium-Generation und Babyboomer betrachten, wird es erkennbar. Was den Millennials wichtig ist, spielt für Babyboomer eine viel kleinere Rolle und umgekehrt. Doch das veränderte Verhalten hat wenig Konsequenzen. Am Beispiel der Kryptowährungen, zum Beispiel Bitcoin, ist es offensichtlich. Millennials wollen etwas, bei dem der Staat nicht Einfluss nehmen und manipulieren kann. Babyboomer sind mehrheitlich Anhänger des Papiergeldes, bei dem alles erlaubt ist.

Politik ist lukrativ. In der Schweiz Nationalrat zu sein, katapultiert den oder die Betroffene in eine Einkommensklasse, die auf Augenhöhe mit Löhnen der bestbezahlten Geschäftsführer ist. Denn wer Politik als Arbeit betrachtet und in den Nationalrat gewählt wird, erhält einen sensationellen

Lohn mit einem 50-Prozent-Pensum. Die zusätzlichen Verbindungen, die sich in der Privatwirtschaft eröffnen, kommen dazu und können zu Geld gemacht werden. Ehemalige Bundesräte, Parteipräsidenten, Nationalräte, Ständeräte sind begehrte Trophäen in Verwaltungsräten und anderen Gremien. Charakterköpfe der früheren Jahre sind in der Politik und Wirtschaft selten geworden und eine aussterbende Spezies. Dafür ist das Sesselkleben populär in allen Erdteilen der Welt. Egal ob Europa, Russland, Afrika, Amerika, Asien, Australien, Südamerika, Mittelamerika, Jamaika oder Karibik etc., es werden immer mehr Präsidenten und Minister, die sich 10 Jahre und länger reich regieren, darunter viele in rohstoffreichen Ländern. So wie in Deutschland Helmut Kohl am Stuhl klebte, so klebt die Merkel heute am Stuhl. Die wirklichen Probleme wurden nie angegangen oder gar gelöst. Eine Brot-und-Spiele-Veranstaltung reihte sich an die andere. So wie der Populismus gewachsen ist, so nahm der Trend des Sozialismus zu. Das sind typische Ungleichgewichte, die überdehnt sind. Bei den Wahlen in den USA 2020 wird mit hoher Wahrscheinlichkeit der Populismus in Kombination mit dem Sozialismus gewinnen. Aus der Überdehnung entsteht eine Gegenreaktion.

Wie heute Probleme der Politik und Wirtschaft in der Schweiz gelöst werden, ist seit Februar 2020 bekannt. Das Image der Schweiz ist mit dem Vorgang innerhalb der Crypto AG und den Schnittstellen in höchste Regierungskreise den Bach runtergegangen. Doch das macht die Schweiz mit erstaunlicher Konsequenz. Mit Thomas Borer hat die erste Sammelklage zu «Nachrichtenlosen Vermögen», die mir bekannt ist, gegen die Schweiz begonnen. Im Sommer 1998 wurden die Banken verpflichtet, 1.2 Milliarden Franken zu zahlen. Wieviel davon Anwälte bezogen haben, die auf beiden Seiten berieten, kann ich mir vorstellen – viel. Das Fass zum Überlaufen gebracht hat der Nachtwächter Christoph Meili.

Die Aufgabe des Bankgeheimnisses in der Schweiz 10 Jahre später ist ein anderer schlechter Witz. Dabei war schon 1998 klar, dass das Bankgeheimnis langfristig keine Überlebenschance hat. Anders kann ich mir das kopflose Verhalten und der Bundesräte nicht erklären. Obwohl ich als Kurzsichtiger das Problem «Steuerhinterziehung/Bankgeheimnis» bereits 1998 am Horizont sehen konnte, sind weder Pläne noch Notfall Konzepte geschmiedet worden. Ich habe mich ab 2003 von allen meinen Kunden, die «vergessen hatten», Vermögenswerte zu deklarieren, getrennt. Nur wenn sie diese

Vermögenswerte nachmeldeten, blieben sie Kunden. Das schnelle Einknicken der Bundesräte spricht für sich. Die galoppierende Kavallerie aus Deutschland war unnötig.

Heute hat die USA das beste Bankgeheimnis und verfügt über die sicherste Steueroase der Welt. Wer in den USA (zum Beispiel in Delaware) über ein Bankkonto/-depot verfügt oder ein solches errichtet, ist so sicher wie in Abrahams Schoss. Die USA haben, nachdem die Schweiz in vorauseilendem Gehorsam die Verträge unterschrieben haben, einen Rückzieher gemacht. Die USA haben die bereits von der Schweiz unterzeichneten Verträge nicht mitunterzeichnet. Die, die am lautesten riefen, haben heute ein wasserfestes Bankgeheimnis. Grosskonzerne der Schweiz wissen das zu nutzen. Wer in Nordamerika tätig ist, hat in Delaware den Hauptsitz – so wie zum Beispiel die Migros. Wohlverstanden: eine Genossenschaft.

Der Steuerwettbewerb ist in der Schweiz genauso populär. Wer Wohnsitz in der Schweiz hat und sein Einkommen in der Schweiz erzielt, hat in Bezug auf steuerliche Möglichkeiten nur eingeschränkte Optionen für die Wahl seines Wohnsitzes (z.B. Zug, Nid-/Obwalden und Appenzell Innerrhoden, etc.). Wer hingegen den Wohnsitz Schweiz hat und sein Einkommen im Ausland erzielt, kann aufgrund der Lebenshaltungskosten eine Steuerpauschale beantragen. So machen das der Formel-1-König Berni Ecclestone, der Milchhersteller Müller aus Deutschland oder Herr Bertarelli in Gstaad. Die Lebenshaltungskosten ergeben sich aus den Hauskosten (Unterhalt, Mietwert etc.) und was man halt so braucht zum Essen und Geniessen. Da kann dann schnell mal für eine ½ Million eine Steuerpauschale beantragt werden. Für viele der bekannten Wirtschaftskanzleien ist das ein lukratives Geschäftsmodell. Als arbeitender Bürger der Schweiz kann ich von solchen Steuervereinbarungen nur träumen.

Mit den Nachrichtenlosen Vermögen hat es begonnen, die Aufgabe des Bankgeheimnisses war ein weiterer Kahlschlag. Die Schweiz hat die Schatzkiste geöffnet und Begehrlichkeiten geweckt. Damit die Leser mich korrekt verstehen: wenn alle Verbrechen an Menschen der Welt gesühnt werden sollen, wie ist das mit den vielen Einzelfällen? Mit den Einzelfällen meine ich die Verbrechen an Kindern durch ihre Eltern und Schulen. Was ist mit den geschädigten und ausgerotteten Tieren und Pflanzen? In der Vergangenheit bleiben und sich mit der Vergangenheit zu beschäftigen, nützt überhaupt nichts für die Zukunft. Ausser, ich integriere Einsichten aus der Vergangenheit in die Zukunft. Wenn wir uns mit der Zukunft auseinandersetzen wollen, müssen wir einen Punkt machen und beginnen, zu verzeihen. So wie das Nelson Mandela gemacht hat. Er hat die Zukunft Südafrikas gestaltet und verändert, wie kein anderer vor oder nach ihm. Das Vergangene hat er beiseite getan und abgelegt.

Konsequenzen des Verdrängens

Apropos Konzept und Plan. Das hier beschriebene Problem und Beispiel aus Amerika wird uns in der Schweiz in Kürze einholen. Überall dort, wo Vorsorgesysteme bestehen. Der US-Bundesstaat New Jersey mit der eigenen Staats-Pensionskasse ist ein Musterbeispiel für ein zu füllendes Finanzloch von 80 Milliarden Dollar. Das Loch wird in fünf Jahren auf 140 Milliarden anwachsen. Die Einzahlungen pro Jahr decken nur 70 Prozent der wirklichen Kosten und der zu hohen Leistungen. Das Problem könnte mit zusätzlichen Einnahmen von 2 Milliarden und Kürzungen, das heisst Reduktionen von Leistungen, gelöst werden. Doch wurde die zuständige Arbeitsgruppe aufgelöst, anstatt das Problem zu beheben und die erarbeiteten Lösungsansätze zu integrieren. In den USA ist New Jersey kein Einzelfall und noch gut bedient. Das viel grössere Problem ist, dass schon mindestens 25 Staats-Pensionskassen über zu wenig Kapital verfügen, um die eingegangenen Verpflichtungen zu erfüllen. Die aktuelle Lösung sieht vor, mehr Schulden zu machen. Doch Achtung: Schulden amerikanischer Staaten sind Obligationen, die Anlegern in Europa und der Schweiz verkauft werden. Wie war das gleich 2008? Detroit ging als Stadt in Konkurs. Heute sind (zu) viele Staaten noch mehr gefährdet. Spätestens wenn die Zinsen anziehen oder die Qualität der Schuldner in Frage gestellt wird, ist das Waterloo auch für den Laien offensichtlich. Wenn die Wirtschaft stillsteht, fallen die Beitragseinnahmen der Pensionskassen. Das Corona-Virus wird vieles offenbaren und zum Anhalten zwingen. Da ist die Zinserhöhung von einem halben Prozent nur noch das Dessert des Desserts. In den Bundesstaaten der USA sind die höchsten Ausgabenposten Bildung, Soziales (inkl. Gesundheitskosten) und die Zinslast der Schulden. Wo sieht das anders aus? Was bezahlen die über 20 Millionen Arbeitslosen ab Mai 2020 in die leeren Pensionskassen der diversen Städte und Bundestaaten der USA?

In der Schweiz müssten sowohl bei der AHV wie auch bei der Pensionskasse einschneidende Korrekturen gemacht werden. An der verabschiedeten letzten AHV-Revision ist zu erkennen, dass der politische Wille dazu fehlt. Dabei führen die unverstandene Finanzierung durch Umlageverfahren schon zu verdrehten und unbeachteten Einflüssen, abgesehen von den daraus entstehenden Konsequenzen. In der zweiten Säule der Pensionskasse ist die Berechnungsmethode inklusive deren Grundlagen zur Berechnung der Altersrenten schlicht falsch. Doch das vermittelte Bild einer heilen Welt bleibt so erhalten. Alles Schein. Die zweite Säule, die Pensionskasse, besteht schon 35 Jahre. Trotz dieser Zeitachse versteht die Mehrheit weder die offensichtliche noch die versteckte Struktur.

Gleichzeitig sind die Anlagevorschriften der Geldanlage innerhalb der Pensionskasse alles andere als hilfreich für die Bedürfnisse eines langfristigen Anlegers. Jeder Versicherte ist ein langfristiger Anleger und für viele ist das ein beträchtlicher Teil des Vermögens. So betrachtet ist für das Familienvermögen wie für das Pensionskassenguthaben eine Anlagestrategie von 100 Jahren passend. Langfristig halt. Die Anlagestrategie macht ca. 80-90 % des Anlageerfolges aus. Wäre es nicht mal an der Zeit einen anderen Weg zu gehen und aufgrund des Einflusses der Anlagestrategie dieser mehr Aufmerksamkeit zu schenken?

Doch die vielen Sofortmassnahmen, Vorschriften und Auflagen aus Missbräuchen heraus schaffen immer wieder neue Ungleichgewichte. Die Energie und Aufmerksamkeit fliessen in das Verhindern und in die Verbote. Das ist das Einfachste der Welt. Dabei wäre es an der Zeit, einen anderen, kreativeren Weg zu gehen und es einmal mit Kooperation zu versuchen.

Wenn der Anleger das Wissen für ein ideales Portfolio der Geldanlage (Anlagestrategie) vermittelt bekäme, oder nützliche Strukturen erhielte, die dem Anleger dienlich sind, wäre es optimaler. Doch leider liefern die Experten aus der Bank Lösungen, die dem Kunden mehr schaden. Und das ist möglich, denn über Geld spricht man nicht. Der perfekte Abwehr- und Schutzschild der Finanzindustrie: das Geheimnis, die fehlenden Kenntnisse in Kombination mit dem Ignorieren der Geld- und Wirtschaftsthemen.

Im Umgang mit Geld herrscht die grosse Stille, es ist quasi ein Tabu oder ein Geheimnis. Alles Zentrale oder Wichtige im Umgang mit Geld bleibt ungeschult und unbeachtet in der Ecke. Obwohl genau aus diesem fehlenden Wissen auf der Stufe der Verantwortlichen der Finanzindustrie der Missbrauch erst entstehen konnte. Jemand musste den Missbrauch zulassen. Wieder andere schweigen zu Missbräuchen, um ihren Job zu erhalten oder nicht an den Pranger gestellt zu werden. Wie weit ist denn der Umgang oder die Wirkung von Macht und Prestige ein Thema? Die Sofortmassnahmen entstanden wegen des Missbrauchs. Die wiederkehrenden Skandale der Pensionskassen sprechen für sich.

Das Verhalten der Anlagekommissionen, die ihre Entscheide in der Mehrheit der Gruppe treffen, fördert die Komplexität und die Nachteile der Versicherten von Pensionskassen. Anlagekommissionen delegieren Veränderungen mittels Gutachten an Beratungsfirmen. Wenn es schief geht, ist der Berater schuld. Diese erhalten dennoch stetig mehr Aufträge und Umsatz. Das Ganze wird dem Versicherten als Vorteil verkauft, egal was das Thema ist. Der Angestellte, der Mittelstand und damit die Mehrheit der versicherten Personen zahlt und ist betroffen. In den Wahlmöglichkeiten und den Handlungsalternativen sind die Versicherten (Mehrheit) jedoch eingeschränkt.

Die Nachlässigkeit der Versicherten bei Themen der Geldanlage ihrer Pensionskasse und deren Anlagestrategie bringts an die Oberfläche: Finanzanalphabetismus oder ein schlampiger Umgang mit dem eigenen Geld aus dem Ignorieren von Wirtschaftsthemen rund ums Geld.

Den Grundzügen einer 100-jährigen (langfristigen) Anlagestrategie stehen die quartalsweisen Vergleiche und der Druck, jedes Jahr Rendite zu erzielen, im Wege. Es geht auch hier um Wettbewerb und Vergleich. Schnell ist das Begehren geweckt und das Unglücklichsein wird die neue Wirklichkeit. Wie bereits bekannt: Es gibt immer jemanden, der mehr oder weniger hat. Gesünder oder kränker ist. Schöner oder hässlicher ist. Dicker oder dünner ist. Hier kann endlos fortgefahren werden. Wer vergleicht, hat schon verloren, bevor er angefangen hat. Der Fokus ist viel schneller beim Neid und das ist das grösste Unglück im Leben jedes Einzelnen. Egal ob es um die Geldanlage, die Fähigkeit zu kochen, die Familie, den Partner, die Kinder geht.

In der ganzen Welt von heute ist eine Entwicklung erkennbar, die still und leise wächst. Wenige erkennen es. Ich kann es ebenso kaum fassen oder benennen. Die Fachthemen und Schnittstellen sind derart vielfältig. Viele der

Rahmenbedingungen helfen der Beraterindustrie und schaden den Versicherten, den Bürgern und dem Anleger. Alles wird komplexer und verschachtelter.

Anstelle eines «*Fachmannes, der viel über wenig weiss*» wäre wahrscheinlich ein «*Generalist, der wenig über viel weiss*» hilfreicher. Doch das geht in der titelgläubigen und derart auf Status und Macht fokussierten Finanzindustrie leider nicht, meint die Mehrheit und genau deshalb wird es funktionieren.

Was sich auf politischer, wirtschaftlicher, gesellschaftlicher und persönlicher Ebene wie ein Krebsgeschwür ausbreitet, kommt so lieb und nett daher. Die Kehrseite ist böse. Probleme werden in die Zukunft verschoben, anstelle sie umgehend zu lösen. Das führt dazu, dass immer mehr und öfters mit kreativer Buchhaltung gemogelt wird. Was passiert, wenn weltweit die Pensionskassen Schwierigkeiten mit Unterdeckung, Rentabilität, Kosten und den zu hohen Leistungen haben? Wohin führt es, wenn die Lösung effizientes Verstecken und kreativere Buchhaltung ist? Oder die Abteilungen für Kommunikations-, Marketing- und Öffentlichkeitsarbeit beauftragt werden, das ins rechte Licht zu rücken? Was passiert, wenn die Babyboomer weltweit pensioniert werden und auf dem Weltmarkt der Arbeit verschwinden? Die Lösungen und Probleme entwickeln sich auf der ganzen Welt ähnlich. Kein Wunder, bei der weltweiten Vernetzung der Experten. Corona ist jetzt der Schuldige für alle die Probleme, dabei waren die spätestens 2008 (Finanzkrise) für jeden sichtbar.

Die Innensicht und die Aussensicht

Dieser Teil und die willkürlich verteilten Frageblöcke haben einen Sinn und Zweck. Die Leser sollen mit eigenen Antworten ein tieferes Verständnis der Zusammenhänge erhalten und sich eigene Antworten geben können, ganz ohne Experten. Jeder Leser macht eigene Erfahrungen und hat eine eigene Geschichte. So können weder die Antworten noch die Lösung identisch sein. Hier reflektiere oder präsentiere ich meine eigenen Ansätze, Zerrissenheit, Erfahrungen, Widersprüche und Einsichten der angebotenen Lösung. Die Leser und künftigen potenziellen Abonnenten schärfen ihre Aufmerksamkeit und erhalten stimmige Strukturen und Werkzeuge. Das Leben ist keine Wissenschaft mit Bauplan. Doch wer etwas verändern will an dem heute krankenden System der Expertengläubigkeit und der Verbote und

Reglemente, bekommt hier Antworten und auch Lösungen – sofern er beginnt, die Antworten auf die gestellten Fragen auszuprobieren und anzuwenden. Vorausgeschickt sei, dass es kein «richtig» oder «falsch» gibt, wenn ich mich selbst um meine Antworten kümmere. Es gibt höchsten geeignetere Vorgehen für den Erfolg gegenüber dem heute genutzten Vorgehen, die geeignet sind, Verluste zu erzielen.

In den letzten 40 Jahren sanken die Zinsen und wuchsen die Schulden. Das hat auf der Geldanlageseite Mechanismen erzeugt, die in Zukunft nicht mehr gelten. Ein neues Zeitalter hat begonnen. Doch die Mehrheit der Berater gibt genau auf diesem veralteten Erfahrungsschatz Empfehlungen ab. Wer ein gutes, glückliches Leben führen will, kümmert sich selbst um seine Gesundheit und um seine Finanzen. Mit den zur Verfügung gestellten Werkzeugen und Strukturen ist das wie mit Gehhilfen: sie werden über kurz oder lang in die Ecke gestellt. Doch sie helfen am Beginn, sich ohne Schaden fortzubewegen. Denn nur so haben Leser die Möglichkeit der Veränderung und des «selbst machen». Tuum Est – es ist Deine Pflicht, für dein gutes und glückliches Leben zu sorgen.

Beim Berater im Gespräch

Ist mein vis-a-vis kompetent oder spielt mein vis-a-vis mit Symbolen der Kompetenz (Raum, Kleidung, Einrichtung etc.)? Was sagt mir meine Intuition? Was fühle ich? Wem nützt das Vorgeschlagene? Entsteht so etwas wie ein innerer Zwang zum Beispiel – ich unterschreibe jetzt? Ich will raus aus diesem Zimmer? Wer leitet mich: ich mich selbst oder die Beeinflussung zum Beispiel verpflichtet zu sein? Woher kommen diese Gefühle? An welche negative Erfahrung oder Ereignis erinnert mich der Vorgang? Was ist im Vordergrund des Gespräches: nicht schuld sein des Beraters oder langfristige einfache Lösung? Wird auf englische Fachausdrücke verzichtet und eine Sprache gewählt, die verständlich ist? Wie argumentiert mein Gegenüber? Gibt er mir den Namen des besten Vermögensverwalters der Bank bekannt (jede Bank kennt externe Vermögensverwalter)? Wie ist das Verhalten des Beraters? Verteidigt und erklärt er sich?

Die Ursache der derzeitigen Krise (Frühjahr 2020) ist alles andere als Corona. Im Mediengetöse gehen die 3 Gründe der Krise komplett unter:

Grund 1: Das Verhalten der Zentralbanken inkl. Schweizer Nationalbank, Bundesrat (KMU-Kredite). Alle Beteiligten verstärken die Umverteilung von unten (Mehrheit) nach oben (Minderheit)

Grund 2: Die erfolgreich verschleierte, bereits weltweit laufende Rezession. Frühwarnindikatoren stehen auf Rot: Einkaufsindexe, Umsatzzahlen, Aktienrückkaufsprogramme, überzahlte Übernahmen

Grund 3: Der Ölpreisschock mit Putins Schachzug, durchgezogen zusammen mit den Saudis – US-Schieferöl-Industrie ruiniert, gleichzeitig die Versorgung der Zukunft USA mit Saudi-Öl infrage gestellt.

Das Produkt die Lösung

Werde ich als professioneller Anleger oder als Privatanleger mit schlechteren Karten im Schadensfall beraten? Wie integriert der Berater die Wirtschaftszyklen (Aufbau, Boom, Abschwung, Depression)? Wie hoch ist der Anteil an Rohstoffen (Energie und Landwirtschaft) und Edelmetallen? Verstehe ich das, was vorgeschlagen ist (einfach, klar verständlich)? Wird mir eine Gold- oder Silberquote ausserhalb der Bank empfohlen oder stattdessen das Papieredelmetall (physische Edelmetalle in einem Anlageprodukt)? Was ist neu und was ist alt? Wem nützt und/oder schadet dieser Vorgang, dieses Produkt, diese Lösung? Mit welchem Kunden, Freund könnte ich das besprechen? (Referenzen – Berufs-/Bankgeheimnis und nicht über Geld zu sprechen sind die stärksten Waffen der Finanzindustrie) Wieso bekomme ich keine Lösung ausserhalb der Bank – Stichwort externe Vermögensverwalter?

Mit den heute angebotenen Produkten kann ich die vor mir liegende Zeit nicht schadlos überstehen, denn die Probleme, die wir heute sehen, hat es noch nie vorher gegeben.

Einer Anlagestrategie nach Wirtschaftszyklen traue ich aufgrund der praktischen Erfahrung eher.

Strukturen – Normen – Regeln – Verhalten: Wie knacke und nutze ich sie zu meinen Gunsten

Was mir seit der Schulzeit vorauseilt: bevor ich mich als Mensch mit meinen Fähigkeiten zeigen kann, haben sich andere eine Meinung über mich gebildet. Mir sind Dinge wichtig, die öfters unbeachtet ein Schattendasein führen. Meine Gedankensprünge oder die auch gelegentlich grenzgängige Sprache mit absoluten Ausdrücken provozieren Reaktionen. Dann wieder falle ich dem Gegenüber ins Wort. Als Schnelldenker habe ich zu vieles zu schnell erfasst. Ab dem Zeitpunkt bin ich gelangweilt: komm auf den Punkt! denke ich. Dann wieder bin ich schwer von Begriff und langsam. Der Bauch feuert zwischendurch blitzartig eine Unmenge von Signalen und Informationen an mein Hirn. Der Cocktail wird abgerundet durch meine Ungeduld. Dazu kommt meine «Sucht» zu lernen und die Suche nach dem neuen Geschmack, Gericht, Produzent und so weiter.

Dieses Verhalten und diese Eigenarten konnte ich 14 Jahre lang als Verantwortlicher eines Familienvermögens ausleben und pflegen. Sei es in der Auswahl und Aufbau von Personal oder Lieferanten oder als Erbauer der Strukturen und des Gesamtsystems mit der Integration der Auflagen des Familienoberhauptes. Oder wenn es darum ging, die Abläufe und Prozesse rund um Investitionen im Sinne eines Wächters sicherer zu machen. Wie baut man eine Burg, die unsichtbar ist und über allerlei Nettigkeiten verfügt, falls es jemandem gelingt einzudringen und Schaden anzurichten? Wie hält man dem ausgeübten Druck stand, etwas zu ersetzen zu sollen, weil es vermeintlich falsch ist oder Fehler gemacht wurden? Beim Vorgehen ausserhalb der Normen ist gesundes Selbstvertrauen wichtig. Die ständige Verunsicherung durch die Experten ist eine Belastungsprobe.

Je weniger mich Menschen kennen, umso vernichtender sind die Urteile. Gleichzeitig habe ich diese Meinungsmache gefördert. Denn meine Art, an Dinge heranzugehen, ist ungewohnt und der Eindruck von Naivität oder gar Dummheit kann entstehen. Doch das ist zu einem Teil meiner Strategie geworden seit der Kindheit. Denn Naive werden unterschätzt.

Das letzte Mal war das der Fall, als wir unser neues Zuhause, einen Lieferwagen zum Campen kauften. Meine Lebenspartnerin Regina schämte sich und fragte sich, wieso ich mich derart lächerlich mache. Gleichzeitig musste sie das Lachen unterdrücken. Meine erste Frage lautete: Was sind die Vorteile einer Komposttoilette? Wie werden Toiletten geleert, wenn es keine Campingplätze und keine Infrastruktur gibt? Und das, nachdem wir uns 20 Minuten auf dem Areal diverse Fahrzeuge angeschaut hatten. Für mich sind

Aspekte des Einstieges zu vernachlässigen, wenn ich etwas kaufe. Mich interessiert der Ausstieg, die zusätzlichen Arbeiten, Unterhalt und Folgekosten. Das Unbequeme. Denn das kostet Lebenszeit in Form von Arbeit oder Geld. Gleichzeitig weiss Regina mehr über Motoren und auf was es dabei zu beachten gilt. Als Kolchosen-Leiterin in der ehemaligen Tschechoslowakei mit über 500 Tieren, viel Land und Maschinen, dazu noch über 40 Angestellte und ohne Geld, ohne Infrastruktur und ohne Ersatzteile war Kreativität gefragt. Das, zusammen mit der Lebensschule ihres Vaters als Lastwagenfahrer, hat ihr zu einem einmaligen Gehör und Gespür für Motoren verholfen.

Deshalb will ich mich unter keinen Umständen mit Regina messen oder in Wettbewerb treten. Also suche ich das Feld, das unbeackert ist – das Zubehör. So erhielten wir ein viel vollständigeres Bild über das Fahrzeug. Für mich war die Wirkung wie 1 + 1 = 3, und das ist doch das Ziel einer Partnerschaft. Beide kommen vor und sind gleichwertig vertreten.

Zurück zum Verkäufer: dessen Antwort war umso erstaunlicher: «Komposttoiletten werden sie in Campern nie finden. Wenn sie das wollen, müssen sie das separat kaufen. Falls keine Infrastruktur vorhanden ist, leert man das beim nächsten Baum oder Gullideckel aus.» Dann wundern wir uns und verurteilen Menschen der Landstrasse, wenn sie dasselbe machen. Ich war sprachlos.

Ich bezeichne mich als begrenzt risikobereit. Einzig meine Zuversicht, etwas zu erreichen, hilft mir. Der Angsthase in mir ist auch mal dominant. Gleichzeitig ist Angst ein Element, das mich schützt und beim Überleben hilft. Im Ausgang, auf Wanderungen, Besichtigungen, Reisen und Unternehmungen meide ich Menschenansammlungen. Viel lieber bin ich an Orten, an Tagen oder zu Zeiten unterwegs, zu denen weniger los ist. Bei Ausflügen im Ausland muss bereits um 16.00 Uhr das Nachtlager bekannt sein. Im Dunkeln fahren geht gar nicht. Dagegen liebe ich es, im Morgengrauen loszufahren, hinein in den neuen Tag. Das Erwachen des Tages so zu erleben ist einmalig. Gedränge gehe ich konsequent aus dem Weg. Je älter ich werde, umso weniger kann ich mich in Menschenmassen bewegen und wohlfühlen. Das ist ein Grund, weshalb ich den frühen Morgen liebe. Unter der Woche kann das schon mal um 4.00 Uhr sein. Die Stille ist herrlich und ich kann mein Morgenritual geniessen. Am Samstag dann beginnt der Tag etwas später, doch solange die meisten Menschen noch zu Hause sind, bin ich auf dem Markt einkaufen. Die Marktfahrer in Bern an der Münstergasse haben Zeit für einen Schwatz. Gleichzeitig findet sich immer die eine oder andere rare Leckerei. Denn, ab 8.15 Uhr, wird es bereits dicht mit den Menschen. Dann bin ich mit Vorliebe im Café. Was viel wichtiger ist: ich bin weniger Reizen ausgesetzt und kann mehr wahrnehmen. Das Wichtigste, was mir in den Monaten meines Reflektierens und Reisens klar geworden ist: ich habe mir mit dem Kochen, auf dem Markt einkaufen und Seitenwagenfahren Orte des Trainings geschaffen. Ich habe meine Leidensfähigkeit gesteigert (Winter, Schnee, Regen, Matsch, Minustemperaturen, Hitze…), wodurch ich mehr und länger Dinge aushalten kann. Gefahrlos konnte ich das Eingehen von Risiken üben und üben, schnelle Entscheidungen zu treffen. Nach dem Entscheid ohne zu zaudern ran an den Speck! Und das alles, ohne mir dessen bewusst zu sein. Alles was ich da trainiert habe, ist in mein Unterbewusstsein runtergerutscht. Meine Erfahrungen geben mir recht. Sei es das Einkaufen, das blitzschnelle Entscheiden beim Gespannfahren und anderes mehr. Komplexität ist mit Einfachheit zu bewältigen. Das ist ein Grundgesetz, um komplexe Situationen zu meistern.

Doch wenn ich in mir ein Brennen und die Sehnsucht verspüre, etwas zu tun, dann besteht das grösste Risiko darin, das nicht zu tun und später zu bereuen. Das Bereuen wird länger anhalten und verheerendere Konsequenzen haben als das Umsetzen. Wir wissen bereits: Menschen bereuen das am meisten, was sie nicht gewagt haben. Aktivitäten im Bereich der Risikosportarten sind für mich tabu. Skilaufen ist seit über 10 Jahren kein Thema mehr. Ich kann die anderen Fahrer auf den Pisten nicht mehr einschätzen und es ist mir schlicht ein zu grosses Risiko, angefahren zu werden. Obwohl Motorradfahren als gefährlich gilt, sehe ich das anders in Bezug auf meine Seitenwagen-Leidenschaft. Seitenwagen sind grösser, auffälliger und besser sichtbar. Das bedeutet, viel seltener übersehen zu werden. Manche Autofahrer verschätzen sich bei der Wahrnehmung des Fahrverhaltens des Seitenwagens, zum Beispiel beim Abbiegen im Kreisel. Da ich das weiss, kann ich mich einrichten und organisieren. So kann ich die Leidenschaft des Seitenwagen-Fahrens leben und trainiere tagtäglich, Entscheide zu treffen und dies schnell und ohne Zaudern umzusetzen.

Als Koch habe ich gelernt, mit kleinem Einsatz etwas zu beginnen und auszuprobieren. Dann wird sukzessive der Einsatz erhöht. So mache ich das auch
bei der Auswahl von Beratern, Anwälten, Notaren usw. Das heisst, grundsätzlich mit allen Lieferanten, mit denen ich neue Beziehungen eingehe. Gut,
der Bau des Seitenwagens mit dem VW Caddy-Automotor war ein Risiko.
Doch mit der Dauer des Projektes von über 8 Jahren war es wiederum ein
kleineres Risiko. Wie bei der Geldanlage. Da steuere ich das Risiko über die
Länge, also über die Dauer des Anlagehorizontes. Die Budgetbegrenzung
beim Dieselgespann war das Beste, was ich tun konnte. So sind die Kosten nie
aus dem Ruder gelaufen. Bei Projekten ist die Begrenzung der Ressourcen
Geld, Zeit und Arbeit ein Erfolgsgarant. Denn wer bei Projekten die Ressourcen reduziert, aktiviert bei den involvierten Menschen die Kreativität.

Die Zahl 4 – was steckt dahinter – Heilig universell

Die Optimierung der persönlichen Effizienz führt dazu, dass von morgens
früh bis abends spät das meiste festgelegt ist. Das Handy mit den vielen Apps
der Selbstoptimierung von Fitness, Puls, Budget, Einkaufsliste, Fahrplänen
etc. und die jederzeit zugänglichen Sozialmedien – sie alle stellen Beschäfti-
gung und Ablenkung sicher. Das Innehalten und in sich kehren oder Momente der Ruhe sind bei vielen Wunschtraum. Die Zahl Vier öffnet verstopfte
Zugänge zum Verständnis der Welt. Heute geht viel Grundsätzliches in der
Geräuschkulisse der Welt verloren. Dabei ist seit Urzeiten: Ordnung macht
das Leben einfacher. Die Gesetzmässigkeiten der «4» sind überall erkennbar.

Die vier Charaktere und Verhalten eines Menschen: Choleriker, Phlegma-
tiker, Melancholiker, Sanguiniker. Plato und Aristoteles hatten es mehr mit
den Vier Temperamenten: Klugheit, Tapferkeit, Zucht und dem Mass an Gerechtigkeit. Carl Gustav Jung war Begründer der analytischen Psychologie
und er hatte die Vier integriert über das Denken, Fühlen, Empfinden und die
Intuition. Jung sagt auch, dass der Starke schwach ist und der Gescheite
dumm und nimmt hier die Polarität als Naturgesetz auf.

Sogar die Welt ist auf der Vier aufgebaut: Daseinsberechtigungen der le-
bendigen Tiere, die Vielfalt der Pflanzen, die geistig beseelten Menschen und
die «leblosen» Mineralien. Im Wesen der Natur ein wiederkehrendes Erlebnis
sind die Vier Jahreszeiten und die Vier Grundelemente Feuer, Wasser, Luft,
Erde. Sie lassen sich wiederum in die Vier Qualitäten von Hitze, Kälte,

Trockenheit und Feuchtigkeit ordnen. In der Küche helfen die vier Geschmäcker: Salz, Süss, Bitter, Sauer. Die Vier Winde der Welt.

In dem Sinne ist die Vier seit ewigen Zeiten der Inbegriff, der Ganzheit, Vollständigkeit und Totalität. Die 4 steht für Ordnung, sie schafft Orientierung, Sicherheit und verleiht dem Leben Stabilität. Die 4 Elemente eines guten und glücklichen Lebens sind: Soziale Beziehungen, Gesundheit, Finanzen und die Haltung, das heisst: die Denkweise.

Wieso umfassen zusammengezählt die ersten vier Zahlen (1 + 2 + 3 + 4) die Gesamtheit aller Zahlen – 10, das Komplette, das Ganze? Die Numerologie von heute anerkennt die Eigenschaften der Zahlen, die von Pythagoras zugeordnet worden sind. Schon für Pythagoras war die Zahl «Vier» das Gleichgewicht und die Vollkommenheit. Pythagoras hat mehr als die Formeln der rechtwinkligen Dreiecke und Formeln zur Berechnung der Vierecke gefunden. Ich erinnere mich an die Zeit in der Schule genau – schwierig. Doch zeitlebens hat Pythagoras die Faszination der Verbindung von Zahlen in Natur und Musik angetrieben. Der Zusammenhang der Beziehungen von Mathematik und Musik kommt von Pythagoras. Er hat die Proportionen der musikalischen Oktave und die Intervalle der Noten in Tonleitern mathematisch berechnet. Terz oder Quinte sind so als die Aura von mathematischen Sätzen zu verstehen. Im Chor braucht es Stimmen wie Sopran, Alt, Tenor und Bass, um vollständig zu klingen. Vier Stimmen machen das komplett. In der Kammermusik gibt es das Streichquartett.

Bei Kartenspielen der Welt ist die Vier ebenso präsent mit vier Farben, vier Assen, Königen, Damen, etc. Wie ist es mit Tennis, Fussball, Schwimmen? Das Schachbrett hat $4 \times 4 \times 4 = 64$ Felder. Auf diesen kann strategisches Denken und Handeln geübt werden.

Der Mond und seine vier Phasen: Neumond, zunehmender Mond, Vollmond, abnehmender Mond. Die vier Wochen. Die vier Zeitabschnitte des Jahres. Die vier Evangelisten: Matthäus, Markus, Lukas und Johannes mit ihren vier Symbolen Engel, Löwe, Stier, Adler. Vier Glieder des Menschen. Die Farben der Zahl Vier sind aus der Sicht der Ordnung und des Wertes Blau, Grau, Silber, Saphir. Den Saphir selbst gibt es in den Farben Blau, Violettblau, Grünblau und Kombinationen davon.

Wenn wir die Cheopspyramide anschauen, gibt es vier Ecken und sie liegen 230 Meter auseinander. Das Erstaunliche ist, mit welcher Präzision die Ägypter arbeiteten. Auf der ganzen Länge und Höhe sind nur wenige Millimeter Abweichungen feststellbar. Wohlverstanden, bei der Cheopspyramide, einem Bau, der ohne Lasermessgerät auskam. Diese Präzision und Qualität fehlen heute öfters. Die Ägypter kannten die Vierfaltigkeit mit BA, der geistigen Kraft, RE, dem Himmelsgott, GEB, der Mutter Erde und OSIRIS, der Unterwelt. Der Kreuzgang einer Kirche ist das perfekte Viereck mit dem Brunnen in der Mitte. Kreuzgänge mit Brunnen werden oft als Bild, als Buchdeckel von heiligen Schriften verwendet. Der Kreuzgang ist das Symbol des Kreuzes und wird in den unterschiedlichsten Arten und Botschaften verwendet. Der Körper des Menschen ist dem Kreuz nachempfunden.

Die Römer haben mit dem Viereck den Grundstein ihrer Städte und Strassenpläne gelegt. Sie bezeichneten diese Städtestruktur als «Roma quadrata», woher der heute oft verwendete Name «Quartier» kommt. Das Quadrat ist genauso vollkommen und eine Form der Vier. Im Mittelalter waren die Vier Pfennige populär. Zehrpfennig (Haushalt), Ehrpfennig (Spende an Bedürftige), Wehrpfennig (Abgabe König) und der Hortpfennig.

Und Frederick Herzberg hat seine Zweimethoden-Theorie, die in 4 möglichen Lösungen zeigt, wie Personal entschädigt und der Antrieb gefördert werden kann.

Wer reist, orientiert sich mit Vorteil an den vier Himmelsrichtungen, wobei der Sonnenstand ein sicheres Hilfsmittel ist. Wenn ich das früher mehr beachtet hätte, wären mir viele Kilometer Fahrt oder Fussweg in die falsche Richtung erspart geblieben.

Wer daran denkt, wie früher gezählt wurde und es heute noch einzelne Naturvölker tun, den kann es nicht überraschen: Eins, Zwei, Drei, Viel! Hirten wissen, ohne nachzuzählen, wenn ein Tier aus ihrer Herde fehlt. Und das, obwohl die meisten Hirten öfters «Fast-Analphabeten» sind, also mehr schlecht als recht zählen können. Ist es die Intuition oder eine blitzschnelle bildliche Art der Zählung oder einfach nur ein Erinnerungsvermögen der besonderen Art?

Sicher ist: mit der 4 entsteht die Materie, der Raum – eine irdische Zahl. Wie sieht die Zahl 4 geschrieben aus und was versteckt sie? Der Punkt vertritt die Zahl 1, die Linie, welche zwei Punkte verbindet, steht für die 2, mit der Ergänzung zweier Linien entsteht ein Dreieck. Aus 4 Dreiecken kann die Pyramide gebaut werden. Das ist der Raum. Also ist die 4 der Baumeister, denn das Symbol der Zahl 4 steht für Natur und Arbeit. Wir verbinden das von Menschenhand Geschaffene. Die Natur baut Rundungen, eine gerade Linie ist in der Natur kaum zu finden. Der Mensch baut Ecken und Kanten. Vieles ist 4-eckig: Türen, Fenster, Zimmer, Häuser und vieles andere. Bei vielen Naturvölkern ist das Viereck ein wichtiges Element. Denn es steht für die 4 Elemente (Luft, Wasser, Erde, Feuer), Materie, die 4 Himmelsrichtungen und die Jahreszeiten.

Das Viereck – oder besser: das Quadrat steht für Ordnung, Begrenzung, Einengung, Gefängnis und anderes mehr (Das könnte der Hintergrund sein, dass ich derart Mühe habe mit der heutigen Bauweise der Schuhschachtel-Architektur.). Die Erde wurde im alten Indien «Vierendig» bezeichnet. In der Bibel finden sich die vier Ränder der Erde. Der Adventskranz gilt als der perfekte Kreis, mit den vier Kerzen. Das Kreuz hat vier Enden. Das Leben hat vier Abschnitte: Kindheit, Jugend, Erwachsensein und Alter.

Und so wie es vier Jahreszeiten gibt, gibt es vier Phasen im Wirtschaftszyklus: Aufschwung, Boom, Abschwung, Depression. Auf diesen vier Phasen ist die Anlagelösung aufgebaut. Jede Phase ist zu einem Viertel beachtet und integriert. Die Kräfte der Wirtschaft sind ganzheitlich berücksichtigt. Eine andere Bezeichnung unter Fachleuten ist für den Laien eher unverständlich: «Inflationäres Wachstum – Disinflationäres Wachstum – Deflationäre Stagnation – Inflationäre Stagnation».

Entwicklungsmodell Mensch nach Clare W. Graves

Sinn und Zweck von Archetypen

Das Wertesystem von Graves ist es, Personen, Gruppen (inkl. Gesellschaft) und Organisationen zu ermöglichen, deren Entwicklung zu erkennen, zu fördern und den «optimalen» Ton und Kommunikationskanal im Umgang zu finden. Das Entwicklungsmodell dient der Persönlichkeitsentwicklung und der Evolution von Organisationen und Kulturen. In menschlichen Belangen sind dynamische Kräfte im Gange, unabhängig davon, wer betroffen ist, sei es Wirtschaft, Erziehung, persönliche Belange und auch Weltpolitik. Die Welt von heute ist an Dynamik und Komplexität kaum mehr vernünftig zu erfassen. Gerade deshalb ist eine Orientierung wichtig, um die organisationalen, sozialen und gesellschaftlichen Kontexte zu erfassen und zu verstehen. Die Grundlage der Spiraldynamik stammt von Clare W. Graves und ist ein Wertemodell, das Individuen oder ganze Systeme (Firmen, Parteien, Abteilungen, Organisationen etc.) und deren Denken und Handeln abbildet. Denn jeder Mensch braucht Werte und hat Bedürfnisse, damit er sich orientieren kann und Halt findet. Werte bestimmen das Leben, ohne dass wir uns dessen bewusst sind.

Wenn wir eine Person betrachten, ist die zentrale Frage danach, wie diese Person ihre Probleme löst. Wie sind die Steuerung und der Antrieb gepolt? Also aus welcher Richtung kommt der Antrieb?

- *von Innen:* Selbstbehauptung – «Ich nehme mein Schicksal selbst in die Hand» Die Farben dieser Entwicklungsstufen sind Beige, Rot, Orange, Gelb
- *von Aussen:* Hingabe und Aufopferung – «Ich lege mein Schicksal in andere Hände» Die Farben dieser Entwicklungsstufen sind Lila, Blau, Grün, Türkis
- Die ungeraden Zahlen der Graves-Stufen sind männliche Anteile von Yin-Yang. Das eine geht nicht ohne das andere.
- Die geraden Zahlen der Graves-Stufen sind weibliche Anteile am Yin-Yang.

Graves meint, für einen Menschen kommt es nicht darauf an, einen möglichst hohen Level in seinem Modell zu erreichen. Viel wichtiger ist, wie der Mensch mit seinen individuellen Voraussetzungen umgeht und durchs Leben geht. Dabei ist weniger der Level entscheidend, auf dem sich der Einzelne bewegt. Jeder Level ist gleichwertig und das ist wichtig anzuerkennen.

Zuerst begann alles mit der Entwicklung der früheren Kulturen, zum Beispiel in der Steinzeit, als die Motivation war, das Überleben, Nahrung, Unterkunft, Wärme zu sichern. Die nächste Entwicklungsstufe ist die Zeit der Sicherheit, der eigenen Familie und Stammes. Danach kamen Entwicklungsphasen von komplexeren Gesellschaften mit ihren Regeln, Normen und Gesetzen. Nun bestimmten andere Werte den Antrieb des Menschen.

Die 6 Stufen oder Levels nach Graves im ersten Rang

Die ersten 6 Stufen reagieren auf Bedürfnisse aufgrund von Mangel in der eigenen Welt. Das sind die fundamentalsten Stufen des Lebens.

- Beige (1): Überleben, das Instinktive, Lebenssicherung, menschlich und biologisch, Sicherheit nach Nahrung, Wasser, Wärme.
  Menschen mit dieser Prägung reagieren auf Reize. Standort der fundamentalsten Lebensform. Lebenskrisen können Menschen im Verhalten in diese Stufe zurückwerfen – Extremsituationen.
  Heute gibt es keine Kulturen mehr, die hauptsächlich in dieser Stufe zentriert sind.
- Purpur (2): Sicherheit, Bindung, «Zuhause» fühlen, Rituale bewahren, Treue zur Organisation, Dazugehörigkeit, Teil der Gruppe, Prinzip der Ältesten. Nationalismus, Vergangenheit, örtliche Gebundenheit, Treue zu den Wurzeln, «Gemeinsam sind wir stark», Teil eines sozialen Systems
  In Firmen dieser Ebene gehen Informationen und Entscheidungen über den Häuptling (Patriarch). In Europa sind ca. 10 % in dieser Stufe zentriert. In Afrika, Asien etc. mehr.
  Das System gibt Schutz, Familie, patriarchalische Firmenstrukturen, Kleinunternehmen, regionale Prägung, oft Gastgewerbe und Handwerksbetriebe
- Rot (3): Macht und Kraft, Ansehen und Status sind wichtig, Verlieren verboten, Erfolg, entwickelt erstes individuelles Selbst, Diktatorische Gesellschaften, Street Gangs, Rap Musik, Hard Rock etc. bringen das künstlerisch zum Ausdruck.
  Unternehmensführer, Verkäufer, Werteebene der Ritter, Helden und Cowboys, Stärke, Ehre, Mut, Macht, Respekt, Durchsetzungsvermögen, den Kick suchen, handelt und denkt der Grösste, zu sein, Schattenseite ausnützen/rücksichtslos, Teile und Herrsche, Extrem-Hobby häufig rot.
  Unternehmen, die das Personal schnell auswechseln können = Vertrieb. Etwa 15 % der europäischen Bevölkerung befindet sich hier. In anderen Kulturen ist diese Werteebene viel dominanter – Gegenwartsorientierung
- Blau (4): Ordnung und Autorität, die Gruppe im Zentrum, die Kraft der Wahrheit (Sinn, Zweck), Ordnung ist alles, Top-Strukturen, Gerechtigkeit, Pflichtbewusstsein, anständig etc., Recht, Loyalität, Wahrheit werden grossgeschrieben. Wir-Bezug ist stark ausgeprägt, angepasst, Probleme vermeiden, das Richtige tun, Systematisches Vorgehen, Grosse Firmen.

Konservativ, Beamte, Lehrer, Juristen, Buchhalter, Beratungsfirmen, etc. Obwohl sich seit ca. 70 Jahren Millionen darum kümmern, Unternehmen, Organisationen und Menschen zu entwickeln, ist diese Stufe mit über 30 % in der europäischen Welt die am stärksten vertretene.

Religiös geprägte Menschen/Fanatismus, Machtsymbole. Die Suche nach dem Schuldigen = heute Hauptbeschäftigung. Menschen lernen durch Bestrafung. Recht, Ordnung, systematisches Vorgehen, Strukturen, Verbote.

- Orange (5): Leistung und Gewinn, Erfolgsstreben, strategische Unabhängigkeit und Autonomie, grenzenloser Einsatz, Karriere, Erfolg, Freiheit und Wohlstand will der Mensch, Anerkennung durch Leistung, Risiken schrecken wenig ab. Positive Einstellung. Das einzige Ziel vor Augen – Gewinnen.

  Die Welt aus Möglichkeiten und Chancen. Gesetze werden «zielorientiert interpretiert» und teilweise gebogen (Steuerskandale, Panama Papers, Finanzierungsart 2008 etc.).

  Globalisierung ist eine Entwicklungsstufe von 4 nach 5, alte, hochstehende Kulturen wie Japan, China, Maya, Azteken.

  Kurzfristiger Profit wird mitgenommen obwohl langfristig viel zerstört wird. Wohlstand schafft Frieden und verhindert ein Rückfall auf Stufe 4, was Krieg bedeuten würde.

  Etwa 30 Prozent Europas befindet sich auf dieser Stufe. Optimismus, Leistungsbereitschaft, Zielorientierung, übernimmt gerne die Verantwortung. Geschwindigkeit ist das A und O. Technik, Marke, Wissenschaft, Bekanntheit, Innovation finden hier statt.

- Grün (6): Team und Gemeinschaft sind eine Gegenreaktion auf die Leistungsgesellschaft (4+5). Menschliche Beziehungen, Gruppen, Wir-Gefühl, Zugehörigkeit, Liebe + Frieden, Woodstock, Flower-Power, Verhalten ist kooperativ, lösungsorientiert. Harmonie. Konsens, Networking, Fokus Beziehungen, Menschlichkeit, Gefühle. Hier kommt die soziale Marktwirtschaft her. Personen und Beziehungen sind wichtiger als die Sache. Gleiches Recht, Altersvorsorge, Gesundheitswesen, soziale Absicherung etc. kommen aus dieser Stufe. Konstruktiv integriert ist die Person warmherzig, sehr sozial, hat eine hohe soziale Intelligenz, beziehungsfähig. Weibliche und männliche Anteile sollten in Organisationen, Teams, Firmen gleichwertig verteilt sein.

  Wichtig ist, die richtigen Kontakte zu kennen. Sozial, Reflexion, Austausch, sensibel, Soziale Kompetenz, hohes Verantwortungsbewusstsein, Toleranz, Wertschätzung,

Etwa 15 % sind in Europa hier vertreten. Hierarchien. Perspektiven sind eingeschränkt.

Die 3 Stufen oder Level nach Graves im zweiten Rang

Alles Handeln dreht sich hier um Nachhaltigkeit, Ganzheitlichkeit (Holis-
mus), Wohlergehen der Welt. Hier sind Idealismus, Glaube an Schwarmintelligenz, globale Zusammenhänge, die Welt retten, einen Lebensstil erschaffen,
der für alle lebenswert ist. Die Selbstlosigkeit fördert das Gestalten. Es geht
um das Ganze.

- Gelb (7): Freiheit und Lernen. Die eigene Persönlichkeitsentwicklung ist im Fokus der Motivation.
  Hier ist die Parallele zu Abraham Maslows Selbstverwirklichungsebene. Hier ist
  klar: jeder Mensch baut sich seine Welt und Realität selbst. Selbstverwirkli-
  chung steht im Zentrum, doch nicht auf Kosten anderer. Denken wird langfristig, strategisch. Wichtige Werte: Freiheit, Wissen, Unabhängigkeit, Vision,
  Nützlichkeit, Inspiration, Erkennen von Zusammenhängen. Raum für Vielfalt
  und individuelle Wahrheiten. Denken in Wissenschaftsmodellen, mehr als eine
  Wahrheit.
  Wenn vorhergehende Ebenen schwach integriert sind, wirken diese Menschen
  abgehoben und/oder realitätsfremd. Für Berater und Management sind
  Knowhow auf allen Ebenen zentral. Flow, Systematik von Funktion, Kompetenz, Wahrheit, Fülle des Lebens – Kein Vergleichen mehr mit den vorhergehenden 6 Stufen. Aufbruch. Sicht in mehreren Perspektiven.
  IT-Start-Up sind oft Gelbe. Innovation, klare Muster in Bezug auf Denken/Ver-
  halten/Ideen/Konzepte.
  Wachsen + Weiterentwicklung sind im Zentrum. Unterschiedliche Meinungen
  daher Realität.
  Diese Gruppe liebt Experimente. Im Zentrum ist Lernen/Erfahrungen sammeln.
  Wohlstand/Reichtum sind unwichtig. Das Individuum ist im Fokus. Füh-
  rung/Strukturen sind dazu da, je nach Bedürfnis und Nutzen umgebaut zu wer-
  den. Selbstverantwortung.
  In Europa mit etwa 2-5 % vertreten.
- Türkis (8): Nachhaltigkeit, globale Einheit + Perspektive. Holistisch, kollektiv im
  Einklang, Netzwerke sind Routinen, Selbstlosigkeit, extrem hohe Ideale, nutzt
  das Wissen aller Stufen für das Wohl aller. Scharfe Sinneswahrnehmung.

Geistig/spirituell weit geöffnet. Deshalb erkennt er Fehler, Möglichkeiten, Wege, Chancen. Das altruistische der Ebenen 2, 4, 6, wird auf die ganze Menschheit übertragen. Zentrale Werte sind globales Denken, Nachhaltigkeit, Biosphäre, Synthese, Integration zum Wohle aller, Biodiversität, Nachwelt künftiger Generationen, globale Verbesserung, Weltfrieden, holistische Betrachtung, Gleichgewicht (emotional/spirituell).

Die Verbundenheit eines Menschen oder einer Gruppe von Menschen mit der Umwelt und den nachkommenden Generationen ist in Bezug auf die Arbeit das wichtigste Thema.

Negativ: grenzenloser Idealismus, naives und radikales Verhalten.

Langfristiger Gesamtnutzen im Zentrum.

Bisher sind keine Firmen auf diesem Niveau bekannt. Doch die Zeit wird kommen.

- Koralle (9): Die spiralförmige Verdrehung und Entwicklung hat kein Ende – unbekannt. Der Mensch weiss, dass Grenzen nur durch Tun und Sein erzeugt sind. Koralle ist das Rot der ersten Stufe, ergänzt durch alle Grenzen menschlichen Tuns und Seins.

  Es ist nicht möglich, als Mensch allein Macht zu haben.

  Menschen sollen über sich hinauswachsen.

Die 3 Perspektiven der Anwendung

- Werte System: Mensch – Gruppe – Organisation

Anwendungsbereiche

Alles ist in Bewegung und so unterliegen auch Wertesysteme einer Entwicklung der Veränderung. Die 9 Stufen bei Graves könnten auch als Wendeltreppe betrachtet werden. Es gibt keine Abkürzung mit einem Lift. Jede Stufe muss durchlebt werden, bevor ein Wechsel möglich ist. Unabhängig davon, auf welcher Stufe der Mensch, die Gruppe oder Organisation ist, hat jede Stufe ihre eigene Prägung. Egal auf welcher Stufe und in welchem Stadium der Entwicklung – jede Stufe ist richtig, gut und optimal. Das Modell kennt zwei Bereiche: Wir und Ich. Je nachdem, wo ich mich auf der Wendeltreppe befinde (aussen oder innen).

Das Modell ist ein Entwicklungsmodell und keine Typologie. Es ist keine Beschreibung von Mustern von Menschen, Gruppen und Organisationen, sondern basiert auf den Wertesystemen. Jede Ebene ist gleichwertig. Wieso tut jemand das so oder so? Das «Wieso» hat den Vorzug, da das «Warum» das Gegenüber meistens in eine Position des Erklärens und des Verteidigens setzt.

Phasen der Veränderung, um die Farbstufe zu wechseln

- Stabilität: keine Notwendigkeit der Veränderung, ich fühle mich wohl
- Unruhe: Störfaktoren tauchen auf. Umzingelt von Veränderungen: Produkt, Markt, Wettbewerb, Technologie, Führung, neue Methoden. Destabilisierung aus Veränderung in Firma/Person. Starkes Wachstum, Akquisition, neue Märkte, Ursache ist Unruhe. Gründe sind vielfältig
- Krise: Wird meistens durch äussere Ereignisse ausgelöst – Veränderungsdruck, Trennung, Arbeitslosigkeit, Verlust von Familie/Status/Macht, Gesundheit.
- Aufbruch: Veränderungen euphorisch gestalten, Gefahr von Aktionismus, des Verlustes des Ziels aus den Augen. Verlust des Schwunges bedeutet, sofort im alten Verhaltensmuster zu sein.

Fazit des Entwicklungsmodells nach Graves

Warum ist mir dieses Modell so wichtig geworden? Südafrika ein in meiner Biografie immer wiederkehrendes Thema. Dort hat der Schüler von Clare Graves, Don Edward Beck, in den späten 80er Jahre mit Frederik de Klerk erste Anfänge gemacht, die Apartheid aufzulösen. Als Hauptberater von Nelson Mandela in den 90er Jahren hat Don Edward Beck Ausserordentliches geschaffen. Südafrikaner haben nie zuvor und nach dem Tod von Nelson Mandela einen derart friedlichen Umgang gepflegt. Mandela war die Autorität. Ihm zu widersprechen traute sich keine Sippe. Mir fehlen diese Charakterköpfe.

Profiteure für die eigene Sippe und Familie haben wir auf der ganzen Welt zuhauf. Die Selbstbedienungsmentalität und der Machtmissbrauch sind immer mehr die Regel als die Ausnahme. Für mich ist die Wechselbeziehung von Gemeinschaften, Gruppen, Teams oder Sippen klar. Je vielseitiger die Zusammensetzung, umso besser die Resultate. Es bedingt eine Vielfalt von Menschen, Fähigkeiten, Stärken, Schwächen und Eigenarten. Je mehr «Insider», umso mehr Monokultur. Diese Monokultur pflegen wir heute in Firmen und Organisationen eher zu viel als zu wenig.

In dem Sinne ist in der Zusammensetzung von Gemeinschaften das Wichtigste, allen Facetten einen Platz zu geben. Das ist das, was mich reizt, und ich erträume mir eine Gemeinschaft, in der alle, die etwas beitragen wollen, Platz haben. Mein Beitrag sind meine Fähigkeiten und Kompetenzen, die ich zur Verfügung stelle. Damit mache ich den Brückenschlag in den nächsten Abschnitt über die Anlagestrategie der GSAG

Das optimierte permanente Portfolio der Wiener Schule

In der heute vorherrschenden Monokultur Renditen, Risiken und Ereignisse vorherzusagen, ist garantiert unmöglich und dennoch ist dies ein hoch profitables Geschäftsmodell. Die Berichte und Weissagungen sind jedoch fast wie das Lesen von Kaffeesatz. Ich kann Annahmen treffen, klar. Jede Berechnung basiert auf mehreren Eckwerten. Wenn sich ein Eckwert ändert, steht die ganze Berechnung auf dem Kopf. Den Wert einer Firma kann ich heute mit mehreren Methoden berechnen. Auch der Preis eines Gutes ist berechenbar. Was ist, wenn Ereignisse und Einschätzungen Dritter die Eckwerte verzerren, zum Beispiel Corona, Risikozins, Produktpreise, Garantieansprüche, Manipulation, Krisen, Kriege, Steuerliche Veränderungen, Klimaeinflüsse? Was passiert, wenn sich Absatzmöglichkeiten sich ändern? Was ist, wenn die Zahlen aus einer kreativen Buchhaltung stammen? Für mich ist die einzige Konstante eines Planes die Abweichung. Die Ausnahmen sind kaum zu finden und bleiben eher Glückstreffer. Also fokussiere ich mich auf langfristige Zyklen, gesellschaftliche Veränderungen und die Branchen, die von der öffentlichen Hand zu viel Fördermittel erhalten. Die zu hohen Fördermittel entstehen je nach Popularität des Themas: Sonnenenergie und Windkraft sind aktuell solche Beispiele. Populär bis in die höchsten Regierungskreise, Zentralbanken und das Volk.

Was machbar ist bei Vorhersagen, sind der eine oder andere Glückstreffer. Der ist hingegen seltener als ein 5-blättriges Kleeblatt. Deshalb orientiert sich das permanente Portfolio am Wirtschaftszyklus, denn der ist ein Naturgesetz und bleibt bestehen – weltweit. So, wie die Jahreszeiten bleiben und unabhängig vom Klima. Das Fehlverhalten des Menschen durch die wiederkehrende, latente Gier, Angst, Verunsicherung, Selbstüberschätzung und Manipulation soll durch die Struktur des permanenten Portfolios ausgeschlossen werden. Die langfristige Anlagestrategie hat zum Ziel, konstante Renditen unabhängig vom aktuellen Wirtschaftszyklus zu erzielen. Bei ausserordentlichen Ereignissen soll das angelegte Kapital mit wenig bis keinem Verlust über die Runden kommen. Wer Verluste und Fehler macht, benötigt viel Zeit und noch viel höhere Renditen inklusive Risiko, um das aufzuholen. Daher ist es einfacher, Verluste und Fehler von vornherein zu vermeiden.

In Krisen erwachen Anleger zu hyperaktiven Verkäufern oder erstarren wie die Maus vor der Katze. Das ist wie im beschaulichen Leben, wenn der Zufall des Unerwarteten und Undenkbaren zuschlägt. Auf der Strasse führt das regelmässig zu Stau, Auffahrunfällen und zu eigenartigem Verhalten der Betroffenen. So war es auch in der Finanzkrise 2008. Die Mehrheit der Anleger wollte verkaufen – sofort. Angst ist am Steuer, dort wo vorher die Gier sass. Ade Vernunft. Die Anleger, die nach den Grundsätzen des permanenten Portfolios anlegen, können ruhig und gelassen reagieren – mit Nichtstun. Um Missverständnissen vorzubeugen: dieses Nichtstun hat überhaupt nichts zu tun mit dem bekannten Ignorieren von Finanzthemen oder der Schockstarre. Die Turbulenzen an den Finanzmärkten im Februar und März sind vorbei und einmal mehr hat sich die Strategie als sehr robust erwiesen. Viele Anlagestrategien versagten in dieser Zeit. Nicht so das Permanente Portfolio.

Die Anlagen und Strukturen sind so eingerichtet, dass sich das Portfolio selbst reguliert. Krisen lösen keine Panikhandlungen aus. Dazu kommt, dass der wiederkehrende persönliche Aufwand weniger als einen halben Tag pro Jahr in Anspruch nimmt. Die Vierer-Struktur schützt mich als Anleger vor mir selbst, denn die Gier und Angst ist ein ständiger Begleiter. In der Struktur ist automatisiert und deshalb via Computer programmierbar, dass etwas, das mehr als 10 % gestiegen ist, verkauft wird und das, was mehr als 10 % gesunken ist, gekauft wird. Der Zeitpunkt ist einmal im Jahr. So verkaufe ich mit der «Hilfsstruktur» was teuer ist und kaufe das, was günstig ist. Selbstregulierend.

Dieser Struktur liegt ein 14-jähriger Prozess mit Auswahl, Anpassungen, Lehrgeld und viel Herzblut zugrunde. Auf dem Markt der Kapitalanlage ist so eine Strategie bei der Bank unauffindbar. Sie hätten die gleichen Möglichkeiten gehabt, noch mehr Ressourcen und Geld. Doch wie ist das mit der Motivation via Lohn und Boni?

Die Finanzindustrie will uns weismachen, dass die Risikofähigkeit und das Anlageprofil wichtig sind. Sie unterscheidet zwischen konservativen, ausgeglichenen, dynamischen und aggressiven Anlegern. Dabei ist die Dokumentation die Grundlage und der Nachweis der Finanzindustrie, unschuldig zu bleiben, wenn etwas schief geht und Verluste entstehen.

Die Umsetzung der Vorgabe »Wetterfest und permanent» ist bestechend einfach. Meine 14 Jahre des Ausprobierens und Anpassens haben das möglich gemacht. In der Realität wurde diese Struktur mit einem grossen Millionen-Vermögen einer Familie umgesetzt. Das erst hat viele Versuche und Tests ermöglicht. Die Gerold Schlegel AG hat dem Portfolio eine weitere Dimension hinzugefügt. Diese Dimension war wichtig und ist einzigartig. Zuerst muss eine Lösung her, um das Geld zu verwalten, ohne dass die Bank die Vermögensverwaltung macht. Der Umgang und die Umsetzung mit dem Geld hat ausschliesslich der unabhängige Experte mit einer bestimmten Spezialität. Sicher keine Bank. Die Bank kann höchstens die Ausführung von Aufträgen (Kauf, Verkauf) und die Administration unter den im Voraus festgelegten Konditionen übernehmen. Banken haben viele schlaue Köpfe, Kapazitäten und Mittel, um die Administration zu bewältigen, mehr für mich nicht. Leider werden die schlauen Köpfe mehrheitlich zum Schaden der Privatanleger eingesetzt oder zum Nutzen der sehr reichen Familien.

In 14 Jahren habe ich viele Schliche und Methoden der Kostenerzeugung zugunsten der Bank auszuschliessen gelernt. Deshalb kommen viele Alternativen und Möglichkeiten der Geldanlage beim «Wetterfesten sturmerprobten Permanenten Portfolio GSAG» nicht in Frage. Experimente mache ich dafür in meinem Forschungs- und Entwicklungslabor mit meinem eigenen Geld. Dort ist bereits jetzt der nächste Schritt der Entwicklung des Portfolios der GSAG mit der Integration der 100-jährigen Anlagestrategie im Gange.

Doch allen Mitarbeitern der Bank, die sich weder kaufen noch manipulieren lassen und die Interessen ihrer Kunden wahrnehmen, spreche ich meinen Respekt aus. Nach über 20 getesteten Banken und der Auswahl von 26 Vermögensverwaltern aus knapp 130 verschiedenen ist das leider keine Handvoll. Ihnen gilt meine Hochachtung.

Die Lösung der GSAG ist entwickelt worden, um gegenüber den Finessen der Bank geschützt zu sein. Das Risiko einer Benachteiligung als Kunde kann ich weder einschätzen noch kalkulieren. Also lass ich das bleiben und verzichte, denn mir ist meine Lebenszeit zu schade, um sie mit Kontrollen und Vergleichen zu verbringen. Die GSAG will unter keinen Umständen Beiträge leisten, die zur Finanzierung und Steigerung der Risiken und Kosten zugunsten einer Bank führen. Das Einzige, was ich wahrnehmen und erkennen kann ist, dass die Schadensummen exponentiell steigen. Das gleiche Bild zeigt sich bei den obersten Löhnen und Boni. Auch dazu will ich keine Hilfestellung leisten. Die Risiken und Kosten kennen nur eine Richtung – mehr und nach oben. Deshalb ist die Mehrheit der Banklösungen auszuschliessen. Nochmal: die Bank ist Administration. Alle eingesetzten Produkte der GSAG stehen im Normalfall ausschliesslich Grossanlegern zur Verfügung. Die eingesetzte Struktur der GSAG öffnet genau diesen Zugang für den Privatanleger.

Damit die Gier und das unfaire Spiel der Bank verständlicher werden, hier ein Beispiel, das aus meiner Sicht und Erfahrung eher die Norm als die Ausnahme ist. Selbstverständlich sind die oben erwähnten raren Ausnahmen von Bankmitarbeitern nicht gemeint.

Zu Beginn meiner Tätigkeit habe ich für Währungswechsel wie etwa «CHF kauft EURO» oder «CHF kauft USD», viel zu viel bezahlt. Je mehr ich mich umschaute und mit anderen Experten des Devisenhandels zusammenarbeitete, umso mehr lernte ich und umso weniger war ich bereit zu bezahlen. Das führte dazu, dass ich für Währungsgeschäfte vor der Abwicklung, also lange vor dem Kauf bei der Bank eine Offerte einholte. Ohne schriftliche Offerte konnte ich die Kosten nicht nachvollziehbar kontrollieren. Gleichzeitig hatte ich genug von Aussagen wie: «Das haben Sie falsch verstanden.» oder «Das ist ein Missverständnis.» Also wurden fünf Banken angefragt, was die Währungstransaktion kostet: «CHF 20 Mio. kauft USD». Die beste Offerte lag bei 5'000 Franken, doch auch das war - aus meiner Sicht – immer noch viel zu viel. Die ganze Transaktion ist automatisiert. Das bedeutet: die Zahlen eingeben, «Enter» drücken und damit Zahlung auslösen – fertig.

An dem Tag als ich die Transaktion durchführte, hatte ich am rechten Ohr den Handel der Bank und am linken Ohr ein Telefon, das mir die aktuellen Preise (Interbankenkurs) des Handels für Banken flüsterte. Das Angebot klang super und ich schloss das Geschäft ab. Für meine Akten, eine einfachere Kontrolle und für die Nachvollziehbarkeit, hielt ich diese zwei Preise auf der

Offerte fest. Jedes Quartal kontrollierte ich alle Fremdwährungsgeschäfte und Transaktionen. Bei dieser Kontrolle wurde offensichtlich, dass die Bank neben den 5'000 Franken über 74'000 US-Dollar abzwackte. Der Preis war nicht vereinbart, wurde aber abgerechnet. Als ich das realisierte, war meine Laune im Keller und ich erinnere mich gut, wie ich eine Mitarbeiterin komplett grundlos beschimpfte. Mein Frust und meine Wut suchten ein Ventil. Die Transaktion lag fast zwei Monate zurück. Guter Rat war teuer. Klar war, dass ich mit diesem Lieferanten, das heisst diesem Bankmitarbeiter und dieser Bank, die mich derart hinters Licht führte, nichts mehr zu tun haben will. Die Konsequenz war die Saldierung aller Konten und die Auflösung der vertraglichen Beziehungen. Das wusste ich schon nach fünf Minuten. Wie gehe ich vor und wie sage ich dem Kunden, dass er trotz meiner Vorsicht übervorteilt worden ist? Es hilft alles nichts. Telefon in die Hand, Kunde angerufen, Konsequenzen mitgeteilt. Danach die Bank angerufen und den Geschäftsführer verlangt. Ihm habe ich den Vorgang geschildert und mitgeteilt, was die Konsequenz sei. Der offene Punkt sei nur, wie der Kunde die knapp 74'00 Dollar wiedererhalte. Da war es einen Moment lang still. Dann folgte eine Kaskade von Erklärungen. Ich unterbrach und fragte, wann wir das persönlich an meinem Geschäftssitz besprechen könnten. Am nächsten Tag kam der Anruf mit zwei Vorschlägen und einer Liste von Teilnehmern: der Verwaltungsratspräsident der Bank, der Geschäftsführer, der Chef des Devisenhandels und der Mitarbeiter, mit dem ich gesprochen hatte. Widerwillig sagte ich für das Gespräch zu. Für mich war es eine Unverschämtheit, einem einzelnen Menschen bei einem Termin vier Menschen als Machtdemonstration aufzuzwingen.

Exkurs: die Steigerung dieser Situation mit den vier Bankmenschen gegen einen Kunden war übrigens die Vergabe der Depotstellen gleich zu Beginn des Aufbaus des Family Office. Da brachte es eine Grossbank zustande, alle Chefs der betroffenen Abteilungen an den Termin einzuladen. Das Verhältnis war 8 zu 1. Als ich mich empört hatte und den Termin absagen wollte, meinte der Kunde: «Jetzt weiss ich, dass ich den richtigen Mann habe. Sie müssen sehr gut sein, wenn die Bank 8 Menschen aufs Spielfeld bringt.»

Der Termin mit den vier Bankmenschen dauerte dann keine 30 Minuten. Danach war klar, wie die Rückabwicklung und die Auflösung der Bankbeziehung und Rückzahlung der 74'000 Dollar inklusive der Gebühr von 5'000

Franken zu erfolgen hatte. Bei Fehlern bin ich tolerant, doch bei einer Übervorteilung, die letztlich Diebstahl ist, verstehe ich keinen Spass mehr.

Zurück zum «Wetterfesten Permanenten Portfolio der GSAG». Das Lehrgeld aller Anpassungen ist bezahlt. Die Leser, die diese Lösung für sich nutzen wollen, sind herzlich eingeladen, das in ihren Kreisen zu verbreiten. So kann auf Werbung und teure Infrastruktur verzichtet werden. Die Preise bleiben tief. Ich glaube an den Grundsatz, über 5 bis 6 Menschen jeden anderen Menschen auf der Welt erreichen zu können. Wenn das machbar ist und mit der Schwarmintelligenz kombiniert wird, müsste mit dieser Alternative der Geldanlage eine Lawine losgetreten werden können. Denn je mehr Menschen von dieser Lösung erfahren und je mehr wichtige Schnittstellen davon Kenntnis hätten, umso mehr Geldvolumen könnte so investiert werden. Und so wiederum können die Kosten reduziert werden. Je mehr Leser sich darum kümmern, das populär zu machen, umso mehr kann ich mich auf die Weiterentwicklung fokussieren.

Ein möglicher Weg, mit dem jeder sich und sein Vermögen besser schützen vermag, ist es allemal. Wer Lösungen kennt, die Spitze sind und ausserhalb der Bank umgesetzt werden: bitte bei mir melden! Ich bin an Spezialitäten und Raritäten der Geldküche interessiert. Es könnte besser sein als das, was ich kenne. Doch bevor meine Leser und Kunden dieses erhalten, wird es im Forschungs- und Entwicklungslabor auf meine Kosten getestet.

Wirtschaftszyklus – Was hat es damit auf sich?

Der Zyklus der Wirtschaft ist den meisten bekannt und fast jeder hat die Phasen vor Augen: Aufschwung, Boom, Abschwung und Depression. In der Schulzeit gehörten sie zum Unterricht. Da die Finanzindustrie es liebt, Dinge kompliziert zu machen, gerät dieses Wissen oft zu einfach in Vergessenheit. Banken verwenden lieber andere Begriffe: inflationäres Wachstum, disinflationäres Wachstum, deflationäre Stagnation und inflationäre Stagnation. Alles klar? Die sperrigen Fachbegriffe suggerieren Kompetenz und verunsichern mehr, als dass sie dem Kunden weiterhelfen. Eine Anlagestrategie, die sich am Wirtschaftszyklus mit seinen 4 Phasen ausrichtet, ist weder auf Prognosen und Daten noch auf «Neuigkeiten» und «Fachbegriffe» der Finanzindustrie angewiesen. Sie erspart stattdessen dem Anleger das Lesen und das Verfolgen des täglichen Lärms über Wertschriften, Aktien und Weltgeschehen. Die wiederkehrenden Anpassungen des Portfolios mit neuen Bankprodukten sind unnötig.

Diese Struktur schützt den Anleger vor dem grössten Risiko, denn dieses grösste und unbeachtete Risiko bei der Geldanlage ist der Mensch selbst. Für mein Portfolio habe ich das mit minimalem Aufwand umgesetzt. Einzig zum Beginn bedarf es eines Aufwandes zum Einrichten. Es ist wie in der Küche mit der «Mise en Place». Der Aufwand des Bereitstellens Zutaten, Werkzeuge und anderem ist am Anfang. Danach ist es umso einfacher, je besser die Vorbereitung gemacht wurde. Der minimale Aufwand für das Portfolio ist pro Jahr beschränkt auf einen fixen, jährlich wiederkehrenden Termin. Das «Teure» wird verkauft, da es gestiegen ist. Die gestiegene Quote von über 25 % wird wieder reduziert. Das, was gesunken ist – «das Preiswerte» – wird dazugekauft, da es die Quote von 25 % unterschreitet. Mein nun schon über 30 Jahre dauernde Forschen und Entwickeln, hat eine unvergleichliche Basis gelegt. Jede Phase kann einen Ertrag erzielen. Unklar ist, welche Phase gerade läuft. Und je nach Umfeld hat die aktuelle Situation gute oder negative Einflüsse. Dazu kommen viele Facetten, die sich überschneiden und auf den gesamten Zyklus einwirken.

Anlageklasse	Positive Einflüsse	Negative Einflüsse
Aktien	• Wirtschaftlicher Aufschwung • Wachsende Zuversicht (Anleger)	• (stark) steigende Inflationsraten • Deflation; Phasen von grosser Angst; Vertrauensverlust
Anleihen	• Wirtschaftlicher Aufschwung • Deflationäres Umfeld (gering)	• erhöhte Kreditrisiken/Bonität • steigende Zinsen • Steigende Inflationsraten
Cash	• Angespanntes Kreditumfeld • Deflation; steigende Zinsen	• (stark) steigende Inflation • Wirtschaftsaufschwung
Gold	• steigende Inflationsraten • Vertrauensverlust Kapitalmärkte • Deflation, Krisen, Währungskrieg	• Wirtschaftliche Zuversicht steigt • Realzinsen sind positiv, steigen

Quelle: Österreichische Schule für Anleger (R. Taghizadegan, R. Stöferle, M. Valek)

Die Kombination dieser 4 Teile zu je 25 % führt langfristig zu stabilen Renditen mit deutlich weniger Schwankungen. Das Permanente Portfolio ist keine Anlagestrategie, um schnell reich zu werden. Das Augenmerk ist auf weniger Verluste und Fehler durch Kauf/Verkauf von Anlagen gerichtet.

Von 1972 bis 2020 hat diese Anlagestrategie weniger als 10 Mal einen Verlust erzielt. Welcher Anleger hat mehr als 15 % Verlust in den Jahren 2001, 2008, 2015 oder bis Ende Mai 2020 erzielt? Das wird die Mehrheit sein. Die Minderheit der Anleger, die die Geldanlage nach den Grundsätzen des Permanenten Portfolios betreibt, erzielt wesentlich bessere Ergebnisse, als die Mehrheit. Trotzdem bieten es weder Banken noch Versicherung ihren Privatkunden an. Erstaunlich! Was könnte der Sinn sein?

Die meisten Anlageprodukte, die die Gerold Schlegel AG einsetzt, sind nicht von Banken, sondern von innovativen KMU (von Banken unabhängige Vermögensverwalter), die weder über eine Banklizenz verfügen noch den Effektenhandel selbst betreiben. Diese stehen somit ausserhalb der Bankenwelt. Die angebotenen Lösungen kommen ohne Erfolgsbeteiligung aus (kein Anreizsystem, das zu höheren Risiken führt). Genauso stehe ich ausserhalb der Bankenwelt und auch diesen KMU, weil ich selbst keine eigenen Produkte anbiete, sondern mein Wissen und Können der Anlagestrategie zugänglich mache. Damit bleibe ich unabhängig und jederzeit handlungsfähig in Bezug auf Auswahl und Einsatz.

Ein anderer gewichtiger Faktor der zu 80 – 90 % für den Anlageerfolg meiner Lösung verantwortlich ist, ist die Anlagestrategie. Also betreibe ich viel Aufwand in Bezug auf meine Anlagestrategie und gebe keine Energie in sinnlose Produktvergleiche – verlorene Lebenszeit. Die Produkte der Banken und Versicherungen kommen nur in Ausnahmefällen zum Einsatz. Die Gefahr, übervorteilt zu werden, ist mir zu gross.

Sehr vereinfachend kann gesagt werden:
Sinkende Zinsen – Aufschwung/Boom: Aktien und Anleihen von Firmen
Steigende Zinsen – Abschwung/Depression: Cash, Gold, Staatsanleihen
Extreme Geldschöpfung der Zentralbanken: Cash, Gold, Aktien, Anleihen
Vertrauensverlust in das Geldsystem: Cash, Gold, Staatsanleihen

Hundertjährige Anlagestrategie generationenüberschreitend – Familienvermögen schützen

Bisher war die Rede von einer Anlagestrategie entsprechend der Phasen im Wirtschaftszyklus: Aufschwung, Boom, Abschwung, Depression. Andere Zyklen der Menschen sind in den verschiedenen Generationen und Zeitepochen ebenfalls auszumachen. Was im Kleinen gilt, gilt auch im Grossen. Das ist ein weiteres Naturgesetz. Wer ältere Dynastien des Geldes und des Reichtums verfolgt, erkennt die unveränderte Vermögensstruktur über Generationen. Solche Dynastien nutzen die Erkenntnisse und Einsichten in der Anlagestrategie, denn sie trägt 80 – 90 Prozent des Erfolges bei. Viele vermögende Familien sind in der Finanzindustrie tätig und nutzen das Vermögensverwaltungsgeschäft, Leasing- und Kreditgeschäft oder sind Teilhaber von Banken. Einige Beispiele sind: Reichmuth Schwyz, Von Tobel, ehemals Bär mit neuer Bank am Start, Fürst von Liechtenstein, Rothschild, Sarasin, Matter und andere. Die Nische ist lukrativ. Der eigene Zugang zu solchen Lösungen ist wichtig für die Reichsten. Denn die Finanzindustrie will mit ihren Produkten zum Kauf/Verkauf verführen und schädigt mehr als sie nützlich ist. Die immer raffinierteren Anreizsysteme zur Entschädigung der obersten Crew oder erfolgreicher Verkäufer, sind latente Stolperfallen höherer Risiken in der Beratung der Bank. Diese führen am Ende zu höheren Schäden beim Kunden (entgangene Gewinne, Kosten, Verluste). Bei den Reichsten führt das zu entsprechenden Konsequenzen. Der Mittelstand hingegen geht nach wie vor fast den gleichen Weg mit den immer gleichen Resultaten.

Gehen wir 100 Jahre zurück, beachten 4 Generationen und schauen uns an, welche Anlagen wann erfolgreich waren. Die Wirtschaftszyklen wie die «Kriegskinder» und «Nachkriegskinder» haben andere Verhalten als die «Babyboomer» und «Millennials». So betrachtet sind 100 Jahre, 4 Generationen, 4 Gruppen und 4 extrem lange Wirtschaftszyklen zu erkennen. Generationenzyklen verlaufen nicht genau identisch in je 25 Jahren. Deshalb ist bereits der 5. Zyklus im Gange. Der 5. aktuelle Zyklus, in dem wir uns befinden, geht zurück auf den Zeitraum der Jahre 1928-1948. Zum besseren Verständnis verkürze und vereinfache ich an dieser Stelle. Das grosse Bild fördert das Verständnis, es macht das Ganze klar und offensichtlich:

- 1928 bis 1946: 2. Weltkrieg II, Währungskrieg.
  Das Gold wird in den USA abgewertet/verboten (1933)
  Nullzinsrate wird via Politik eingeführt (ZIRP Zero Interest Rate Policy).
  Eingriffe der damaligen Zentralbanken durch das Drucken von Geld (QE)
- 1947 bis 1963: Nachkriegsaufschwung
  Schöpferischer Anteil des Menschen kommt zum Ausdruck – Wir packen das.
  Kinderschwemme mit Babyboomern. TV war keine Abendbeschäftigung
- 1964 bis 1984: Rohstoff-Boom – Heizöl-Schock – Goldschock (Extremer Anstieg)
  Fieberthermometer (Ausschläge an der Börse) hoch/runter
  Steigende Preise: Häuser, Güter, etc.
  Steigende Zinsen in Extremis (Paul Volcker, Zentralbankchef USA)
- 1985 bis 2007: Sinkende Zinsen – Aktien- und Obligationenboom
  Eintritt Arbeitsleben Babyboomer (Sparer/Konsumenten)
  Blühende 80er, Internet- oder Dotcom-Blase, Immobilien-Blase
- 2008 bis 2019: Weltweiter Währungskrieg. Wer hat schneller die schwächere Währung?
  Nullzinsrate
  Eingriffe der Zentralbanken (Geld drucken, Aktien/Obligationen kaufen)
  Pensionierung der Babyboomer (Ausfall Arbeit, Sparer, Investor etc.)

So betrachtet ist es offensichtlich, dass eine Anlagestrategie auf 100 Jahre festzulegen und der nächsten Generation der Sinn und Hintergrund dieses Vorgehens zu vermitteln ist. Der Erfolg der alteingesessenen Reichen bestätigt dieses Vorgehen. Dort, wo Änderungen vorgenommen wurden, ist der Reichtum weg: die dritte Generation verspielt das Vermögen, da sie andere Regeln und Bedingungen aufstellt. Wenn ich das Verhalten und die Strukturen Reicher nutzen will, bedeutet das, dass die Anlagestrategie während 100 Jahren das Fundament bildet und unverändert bleibt. Das ist das langfristige Anlegen von Geld. Wer anstelle der heute üblichen Einstiegskosten bei den Investitionen auch die Ausstiegskosten beachtet, kann täglich oder mindestens wöchentlich seine Anlagen verkaufen. Je nach Produkt kann das heute bis zu einem Jahr dauern, bis ein Verkauf möglich ist. Die Handelbarkeit einer Anlage ist das A und O. Wer nie einen Notfall hat oder über andere Reserven verfügt, kann darauf verzichten.

Wenn wir die Berater der Finanzindustrie heute betrachten, sticht ins Auge, dass ein Generationen-Zyklus 1985-2007 für die meisten «Kundenberater Vermögensberatung» die Norm ist. Eine Erfahrung und ein Vorgehen haben den Erfolg sichergestellt. Aktien kaufen und liegenlassen oder langfristige Staatsanleihen kaufen. Die sinkenden Zinsen sorgten für Rendite. Edelmetall durchlief das Tal der Tränen bis 2001. Die Kundenberater waren 1985 mehrheitlich noch im Kindergarten.

Die Erfahrungen dieser Vermögensberater basieren auf Erlebnissen wie fallende Zinsen, extreme Kursanstiege, Blasen die platzen und zu Verlusten führen. Das menschliche Hirn transferiert Erfahrungen mit kurzer Zeitachse aus der Vergangenheit bei Anlageentscheidungen in den Vordergrund. Vorfälle, die länger zurück liegen, werden ausgeblendet. Das führt zu Entscheidungen in der Umsetzung der Geldanlage, die öfters mehr schaden als nützen. Identische Prinzipien und Vorgehen haben zum Erfolg oder Verlust geführt.

Alle Antworten und Rezepte, die dem Anleger heute vermittelt werden, basieren auf einer Erfahrung: die Zeit der sinkenden Zinsen. Was ist das Anlagerezept für steigenden Zinsen oder das für eine längere Zeit der Nullzinspolitik? Welche Anlagekategorie erzielt eine Rendite, wenn die Aktien und Obligationen Verluste erzielen?

In den Zyklen von 1928 – 1946, 1947 – 1963 und 1964 – 1984 stecken die Antworten: es sind mehr als die Jahreszeiten der Wirtschaft, nämlich die Generationen und deren Verhalten. Die Kriegskinder, die Nachkriegskinder, die Babyboomer und die Millennials haben unterschiedliche Verhalten und Prägungen. Daraus ergeben sich andere Bedürfnisse und Schwerpunkte. Wenn wir die Millennials betrachten, ist deren Leidensfähigkeit und Leistungsbereitschaft wenig vergleichbar mit denen der Kriegskinder und Nachkriegskinder. Zu der Zeit herrschten andere Nöte, andere Prioritäten und Fähigkeiten. Das hat Konsequenzen.

Daraus entstehen realistische und langandauernde Zyklen. Beim Wetter kann es auch mal den ganzen Sommer verregnen anstelle eines kurzen Schauers oder eines Regentages. Wir haben immer wieder Perioden die länger dauern.

Die Dauer eines Zyklus wird rückwirkend betrachtet klar und kann festgelegt werden. In der Zukunft Zyklen zu erkennen ist möglich, doch der Zeitpunkt des Wechsels ist unbekannt. Also bin ich als Anleger immer zu früh und zu spät unterwegs.

Fazit

Während ich das Buch schreibe, habe ich entdeckt, dass meinem Portfolio noch zwei Facetten fehlen. So zu lernen macht unglaublich viel Freude und Lust. Diese zwei Aspekte zu integrieren macht das Portfolio dann für 100 Jahre wetterfest. Die zwei fehlenden Teile sind: Rohstoff Nahrung (Lebensmittel wie Kaffee, Zucker, Getreide, Soja, Reis). Und der andere ist das Fieberthermometer der Börse, das die Achterbahn der Gefühle und Kurse misst. Wie das vor sich geht, kann der Leser und Kunde über das Abonnement der Forschung und Entwicklung direkt nachvollziehen. Schwankungen an der Börse können sich Grossanleger zu Nutze machen. Als Privatanleger kann ich mir das nicht kaufen oder organisieren. In meiner Forschung und Entwicklung bin ich dabei, dafür eine Lösung zu finden.

Standardprodukte für diese zwei Facetten sind meistens zu kostspielig. Deshalb wird die Integration mehr Zeit in Anspruch nehmen. Doch die Wirtschaftszyklen sind integriert und das ist eine riesige Erleichterung. Der Vorteil gegenüber traditionellen Anlagestrategien ist frappant. Wetterfest halt. Ende März 2020, während ich diese Ergänzungen vornehme, hat es mein robustes, wetterfestes Permanentes Portfolio wieder bewiesen. Es fällt weniger stark und erholt sich schneller. Weniger Fehler und weniger Verluste ergeben höhere Erträge.

Gold das Edle und Silber das Arbeitende

Das ist einfach erklärt: das muss jeder Investor und Anleger besitzen. Es führt kein Weg an den Edelmetallen vorbei, egal welchen Weg die Regierung und Politik nach Corona gehen wird. Das Risiko, kein Gold zu haben, ist um ein Vielfaches grösser, als das Risiko, Gold zu halten. Wer dann noch eines der Naturgesetze beherzigt, die in der Geldanlage gelten, kauft Gold. Erfolgreiche Anleger suchen nach den unbeliebten, den meistgehassten Sektoren wie die Nadel im Heuhaufen. Diese sind preiswert zu kaufen und sollten steigende Kurse ausweisen. Der steigende Kurs ist dann noch die Bestätigung zum Kauf – wie heute Edelmetall. Gold ist das einzige Geld.

Während des Schreibens ist der 29. Februar ein Tag, der belegt und besetzt war in vielerlei Hinsicht: Börsenabsturz von ca. 15 %, Goldpreis hat über 2 % verloren, was mich nicht überrascht hat. 2008 war das ähnlich, doch was glänzte, waren die Edelmetalle und nicht die Aktien. Ein richtig verrückter Tag, der Anleger in Panik versetzte. Swissquote macht zwar viel Werbung auf YouTube, doch der Computer, sprich die Server, gingen in die Knie. Kunden, die handeln wollten, konnten ihre Anlagen nicht verkaufen. Das führte zu höheren Verlusten und wird noch mehr passieren, auch bei anderen Banken.

Wer mit Krediteinsatz Geld anlegt, muss eine Differenz von Guthaben und Kredit ausgleichen. Das führt zu Zwangsverkäufen bei Kunden und für die unwilligen Kunden erledigt das die Bank selbst. Das führte zu mehr Verkäufen, als das System verkraftet. Und das zeigt sich im Preis. Dabei gilt zu beachten, dass das Virus aus China herzlich wenig kann für diese Korrektur. Eine Korrektur machte wirtschaftlich betrachtet schon seit mindestens 3-5 Jahren Sinn. Die Korrektur wurde befeuert von Kunden, die Anlagen verkaufen mussten, um ihre Kredite zu decken. Dem Virus die Schuld zu geben für den Börsenabsturz ist etwas gar zu einfach gegriffen. Die Zahlen der Weltwirtschaft waren schon längere Zeit «grottenschlecht». Gold tauchte, da viele Anleger Liquidität brauchten, um ihre Kredite oder Spekulationen, die in die falsche Richtung «fielen», zu finanzieren. Die übliche Verkaufspanik an solchen Tagen erledigte den Rest.

Silber verhält sich zu Gold wie ein Bulle auf Steroiden, denn der Markt ist so unglaublich klein und unverstanden. Der Bargeldbestand von Apple ist 10 Mal grösser als die gesamte Silberproduktion. Beim Kauf von Gold und Silber ist ein Verhältnis von 15 Teilen Silber die Norm. Heute ist dieses Verhältnis bei über 100 Teilen. Erinnern Sie sich: «Alles kehrt zum Mittelwert zurück». Also wird das Verhältnis 90 zu 1 korrigiert.

Wer 2016 Unpopuläres kaufte und investierte, fand Rhodium damals bei 650 US-Dollar. Die Kurssprünge waren galaktisch. Ende Februar 2020 steht der Kurs von Rhodium bei 12'950 Dollar. Innert 4 Jahren derartige Kurssprünge zu erzielen, macht viel Freude und Gewinn. Das Gegenstück dazu ist der Druck auf den Anleger, der etwas macht, was die Mehrheit scheut.

Doch die allerwenigsten trauen sich und noch viel weniger bekommen es mit. Das sind die Anlage-Perlen, die ein Investor finden will – zu Beginn und nicht am Ende, wenn alle Welt davon spricht. Dann ist es eher die Zeit zu verkaufen, denn der Mittelwert ruft. Wann ist unklar. Und schon sind wir an der Essenz: Zyklen sind erkennbar, doch der Zeitpunkt des Wechsels ist eher Lotterie. Das einzuschätzen gelingt nur den Wenigsten, zu früh oder zu spät einzusteigen ist die Regel. Niemand verfügt über die Kristallkugel. Wann Gold durch die Decke geht und wann Silber den steroidgetriebenen Bullenritt startet, weiss kein Mensch. Doch dass es passieren wird, ist so sicher wie die 4 Phasen des Mondes.

Erfolgreiche Anleger suchen alles, nur keine Popularität von Geldanlagen in der Tagespresse. Das Wissen, dass jeder Kauf/Verkauf ein Fehler ist, zwingt dazu, abgelegene Wege zu beschreiten und eine eigene Lösung ausserhalb der Mehrheit zu finden. Die Lösung finden Sie im übertragenen Sinn nicht an den überlaufenen Touristenmagneten der Welt. Je abgelegener und versteckter der Ort oder das Tal, umso mehr sind bleibende Momente und berührende Begegnungen zu erwarten.

Finanzanalphabeten hören, lesen und achten auf das, was die Mehrheit macht. Finanzanalphabeten hassen Gold, da sie in der Regel das Geldsystem nicht verstehen. Das, was Medien vermeintlich und in vollem Ernst vermitteln, ist der «Heilige Gral» und das sind Aktien und Obligationen in allen Formen, obwohl längstens klar ist, dass niemand über die Kristallkugel und das Wissen der Zukunft verfügt. Deshalb ist jeder Kauf oder Verkauf einer Anlage ein Fehler, aus der Sicht eines aufgeklärten Anlegers ausserhalb der Mehrheit. Denn er ist immer zu früh oder zu spät.

Die Suche nach Sektoren und Zyklen, die unbeliebt und verhasst sind und sich in einem Trend von steigenden Kursen befinden, erhalten die Aufmerksamkeit. Das sind oft unverstandene Sektoren und Übertreibungen von Kursen nach unten. Spottbilliger Einstandspreis wie in den Läden, in denen «Geiz ist geil» gilt. Denn alles, was stark steigt, kehrt zum Mittelwert zurück und das geht eben auch mit den Kursen, die stark gefallen und unpopulär sind. Übertreibungen sind in beide Richtungen (hoch/runter) möglich. Doch was stark gefallen ist und am Boden liegt, ist preiswert. Die Frage ist nur: wann steigt Gold? Denn das 7 Jahre dauernde Tal der Tränen für Goldanleger neigt sich dem Ende entgegen. Das ist eine lange Korrekturphase, üblich sind 1-3 Jahre im Durchschnitt. Extreme Korrektur und Übertreibung gegen unten löst eine Übertreibung mit steigenden Kursen aus.

Der Edelmetall-Sektor befindet sich genau in der Phase der steigenden Kurse nach einer langen Korrekturphase von 7 Jahren. Achtung, nicht vergessen: früh einzusteigen bedingt einen langen Atem und Durchhaltewillen. Die unbeantwortbare Frage lautet: wann steigt Gold/Silber?

Fakten, die den Gold- und Silberpreis beflügeln trotz des unverstandenen Geldsystems:

- Die temporäre Aufhebung des Goldstandards durch US-Präsident Nixon 1971 machte es möglich. Der temporäre Zustand gilt nach wie vor.
- Geldsystem mit Papiergeld (Fiat-Währung) ist Zeichen-/Symbolgeld; basiert auf Vertrauen.
  Wer vertraut der Politik, die mich als Bürger anlügt?
- Schulden der Welt betragen ca. USD 260'000'000'000'000 (260 Billionen)
- Firmen-Obligationen weltweit ca. USD 10'000'000'000'000 (10 Billionen).
- Von 10 Billionen Firmen-Obligationen verlieren 2/3 die Investitionswürdigkeit, sobald die Qualität des Schuldners sich verschlechtert. Das führt zu Zwangsverkäufen. Mehr Verluste.
- Gold ist Geld. Seit über 5000 Jahren hat es Familienvermögen geschützt.
- Verschuldung von Studenten und Privaten hat Rekordhöhen erreicht.
- Die 9 grössten Banken der Welt haben Derivative (Anlagen der Geldlaborküche) von insgesamt 9 Billionen in ihren Bilanzen (Keine Regierung hat so viel Geld für die Rettung.).
- Weltweiter Währungskrieg mit immer tieferen Zinsen. Ziel ist, als erster die schwächste Währung zu haben. Dieser Krieg ist schon lange im Gang.
- Wenige Papiergeldwährungen haben einhundert Jahre überdauert, etwa das Britische Pfund. Die meisten anderen sind ersetzt worden.

Seit den 80er Jahren, als Banken die fixe Goldquote aus den Anlagestrategien der Kunden zugunsten der Aktien und Obligationen abschafften, verloren Edelmetalle ihren Status. Wer die 100-jährige Anlagestrategie vor Augen hat weiss, dass ab 1985 die Zinsen sanken. Seit dieser Zeit sind Aktien und Obligationen populäre und hochrentable Anlagen und im Vorteil gegenüber

Gold und Silber. Der Bullenmarkt dauerte für Obligationen etwa 34 Jahre. Der Bärenmarkt, also der Abschwung des Goldes, dauerte fast 20 Jahre. Diese Erfahrungen und Interessen führten dazu, dass die Edelmetalle als Geldanlage bei Bankberatern, unabhängigen Finanzberatern und Kunden unpopulär wurden. Je kleiner die Nachfrage, umso mehr verkümmerte das bisherige Wissen, denn innerhalb einer Familie über Geld und Vermögen zu sprechen ist bekanntlich ein Tabu. Halbwissen an der Macht ist die Konsequenz.

Jetzt bricht eine neue Zeit an. Eine Zeit, in der ich mich als Bürger und Anleger vor dem Staat und der Politik schützen muss. Eine Welt, die die wenigsten Berater sich vorstellen können oder kennen.

Doch das Umfeld mit Zinsen von Null bis Minus und die Kreditorgie (Private, Firmen, Staaten) verändern die Ausganslage und stellen das, was über 30 Jahre lang galt, auf den Kopf. Alles, was bisher gelernt wurde, kann vergessen werden. Es wird nicht funktionieren. Die neue Welt, in der wir uns befinden, ist unerforscht und unbekannt. Zeit, umzusteigen und den Edelmetall-Zug zu besteigen. Er nimmt gerade Fahrt auf!

Die Medien sind voll von Wissen zu Gold, das schlicht falsch ist oder höchstens einen minimalen Teil der ganzen Wahrheit betrifft. Die Aussage, Gold könne bei ansteigenden Zinsen oder stärkerem US-Dollar keine Kursgewinne machen, ist falsch. Von 2001 bis 2007 war alles dabei: steigende/sinkende Zinsen und sinkender/steigender US-Dollar, eine Achterbahn des Heizöl-Preises und anderes. Solange die Bürger und Anleger der Schweiz das Geldsystem nicht verstehen und ignorieren, solange bleibt die Bedeutung und Funktion von Gold unklar und trübe. Und genauso ist das mit den Finanzanalphabeten. Wer nicht lernt, wird zahlen, denn wer nicht hören will, soll fühlen. Und das wird schmerzhaft. Ganz einfach.

Jeder Student der Wirtschaftsgeschichte, weiss dass sicher seit den Römern Gold immer wieder eine zentrale Rolle spielt, um Vermögen vor Krisen zu schützen. Beim Niedergang der Stadt Rom war die Hälfte der Bewohner auf Unterstützung angewiesen. Nationalitäten, die verfolgt werden, sich im Krieg befinden oder verschiedene Währungswechsel schon erlebt haben, wie etwa die Juden, Palästinenser, Syrer, Inder, Russen, Argentinier, Chinesen, Venezolaner wissen das. Die grossen Zyklen bleiben bestehen, wiederholen sich. Also hat sich nicht viel verändert. Was bleibt ist, dass der Mensch fürchterlich langsam lernt. Dafür umso schneller vergisst. Die Politik lügt ihre Bürger an und die Firmen setzen immer mehr kreative Buchhaltung ein, um Tatsachen zu verbergen, und es schwieriger zu machen, diese Veränderungen zu erkennen.

Ein anderer, wiederkehrender und essenzieller Aspekt ist, dass das, was wichtig ist, ausgeblendet wird. Die meisten kümmern sich um das, was unnötig oder vernachlässigbar ist. Das Beispiel mit den Versicherungen macht das klarer. Der Schweizer versichert fast jedes Detail. Sei es der Hausrat, den es zu schützen gilt oder die Kamera und das Velo, die Skiausrüstung, Brillen, Auto, Gebäude, Krankheitsfall, Unfall, Zähne, Rechtschutz und vieles andere. Das sind alles budgetierbare Posten. Sogar die Krankenkasse, denn es gibt wie beim Tourismus auch einen Welttourismus der Medizin. Diese Touristen reisen den besten Medizin-Experten nach und lassen sich für einen Bruchteil der Kosten in der Schweiz behandeln. Doch Gold, das wollen die wenigsten, obwohl es der Vermögensschutz ist, der funktioniert. Das einzige Geld ist Gold. Dazu jetzt mehr, begonnen mit ein paar Aussagen von führenden Köpfen der Geldpolitik aus der Welt der Zentralbanken Europas, Amerikas und natürlich der Schweiz:

Spätestens seit letztem Oktober ist Gold Pflicht für jeden Bürger, der in Europa wohnt, inklusive in der Schweiz. Zu diesem Zeitpunkt machte die neu gewählte Chefin der Europäischen Zentralbank (EZB), Christine Lagarde folgende Aussage: «*We should be happier to have a job than to have our savings protected. I think that it is in this spirit that monetary policy has been decided by my predecessors and I think thay made quite a beneficial choice*». (*Wir sollten glücklicher sein einen Job zu haben anstelle eines geschützten Ersparten. Ich denke, dass meine Vorgänger die Geldpolitik in diesem Sinne entschieden haben, und ich denke, dass sie eine recht vorteilhafte Entscheidung getroffen haben.*)

Aus einem Grundlagenpapier der amerikanischen Zentralbank FED: «*History has taught us that money printing leads to extremely high rates of inflation and often ends in economic ruins.*» (*Die Geschichte lernt uns, dass Gelddrucken in einer extremen Inflation endet und die Wirtschaft ruiniert*)….

Die letzte Aufwärtswelle von Gold mit einer wahren Kursexplosion dauerte 13 Jahre (2001 – 2013). Der Höchstkurs betrug beinahe 1'965 Franken pro Unze. Der Start 2001 war bei 250 Franken pro Unze. Das entspricht einem

7.86-fachen Gewinn des Goldpreises. Etwas, das derart steigt, korrigiert zum Mittelwert. Der Mittelwert gilt auch, wenn etwas fällt, dann muss das wieder ansteigen. Die Minenaktien sind im gleichen Zeitraum um ein Mehrfaches vom 7.86-fachen Gewinn gestiegen. In der gleichen Zeitspanne gab es Zinserhöhungen und -senkungen, einen starken und schwachen US-Dollar, steigende und sinkende Aktienkurse, Terror, Krieg, Frieden, Euro-Krise mit Griechenland und vieles andere mehr. Trotzdem stieg der Goldkurs. Obwohl wiederkehrend die Rede davon ist, dass steigende Zinsen pures Gift sind für den Goldpreis. Gold steigt auch bei steigenden Zinsen. Schreiben sich die Journalisten aus Kostengründen und wegen Zeitersparnissen gegenseitig die Fachartikel ab? Oder ist es üblich, unreflektiertes Wissen weiterzugeben? Das wäre eine Wirkung wie bei Lebensmitteln, bei denen das Verfalldatum längstens abgelaufen ist und dem Kunden das Produkt trotzdem verkauft wird.

Bis 2013 hatte sich der Goldpreis mit der Geldmenge der fünf grössten Zentralbanken der Welt (USA, EU/EZB, Russland, Japan, China) annähernd im Gleichschritt entwickelt. Ab diesem Zeitpunkt stiegen die Papiergeldmenge und der Goldpreis sank. Diese Scherenbewegung von «Papiergeld hoch» und «Gold runter» ist eine Übertreibung, die zum Mittelwert zurückkehren wird. Wann? – die unbeantwortete Frage.

Neben dem Geldsystem ist es hilfreich, als Anleger das Verständnis und die Unterscheidung von Gold und Rohstoffen zu erfassen. Denn das ist ein weiteres Missverständnis. Das Bild von Intelligenz und Charakter bringt es auf den Punkt. Wer Rohstoff abstrakt als «Intelligenz» betrachtet, kommt dem Ganzen auf die Spur. Intelligenz ist handelbar und kann zu Geld gemacht werden durch Patente, Erfindungen, durch spezielles Wissen, Dienstleistungen und anderes. Die Schweiz als Land ohne Rohstoffe beweist das seit Jahrhunderten. Gold hingegen ist wie der «Charakter» und die «Haltung» eines Menschen. Es ist weder kaufbar noch verhandelbar. Es entwickelt sich langsam und ist äusserst begehrt, doch kaum zu bekommen. Früher waren das Querköpfe, Dorf-Originale oder Unternehmer, wie sie heute kaum mehr anzutreffen sind. Genauso verhält es sich mit Gold. Es ist rar, unzerstörbar und ein Speicher für Vermögen. In 5000 Jahren Geldgeschichte war Gold immer der letzte Hafen, um das Familienvermögen zu erhalten und schützen.

Die Menschen und Nationen, die das taten, hatten nichts zu befürchten, egal ob sie England (Brexit sei Dank), Simbabwe oder Venezuela hiessen. Sie speicherten ihr Vermögen trotz der Zerstörung der Landeswährung, denn der Goldpreis stieg um den Wert, den die Landeswährung verlor. Übrigens: der Schweizerfranken, der Euro oder der US-Dollar haben mehr als 70 % ihres ursprünglichen Wertes verloren seit ihrer Einführung. Gold ist das einzige Geld, das den Namen «Geld» verdient hat, da es einen Wert hat. Kein Zeichen- oder Symbolgeld, das wie heute üblich auf Vertrauen basiert. Vertrauen, das sich weltweit in den unterschiedlichsten Bereichen der Öffentlichkeit und Wirtschaft auflöst. Was passiert, wenn eine Mehrheit diesem Papiergeld nicht mehr traut? Am Ende ist es wertloses Papier mit aufgedruckten Zahlen, Symbolen und Bildern. Einzig das Vertrauen der Bürger trägt und bestimmt den Wert. Was ist, wenn dieses Vertrauen verloren ist? Mit Zeichengeld bin ich als Bürger Opfer, denn das Vermögen wird sich in Nichts auflösen. Wenn ich mich auf Gold verlasse, besteht die Chance, das Vermögen zu erhalten.

Von 1933 bis 1970 herrschte ein Goldverbot in Amerika. Bis 1971, als der US-Präsident Richard Nixon den Goldstandard auflöste, haben Zentralbanken des Westens immer Gold gekauft. Die Goldreserven waren und sind ein wesentlicher Vermögensteil der Zentralbanken. Das Papiergeld war bis dahin zu grossen Teilen gesichert – durch Gold. Gold ist die Ersatzwährung der Zentralbanken, wenn alle Stricke reissen. Nebenbei: Nixon bezeichnete diese Massnahme als temporär. Der temporäre Zustand dauert nun schon fast 50 Jahre an. Danach kauften Zentralbanken selten bis nie Gold. Hingegen verkaufte die Zentralbank von England (1999 – 2002), die Schweizer Nationalbank (2002 – 2004) und Kanada (2016) und Venezuela (2019) ihr Gold teilweise, zur Hälfte oder ganz. Die Vier Glorreichen haben zu Tiefstpreisen verkauft. So wie das Anfängern und Laien immer wieder passiert. Wer weiss, vielleicht musste der Verkauf erfolgen, um den Goldpreisanstieg etwas zu bremsen? Doch Achtung, es gibt schlaue Köpfe in den Zentralbanken des Ostens. diese Zentralbanken kaufen Gold in grossem Umfang. Im Westen waren früher die Guthaben, die Schulden im Osten. Heute ist es umgekehrt – Schulden im Westen und Guthaben (Werte) im Osten. Letztes Jahr – 2019 – haben östliche Zentralbanken neue Rekordmengen an Gold gekauft. Wieso dringt dieses Wissen nicht zur Mehrheit der Privatanleger?

Wir verbrauchen, konsumieren wie die Blöden, als ob es kein Morgen geben würde. Wer an die Klima-Diskussion denkt, stellt ein fast identisches Bild fest. Verschmutzung heute, bezahlen irgendwann in der Zukunft. Identisches Bild bei den Altersrenten und deren Grundlagen zur Berechnung der Höhe der Rente. Wir beziehen und verbrauchen Gelder, die für die Zukunft bestimmt sind. Die Angestellten und Versicherten, die ihr Alterskapital anwachsen sehen und sich über den Zuwachs freuen, könnten eine böse Überraschung erleben. Es sind alles theoretisch hochgerechnete Fantasien von Reichtum. Dasselbe gilt bei Anlagewerten, die einen Extremanstieg hinter sich haben. Ja, auch Immobilienpreise können fallen.

Könnte es etwa sein, dass Schulden der Konsum der Zukunft sind – der in der Gegenwart genossen wird? Auch die Schweizer Nationalbank hat eine Quote für Edelmetall, damit sie die Zukunft sicherstellen kann. Wie alle Zentralbanken der Welt. Wieso verkauft sie das nicht? Weil das Gold für Zentralbanken der letzte Anker ist, wenn sich das Vertrauen in die Währung auflöst (Währungskrise).

Das Trainingslager, dem wir, das heisst der Anleger und Bürger, sich unterwerfen, ohne es zu merken, hat es mehr als nur faustdick hinter den Ohren. Denken wir nur an den Einsatz der Kreditkarte: dasselbe Spiel und dieselbe Wirkung. Heute konsumieren, morgen bezahlen. Das wird auf Dauer ein Debakel, dazu muss ich kein Wahrsager sein. Je mehr Geld und der Umgang mit Geld nur theoretisch sind, umso grösser wird der Schaden.

Verhalten cleverer Anleger mit Gold und Bank und künftige Brandbeschleuniger Goldpreis

Die Vermögensumverteilung vom alten (Westen) zu neuen Wirtschaftsmächten (Osten) sollten Auslöser und Denkanstoss sein, andere Wege zu gehen. Die Armenhäuser des Ostens und der Schwellenländer mausern sich. Der Westen verspielt mit dem Konsum das Vermögen und bekommt im Gegenzug die Schulden. Der Osten und die Schwellenländer erhalten dagegen immer mehr die Guthaben. Ihr Einfluss wird Schritt für Schritt grösser und der US-Dollar spielt Schritt für Schritt eine weniger wichtige Rolle. Das Verhalten in der Corona-Krise ist weder für die Schweiz noch für Europa noch die USA ein Ruhmesblatt. China, Singapur und Taiwan sind dagegen sehr wohl als Gewinner hervorgegangen.

Den wenigsten Privatanleger sind die erfolgreichsten Anleger der Welt bekannt. Wenn jedoch von Zuckerberg, Gates, Musk, Bezos, Blocher, Frey, Schmidheini, Schindler, Bertarelli, Spuhler und anderen gesprochen wird, ist den meisten klar: dass sind erfolgreiche Unternehmer.

Was hingegen sicher ist: Erfolgreiche Anleger und Unternehmer gehen eigene Wege. Sie bevorzugen Menschen und Organisationen ausserhalb der Bank oder sie erhalten Rahmenbedingungen bei Kosten und Services, die es wert sind, zur Bank als Administrationsstelle zu gehen. Die Hartnäckigkeit, die jedoch der Schweizer Anleger und Mittelstand nach wie vor zeigt, indem er meint, die besten Lösungen und Produkte bei der Bank zu finden, ist mir ein Rätsel. «Private Banking» hin oder her. Wirkliche Kostenreduzierungen können erst ab einem Vermögen von 50 – 100 Mio. Franken realisiert werden. Bedingung dafür ist jedoch, die Bankdienstleistungen auf die Administration zu begrenzen. Egal welche Produkte der Bankkunde kauft, die Kreativität einer Bank in der Gestaltung ihrer Lösungen ist für mich als Experte kaum mehr zu durchschauen. Wie machen das andere, weniger erfahrene Kunden? Ein Vorgang, der mich immer wieder zum Staunen bringt.

Sicher, Anlagevolumen von über CHF 50 Millionen haben die Wenigsten. Doch viele Menschen könnten sich zusammentun, um dieses Volumen zu erreichen.

Eines ist noch erstaunlicher. Wenn die Verluste und die Kosten der letzten Jahre betrachtet werden, sei es auf Banken- oder Kundenseite, weiss ich aus Erfahrung: das Einzige, was bestenfalls wirklich stieg, waren die Produktkosten und die Vermögensverluste beim Kunden. Bei der Bank stiegen die Zahl und die Höhe der Strafzahlungen. Gelitten haben die Aktionäre durch Kursverluste. Belohnt wurden die obersten Kader, die sich immer höhere Löhne und Boni zuschanzen. Erfolgreiche Anleger unternehmen viel, um ihr Vermögen prosperierend zu investieren. Sie scheuen hohe Kosten und Interessenskonflikte. Die hellen Köpfe nutzen die Bank nur so, dass ihr eigenes Geld wächst und nicht die Gewinne der Bank.

Mich überrascht nicht mehr, dass auch Grossanleger wie Pensionskassen genauso wenig ihre Möglichkeiten der Kostenreduktion ausschöpfen. Wenn sie das täten würden sie

- einer Bank keine Vermögensverwaltungsvollmacht erteilen
- eine Edelmetallquote integrieren
- Vermögen der Versicherten nach Wirtschaftszyklen anlegen
- Eine 100-jährige Anlagestrategie verfolgen

Mit ihrem Mitmachen bei Normen und Strukturen der Finanzindustrie unterstützen und verstärken die Pensionskassen das Verhalten der Banken. Das führt zu weiterhin übersetzten Boni und Lohnexzessen.

Zu übersetzten Kosten habe ich mehrere Erlebnisse und Erfahrungen gemacht. Anstatt den Versicherten der Pensionskasse, den Verbandsangehörigen (Berufsverband) oder der Familie (Non-Profit-Stiftung) mehr Rendite und weniger Risiken und Kosten zu bieten, wurde der Berater ausgewechselt. Gleichzeitig wurde die Berichterstattung verändert. Sie lesen richtig! Obwohl Mehrkosten in 6-stelliger Höhe anfielen, wurde die Lösung beibehalten. Egal ob Pensionskasse, Berufsverband oder Non-Profit-Stiftung – die filigranen Verstrickungen untereinander waren stärker als die Verlockung, einen neuen Weg zu gehen. Im Gegenteil: die betroffenen Menschen wurden nicht ins Bild gesetzt, sondern die Berichterstattung wurde so angepasst, dass die Mehrkosten optimaler versteckt sind sprich unauffindbar. Neue Einsichten und Erkenntnisse sind verboten an diesen Schnittstellen. Wer dazu gehören will tut das, was die Meute verlangt. Banken und Firmen veranstalten VIP-Anlässe, an denen man vermeintlich gesehen werden muss, um dabei zu sein und dazuzugehören. Diese Begehrlichkeiten und Gefälligkeiten schaffen Abhängigkeiten. Erfolgreiche Anleger scheuen Verbindungen und Zwänge der Verpflichtungen, die ihre Freiheit gefährden.

Eigene Wege gehen und hart verhandeln ist unbequem und ausserhalb dessen, was die Mehrheit tut. Nur die Bank zu wechseln, wird nicht helfen. Ebenso wenig die Flucht von den Grossbanken hin zu regionalen und vermeintlich seriösen Banken oder PostFinance. Viele Kunden sind bei diesem Wechsel vom Regen in die Traufe gekommen. Ich denke da an Banken wie

Valiant, Raiffeisen und andere mehr. Trotzdem wechseln die Kunden und mehrheitlich erhalten sie bei anderen Banken das gleiche. Was sich ändert, ist das Logo und die Farbe der Verpackung. Ein ungeschriebenes Gesetz lautet: Was jemand einem Dritten antut, wird er über kurz oder lang mir antun.

Wie heissen einige der erfolgreichen Menschen der Geldanlage? Dazu finden sie eine ganze Liste erfolgreicher Investoren und ihrer Vorlieben ausserhalb der Edelmetalle in der Geldanlage. Trotzdem steigen diese Menschen um. Es sind die, die in Gold investieren und deren Goldposition mindestens 5 – 25 % beträgt. Das kann der Barren, also physisches Gold sein, oder die entsprechenden Aktien. Aktien von Minengesellschaften, die Gold oder Silber abbauen oder verarbeiten, teilweise auch Platin im Sinne von Edelmetall. Mit «Verarbeitung» ist das Einschmelzen in handelbare Grössen gemeint.

Viele der erfolgreichsten Anleger und Unternehmer gehen davon aus, dass Gold in den nächsten Jahren eine der besten Anlagekategorien sein wird. Diese einmalige Chance nutzen sie und positionieren sich früh, lange bevor sich der Privatanleger in ein entsprechendes Investment traut. Sie wissen: je länger der Goldpreis steigt, umso mehr Druck entsteht bei Grossanlegern, diese Anlageklasse ebenfalls zu kaufen. Damit sind AHV, Pensionskassen, Grossfirmen, reiche Familien, Anlagefonds, Vermögensverwalter und anderes mehr gemeint. Diese Vermögen mit einer Quote von 1 – 5 % in Gold würden den Goldpreis in neue Sphären katapultieren. Wenn dann noch der Mittelstand und Kleinanleger kommt wird es richtig teuer. Die Klima-Diskussion spielt den heute investierten Goldanlegern zusätzlich in die Hände, denn die «Grünste aller Anlagen» ist Gold.

Viele Rentner besitzen grosse Vermögen ohne Goldanteil. Dazu kommen die Kapitalabfindungen aus den Pensionskassen der künftigen Rentner und Pensionäre. Sie haben ebenso einen Bedarf. Wie sieht es aus mit den Milliarden von Vermögen, die auf die nächste Generation übergehen müssen? Begrenzt nur auf die Schweiz betrachtet: sobald Gold als Anlage populär ist, wollen es alle haben. Jetzt ist es noch unbeliebt und die Goldanleger werden belächelt. Doch das ständige Vergleichen der Renditen pro Quartal und Jahr erhöht den Druck, Gold kaufen zu müssen. Anlageverzeichnisse, die kein Gold führen, werden unbequeme Fragen von ihren Kunden gestellt bekommen. 2016 und 2019 waren hervorragende Jahre für Edelmetall. Sobald der

Schneeball «Gold» sich lawinenartig bewegt oder der Zug «Gold» Fahrt aufnimmt, wird der Preis Kapriolen machen, die kaum vorstellbar sind. Denn je höher der Gold- und Silberpreis steigt, desto grösser wird der Druck der Anleger, es zu kaufen. Je mehr der Kurs diese Steigerungen aufweist, umso mehr wird die Gier der Anleger geweckt. Sie steigen viel zu spät auf den bereits fahrenden Goldzug auf, vor lauter Gier und Angst, etwas zu verpassen. Dann wird es populär sein. Sobald etwas populär ist, kostet es zu oft zu viel, um einen Gewinn zu erzielen. Verluste sind das einzige Programm, dass daraus resultiert, wenn zu Höchstpreisen gekauft wird und am Tiefpunkt wieder ausgestiegen wird. Doch die Sphären des Goldpreises verbergen bei einem derart realistischen Szenario den Sprengstoff der besonderen Art. Das grösste Risiko für Goldbesitzer wird sein, zu früh auszusteigen. Die Psychologie des Menschen mit seiner Angst, seiner Unsicherheit und seiner Gier ist ein verlässlicher Indikator dafür, das Falsche zu tun.

Der oben beschriebene Sachverhalt und die nachfolgenden Namen von Goldinvestoren sollen ein Weckruf sein für jeden Anleger, Sparer und Verantwortlichen für Vermögen der Schweiz. Ein Weckruf, um eine Quote «Gold» in seinem eigenen oder im verwalteten Vermögen einzubauen. Ebenso ein Ruf für die Arbeitnehmervertreter in den Anlagekommissionen von Pensionskassen, Stiftungen, Vereinen, Genossenschaften und Verbänden. Um Missverständnissen vorzubeugen: ich bin im Edelmetall investiert. Und es spielt mir keine Rolle, wie lange es dauert, bis dieses Szenario zum Tragen kommt. Am Ende des Tages will ich mein Vermögen schützen und erhalten. Deshalb verzichte ich heute auf Rendite und Risiken. Denn wenn es rund geht, und das wird es, will ich nichts tun müssen. Stillsitzen, Ruhe bewahren und mich darüber freuen, dass ich mich schon viel früher eingerichtet habe. Denn die Zentralbanken der Welt inklusive der Schweizer Nationalbank werden den Unsinn der Negativzinsen und Käufe von Aktien, Währungen, Obligationen betreiben, bis alles Kopf steht.

Der Aufschwung dauert schon mehr als 10 Jahre und ist der längste der Geschichte. Einzigartig ist, dass dieser Aufschwung mit den tiefsten Zinsen, den höchsten Schulden in der Geschichte des Geldes und noch mehr Konsum gekauft ist. Der Konsum sind die Guthaben der Zukunft, die in der Gegenwart verbraucht werden. Wenn wir so viel in der Gegenwart konsumieren, wie soll das weitergehen in der Zeit, in der wir im Rentenalter sind? Davor habe ich Schiss und deshalb ist es für mich derartig wichtig, Gold zu besitzen. Das Ungleichgewicht wird dadurch korrigiert. Viele der heute verzerrten Preise kehren zurück zum Mittelwert. Wenn das passiert, braucht der Anleger eine Lebensversicherung – Gold.

Wie heissen die Goldanleger und was sind ihre Hintergründe

Ronald Stöferle investiert in Gold und seit Februar 2020 mit einem neuen Anlageprodukt auch in Bitcoin. (Die Beschreibung der Hürden für diese Anlagelösung sind allein buchfüllend. Charmant ausgedrückt haben mir – Gerold – die Banken den Kauf vermasselt. Sie haben Innovation mit viel Fantasie und rechtlichem Nonsens verhindert.) Stoeferles Sicht und Herkunft ist die «Österreichische» oder «Wiener Schule». Er war Mitautor des Buches «Österreichische Schule für Anleger» und hat mit Partnern zusammen ein Modell erarbeitet, das Signale zur Inflation liefert. Als Mitautor des Buches «Die Nullzinsfalle» und Herausgeber des jährlichen Berichtes «In Gold We Trust» ist er ebenso bekannt. Der ausführliche «In Gold We Trust»-Bericht kann jedes Jahr ab Ende Mai via Internet und in Englisch und Deutsch bezogen werden – kostenlos. Und das wird über 1.5 Millionen Mal gemacht. Für diejenigen, die sich mit Gold beschäftigen, ist «In Gold We Trust» Pflichtlektüre. Lesestoff, der jährlich sehnsüchtig erwartet wird.

Marc Faber ist der Schweizer Crashprophet, der monatlich einen populären Börsenbrief herausgibt und sich als «Contrarian» bezeichnet. Er macht öfters das Gegenteil der Mehrheit. Seit etwa 2 Jahren ist bei ihm die Quote von Edelmetall etwa 25 %. So sagt er es an Veranstaltungen, bei denen er als Referent auftritt und so schreibt er in seinem Monatsbericht. Für mich ist das kein Nachweis. Die Normen des Qualitätsmanagements verlangen etwas mehr Nachvollziehbarkeit. Sein guter Ruf ob seiner messerscharfen Analysen kommt jedoch nicht von ungefähr. 2018 kam er allerdings unter die Räder mit dem Medienzug, der sich weltweit verbreitete. Eine unglückliche Formulierung in seinem Monatsbericht kostete ihn viele Mandate und brachte noch mehr Schelte ein. Obwohl seine Liebhabereien, seine Aussagen, seine Referate und spitzen Kommentare öfters – oder sagen wir: regelmässig – grenzgängig sind, löste das 2018 einen «Shitstorm» aus, als er die amerikanische «schwarze» Bevölkerung mit Afrika verglichen hat. Dieser Shitstorm hat ihn viele Mandate und Aufträge gekostet. Doch im Zuge der Corona-Krise ist er wieder begehrt als Redner.

George Soros hat viele Milliarden und er wurde berühmt mit seiner Spekulation auf das Pfund am 16.9.1992, wodurch England gezwungen war, seine Währung abzuwerten – der Schwarze Mittwoch. Er spekuliert nach wie vor und in hohem Alter mit allem, was handelbar und günstig ist. Bisher war Gold keine Kernanlage in seinem Portfolio. Doch 2014 hat er in die Mine «Barrick Gold» investiert. Wenn die Unsicherheit gross ist, ist Soros in Gold engagiert. Sobald sich die Wetterlage zum besseren ändert, reduziert er zu Gunsten von Aktien. Er handelt jährlich 15 % seines Portfolios. Der Ungar fördert und unterstützt Bürgerrechtsinitiativen und politische Aktivisten. Er war für mich lange Zeit eine Unperson, doch er trägt dazu bei, dass Ungleichgewichte eliminiert werden.

Stan Druckenmiller ist einer der erfolgreichsten Anleger der Geschichte. Er ist wie Soros ein Investor in Reinkultur. Er setzt auf sinkende und steigende Kurse mit allem, was an der Börse handelbar ist und er setzt zusätzlich Kredite ein. Als Partner von Soros (1988 – 2000) hat er die Pfundwette umgesetzt. Seine erzielten Renditen waren ausserordentlich hoch und beständig über die Jahre seiner Tätigkeit. 2010 zahlte er alle Kundengelder zurück, als sein Fonds 5 Prozent im Minus lag. Er sah keine Möglichkeit, in dem verzerrten Markt der Minuszinsen – von den Zentralbanken ausgelöst – die bisherigen Erträge zu erzielen und verwaltet nun nur noch sein eigenes Vermögen. Seine Goldquote beträgt 20 Prozent und er setzt auf den Goldbarren und zwei grosse Minengesellschaften neben einer kleineren Firma. Sein grösstes Fiasko und Lehrgeld bezahlte Druckenmiller während der Tech-Blase im Jahr 2000. Der von ihm öffentlich gemachte Ausblick 2020 auf den Finanzkanälen war eher eine «Wutrede». Laut zu sein ist nicht seine Art. Druckenmiller ist eher zurückhaltend, diplomatisch und messerscharf in seinen Aussagen. Er sorgt sich ernsthaft um die Zukunft des Mittelstandes und der Unterschicht in Amerika.

Jim Rogers, mehrfacher Milliardär, war der ehemalige Partner von Soros vom Start 1970 – 1980. Danach machte er sich daran, drei Jahre lang mit dem Motorrad die Welt zu erkunden. Diese Weltreise wiederholte er 1999 – 2001 mit seiner frisch vermählten Ehefrau noch einmal mit einem Mercedes Cabriolet. Das Cabriolet war auf ein Mercedes G-Fahrwerk der Armee aufgepflanzt worden. Der Name «Investment Biker» ist offensichtlich. Und woher der «Rohstoff-Guru der Landwirtschaft» seinen Namen hat, ist klar: durch seinen 1998 aufgelegten «Rogers International Commodity Index (RICI)», der weltweit anerkannt ist und eingesetzt wird. Im gleichen Jahr verkaufte er seine Aktien und kaufte Staatsanleihen der USA, Goldaktien und physisches Gold. Er hatte 3 Jahre später seine helle Freude am Vermögenszuwachs. Den Lebensmittelpunkt verlegte Rogers 2008 von den USA nach Singapur. Er ist der Meinung, dass China und Asien in Zukunft bestimmen und nicht mehr die USA und Europa. Gold und Silber erachtet er als zentrale Kernanlage, um sein Vermögen in der Zukunft zu erhalten und zu schützen. Die Höhe seines Vermögens weiss er gut zu verbergen. Sein Wohnsitz und die diversen Firmensitze inklusive in der Schweiz machen das möglich.

Jeff Gundlach nennt man den Obligationen-Papst. Er verwaltet Vermögen in Höhe von 150 Milliarden Franken. Die grössten Kursverluste erwartet er im Obligationenmarkt der USA. Das ist der Markt, der aktuell am meisten nachgefragt wird. Und er meint, es sei egal, ob der Abschwung in einem oder in vier Jahren kommt. Die Anleger werden von den Problemen im Abschwung überwältigt werden. Es ist wichtig, sich als Anleger jetzt vorzubereiten, unabhängig von der Entwicklung der Märkte, Renditen und der Aussagen von Experten und Propheten. Wieso kauft er wohl Gold, obwohl Gold nie eine seiner Kernanlagen war? Er gilt als der «Rockstar» in der Investmentszene Amerikas, denn seine unverblümte Art ist gefürchtet. So auch 2006, als er die Einordnung und Bewertung von Anlagen anprangerte.

Mark Mobius ist der «Schwellenländer-König Asiens» und reduziert sein Anlagerisiko neu mit Gold. Er ist bekannt als «Indiana Jones der Geldanlage» – «Yul Brynner der Wall Street» – «Altmeister der asiatischen Aktie» und anderem mehr. Sicher nicht als Gold-Fan. Seine Referate, Berichte und Sprüche sind legendär. Auch er favorisiert die Edelmetalle und deren Minenaktien. Er zitiert immer wieder: Anleger sollen geduldig sein, anstatt den Panikknopf zum Verkauf zu drücken.

Thomas Kaplan hat die Grundlagen für sein Milliardenvermögen mit Optionsgeschäften auf den Ölpreis und auf Industriemetalle aufgebaut. Mit den Gewinnen und Geld von George Soros kaufte er sich im grossen Stil in Öl-Firmen in Schwellenländern ein. 2008 erfolgte der Ausstieg aus der

Energiebranche mit einem Erlös von mehreren Milliarden. Er ist heute mit 40 Prozent an einer Mine beteiligt, die das grösste Goldvorkommen der Welt ihr Eigen nennt. Wichtiger denn je: er investiert nur noch in Länder mit stabilen politischen Verhältnissen, wie zum Beispiel Australien, Kanada, Schweiz und den USA. Denn Kaplan geht davon aus, dass die Kursexplosion im Goldpreis Begehrlichkeiten in Schwellenländern weckt. Das könnte dazu führen, dass die Gewinne bei korrupten Politikern und Regierungen landen, sicher aber nicht bei Investoren. Dieses Problem will Kaplan anderen Investoren überlassen und bevorzugt sichere Länder.

Ray Dalio ist der Gründer eines der grössten Anlagevehikel. Das hat ihn zum 57.-reichsten Menschen der Erde gemacht mit knapp 20 Milliarden Dollar Vermögen. Berühmt ist er geworden mit seiner Kernkompetenz, der Anlagestrategie seines Allwetter-Portfolios und seit einigen Jahren mit der Kritik an dem US-amerikanischen Kapitalismus. Seine Anlagestrategie ist so ausgerichtet, dass Stürme oder Börseneinbrüche nur Verluste im einstelligen Prozentbereich verursachen. Seine fixe Goldquote beträgt knapp 7 Prozent und seine Resultate geben ihm Recht. Ich fantasiere, dass seine Kritik Öffentlichkeitsarbeit strategischer Natur ist, um seine Firma für die Zukunft besser aufzustellen. Ziele könnten sein: Beratermandat des US-Präsidenten oder eines Ministeriums, um damit Gratiswerbung und Marketing für seine Firma zu bekommen.

Paul Tudor Jones ist ein Makro-Investor. Er versucht, Trends aufzunehmen und mit Investitionen abzubilden. Er ist der Inbegriff von Gier in der Finanzindustrie. Sein Honorar beträgt 4 Prozent vom verwalteten Vermögen und 23 Prozent des Gewinnes. Der Black Monday von 1987 hat ihm einen Gewinn von über 100 Millionen Dollar eingebracht. Übrigens: der Ursprung von Black Monday kommt vom 28. Mai 1962 – meinem Geburtsdatum – an dem es erstmals richtig krachte. Jones spekulierte auf einen sinkenden Aktienkurs der amerikanischen Börse. Ursprünglich kommt er vom Baumwollhandel und weil er mal zu sehr gefeiert hat, schlief er am Tisch ein. Das führte dazu, dass der Chef ihn feuerte. Diese Begebenheit macht ihn geradezu menschlich und sympathisch. Er favorisiert Gold und Silber und meint, dass das für die nächsten drei Jahre die beste Anlagekategorie sein wird.

Sam Zell hat sein Vermögen von etwa 6 Milliarden Dollar mit Immobilien gemacht. Selten hat er in andere Dinge investiert, ausser 2008 in Zeitungen und in ein Baseballteam. Seine Rufe nach einer sicheren Anlage werden immer lauter. Sein Favorit: Gold. Er ist immer öfters im Fernsehen auf amerikanischen oder englischen Sendern als Gesprächspartner anzutreffen. Die Botschaft, die er wie ein Mantra wiederholt: Immobilien sind zu teuer. Kanada und Australien haben eine Immobilienkrise, die um ein Vielfaches grösser ist als die Krise 2008 in Amerika. Anlagen in Edelmetalle wie Gold und Silber sind Pflicht.

Carl Icahn ist ein unbequemer Zeitgenosse für Managements, die sich auf den Lorbeeren vergangener Zeiten ausruhen. Wo er investiert, wird es laut. Sein Vorgehen ist bekannt und gefürchtet. Er ist ein Befürworter der Produktivität und der fairen Preise. Wenn er eine Firma entdeckt, in der diese Aspekte aus dem Ruder laufen, wird es für die obersten Führungsebenen unangenehm, denn er kennt die Schwachstellen, bevor er investiert. Vom Verkauf einzelner Bereiche bis hin zu Neugründungen und Abspaltungen ist alles dabei. Daher kommt sein Ruf, ein Firmenplünderer zu sein. Doch wer ist jetzt der Böse, wenn die schwache Führung einer Firma das Ganze überhaupt erst möglich macht? Er schützt und kämpft für seine Investitionen und für die Rendite. Es wäre übrigens jedem Anleger geraten, im Rahmen seiner Möglichkeiten das gleiche zu tun. Aktuell investiert Icahn im grossen Stil in Gold, Kupfer und alternative Energien.

John Paulson hat sich 2008 einen Namen gemacht mit der Spekulation auf die Blase, in der in den USA die Liegenschaften finanziert wurden. Sein Honorar betrug damals über eine Milliarde Dollar und provozierte rund um die Welt. John Paulson meint heute: Von allen Investitionen war der Einstieg in die Goldaktien die wichtigste Anlageentscheidung. Und das obwohl er schon viel länger investiert ist und viele Kunden verloren hat. Gleichzeitig hat er sich den früheren Zentralbanker Alan Greenspan in die Firma geholt. Greenspan hat in den 60er Jahren eines der wichtigsten Grundlagenpapiere zum Thema Gold geschrieben. Seine Wandlung über Nacht vom Paulus zum Saulus erfolgte als Chef der amerikanischen Zentralbank. Jetzt, als Berater von John Paulson erinnerte er sich wieder an sein Grundlagenpapier zum Thema Gold und vollbrachte die erneute Kehrtwende. Und die nehme ich ihm ab.

Paul Singer legt sich mit bankrotten Staaten an. Sein System ist einfach, braucht jedoch Nerven, Ausdauer, eine gehörige Portion Mut und Unverschämtheit. Der letzte grosse Gewinn war der gegen Argentinien. Er kaufte 2001 argentinische Anleihen zu Preisen, die fast geschenkt waren. Als Argentinien – wieder einmal – die Währung ersetzte, waren diese Investitionen wertlos. So ging er vor Gericht und gewann gegen Argentinien. Argentinien zahlte an ihn 2016 über 2 Milliarden inkl. Zinsen zurück. Viel zu wenige Menschen besitzen Gold, meint er. Er selbst besitzt 5 Prozent seines Vermögens in dem Edelmetall.

Auch David Einhorn ist seit neuestem engagiert in Goldinvestitionen. Vorher kaufte er sich in gefährdete Firmen ein und wettet auf deren Absturz. Dazu nutzt er geschickt viele Kanäle inklusive Twitter und anderes mehr. Wiederkehrend litten diese Firmen unter dem «Einhorn-Effekt». Denn kaum machte er publik, dass er in dieser oder jener Firma investierte, sank der Titel. Doch sein Nimbus schwindet langsam, seit er mit seinem Hedgefonds mehrere Male zweistellige Minusrenditen erzielte. Was wenig bekannt und öffentlich ist, sind seine Pokerspieler-Fähigkeiten. Das erstaunt wenig, denn Bluffen will gelernt sein. Nicht selten gelangt er bei grossen Turnieren an den Topf mit dem Preisgeld.

Carlos Slim Helu: Der ursprünglich aus dem Libanon stammende und heute in Mexiko lebende Slim hat sein Vermögen mit dem Telekom-Anbieter Telmex erwirtschaftet. Die Übernahme dieser staatlichen Firma zusammen mit einer Gruppe von Investoren inklusive Frankreichs Telefonanbieter war eigenartig. Telmex konnte für 1.8 Milliarden Dollar gekauft werden, obwohl der damalige Wert eher bei 10 oder 12 Milliarden lag. Seither haben sich die Telefonkosten in Mexiko erheblich verteuert. Sein Vermögen beträgt etwa 70 Milliarden Dollar und er kann sich daher eine direkte Investition in eine Goldmine locker leisten. Er hat gleich eine ganze Goldmine gekauft und eine Milliarde zusätzlich investiert. Telekom-Anbieter wickeln in Schwellenländern immer öfters fast 90 Prozent des Zahlungsverkehrs ab. Ein Mobiltelefon haben die Ärmsten der Armen, selten ein Bankkonto. Das ist sicher eine andere Art von Goldgrube.

Hier noch einige Experten, denen ich Respekt zolle, denn ihre Leistungen in der Edelmetall-Minenindustrie waren und sind ausserordentlich. Es sind dies Pierre Lassonde, Ross Beaty, Frank Giustra und Rick Rule. Sie sind denjenigen Lesern bekannt, die sich mit Edelmetall-Minenaktien auseinandersetzen. Was sie anpacken gelingt. Sicher hat jeder von ihnen auch das Gegenteil erlebt, doch mehrheitlich und langfristig sind sie erstaunlich treffsicher. Ihre Meinungen unisono und sinngemäss: *Eine derart lange Talfahrt und Korrektur von Gold haben sie noch nie erlebt. Langfristigen Anlegern und Investoren biete sich hier eine Jahrhundert-Chance. Die Fundamentaldaten seien für Gold und Silber noch nie besser gewesen.*

Es gibt viel mehr, doch ich höre jetzt auf. Ich wundere mich darüber, dass ich über russische, chinesische oder japanische Goldinvestoren wenig lese und höre. Wenn ich hingegen die Statistiken vom «World Gold Council» und anderen, wenig bekannten Quellen zur Hand nehme, ist auffällig, wie der Osten rekordhohe Goldkäufe tätigt.

Fazit, deshalb: ¼ Gold, Edelmetall und Minenaktien

Wenn über hunderte von Generationen ihr Familienvermögen mit Gold erhalten konnten, ist das für mich wie ein Naturgesetz und ich glaube, dass mir das nützlich ist. Dazu muss ich nicht einmal die Details und Hintergründe kennen. Erfolgreiche Anleger, alter Reichtum und Zentralbanken, die die Kaufkraft ihrer Vermögen erhalten wollen, setzen auf Gold. Was hindert den kleinen Mann und den Mittelstand daran, das gleiche zu tun? Das meine ich, wenn ich davon spreche «Verhalten und Strukturen der Reichen nutzen».

Apple hat über 200 Milliarden Dollar Cash auf der Seite. Alle Silberminen der Welt zusammen könnte Apple mit 1/10 dieser Mittel kaufen. Dieser Sachverhalt zeigt mir, wie verdreht heute die Preise sind.

Die Umverteilung der Wirtschaftsmächte ist in vollem Gange: der Westen schafft sich Zeichen- oder Symbolgeld und Schulden und konsumiert, als ob es kein Morgen gäbe. Der Osten kauft Gold und Werte, schützt so das Erreichte für die Zukunft. Wer ist jetzt gescheit? Mir ist die eigene Unabhängigkeit zu wichtig. Deshalb sichere ich mein Vermögen mit einer Quote Edelmetall und Minenaktien ab. Gold ist meine Vermögensversicherung. Für alles gibt es die richtige Zeit im Leben. Heute ist die Zeit, sich auf alle möglichen Eventualitäten und Verrücktheiten der Welt, die mein Vermögen zerstören könnten, zu wappnen. Vorbereitung ist das Wichtigste. Denn wenn es kracht und ächzt, wollen alle ihre börsengehandelten Papiere verkaufen. Das ist dann unmöglich. Stellen Sie sich vor, hunderte von Kamelen wollen durch das gleiche Nadelöhr!

Gerne verzichte ich auf Rendite und reduziere Risiken zu Gunsten meines Vermögensschutzes. Gold ist das einzige Geld. Und es kennt keine Gegenpartei, so wie es bei allen anderen Vermögenswerten der Fall ist. Gold-Guthaben stehen nie Schulden gegenüber. Das ist ein uraltes Rezept, um das Familienvermögen zu erhalten. Je ärmer die Menschen, umso mehr beachten sie diesen Aspekt. Der Westen, vermeintlich reich, wiegt sich in einer Sicherheit, die nie eine war und keine wird. Menschen in Ländern, in denen die Währungen über Nacht ersetzt wurden, beachten dieses Naturgesetz. Sie nutzen sogar die neuen digitalen Währungen wie Bitcoin und anderes mehr.

Obligationen der stabilsten Staaten

Die Anlagekategorie der Obligationen und Festverzinslichen Wertpapiere ist bei Anlegern, die Sicherheit suchen, am meisten vertreten. Wer Sicherheit sucht, verzichtet auf Obligationen von Firmen. Die aktuell eingebildete Sicherheit bei Firmen-Obligationen löst sich innert Kürze in Rauch auf – eine Fata Morgana. Verluste von mehr als 20 bis 30 Prozent werden die Regel sein. Im besten Fall, da es wieder zu Übertreibungen kommen wird, die die Verluste weiter in die Höhe treiben. Wenn das Dominospiel der fallenden Firmen beginnt, gibt es kein Halten mehr. Das höhere Ausfallrisiko der Firmenobligationen führt dazu, dass auch die Aktie dieser Firma ein schlechteres Kreditrisiko erhält. Das führt wiederum dazu, dass die Obligation und Aktie dieser Firma zweistellig verlieren.

Dieser Sachverhalt macht mir Bauchweh. Mir tun all die Menschen leid, die in dem Willen, keine Risiken einzugehen, die Sicherheit in derart risikoreichen Firmenobligationen suchen und folglich diese ihr Eigen nennen. Wieso werden Bankkunden derart fahrlässig beraten?

Jeder Leser, der Obligationen von Firmen besitzt, sollte sie verkaufen. Das gesamte Volumen aller Unternehmensobligationen der Welt beträgt 10 Billionen Dollar. Davon sind zwei Drittel so bewertet, dass diese aus Sicht der Bonität und dem bestehenden Verlustrisiko eine Stufe vor dem Verlust der Investitionswürdigkeit stehen. Beim kleinsten Husten und einer

Verschlechterung der Qualität der Obligation wird eine Verkaufslawine ausgelöst. Anlagevehikel, die von der Aufsicht kontrolliert werden, sind gezwungen, Anlagen ohne Investitionswürdigkeit augenblicklich zu verkaufen. Um sie los zu werden – falls es noch einen Markt gibt – wird das nur mit hohen Abschlägen möglich sein. Das führt zu Verlusten. Das Geld dieser Obligationen wurde mehrheitlich zum Rückkauf von eigenen Firmen-Aktien und für Firmenübernahmen verwendet. Das hat den Preis der Aktienkurse befeuert wie Brandbeschleuniger. Und das war die Garantie für die Boni. Jetzt haben die Firmen wenig bis keine Reserven für unerwartete Zwischenfälle. Bei beiden Modellen – Aktienrückkauf und Firmenübernahmen – stiegen die Verschuldung und die Risiken. Der potenzielle Schaden wird diejenigen Anleger treffen, die diese Obligationen oder diese Aktien besitzen.

Wenn diese Firmen wegen Garantieansprüchen, Umsatzeinbrüchen (Tourismus – Coronavirus) oder andere Gewinneinbrüche erleiden, wird das Risiko eines Ausfalles grösser. Die Bewertungsfirmen der Welt werden diese Risikoerhöhung mit einer schlechteren Einstufung der Kreditwürdigkeit «belohnen». Das hat Folgen und Konsequenzen. Die Auswirkungen sind tiefere Kurse bei den Aktien und bei den Obligationen, da die Qualität der Schuldner abgenommen hat. Denn wenn die Aktien ein schlechteres Risiko sind, sind das die Obligationen mit noch grösserer Sicherheit. Die Rückzahlung ist gefährdet.

Bei den Obligationen kommt erschwerend dazu, dass 2/3 des gesamten Angebotes bei einer Veränderung der Einordnung des Investitionsgrades augenblicklich zu «Schrott» werden. Dieser Vorgang löst schnell eine Lawine von Verkäufen aus. Jede Pensionskasse, jeder Anlagefonds (inklusive ETFs) müssen sich dann von diesen Obligationen trennen. Die Obligationen haben ihre Investitionswürdigkeit verloren und dürfen nicht mehr im Anlageuniversum bleiben. Das führt zu Zwangsverkäufen, die wiederum zu weiter sinkenden Kursen führen. Wahrscheinlicher ist, dass dann der Handel dieser Papiere ausgesetzt wird. Das wird bei der Wiedereröffnung zu viel tieferen Kursen führen. Und da bei der Geldanlage Sippenhaft die Regel ist, werden auch Obligationen von Firmen betroffen sein, die es nicht sein müssten. Anstatt viel Lebenszeit in die Kontrolle des Portfolios aufzuwenden, kaufe ich keine Firmenobligationen.

Im Kapitel über die Monokultur ist vom identischen Verhalten und Vorgehen die Rede. Tun, was die Mehrheit macht. Das wirkt sich bei den Anlagen genauso aus. Seien es Aktienrückkäufe oder Firmenübernahmen oder das Verhalten von Pensionskassen diverser Staaten in Amerika. Doch andere Länder wie Australien, Japan, Länder in Europa oder auch die Schweiz sind genauso betroffen. Hoffentlich in einem kleineren Mass, doch das ist nur meine Hoffnung. Die Realität wird eine andere sein. Zurück nach Amerika: dort haben viele Pensionskassen von Bundesstaaten wie New Jersey, Illinois, Michigan, Kalifornien und anderen ein riesiges Defizit. Die Leistungen, die sie zahlen, sind um ein Vielfaches höher als die aktuellen Guthaben. Die zur Verfügung stehenden Mittel reichen nicht aus, um die Verpflichtungen zu decken. Da diese Einrichtungen Staatspensionskassen sind, ist damit zu rechnen, dass sie in Obligationen dieser Staaten investiert haben. Ich will mir nicht ausrechnen, was passiert, wenn einer nach dem anderen dieser klammen Staaten in Konkurs geht.

Die Risiken und Verpflichtungen von Banken kann ich nicht mehr abschätzen. Wer diese Risiken korrekt berechnen und bezeichnen kann, soll sich bitte bei mir melden. Doch auch hier ist ein geringerer Ertrag ein kleinerer Schaden als der potenzielle Totalschaden. Denn wenn die Bank in Konkurs geht, ist Kontoguthaben Teil der Konkursmasse. Die Abwicklung der Spar und Leihkasse in Thun hat mehr als 15 Jahre in Anspruch genommen. Mit all diesen Schwierigkeiten will ich nicht konfrontiert werden und verzichte ich auf Kontoguthaben soweit wie möglich. Und wenn doch Kontoguthaben, dann gerne bei den Banken, die gerettet werden «müssen». Das ist die Gruppe von UBS, Credit Suisse, Post und Raiffeisen. Die Garantie auf Sparguthaben wird sowieso nicht ausreichen, um die Schäden zu begleichen.

Fazit deshalb: ¼ Staatsobligationen mit bester Bonität in Schweizerfranken

Staatsanleihen der Länder mit der besten Bonität in Schweizerfranken (z.B. Kanada, Australien, Norwegen, Schweiz). Anleihen oder Obligationen von Unternehmen sind tabu. Unter den Blinden «Firmenobligationen» ist der Einäugige «Staatsobligationen CHF» im Vorteil.

Die Bonität von Betroffenen (abwickelnde Banken und herausgebende Firmen und Staaten) könnte sich zu einem grossen Desaster entwickeln. Wenn das beginnt, will ich möglichst weit weg von diesem Schadenplatz sein. Lehman Brothers oder die Swissair sollten als Stichworte ausreichen. Wer von diesen beiden Firmen geschädigt wurde, weiss was ich meine.

Es wäre eine einfache Rechenaufgabe, herauszufinden, dass Investitionen in Staatsobligationen aktuell ein Verlustgeschäft sind. Wenn die Schweizer Nationalbank und die Zentralbanken Europas ein Inflationsziel von 2 Prozent anvisieren, muss der Anlieger mehr als 2 Prozent Zins erzielen, um in die Gewinnzone zu kommen. Also ist es ein Verlustgeschäft, es trotzdem zu machen. Die GSAG betrachtet diese Differenz der Rendite als Versicherungsprämie für die Zeit der «Wetterkapriolen der Weltwirtschaft». Gleichzeitig ist diese Form der Geldanlage die einzige und beste Sicherheit in Bezug auf Kontoguthaben. Nur so kann am schnellsten Geld beschafft werden, wenn es spottbillige Firmen zu kaufen gibt. Aktuell gut erkennbar ist dies bei Hotelkonzernen, Fluggesellschaften aus China und Firmen, die in der Tourismusbranche tätig sind.

Wenn das Spiel der neuen Risikoeinschätzung der Firmen beginnt, werden Staatspapiere mit den besten Bewertungen zu Risiko in Schweizerfranken steigen. Was nicht erhältlich ist, wird über den Preis erhältlich gemacht. Der Preis steuert und reguliert. Der Anstieg wird extrem und heute kaum vorstellbar sein. Diese Art der Obligationen ist in Krisen bisher das Beste und sie geben dem Portfolio Stabilität. Doch die sicherheitsbewussten Anleger, die aus Renditeüberlegungen in Obligationen von Firmen investiert sind, werden unvorstellbare Verluste erzielen. Mit diesem Vorgang haben sie das Risiko mehrfach erhöht.

Seit nunmehr über 10 Jahren verzerren die Zentralbanken mit ihrem Zins und dem Aufkauf von Schulden und Aktien den Markt. Wenn diese Blase platzt, will ich als Anleger möglichst ohne Aktivität für Kauf oder Verkauf bleiben. Gleichzeitig ist das die heute maximal mögliche Sicherheit, in Obligationen zu investieren. Wenn ich Sicherheit suche, dann will ich Sicherheit und keine Mogelpackung mit höheren Verlustrisiken.

Gespannt und geduldig warte ich. Der Tag, an dem eine um die andere Pensionskasse von den Zentralbanken gerettet wird, indem neues Geld gedruckt und die Guthaben oder Obligationen der Pensionskasse übernommen werden, ist nicht mehr allzu fern. Für viele ist das heute unvorstellbar. Doch bitte unbedingt merken: Politik schafft wiederkehrend Ungleichgewichte und sie wartet mit einem Eingriff, bis die Krise vor der Türe steht.

Ich wünsche mir, dass das nie der Fall sein wird. Die Zuversicht dafür habe ich leider nicht. Die Versicherten werden die Zeche zahlen, der Geschäftsführer der Pensionskasse hat seinen übersetzten Lohn bezogen und als «Finanzexperte» sicher Vorkehrungen getroffen. Wenn der Geschäftsführer zur Sorte «Finanzanalphabeten» gehört, habe ich kein Verständnis. Die Bank hat jahrelang profitiert von zu hohen Kosten. Für die Verantwortlichen gilt das gleiche wie für «Finanzanalphabeten» der Pensionskassen. Die Beratungsindustrie, die das Ganze mit ihren Beratungen, Strukturen, Normen gefördert hat, wird schnell neue Geschäftsmodelle finden und Wandlungen durchmachen und ihre Hände in Unschuld waschen. Leser und Kunden der GSAG mit dem «Wetterfesten Permanenten Portfolio» werden diese Zeit besser bewältigen – mit Kratzern und einigen Dellen, aber sie werden die Gewinner sein. Unvorbereitete Anleger – und das ist die Mehrheit der Bevölkerung – werden die Zeche bezahlen und leiden. Wer nach den Abhängigkeiten Ausschau hält, kann Vorgänge klarer einordnen.

Aktien

In den letzten Jahren sind ETF (Börsengehandelte Anlagefonds) populär geworden und haben entsprechend überall Einzug gehalten. Schliesslich ist richtig, was die Mehrheit macht. Die börsengehandelten Anlagefonds sind Momentum-Strategien. Momentum ist Schwung oder Zug in eine Richtung (Hoch/Runter). Solange eine stetige Nachfrage nach dieser Art der Anlage besteht, werden die Papiere steigen, das Momentum, also der Schwung, zieht nach oben. Sobald die Nachfrage wegfällt, wie Ende Februar 2020, als das Coronavirus die Anleger kopflos machte, geht es genauso schnell nach unten. Alle erzielten Kursgewinne ab November 2019 bis Februar 2020 – weggeschwemmt. Der Schwung erhält eine Dynamik, die sich wie eine Naturgewalt verselbständigt. Als Beteiligter in der Herde der ETF-Anhänger geht es hoch oder runter, selten seitwärts. Das Verhalten der Zentralbanken und der Schweizer Nationalbank garantiert die Kursanstiege. Diese Mitspieler am Anlagemarkt kaufen alles und unbesehen. Gewinnzahlen oder Potential der Firma spielen wenig bis keine Rolle. Das ist momentan noch einfach, die

Übertreibung hält an. Unterstützung erhalten die Aktienkurse von höchster politischer Stelle. Der US-Präsident hat via Twitter Einfluss. Die Zentralbanken mit der Schweizer Nationalbank an vorderster Front fördern aktuell steigende Aktienkurse, indem sie selbst Aktien kaufen. Die Entwicklung der Zentralbanken der Welt, sich mit «Scheinguthaben/Geld» an Firmen zu beteiligen, treibt die Preise.

Aktien zu kaufen in Kombination mit den rekordtiefen Zinsen – die teilweise sogar in das Minus gehen – förderte steigende Aktienkurse. Kaum wurde es unruhig oder es drohte ein Absturz, griffen diese Institutionen massiv mit Rückkaufsprogrammen ein. Die letzten Jahre war das ein sicherer Ansatz, ein durchschaubares Vorgehen. Für den Laien jedoch ist das weder in den Medien erkennbar, noch wurde das Thema von Experten vermittelt, vorausgesetzt, sie hätten es erkannt. Um in der Geldanlage mit Aktien positive Resultate zu erzielen, war ein börsengehandelter Indexfonds (ETF) ein sicherer Wert. Alle Welt kaufte sie. Doch Achtung! Der Vater dieser Anlageform, John Bogle, warnte immer wieder in seinen Mitteilungen und Auftritten: «Jede Anlage nähert sich langfristig dem Mittelwert». Das bedeutet, Übertreibungen nach oben wie unten werden korrigiert.

Wer in Aktien investiert, muss Perlen finden, die fast gratis abgegeben werden. Ein gutes Beispiel sind aktuell die Energieaktien der Öl-, Gas- und Uran-Branche. Diese sind mit bis 60 – 70 % Kursverlust in den Boden gehauen worden. Es ist eine Frage der Zeit, bis Anleger erkennen, dass der Wert höher ist. Durch den günstigen Einkauf kann ich einen sichereren Gewinn erzielen. Sprich solche Aktien müssten steigen, könnten fallen (geringe Wahrscheinlichkeit).

Was hingegen seit 2015 bei einer Mehrheit der Anleger ablief: Aktien kaufen, die fallen müssten und steigen könnten (geringe Wahrscheinlichkeit). Wer beim Einkauf einen tiefen Preis erzielt, hat gute Chancen, einfaches Geld zu verdienen. Aktien der Goldminenindustrie sind heute mit dem 4- bis 7-fachen Gewinn der Aktie zu kaufen. Das nenne ich günstig. Heute bewegen wir uns bei vielen Aktien beim 30-fachen Gewinn und mehr.

Doch in der Zukunft – wenn der Mittelwert «sinkend» angepeilt wird – will ich mich in dieser Herde weder bewegen noch aufhalten. Mir ist die Gefahr, in einem unkontrollierten Absturz mitgerissen zu werden, zu gross.

Wieso halte ich mich fern? Jedes Land hat Firmen, die an der Börse gehandelt werden. Mit diesen Firmen wird ein Index abgebildet, wie etwa der SMI in der Schweiz. Die Zusammensetzung dieser Indexe erfolgt über eine Gewichtung von Kapital. Der SMI der Schweiz ist so mit drei Firmen über 55 Prozent gewichtet. Diese drei Firmen sind Nestlé mit 19.17 Prozent, Hoffmann La Roche mit 17.87 Prozent und Novartis mit 18.01 Prozent. Das ergibt zusammen 55.05 Prozent. Wenn eine dieser Firmen im Schlamassel sitzt, reissen diese Schwergewichte den Index SMI in die Tiefe. Eine Gewichtung nach Risiko wäre eine Alternative, um ausserhalb der Herde zu bleiben. Das wird jedoch nur in den wenigsten Fällen angewendet. Die Finanzexperten sind Menschen, die machen, was die Karriere fördert, ihren Job sicherstellt. Und das ist das, was die Mehrheit fordert und macht – ETF.

Nüchtern betrachtet ist das Coronavirus für die Pharmaindustrie ein Weihnachtsgeschenk. Bitte richtig verstehen: die Entwicklung ist beunruhigend. Doch wo es Verlierer gibt, da gibt es Gewinner – in Naturgesetz. Wer ist der Gewinner bei Krankheiten? Die Pharmaindustrie, Medizinalbranche, Hersteller von Impfverpackung und Virenschutz (Masken).

Übrigens: wer im Cannabis-Fieber, der Legalisierung in Amerika, in Aktien von Firmen investiert hat, die Verpackungen für die Cannabisprodukte liefern, ist heute noch im Gewinn. Das ist bei den Aktien der Cannabis produzierenden Firmen noch lange nicht der Fall ist. Rockefeller hat das selbst erkannt und früh Werkzeuge und Infrastrukturlösungen für den Abbau von Öl geliefert.

Die GSAG unterscheidet zwei Varianten von Aktien und zwei Viertel des angepassten «Wetterfesten Permanenten Portfolios» sind so investiert. Das eine Viertel ist in Aktien von Firmen mit einer geringen Verschuldung investiert und diese Firmen verfügen über Reserven, denn sie haben Werte und erzeugen Gewinne. In der Krise fallen diese Aktien, doch sie werden weniger tief fallen oder sich schneller erholen. Die Substanz bleibt. Das andere Viertel ist in Aktien investiert, die weniger heftige Ausschläge vorweisen können. Hier werden die Indexe der Welt nach dem Risiko gewichtet. Die Rendite und das Risiko sind im Gleichgewicht. Damit stimmt die Rendite mit dem eingegangenen Risiko überein. In Krisenzeiten wie 2008 hat diese Art von Aktien nur etwas mehr als die Hälfte der Verluste der «Kapitalgewichteten Indexe

(ETF)» verloren. Weniger Verluste heisst schneller zurück in der Gewinnzone. Diese Aktien steigen jedoch im Umfeld von starken Anstiegen weniger schnell. Verglichen zu anderen Aktien sind sie bei Anstiegen immer leicht im Hintertreffen. Doch wenn es schwierig wird, wie jetzt in der Zeit des Coronavirus, sind sie bedeutend stabiler.

Was sind die Gefahren der mehrheitlich verwendeten ETF? Sobald ein Verkaufsdruck wie in den letzten Tagen des Februar 2020 aufkommt, sinken diese Anlageprodukte viel schneller. Jede Pensionskasse, jede Versicherung oder einfach jeder Grossanleger, der jetzt pro Quartal die Ergebnisse präsentiert und verglichen wird mit anderen, ähnlich investierenden Anlegern, kommt in Versuchung, zu verkaufen. Verluste vermeiden ist das oberste Ziel. Selbstverständlich gibt es Methoden, diese Schwankungen abzufedern. Diese stehen jedoch nur grossen Vermögen zur Verfügung.

Fazit deshalb: 2x ¼ Aktien (1x wertorientiert und 1x risikoorientiert)

Der aktuelle Absturz (29.02. bis 20.03.2020) hat mehr mit der Schuldenorgie und der Aktienhysterie zu tun als mit dem Virus. Doch das Coronavirus ist ein Argument, dem der Laie schnell erliegt und das Experten noch schneller zur Hand haben. Für alles gibt es eine Erklärung. Doch 3 Gründe bestanden bereits vor Corona (Schulden, Zinsen, Bewertungen), die zum Krachen, das heisst zum Absturz hätten führen können.

ETF (Börsengehandelte Anlagefonds) sind Momentum-Strategien. Da alle dasselbe machen, kommt diese Gruppe der Aktien viel stärker unter die Räder. Wer sich die grössten Positionen innerhalb dieser Anlagefonds ansieht, trifft immer wieder auf dieselben Unternehmensnamen. Wenn ein Kurseinbruch stattfindet, ist das Momentum, also der Schwung nach unten wie im März 2020 grösser. Mit jedem Anleger, der verkauft, verstärkt sich dieser Effekt. Damit gewinnt der Schwung nach unten an Stärke, deshalb rauschen diese Anlageformen so schnell in die Tiefe. Die Mehrheit hat es und die Mehrheit will raus. An der Börse hat dann die Panik das Sagen. Die Zunahme der Schwankungen an der Börse sind den beiden Boxern im Börsenring vergleichbar: Boxer «Panik» kämpft gegen Boxer «Geldpresse».

Deshalb habe ich in der Aktienstrategie zwei unterschiedliche Aktienviertel, die sich abseits der Mehrheit etwas anders verhalten. Der Effekt ist wiederkehrend so, dass die beiden Viertel weniger tief fallen als die Mehrheit. Weniger Verluste heisst schneller wieder Geld verdienen. Das Viertel mit Werten (Value Stil) pickt Unternehmen heraus, die eine kleine Verschuldung ausweisen und einen hohen Geldfluss (Cash Flow) haben. Wenn die Qualität der Schuldner von Unternehmen in Frage gestellt wird, werden diese Firmen langfristig einen wesentlichen Vorteil haben.

Das andere Viertel von Aktien wählt Unternehmen aus, die eine geringere Schwankung haben, verglichen zu anderen Aktien (ETF etc.). Sie gehen so viel Risiko ein, wie mit den Aktien effektiv auch entschädigt wird. Ein wissenschaftlicher Ansatz (Minimum Varianz), den ich mir erspare hier auszuführen. Meine Kurseinbrüche mit diesem Ansatz in der Krise von 2008 und im März 2020 sind wesentlich kleiner ausgefallen.

Quellen der Informationen und Handlungsalternativen

Wer Zugang zu Grundlagenwissen und Quellen hat, die unabhängig sind, ist heute im Vorteil. Was die Bank mir erzählt oder mein Berater, ist mit Vorsicht zu geniessen. Wer lügt? Wer hat Anreize, mir als Kunde etwas zu verkaufen und damit mehr zu verdienen? Was ist ein wirkliches Schnäppchen? Wer manipuliert und beeinflusst mich besser, schneller, effizienter? Welche Abhängigkeiten entstehen mit dieser Geschäftsbeziehung? Wer steuert mir zu meiner eigenen Unabhängigkeit etwas bei? Auf wen kann ich mich verlassen? Wie komme ich an die Quellen der Information? Jeder Anleger, der sich seiner Sache sicher ist, einen Berater und Zugang zu haben, der ihn nicht über den Tisch zieht, ist ein Glückspilz. Doch Achtung, das könnte auch eine Scheinsicherheit sein.

Seit rund 6 Jahren habe ich Zugang an das Scholarium, eine privatfinanzierte und unabhängige Bildungsstätte in Wien. Sie setzt auf Einsichten und arbeitet erkenntnisbasiert. Sie kommt ohne Zertifikate und Diplome aus. Mir hat das Scholarium ermöglicht, mich mit den vielfältigen Facetten und Aspekten der Wirtschaft auseinanderzusetzen und meinen Teil innerhalb der kollektiven Verwirrung aufzulösen. Die unerfreulichen wirtschaftlichen Ereignisse der heutigen Zeit kann ich weder ändern noch beeinflussen, doch mein Zugang zum Scholarium hilft mir, sie zu durchschauen. Mit der Art und Weise des Lernens über die Auseinandersetzung und die Diskussion konnte auch ich mit meinem «Hausverstand» folgen. Das Intensivseminar, das ich seit Frühjahr 2019 besuche, setzt sich mit der Wiener Tradition der Sozialwissenschaft auseinander, die nichts mit einer weiteren Lehre der Ökonomie zu tun hat und auch keine weitere Ideologie ist. Ein Ort, an dem ich meine Sicht und mein Verständnis auf eine Weise klären kann, wie das leider heute an Schulen, Universitäten und Berufsschulen unmöglich ist. Einen solchen Ort habe ich mein Leben lang vermisst. Keiner, der sagt, was richtig und falsch ist oder weiss «wie es geht». Es ist ein völliger Gegensatz zu der heute nach wie vor üblichen Berufsbildung und Schule, in denen die Antwort zum Voraus bekannt ist.

Während der Jahre 2004 bis 2017 konnte ich mir ein Netz von Plattformen mit unabhängigem Wissen zur Geldanlage einrichten. Egal welche ich aufführe und bezeichne, sie sind bei keiner Bank oder grossen Firma angehängt. Das überrascht jetzt sicher nicht mehr.

Ein Zentrum in Wien lässt sich nicht verleugnen, es entspringt aus den Kontakten der Teilnehmenden des Scholariums. Andere Quellen und Anlaufstellen sind in Deutschland und Amerika. In der Schweiz ist alles, was sich um alternative Energie und deren Rohstoffe dreht. Keine Quelle, die ich nutze, kommt von einer Bank.

Meine Erfahrung ist die: wenn ich mich in Sicherheit wiege laufen die Nachteile gegen mich. Es geht aber nicht um Misstrauen, sondern um Aufmerksamkeit mit allen Sinnen. Geldanlage ist ein ständiges Lernen und hat mit Veränderung zu tun. Wie lernt mein Berater oder meine Bank, wenn sie immer wieder dasselbe machen? Was sich ändert ist bestenfalls die Sprache oder die Verpackung. Das Einzige, was mich schützt, ist mein Verständnis für Finanzen und dafür, diese Aufgabe selbst zu tun. Einen anderen Weg zu gehen, ist der erste Schritt dazu.

Die GSAG stellt eine Struktur und Lösung zur Verfügung, die das möglich macht. Und sie ist ein Ort, an dem der Anleger sich austauschen kann. Das Geheimnis «Geld und Vermögen» soll aufgelöst werden. Je mehr und intensiver dieser Austausch stattfinden kann, umso mehr können wir gegenseitige Kompetenzen nutzen und zur Verfügung stellen. Es gibt Alternativen und neue Wege. Und diese sind gleichzeitig ein zentrales Element für ein gutes und glückliches Leben: Soziale Beziehungen. Meine Finanzen und meine Gesundheit kann ich genauso wenig delegieren oder ignorieren. Je mehr wir ohne Wettbewerb und ständiges vergleichen in Austausch gelangen, umso eher gelingt es uns, auch innerlich zu wachsen. Das schafft wiederum neue Werte und das scheint mir eine lebenswerte Aufgabe zu sein.

Viel wichtiger für alle Leser und Anleger ist es, im Alltag und in der Freizeit Elemente einzubauen, die es ermöglichen, kalkulierte Risiken einzugehen, Ungewissheiten aushalten und spielerisch zu lernen. Dazu ist Kochen eine Möglichkeit, dieses ohne grosse Risiken zu erleben. Die Leser wissen inzwischen: Tee kochen will gelernt sein und die Aufmerksamkeiten durch die Sprüche meiner Freunde zu meinen Lasten sind Geschenke. Denn das Einzige was mit dem Altern wächst sind: Nasen und Ohren, die Gebrechen, der Wunsch nach mehr Absicherung und der Drang, kein Risiko eingehen zu wollen. Also erhalten wir uns doch unsere kindliche Neugier.

Das grosse Bild – Die Empfehlung – Das Angebot

Der Privatanleger kann sich weder teure Berater noch eine eigene Organisation finanzieren, die ihn vor der latenten Übervorteilung durch die Anbieter schützt. Trotzdem ist es wichtig, über eine eigene Infrastruktur und Organisation zu verfügen, um den auf Eigeninteressen basierten Angeboten der Finanzindustrie auszuweichen. Die Gerold Schlegel AG bietet dem Mittelstand eine Lösung an, die die Vorteile der Technik mit der Praxis des Menschen frei von Anreizsystemen verbindet. Diese Verknüpfung ermöglicht es dem Mittelstand, andere Wege zu gehen und eine Gemeinschaft zu bilden, in der die Wissensvermittlung für ein gutes, glückliches Leben die Basis bilden. Wenn wir Strukturen und Verhalten, die die Finanzindustrie den Grossanlegern und Reichsten bietet, nutzen würden, wird das machbar.

Eine gebündelte Anlagesumme aller Anleger mit der gleichen Anlagestrategie und einem passiven Anlagestil könnte genutzt werden, um langfristig die Kosten und Verluste massiv zu reduzieren. Schliessen wir uns zusammen und beginnen, das nötige Anlagevolumen von CHF 50 – 100 Millionen aufzubauen! Ab diesen Summen sind Banken gesprächsbereit und nehmen den Kunden ernst. Was behindert den Neustart?

Die menschlichen Schwächen bei Entscheidungen, Einkauf und Manipulation in der Geldanlage und bei den Anbietern von Anlageprodukten zu neutralisieren, ist einer der wichtigsten Erfolgsgaranten. Die Anleger und

Familien, die weniger Fehler und Verluste produzieren, sind in der Entwicklung des Vermögens gegenüber allen anderen Anlegern im Vorteil. Wieso nicht die Schutzstruktur der GSAG nutzen?

Die genutzte Struktur und die eingesetzten Produkte sind über die traditionellen Kanäle für Privatanleger nicht zugänglich und meistens nicht umsetzbar. Die eigene Hausbank des Privatanlegers wird diese Lösung ihren Kunden (Privatanlegern) mehrheitlich verweigern. Der Hintergrund ist, dass die eingesetzten Produkte im heute üblichen Vorgehen der Hausbank kaum Einnahmequellen bieten. Wieso hat die GSAG tiefere Betriebskosten und was bedeutet das für den Kunden?

Die Gleichschaltung der Interessen des Anbieters (GSAG/GS) mit der eines langfristigen Anlegers ohne Anreizsysteme ist einmalig und fehlt heute komplett auf dem Anlagemarkt. Die Präferenz der Geldanlage ist deckungsgleich bei der mündlich ausgesprochenen Präferenz und der praktisch angewendeten Präferenz: Wein predigen und Wein trinken. Dazu wird ein externer Nachweis über die erzielten Ergebnisse erbracht. Was entsteht bei den Anlegern, wenn alle Interessen gleichgeschaltet sind: die der Kunden und die des Anbieters GSAG/GS?

Die eingesetzte Anlagestrategie, die 80 – 90 Prozent des Anlageerfolges beisteuert, ist seit Ende der 60er Jahre bekannt. Sie fristet wegen der fehlenden Einnahmen auf der Seite der Bank ein Mauerblümchendasein. Diese Art der Geldanlage hat die GSAG in den letzten 16 Jahren laufend verfeinert, ohne dafür Bankprodukte einzusetzen. Was nützen uns die Angebote von Anlagen und Produktvergleichen, wenn wir uns auf das konzentrieren, was die geringsten Chancen und die höchsten Risiken bietet?

Die Ausgangslage der Geldanlage, das heisst der Vermögensverwaltung, war seit 1985 die der sinkenden Zinsen und der wachsenden Schulden. Das führte dazu, dass Anlageberatung einfach durchzuführen war. Seit 2008 hingegen funktionieren alle seit über 35 Jahren eingesetzten Lösungen wenig bis gar nicht mehr. Das zeigt sich in den erzielten Resultaten. Die aktuelle Wirtschaftslage verstärkt das Potential von Verlusten. Die Wahrscheinlichkeit, dass die Zinsen künftig steigen, ist mit der aktuellen Zinslage von Minuszinsen hoch. Unklar ist der Zeitpunkt. Wie kommen wir an Wissen heran, das uns als Anleger weiterbringt und nützlich ist, ohne wertvolle Lebenszeit zu vergeuden?

Gold ist das einzige Geld, das vor dem aktuellen weltweit geführten Währungskrieg schützt, es sei denn, ich übernehme als Bürger den Schaden, der über den Vermögensverlust und die geringere Kaufkraft entsteht. Das Papiergeld mit aufgedruckten Symbolen und Zahlen baut auf dem Vertrauen der Bürger auf. Das Gleichgewicht der Menge des Papiergeldes und des Vertrauens der Bürger ist fragil. Sobald es kippt, komme ich als Bürger an die Kasse (… zu Schaden). Wie schützen wir uns?

Das Gute an Corona ist, dass klar wurde, wie die Welt untereinander verknüpft ist und wie gross die gegenseitigen Abhängigkeiten sind. Das betrifft von der Grundversorgung der Menschen über die Lieferketten der Firmen alle Bereiche. Die Qualität der Schuldner und die Verknüpfungen untereinander über die Finanzierer dieser Schulden sind ähnlich intensiv. Wie können Anleger und Sparer dieses Minenfeld der Vermögensvernichtung umgehen?

Zu allen diesen Fragen hat die GSAG eine Antwort und Lösung für Privatanleger: «GS Wiener Schule» als Basisanlage des eigenen Vermögens. Die Lösung für die Privatanleger, die die Krise als Chance nutzen und ihr Vermögen erhalten wollen heisst: «GS Wiener Schule». Jeder Anleger ab 100'000 Franken Anlagevermögen kann davon voll profitieren.

Für kleinere Vermögen rate ich, zuerst genügend Liquidität in Form von Edelmetallmünzen anzusparen. Der regelmässige Kauf von Goldvreneli oder anderen, kleineren Einheiten ist eine clevere Möglichkeit. Später könnte mit einem Viertel Aktien und einem Viertel Edelmetall das Ganze erweitert werden. Der wichtigste Rat ist, auf Verpflichtungen zu verzichten und möglichst von Beginn weg den Fokus auf Investitionen zu legen. Das ist bereits mehr als der halbe Weg zum Erfolg.

In der Darstellung auf der nächsten Seite sieht der Leser die aktuelle Zusammensetzung der Anlagestrategie seit Mai 2020 nach den Jahreszeiten mit ergänzenden Erläuterungen zu den vier Bereichen auf der übernächsten Seite. Aufgrund der Massnahmen der Zentralbanken und der Schweizer Nationalbank im Zuge der Coronakrise ist das Portfolio «GS Wiener Schule» angepasst worden. Dies war die erste Anpassung der Strategie seit drei Jahren.

Anlagestrategie: **GS Wiener Schule**

Aufteilung der gewählten Anlagestrategie in Anlageklassen:

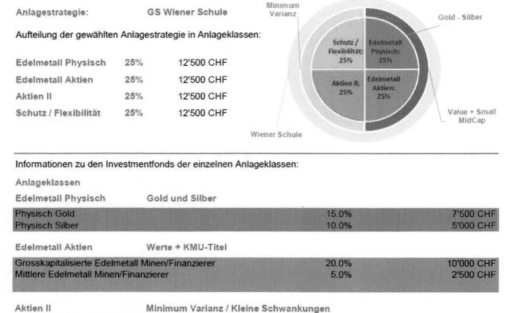

Edelmetall Physisch	25%	12'500 CHF
Edelmetall Aktien	25%	12'500 CHF
Aktien II	25%	12'500 CHF
Schutz / Flexibilität	25%	12'500 CHF

Informationen zu den Investmentfonds der einzelnen Anlageklassen:

Anlageklassen

Edelmetall Physisch — Gold und Silber

Physisch Gold	15.0%	7'500 CHF
Physisch Silber	10.0%	5'000 CHF

Edelmetall Aktien — Werte + KMU-Titel

Grosskapitalisierte Edelmetall Minen/Finanzierer	20.0%	10'000 CHF
Mittlere Edelmetall Minen/Finanzierer	5.0%	2'500 CHF

Aktien II — Minimum Varianz / Kleine Schwankungen

Aktien Welt - Grüne - Grosskapitalisierte	25.0%	12'500 CHF

Schutz / Flexibilität

Staatsobligationen bis 3 Jahre - Beste Bonität	10.0%	5'000 CHF
Staatsobligationen 4 bis 9 Jahre - Beste Bonität	5.0%	2'500 CHF
Staatsobligationen 10 bis Jahre - Beste Bonität	10.0%	5'000 CHF

Kontrolltotal	50'000 CHF

Ziel der Anlagestrategie nach den Jahreszeiten der Wirtschaft, ist eine optimalere Risikoverteilung und Stabilität in Krisen. Das Vorgehen mit der Kombination des modifizierten permanenten Portfolios der Wienerschule, erhöhen die Chancen geringerer Kosten und weniger Fehler zu machen, die zu Verlusten führen könnten. Die Ausrichtung ist für ein Anleger der sich langfristig orientiert am Kapitalgewinn. Anstelle von Kontoguthaben wird in Staatsobligationenfonds investiert. Hintergrund ist das Risiko der Bonität und der Handelbarkeit. Bei eventuellen Kursrückschlägen werden die Mittel für zusätzliche Käufe eingesetzt. Die Reihenfolge von Gelb (tiefstes) zu Blau (höchstes) spiegeln die Chancen und Risiken der Anlage. Die Corona Krise und Unsicherheit des Neustartes der Wirtschaft ab Mai 2020 zwingt zum Fokus Edelmetalle. Diese werden physisch und in Form von Aktien gehalten. Priorität geniesst der Vermögensschutz.

Inhalt der Viertel	**Geldanlage nach Phasen des Wirtschaftszyklus – Kernpunkte und Sinn**
Edelmetall (Blau)	Gold ist das einzige Geld. Für Zentralbanken ist Gold die ultimative Ersatzwährung und der Einsatz für die neue Ordnung im Währungskrieg, quasi die Chips, um am Spiel teilzunehmen. Je mehr, desto besser. Die Rekord-Käufe der Zentralbanken im Jahr 2019 von 650 Tonnen Gold bestätigen diesen Sinn. Von 1989 bis 2008 verkauften Zentralbanken 400 Tonnen Gold pro Jahr. Seit 2009 sind sie Käufer. Die Messmethode der Europäische Bankenaufsicht für die Handelbarkeit zeigt für physisches Gold den Wert von 0.000018 an, und hat damit die höchste, sicherste und schnellste Handelbarkeit. (Je näher der Wert dieser Messung bei Null liegt, umso schneller kann ein Gut gehandelt werden.) Könnte, was dem Profi hilft, dem Laien nützen?
Staatsanleihen CHF	Die empfindliche Welt der Vernetzung gibt es auch in der Finanzindustrie. Wenn ein Corona-ähnliches Ereignis eintritt, sind Staatsanleihen die sicherste Anlage. Der Wert 0.058 der Handelbarkeit von Staatsanleihen der besten Qualität ist um einiges geringer als bei Gold. Dieser Teil in der Lösung der GSAG ist für die Liquidität anstelle von Kontoguthaben geplant. Kontoguthaben (Bank) fällt in die Konkursmasse. Die Staatsanleihen sind Sondervermögen und kein Teil einer eventuellen Konkursmasse der Bank. Der jährliche Verlust (Minuszins) ist die Versicherungsprämie. Lehmann Brothers war 2008 ein Einzelfall. 2020ff sind gegenseitige Verpflichtungen von Banken die Regel. Für die GSAG ist es unmöglich, gesunde Banken zu erkennen. Was müssen wir wissen und wofür setzen wir wertvolle Lebenszeit ein?
Edelmetallminen-Aktien	Wie sich die Wirtschaft nach Corona entwickelt ist unklar. Der tiefe Ölpreis und die steigenden Preise von Gold und Silber erhöhen die Rentabilität der Edelmetallaktien, unabhängig davon, wie sich die Wirtschaft entwickelt. Gleichzeitig steigt der Druck bei den Grossanlegern Edelmetalle als Anlagekategorie zu integrieren. Der schleichende Anstieg der Edelmetallpreise läuft bei der Mehrheit der Anleger unter dem Radar. Die Unbeliebtheit und geringen Kenntnisse dieses Bereiches der Aktien verstärkt das Desinteresse. Das wird sich ändern. Wann?
Aktien	Die Rettungsmassnahmen und massiven Käufe aller börsengehandelten Anlageklassen durch die Zentralbanken verzerrt deren Preise. Das fragile Konstrukt der verzerrten Anlageklassen/-Preise könnte sich plötzlich in Schockwellen nach unten bewegen. Für diesen Fall ist es nützlich, Aktien zu besitzen, die weniger schwanken als vergleichbare Aktien aus der Welt der ETF.

Die nachfolgende Grafik zeigt das Verhalten der Anlagestrategie vom 21. Februar 2020 bis 12. Mai 2020. Trotz der hohen Aktienquote und des Anteils der Rohstoffe ist das Portfolio «GS Wiener Schule» nur knapp 10 % ins Minus abgerutscht und hat sich seither wieder kräftig erholt.

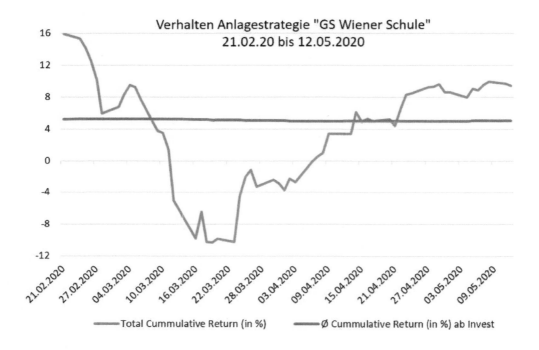

Die Gesamtrendite (nachfolgende Grafik) zeigt den Verlauf vom Anfang bis heute, also seit ich für mich persönlich diese Anlagestrategie anwende und die Struktur umgesetzt habe. Die digitale Plattform, die dazu genutzt wird, ist Descartes Finance in Zürich. Die auf klaren Regeln basierende Anlagestrategie der GSAG ist via Software programmierbar und deshalb frei von menschlichen Einflüssen umsetzbar. Im Gegensatz zur heute üblichen Praxis ist auch der Ausstieg mit einem sehr geringen Aufwand möglich. Wenn der Anleger mit der Lösung der GSAG unzufrieden ist, kann er auf dieser Plattform unkompliziert zu einer anderen Strategie wechseln. Das Ausstiegsszenario ist mit dieser Lösung von Anfang an eingerichtet.

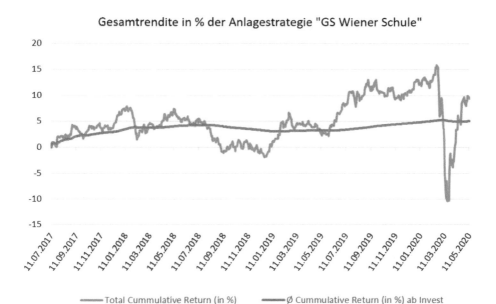

Gesamtrendite in % der Anlagestrategie "GS Wiener Schule"

———— Total Cummulative Return (in %)   ———— Ø Cummulative Return (in %) ab Invest

Entschädigungen und verdeckte Zahlungen – Finanzmarktaufsicht FINMA

Die Gerold Schlegel AG und ich, Gerold Schlegel persönlich, haben weder Verträge noch Vereinbarungen oder Absprachen mit Anbietern von Lösungen über Provisionen, Kommissionen und Abgeltungen. Mit der Abgabe der Vertriebszulassung für Anlagefonds im Dezember 2019 sind solche Zahlungen auch gar nicht mehr möglich. Egal welche Anbieter die GSAG einsetzt anstelle von Kommissionen oder Provisionen kriegt der Kunde günstigere Konditionen d.h. tiefere Kosten und je mehr Kunden und Anlagevolumen zusammen kommt umso mehr kann reduziert werden.

Die Zulassung der Finanzmarktaufsicht für den Anlagefondsvertrieb habe ich nach über 20 Jahren zurückgegeben, denn mit der Eigenverantwortung jedes Einzelnen und ohne Vereinbarungen zwischen mir und den Anbietern entstehen weder Verpflichtungen noch Abhängigkeiten oder Anreize. Die Aktivierung der Eigenverantwortung jedes Einzelnen vereinfacht die Abwicklung und reduziert den administrativen Aufwand. Gleichzeitig stellt dieses Vorgehen sicher, dass die Ressourcen für die Weiterentwicklung der Anlagestrategie und deren Umsetzung verwendet werden.

Küche und Geld – was kann eine Revolution auslösen?

Mikkel Karstad aus Kopenhagen ist sicher nur wenigen Lesern bekannt, doch ist er ein weiterer Revolutionär in der Küche. Für Mikkel ist Zeitnot und Geldnot kein Argument, um auf erstklassiges Essen zu verzichten. Er hat die Welt der Betriebskantinen in Dänemark umgepflügt und ein ums andere «Mahl» bewiesen, wie köstlich Kantinenessen sein kann – mit kleinem Geld. Sein Ansatz ist verblüffend einfach und doch genial: kleinere Portionen, mehr Gemüse und viel weniger Fleisch und Fisch. Gesund auf der ganzen Linie und erst noch mit viel besserer Qualität.

Den Anfang dieser Idee hat bei einer grossen Anwaltskanzlei in Kopenhagen umgesetzt und beinahe eine Revolte unter den Anwälten ausgelöst, bis die Einsicht offensichtlich wurde, plötzlich auch am Nachmittag leistungsfähig zu sein. Schliesslich wurde er abgeworben, um für das dänische Parlament in Schloss Christiansborg zu kochen. Dort hat er mit einer Brigade von 40 Leuten bis zu 1'500 Personen täglich verpflegt.

Mikkel Karstad reizt die Aufgabe, mit gutem Essen den Alltag mehrerer Tausend Menschen zu verändern. Mich dagegen reizt es, praktisches Kochen mit unbehandelten Lebensmitteln wieder populär zu machen. Weg von der Lebensmittelindustrie, und den Körper und das Hirn mit dem Besten versorgen, was Garten, See und Wald zu bieten hat. Also gibt es eine Kombination von hoher Qualität, kleinem Geldeinsatz und Kochkunst, die hochwertiges Essen sicherstellt.

Je länger ich mich mit den Aspekten des guten und glücklichen Lebens auseinandergesetzt habe, umso mehr ist die Ernährung in den Vordergrund gerückt. Und umso mehr sind mir die Parallelen deutlich geworden. Mikkel Karlstad, der Kopenhagener Revolutionär der Kantinenküche, zeigt, dass hochwertige Lebensmittel für geringe Preise und in grossen Mengen machbar sind. Und genauso ist es beim Geld und Vermögen. Das ist mein Ziel und mein Anspruch auf diesem Gebiet: mit geringen Kosten ein Angebot für die Masse der Menschen des Mittelstandes bereitstellen, das so hochwertig ist, dass es eine Revolution auszulösen vermag.

Ein letzter Wunsch

Im Leben geht es oft um Zeit, Geld und Arbeit. Die Lebenszeit ist ein kostbares Gut ist. Jeder, der dieses Buch liest, kann in diesem Sinne der Idee in diesem Buch zum Durchbruch verhelfen. Es wartet Arbeit auf jeden Einzelnen, wenn er andere Weg geht. Und jeder Leser kann zu diesem Projekt beitragen. Sei es, dass er die Idee bekannt macht oder indem er eigene Kompetenzen einbringt und sich selbst engagiert. Oder er öffnet Türen zu Menschen, die ihrerseits das Projekt vorwärtsbringen. Oder er steuert Mittel bei, um bei einer unabhängigen Finanzierung zu helfen. Corona hat gezeigt, was mit der neuen Technik von Kommunikation, Bildung und Arbeit alles möglich ist. Viele Prachtbauten und Gebäude haben sich geleert. Braucht es die alle noch? Neue Wege der Zusammenarbeit und des Lernens sind plötzlich möglich. Wieso nicht auch für ein gutes, glückliches Leben, für das wir mit dem Teil der Finanzen beginnen. Und das gemeinsame Kochen ist das Trainingslager.

Der nächste Schritt

Vieles liegt im Argen bei den Themen Finanzen und Küche. Ein guter Teil der Gründe findet sich in Strukturen und im menschlichen Verhalten selbst. Das zu ändern braucht viel individuelle Anstrengung. Niemand kann allein diese Welt verändern. Doch jeder ist selbst verantwortlich für sein gutes und glückliches Leben – Tuum Est.

Anstelle jetzt in den Widerstand zu gehen und mich zu ärgern, habe ich meine Lebenszeit und Ressourcen eingesetzt, um herauszufinden, wo auf der Welt ich die besten Lebensmittel und Rahmenbedingungen finde, um meine Kosten zu reduzieren und wo ist die Chance am grössten, mir meine Träume aus der Kindheit zu erfüllen? Wo habe ich dafür ideale Voraussetzungen? Es geht um die Grundlagen eines neuen Lebensmittelpunktes: um Grundstückspreise, Auflagen des Staates (Steuern aller Art, Gesetze, Administration und anderes), die Sicherheit (Terror, Diebstahl, Gewalt…), Klima, Natur, Kultur. Auch darum, was ich an solch einem Ort beitragen kann. Wie ist der Zugang zu Wissen rund um Anwendungen von Software, sei es für Büro, Sozialmedien, Homepagegestaltung und anderes mehr?

Unsere Wahl fiel auf Georgien. Das wäre keine Überraschung, wenn man mehr über das Land am Kaukasus wüsste. Georgien ist eine Welt, in der jeder noch Luft zum Atmen hat und Wohneigentum für viele ohne Bank leistbar ist, sicher für Schweizer. Das Land ähnelt der Schweiz, ist hingegen viel weniger dicht besiedelt und viel grösser in der Fläche. Die Mehrheit der Bevölkerung lebt am Schwarzen Meer, etwa 1 Mio. Einwohner. Rund um der Hauptstadt Tiflis sind es 1.5 Mio. Menschen. Die anderen 1 Mio. Menschen verteilen sich auf den Rest des Landes. Deshalb gibt es Gebiete, die sehr dünn besiedelt sind.

Georgien hat eine grosse Geschichte und viele alte Traditionen, die gepflegt werden. Das fängt beim Wein an. Mit über 500 Sorten Trauben und einer einzigartigen alten Herstellungsart ist der Wein an Vielfalt kaum zu übertreffen. Wer heute Naturwein (Wine Natural) kauft, hat höchstwahrscheinlich ein georgisches Produkt oder mindestens die georgische Art der Weinproduktion in den Händen.

Da das Land von vielen Nationalitäten besetzt worden ist, ist die Küche entsprechend vielfältig und abwechslungsreich. Georgien ist das Armenhaus und das Tor in den Osten. Die Menschen hatten schlicht nicht das Geld für alle die Fehler, die wir im Westen in den letzten Jahrzehnten begangen haben. Sei es das verdichtete Bauen, die Landwirtschaft mit der berüchtigten Monokultur und anderes mehr. Die landwirtschaftlichen Böden sind neben der Ukraine die fruchtbarsten, die es in Europa bzw. dem westlichen Asien gibt. Selbstverständlich gibt es am Rande der grossen Zentren Umweltbelastungen und Altlasten, wie das auch in der Schweiz der Fall ist. Polarität gilt auch hier.

Doch der geringe Einfluss von aussen hat dazu geführt, dass die Küche nach wie vor sehr archaisch in der Zubereitung ist. Das stellt sicher, dass fast keine Chemikalien, wie sie heute im Westen üblich sind, verwendet werden, denn es kommen unbehandelte Lebensmittel zum Einsatz. Einzig die Vielfalt beim Käse ist begrenzt. In Georgien kommt eher allerlei Salzlake-Käse auf den Tisch.

Landschaftlich und kulturell hat das Land viel zu bieten. Die Georgier sind bekannt für ihre herzliche Art und grosse Gastfreundschaft. Für das Partyvolk von Europa und die Menschen, die vom Computer aus ihrer Arbeit nachgehen können, ist Tiflis der Dreh- und Angelpunkt. Früher stand Berlin für Party, heute verschiebt sich das nach Tiflis. Tiflis ist auch ein Hotspot für «Digitale Nomaden».

Für ein gutes und glückliches Leben sind soziale Beziehungen, Gesundheit und Finanzen die tragenden Säulen, und das Fundament dazu sind die Werte des Menschen. Das wissen wir inzwischen. Eine etwas andere Sichtweise und Ergänzung, die sich verstärkend auf die Elemente des Glücks auswirkt, ist von Gerd Reuther «Die Kunst, möglichst lange zu leben». Seine fünf Elemente erachtet er in der Essenz als Schlüssel in Kombination mit Bewegung und Ernährung:

- Erlebnisse, die ich allein oder gemeinsam mit Freunden und Familie mache
- Die Lebenszeit ist rar, also verwenden wir sie besser dafür, die persönlichen Stärken zu pflegen
- Sich selbst belohnen mit kleinen Aufmerksamkeiten: täglich, wöchentlich
- In Menschen investieren und diese bilden
- Konsum aufschieben: Heute kaufen (bezahlen) und in der Zukunft geniessen

Mit der Wahl des künftigen Lebensmittelpunktes Georgien, schaffen wir – meine Partnerin Regina und ich – Voraussetzungen, den Alterungsprozess nach hinten zu verschieben. Das Armenhaus hat einiges nachzuholen und es sind viele Kompetenzen gefragt. Dazu kann ich einen Beitrag leisten. Georgisch ist eine der schwierigsten Sprachen der Welt. Der Neuanfang mit 58 Jahren fordert mich auf allen Ebenen heraus und das hält jung. Anlässlich der quartalsweisen Termine in der Schweiz werde ich darüber berichten und Rechenschaft ablegen. Das macht das Vorhaben auch rückverfolgbar, nachvollziehbar und verständlich. Und ich hoffe, es macht auch neugierig!

So, wie ich den Nachweis der Geldanlage erbringe, genauso erbringe ich den Nachweis über die eingesetzten Strukturen für Einkommen und Vermögen. Das ist dann beim nächsten Buch ein mögliches Thema.

Auch wenn persönliche Schwierigkeiten bestehen, gibt es Mittel und Wege, miteinander umzugehen. Wie die Schwester und der Bruder lebenslang Bruder und Schwester bleiben, will ich künftig Menschen im Umfeld behalten. Hingegen will ich mich so organisieren, dass es nicht zu Lasten meiner Lebenszeit geht. Also: je mehr Zeit ich mit Menschen verbringen kann, die an einem guten und glücklichen Leben interessiert sind, umso kostbarer sind diese Momente. Denn alle Beteiligten können gegenseitig voneinander profitieren. Zwingende Voraussetzung ist «Geben und Nehmen» im Gleichgewicht. Oder es kommt wieder ins Gleichgewicht. Jeder hat Pflichten und Rechte, wie auf der Allmende-Wiese, die jeder nutzen kann und jeder zu pflegen hat, damit sie allen erhalten bleibt.

Im Buch ist die Rede davon, dass ich meinen Lieferanten treu bleibe, sofern sie mich nicht betrügen. Dass der Inhalt dieses Buches heute so klar daherkommt, hat viel mit dem Lektor – Michael Schäffner – zu tun. Mit ihm verbindet mich eine langjährige Beziehung in unterschiedlichen Funktionen, Tätigkeiten und Schwierigkeiten. Dazu gehören solche, die wir meisterten und andere, bei denen wir aus dem Scheitern noch mehr lernen konnten. Doch diese gemeinsamen Erfahrungen haben geprägt. Jeder weiss, was er am Anderen hat.

Die filigranen Stränge im Buch waren öfters kaum zu bändigen, Michael hat da ein ums andere Mal Klarheit geschaffen. Er hat die Aussagen geschärft und die Geschwindigkeit und Fülle meiner Gedanken reduziert. Eine wichtige und zentrale Stelle für das, was Sie in den Händen halten. Er war übrigens mein Nachfolger als Geschäftsführer des Family Office und er hat meinen Zusammenarbeitsauftrag mit der Firma aufgelöst. Viel wichtiger ist hingegen: er kennt viele der Gedanken, die hier im Buch auftauchen. Aus diesen Erfahrungen heraus wusste jeder von uns beiden von Beginn an, auf was er sich einlässt. Und das auf einem Spielfeld, das beide nicht kannten. Als Leser wissen Sie ja bereits: die einzige Konstante eines Projektes sind Abweichungen und Schwierigkeiten. Davon hatten wir viele.

Das Buch hat bei mir einen Prozess in Gang gesetzt und beschleunigt. Die Energie will ich nutzen und deshalb den Lesern im nächsten Teil mehr zu Strukturen von Vermögen und Einkommen schreiben. Das wird ergänzt mit den Erfahrungen und Erlebnissen in Georgien.

Mein Beitrag

Das dritte Jahr meiner Entgiftung vom bisherigen Finanzsystem ist schon 6 Monate alt (Juni 2020). Durch das Reisen, Reflektieren und der Musse zum Lernen wurde das alles erst möglich. In Afrika mit eigenem Fahrzeug, in Sri Lanka mit Zug (1./2./3. Klasse), Motorrad, Taxi und auf den Philippinen mit dem öffentlichen Busverkehr. Das «Studium generale» in Wien ist dagegen eher mit dem Komfort eines Hotels und dem Essen in guten Restaurants verbunden.

Als die erste Version des Buches fertig war, habe ich Ende November 2019 nochmal mit einer komplett neuen Buchstruktur von vorne begonnen. Denn in der ersten Version habe ich mehrheitlich in meiner Hilflosigkeit und Wut gegenüber den Machenschaften der Finanzindustrie komplizierte Sätze und Fachausdrücke verwendet. Um den heissen Brei herumgeschrieben. Für den Laien war das so unbrauchbar.

Auch in der zweiten Version hat es Verbesserungs- und Optimierungspotential, doch irgendwann muss Schluss sein, obwohl noch so Vieles in meinem Kopf und im Herzen am Gären ist. Während der gesamten Zeit habe ich von meinen Reserven gelebt. Es bestehen keine Sponsoren- oder Werbeverträge mit den Firmen und Namen, die im Buch aufgeführt sind. Meine Unabhängigkeit und meine Freiheit von Interessenskonflikten sind eine Bedingung und Voraussetzung, um maximalen Nutzen zu erzeugen.

Das Wechselspiel von Bequem und Unbequem während der Reisen hat viele Gegensätze von Schwarz und Weiss an die Oberfläche gespült. Das Alleinreisen hat auch viel Platz geschaffen, allein und nur mit mir selbst Zeit zu verbringen. Das machte viele Einsichten erst möglich. Auch meine Angst und Unsicherheit in Bezug auf die laufende Umverteilung der Vermögenswerte von Unten nach Oben war ein Beschleuniger, um das Buchprojekt voranzutreiben. Es ist meine Sicht und Meinung und die ist im Zielkonflikt mit den beiden Industrien von Küche und Geld. Mein Reisen war nur unterbrochen von Kurzaufenthalten in der Schweiz, jeweils zum Quartalsende. In dieser Zeit fanden die Veranstaltungen der Gerold Schlegel AG statt.

Das war alles nur möglich, weil Regina Bircher und ihre Kinder auf mein Paradies aufpassten und es unterhielten. Das Leben im Rhythmus «Reisen, Heimkehr und Veranstaltung» will ich beibehalten. Es hat sich bewährt. Mit der Verlegung meines Lebensmittelpunktes nach Georgien – gemeinsam mit Regina – wird das auch in Zukunft möglich sein. Dann werden die Reisen von Georgien in Richtung Schweiz gehen und die Veranstaltungen in Rubigen stattfinden. Diese Anlässe werden auch Nachweis sein für die Wirksamkeit meiner Strukturen und jeder kann sich bei den Veranstaltungen davon überzeugen. Wein predigen und Wein trinken!

Egal was jeder Einzelne entscheidet und tut: jeder von uns kann einen Beitrag leisten, die Gesellschaft, die Lebensmittel- und die Finanzindustrie zu verändern. Wir können uns alle einmischen und andere Wege gehen. Das zum Ausdruck bringen, ist wichtig. Anstelle von Widerstand und dem «Nein» sagen, anstelle von Wettbewerb, von Vergleichen setze ich mit den Lesern auf Kooperation, Schwarmintelligenz und auf das Selbermachen. Mich über die Zustände ärgern bringt wenig bis gar nichts. Das ist verlorene Lebenszeit. Die einzige Möglichkeit, die ich sehe, ist es, einen anderen Weg zu beschreiten.

Ich habe mich für ein gutes und glückliches Leben entschieden und beginne, das in Bewegung zu setzen. Den Anfang machen meine nachvollziehbaren Lösungen zur Geldanlage, Nützliches zum Selberkochen und das tägliche Training über das Kochen. Das Leben nach und mit Corona geht weiter. Mein Einsatz sind all meine erarbeiteten Kompetenzen und Erfahrungen. Neue Einsichten und Erkenntnisse werden laufend eingebaut.

Wichtig im Blick zu behalten sind die 3 Säulen für ein gutes, glückliches Leben: Soziale Beziehungen, Gesundheit, Finanzen. Dazu ist ein Fundament notwendig und das sind die Werte und die Haltung des Einzelnen.

Mit diesem Buch soll etwas Neues entstehen, das es so noch nie gegeben hat. Deshalb weiss ich nicht genau wie und was der nächste Schritt ist. Jeder Leser kann mit seinem Tun und seinem Beitrag Einfluss nehmen und mithelfen, das Projekt zu gestalten: eine Welt ohne Geldgeheimnisse und mit einem Netzwerk, das jedem der Beteiligten zugänglich ist.

Freie Wahl: Faust im Sack oder etwas Neues wagen.

Tansania, Weihnachten 2018 – Das ist die «Steinerne Karte Afrikas», auf einem 3 Hektar grossen Felsen, der von einer unglaublichen Vielfalt von Flechten und Moosen bedeckt ist.

Der Start meiner Reise in Afrika und der Beginn des Buchprojektes waren gepflastert mit Schwierigkeiten. Ich spürte hart den Boden der Realität. Ohne jemanden zu kennen, fuhr ich nach Njombe, ein Zentrum der katholischen Kirche und deutsche Missionsstation in Tansania. Die Menschen hier kennen alles und jeden. Auf gut Glück ging ich in die Kirche und fragte nach dem Pfarrer. So fand ich Yohannes Kaluwa, der mein Reiseführer wurde. Ein Glücksfall, denn egal in welches Reisebuch ich schaute, nirgends war dieser Ort aufgeführt.

Wer Juwelen und Trüffel finden will, braucht Zeit und Geduld. Einen eigenen Weg zu gehen ist die beste Voraussetzung dafür.

Niemand rettet uns, ausser wir selbst. Niemand kann und niemand darf das. Wir müssen selbst den Weg gehen. *Buddha*

Wo könnte ich beginnen, andere Wege zu gehen?

Was kann ich tun, um das zu lernen?

Welche meiner starken Seiten integriere ich dabei, um es realistischer werden zu lassen?

Wie gestalte ich das Erreichen dieses Vorhabens in meinem Alltag und in meinem Umfeld?

Anhang

Anhang 1: Bücherliste

Die Priorisierung einer Bücherliste ist oft schwierig. So viele Abhängigkeiten und unheilvolle Verbindungen im Umgang mit Geld von Anbietern und Kunden bleiben unbeachtet. Schlimmer: sie können heute nicht mal von «Experten» definiert und erfasst werden. Dazu gesellen sich filigran eingewobene Fehlverhalten des menschlichen Handelns und Wirtschaftens. Das Ignorieren von Wirtschaftsthemen und der grassierende Finanzanalphabetismus runden das Bild ab und verstärken die unterschätzten Gefahren.

Das erleichtert es, die heutige Politik des Geldes zusammen mit den «Grossen Denkern» der Regierenden weltweit zu betreiben. Die Wiener Schule schafft dagegen Voraussetzungen, damit ich als Mensch sicherer wirtschaften könnte, wenn ich wüsste wie. Persönlich betrachte ich die authentische Wiener Schule, wie sie am Scholarium in Wien vermittelt wird, als eine Art von Lebensschule. Die Themen öffnen meinen Horizont, die Bearbeitungsweise fördert Dialog und Kooperation. Ich kann mein Verständnis klären, ohne be- oder entwertet zu werden. Eine Welt der Freiheit und Unabhängigkeit mit der Last der Pflichten und Verantwortung. Im Gegensatz dazu der heutige Zustand (Polarität gilt): die Suche nach Anerkennung, Komfort, Bequemlichkeit, nach der Wohlfühloase und die Tendenz, Probleme in die Zukunft zu verschieben. Das schafft Abhängigkeit und Unfreiheit. Veraltetes und unbrauchbares Halbwissen der heutigen Bildung führt langfristig zu Rückschlägen und Verlusten bei der Geldanlage und bei Investitionen.

Die Oberthemen der Bücherliste geben die Einflüsse von Aspekten des Lebens und Schaffens wieder. Die jeweils vier ausgewählten Bücher geben einen Bruchteil dessen wieder, was integriert ist. Je mehr ich diese Aspekte und Einflüsse integriere, umso mehr unterstützen sie mich. So wird offensichtlicher, dass das Unbehandelte und Unsichtbare wirkt wie der Eisberg, mit dem die Titanic kollidierte. Die Gefahr und das Risiko drohen von unten, im Falle des Menschen von Innen – vom Unterbewusstsein. Die von der Wirtschaft genutzten Halbwahrheiten und Manipulatoren werden mit diesen Kenntnissen fassbarer.

Meine Webseite financialcoach.ch wird in Zukunft wichtiges Wissenswertes und eine Bücherliste enthalten. Von Zeit zu Zeit lohnt sich ein Besuch dort.

Wirtschaften

Wirtschaftswissenschaft inklusive Geldanlage, des menschlichen Handelns, Unternehmenstheorie und Sozialwissenschaft

- «Wirtschaft wirklich verstehen» – Rahim Taghizadegan
- «Österreichische Schule für Anleger» – Ronald Stöferle, Rahim Taghizadegan, Mark Valek
- «Die Nullzinsfalle» – Ronald Stöferle, Rahim Taghizadegan, Gregor Hochreiter
- «Antifragile: Things That Gain from Disorder» – Nassim Nicholas Taleb

Unsichtbares

Das Unterbewusstsein mit Selbstbildern und Glaubenssätzen – die Störsender zum Guten und Schlechten.

- «Die Psychologie des Überzeugens» – Robert B. Caldini
- «Miracle Morning» (Morgenrituale/Routine) – Hal Elrod
- «The Goodness Paradox: The Strange Relationship Between Virtue and Violence in Human Evolution» – Richard Wrangham
- «Gemeinschaft – Untersuchungen über den Sozialismus» – Ludwig von Mises (Erstausgabe 1922)

Biografien

Am einfachsten und schnellsten können Einsichten gewonnen werden aus Fehlern, die Dritte machen.

- «Der Zündholzkönig» – Ivar Kreuger, Finanzgenie und Wegbereiter eines Jahrhunderts von Wall-Street-Skandalen.
- «Die Kunst, möglichst lange zu leben» – Dr. med. Gerd Reuther
- «Erinnerungen eines politischen Meteorologen» – Felix Somary
- «Der arme Trillionär» – Georg Ransmayr

Ideen

Grundlage von Innovation, Entwicklung, Unternehmertum, Veränderung.

- «Der Ernährungskompass» – Bas Kast
- «Energy and the Wealth of Nations» – Charles A.S. Hall, Kent Klitgaard
- «The State» – Anthony de Jasay
- «Ein Hormon regiert die Welt: Wie Dopamin unser Verhalten steuert – und das Schicksal der Menschheit bestimmt» – Daniel Z. Lieberman, Michael E. Long

Anhang 2: Naturgesetze

Essenzen von Verhalten und Vorgehen wirken wie Naturgesetze

Das sind wenig beachtete Dreh- und Angelpunkte. Viele der perfiden Halbwahrheiten führen zu grundverkehrtem Verhalten der Mehrheit. Wer hingegen Halbwahrheiten und Gesetzmässigkeiten kennt und versteht, kann sein selbst schädigendes Verhalten ändern. Die Auslöser sind Manipulation und das Mehrheitsprinzip.

Die Elemente dieser losen Prinzipien sind in vielen Situationen des Lebens hilfreich. Eine Orientierung, um selbst zu erkennen und abschätzen zu können, wieviel Lebenszeit und Geld investiert wird, sei es bei Einkauf, Entscheidungen, Auseinandersetzungen, Zusammenarbeit, Partnerschaft, Konflikten, Beziehungen, Auftragsvergabe, Meinungsaustausch, Problemen und Differenzen.

Um das in aller Deutlichkeit klar zu stellen: ich bin weder Professor, Doktor, Arzt, Wissenschaftler noch habe ich eine Ausbildung dieser Art. Meine Neugier und meine Misserfolge garantieren jedoch, wenig über viel zu wissen. Und das ist allemal besser, als viel über wenig zu wissen.

Energiefresser verhindern Entwicklung – also weg damit. Der heute mehrheitlich eingesetzte Autopilot lässt die grösste menschliche Stärke verkümmern, die Intuition. Dabei sendet mir die Intuition viele Signale, die es lohnt zu integrieren.

Was im Kleinen gilt, gilt auch im Grossen

Egal welchen Aspekt wir betrachten: Komfortzone, Schummeln, Monokultur, Probleme in die Zukunft verschieben und anderes mehr. Was im Kleinen gilt, gilt im Grossen. Was im Grossen nicht funktioniert, klappt auch nicht im Kleinen. Ein Beispiel ist die Familie. Die Herausforderung an Organisation und Logistik.

Tragik der Allmende

Im Buch zu kurz gekommen: die Tragik der Allmende. Sie entsteht, wenn jeder Bauer versucht, so viel Vieh so lange wie möglich auf der gemeinsamen Weide grasen zu lassen und niemand sich um die Pflege des Bodens kümmert. Als Folge wird das Land irgendwann veröden und das Vieh verhungern. Die Wasser-, Holz-, Alp- und Weiderechte der Bauern in der Schweiz sind Allmende-Formen. Ein klassisches Allmende-Problem im übertragenen Sinne ist die Klimaveränderung und Umweltverschmutzung. Den Rechten stehen Pflichten gegenüber.

Mehrheitsprinzip und Gruppenentscheide

Das machen, was die Mehrheit macht, ist der eingebaute Fehler des Menschen, der viel Unheil verursacht. Beim Majoritäteneinfluss erfolgt der Entscheid je nach Marke, Autorität, Status und Bekanntheit. Gut erkennbar an der Monokultur von Entscheiden, Massnahmen und Vorgehen der Politik. Trotz vieler Chancen gibt es kaum Abweichungen. Die sichtbare Austauschbarkeit von Status, Bekleidung, Schuhkartonhäuser und anderes mehr spricht für sich. Wer mit der Mehrheit entscheidet, liegt «richtig», wenn es schief gehen sollte, schützt das «Nichtschuldverfahren» Ein anerkanntes Vorgehen.

Widerstand – «Nein» sagen

Wieso sind so viele Menschen im Widerstand und auf der Nein-Schiene? Das einfachste der Welt ist es, Nein zu sagen. Das Gegenüber muss noch mehr leisten und sich anstrengen, ohne dass der «Neinsager» etwas geleistet oder beigetragen hat. Am Ende ist es klar: verbrannte Erde. Kompetenz zeigt sich dort, wo Lösungen gefunden werden, trotz gegenteiliger Meinung.

Probleme in die Zukunft schieben – Bürger vermeintlich belohnen – Mehr Geld und Schulden

Egal welche Themen ich betrachte, die Mehrheit der Probleme verschieben wir in die Zukunft. Politik, Wirtschaft, Klima, Geldpolitik, Kredite, Leasing, Hypotheken, Gesundheit, das Leben zu leben und anderes mehr. Dieses Verhalten hat Konsequenzen für unsere Kinder. Sie bezahlen die Zeche.

Kosten bezahlt der Kunde

Prunkvolle und branchenübliche Geschäftslokalitäten sollen etwas bewirken. Aber grundsätzlich bleibt der Grundsatz: Die Kosten für den Bau und Unterhalt oder die überteuerte Miete werden auf den Kunden überwälzt. Ausserdem die übersetzten Löhne und Boni und der zur Schau gestellte

Status und Luxus. «Schau her ich habe es geschafft!» sind eigentlich Symbole der Beeinflussung. Doch in Wirklichkeit soll der Anschein von Kompetenz vermittelt werden. Und diese Kosten des «Theaters» zahlt der Kunde.

Anreizsysteme (wirken wie Ratten, die der Bauer freiwillig in den Kornspeicher sperrt)

Das Bild des Bauern soll die Absurdität und Gefährlichkeit zum Ausdruck bringen. Je höher in der Führung die Anreize, umso mehr ist die Mannschaft betroffen. Wenn oben Boni und Löhne explodieren, ist das ein Zeichen für die Mannschaft, dasselbe zu tun – Selbstbedienung. Die Risiken und Abhängigkeiten nehmen zu wie bei einer Pandemie. Die Arbeitsleistung soll beglichen werden. Doch wieviel ist genug? Anreize führen zu höheren Risiken zu Lasten aller Beteiligten (Firma, Kunden, Personal…).

Wirtschaftliche Konsequenzen von Abhängigkeiten und Verbindungen ignorieren

Ende der 80er Jahre hatten wir eine Immobilienkrise. Die vielen Zusammenschlüsse von Architekten, Bauunternehmern und Landbesitzern in «Personengesellschaften» führten zu Abhängigkeiten und wirtschaftlichen Konsequenzen - Konkurs. Bezogen auf die Finanzwelt sind die Dimensionen um ein Vielfaches gestiegen. Das Brandgefährliche: «keiner» weiss mehr, welche Bank mit welcher Bank verbunden ist. Eine Abgrenzung, wie auf der einsamen Insel, ist unmöglich. Die Verknüpfungen und gegenseitigen wirtschaftlichen Abhängigkeiten und Haftungen der Banken untereinander sind ein Pulverfass und galaktisches Dominospiel: Garantie-Versprechen, Kredite, Anlagen, Derivate, Beteiligung, Firmenkredite mit mehreren Banken, Haftung. Für den Kunden bleibt dieses filigrane Gewebe unsichtbar. Die Gefahr bleibt.

Fehlender Vermögensschutz und Handlungsfähigkeit für die Person, das Paar, die Familie

Weltweit haben Nationen immer wieder ihre Währungen ersetzt oder sind unverschuldet in Kriege geraten. Das führte dazu, dass in diesen Ländern Edelmetall ein Pfeiler für Vermögen und Überleben war. Wer sich mit den Menschen von Syrien, Israel, Libanon, Iran, Irak, Simbabwe, Venezuela, Argentinien Indien, Russland, China u.a. austauschen kann, sollte die Frage klären: Was ist das Verständnis und der Zweck von Edelmetallen in ihrer Kultur? Was hat das mit mir zu tun?

Wenig bis keine Liquidität und Reserven

Die Corona-Krise deckt viele Unterlassungen schonungslos auf. In guten Zeiten Rückstellungen zu machen, um in schlechten Zeiten davon zehren zu können, gilt nach wie vor. Wenn KMU und Privatpersonen wenig bis keine Reserven haben, um 2 Monate ohne Einnahmen überbrücken zu können, dann ist das 12 Jahre dauernde Wirtschaftswachstum eine Lüge oder es wurde zu viel konsumiert.

Liquidität ist für einen langfristigen Anleger die Munition ins Glück. Liebe Leser egal was Berater ihnen mitteilen Liquidität ist einer der wichtigsten Schlüssel und eine Anlagekategorie, die an Wichtigkeit nicht zu unterschätzen ist. Die nächsten 12 – 18 Monate sind die Gewinner diejenigen die über Liquidität verfügen. Das wird etwas vom Wichtigsten sein.

Wettbewerb und Vergleichen (Status)

Das Leben wird wahnsinnig einfach, wenn ich aufhöre, in den Wettbewerb zu treten. Es wird immer jemanden geben, der reicher, schöner, dicker, gesünder, ärmer, modischer ist. Wir finden mit genügend Suche immer einen, der mehr oder weniger hat. Dabei bleibt unklar, ob das via Kredit oder Übervorteilung finanziert oder selbst erarbeitet wurde. Wer vergleicht, weckt Begehrlichkeiten und den Wunsch nach Anerkennung via Status. Diese Wünsche und Begehrlichkeiten führen wiederkehrend in die Abhängigkeit, das heisst, ins Hamsterrad des Lebens. In der Geldanlage führen sie oft zu vernichtenden Ergebnissen (Verluste, Betrug etc.).

Geheimnis

Jedes Geheimnis ist am Ende des Tages eine Waffe, die wesentlich stärker wirkt als vermeintlich angenommen. Dass wir in der Schweiz kaum über Geld und nützliche Strukturen sprechen, ist der beste Abwehrschutz. Dabei könnte über Strukturen diskutiert werden, ohne den Inhalt (Vermögenzahlen) bekanntzugeben. Auch der Umgang für ein gutes, glückliches Leben ist kein Thema und wird kaum gelehrt. Die nützlichen Strukturen, um Steuern zu reduzieren und zu vermeiden, sind Berufsgeheimnis. Egal welche Geheimnisse ich betrachte, sie schaden der Mehrheit und spielen den Anbietern in die Hände.

Jeder ist Verkäufer

Egal was ich tue, ich bin Verkäufer. Jeder Mensch verkauft seine Ideen, Produkte, Meinungen, Dienstleistungen, Erziehung.

Reziprozität

Das Prinzip der Gegenseitigkeit. Das ist den Wenigsten bewusst und findet tagtäglich statt. Es wird selten mit Schenken und Strafen in Verbindung gebracht. Im Osten wird auf Geschenke mit einem Gegengeschenk reagiert. Lobby, Politik, Wirtschaft, Kriminelle Organisationen und Betrüger nutzen das System der Gefälligkeiten. Bestechung und Kundengeschenke bauen auf diesem Prinzip auf. Der innere Zwang, ein grösseres Geschenk oder Gefälligkeit zurückzugeben, sollte nicht unterschätzt werden. Das Ganze geht spielt aber auch auf der Negativ-Seite: Schlammschlacht und Nachbarschaftsstreit sind Beispiele dazu.

Polarität

Alles hat zwei Seiten: Positiv und Negativ. Zum Beispiel auch das Klima. Ein Atomkraftwerk liefert sauberen Strom und hat ein Problem mit dem Abfall. Die Werbung hat das «Gute» im Fokus. Was ist die Kehrseite? Eine Veränderung auf der Seite «Produkt» führt zu versteckten Preisaufschlägen, Reduzierung der Qualität oder Garantie. Wer das Risiko vermeidet, steigert unbemerkt sein Risiko (Minsky-Effekt). Wo Verlierer sind, da sind Gewinner. Eine Krise bietet Chancen. Was nutze ich als Leser jetzt?

Pareto-Prinzip

Die 20/80-Regel ist lebensbestimmend. Mit 20 % der Energie kann ich 80 % der Lösung erreichen. Die Lücke von 20 % zu schliessen, bedarf 80 % der Energie. Der grösste Umsatz wird mit 20 % der Kunden erzielt. Die Fokussierung auf diese 20 % lässt schnelle und bessere Entscheide zu, als wenn ich mich im Detail verliere und am Ende nicht entscheiden kann. Das Pareto-Prinzip ist nichts anderes als eine Ungleichverteilung von Mitteleinsatz und Ertrag.

Das Pareto Prinzip kann auch ein wertvoller Helfer in der Planung sein. Wer sich 20 % seiner Zeit pro Tag, Woche, Monat und Jahr reserviert, ist im Vorteil. So habe ich Möglichkeiten, um unerwartete Situationen zu bewältigen, ohne unter Druck zu kommen. Während der 14 Jahre hat mir diese Struktur viel Handlungsfreiheit ermöglicht.

Komplexität lässt sich nur mit Einfachheit lösen

Je komplexer das Problem, umso einfacher sollte das Vorgehen sein. In der Küche ist das gut erkennbar bei den unterschiedlichen Garzeiten, bei der Nachfrage zu Stosszeiten und bei den logistischen Herausforderungen. Der Goldschmied benutzt für seine Kunstwerke die gleichen mechanischen Werkzeuge, wie vor hundert Jahren. Eine Familie zu organisieren ist eine Herausforderung – Logistik, Organisation, Mittel.

Einfache Dinge komplex darstellen

Der Eindruck, dass Komplexität gewollt ist, ist nicht von der Hand zu weisen. Komplexität hat viele Vorteile. Der Job ist gesichert, Ratschläge und Kompetenzen sind gefragt. Der Status steigt. Mitbewerber werden abgeschreckt. Kunden sind unsicher und beginnen, diese Themen zu ignorieren. Was spricht gegen einseitige Berichte, Verträge, Anleitungen?

Abweichungen bei Projekten und Plänen

Eine unerbittliche Konstante ist die Abweichung bei Vorhaben und Plänen. Wenn Vorhaben ohne Schwierigkeiten und Differenzen ablaufen, ist wie ein stilles Kinderzimmer: höchste Alarmstufe. Schnittstellen einrichten und unterhalten führt zu Abweichungen und Differenzen. Je mehr Schwierigkeiten am Beginn eines Projektes, umso wahrscheinlicher ist der Erfolg.

Verwechseln von Verpflichtungen und Investition

Alles, was mir monatlich oder jährlich Geld in die Kasse spült, ist eine Investition. Dagegen ist alles, was mich monatlich oder jährlich Geld für Betrieb und Unterhalt kostet, eine Verpflichtung. Das Eigenheim ist eine Verpflichtung und effizientes Mittel, Angestellte gefügig zu machen. Die Schuldenfalle «Hypothek» hilft, im Hamsterrad der Abhängigkeiten Platz zu nehmen.

Wirtschaftszyklen sind wie Jahreszeiten

Der Frühling, Sommer, Herbst und Winter bleiben. Einzig die Anfänge und Enden der Jahreszeiten können abweichen. Doch jedes Jahr kommt der Frühling und erwacht die Natur. Kein Mensch kommt auf die Idee bei Kälte (Eskimo) im Badedress oder bei Hitze (Wüste) in Winterbekleidung draussen zu sein. Diese Prinzipien gibt es auch in der Wirtschaft: Aufschwung, Boom, Abschwung, Depression.

Anstatt Prognosen der Experten zu Aktien, Obligationen zu hören, zu lesen oder zu schauen, die sowieso nie eintreffen, ist es sinnvoller, die Geldanlage nach den Zyklen der Wirtschaft auszurichten. Das macht mehr Sinn und ist lebenszeitfreundlich.

Anlageprofile und Permanentes Portfolio Wiener Schule

Anlageprofile sind «Nichtschuldverfahren» seitens der Bank. Investieren und Anlegen ist eine langfristige Angelegenheit. Die vier Jahreszeiten der Wirtschaft (Aufschwung, Boom, Abschwung, Depression) sind nützlichere Hilfsmittel als Anlageprofile. Das investierte Kapital wird für jede Jahreszeit der Wirtschaft in gleiche Teile gesplittet. Das ist das Permanente Portfolio.

Werbung, Marketing, Kommunikation – Viel versprechen wenig halten

Heute wird viel Geld ausgegeben für eine marketinggerechte Sprache. Durch Verpackung, Bilder und Text werden Dinge vorgegaukelt, die kaum der Wirklichkeit entsprechen: Sozialmedien, Lebensmittel- und Finanzindustrie, Tourismus und vieles anderes. Wenn ich mein Haus verkaufe und vor der Besichtigung Brot backe, erreiche ich den gleichen Effekt. Der Duft ermöglicht den Hausverkauf ohne Preisnachlass auf Verkäuferseite. Wer will kein Zuhause, in dem man sich derart geborgen und behaglich fühlt? Der Duft ist das beste Judo zu Ungunsten der Kunden, und das gilt auch in der Lebensmittelindustrie. Kein Wunder, die olfaktorische Wirkung der Behaglichkeit und Geborgenheit führt zu leichtfertiger Geldausgabe.

Lebenszeitfresser der Kunden

Wichtigstes Gut des Menschen ist seine Lebenszeit. Doch mit diesem Gut wird zu nachlässig umgegangen. E-Mails zur Info (CC) sind

Lebenszeitfresser. Die üblichen Warteschlaufen bei Anrufen lösen bei mir viel Ablehnung aus – Lebenszeitfresser. Lebenszeit ist zu kostbar, als auf diese Weise verschwendet zu werden. Wo von mir als Kunde Leistungen gefordert sind, stärkt es die Rentabilität des Anbieters und geht zu Lasten meiner «unbezahlbaren» Lebenszeit.

Theoretisches Wissen und Können

Je mehr das Theoretische Wissen zunimmt, umso mehr nimmt das praktische Anwenden ab. Gut erkennbar ist das bei den vielen Top-Köchen und Kochsendungen. Kochbücher haben die höchsten Auflagen und heute kann kaum ein Medienblatt auf Empfehlungen von Wein und Essen verzichten. Essen und Trinken ist oft Gesprächsthema, doch selten bis nie wird zusammen gekocht. Das gilt genauso für die Finanzindustrie. Theorie ahoi und Praxis ade.

Verzicht auf Komfort und Bequemlichkeit

Auf meinen Reisen 2018 und 2019 wechselte ich zwischen «unbequem» und «bequem». Der Nutzen war wiederkehrend: je unbequemer, umso eindrücklicher der Unterhaltungswert und die Erlebnisse. Ich bin im Leben meistens in bequemen Lebensabschnitten in die Krise geschlittert. Es sei denn, das Unbequeme habe ich freiwillig gewählt. Wer die Gruppen der über 100-jährigen der Welt studiert, könnte es eher erkennen. Ihr Schlüssel ist «Teil»-Verzicht, um vital zu altern.

Norman-Mailer-Technik

Die Politik nutzt die Technik, bevor die Journalisten im «Keller» der zu Wählenden alles auf den Kopf stellen. Sie wissen aus Erfahrung, dass solange gegraben wird, bis die dunklen Flecken ihrer Jugend, Verfehlungen und/oder sexuellen Präferenzen gefunden sind. Deshalb offenbaren sich Politiker freiwillig und zeigen so ihre verletzliche und menschliche Seite. Das Ziel ist vor allem, gegenüber ihren potenziellen Wählern gut dazustehen. So werden sie fassbarer und als Menschen mit Schwächen und Stärken wählbar. Ein Mensch wie du und ich. Fehler sofort zu offenbaren, hat den gleichen Effekt.

Anhang 3: Checkliste «Gutes und glückliches Leben»

Was braucht es im «Rad des Lebens»?

Was braucht es im «Rad des Lebens»? Die 3 Säulen und das Fundament eines guten glücklichen Lebens sind leicht erkennbar beim Verhalten der über 100-Jährigen. Sie verzichten und schränken sich ein. Dieses andere Verständnis zu Reichtum, Genuss, Laster, Bewegung, Komfort, Neugier und die natürliche Integration der lebensverlängernden Elemente sind die Garanten. Polarität gilt auch hier: ein langes, gutes Leben hat ein Preis. Wo Rechte sind, sind auch Pflichten.

Für ein gutes, glückliches Leben ist jeder selbst verantwortlich. Deshalb können die Elemente eines guten, glücklichen Lebens weder delegiert noch ignoriert werden. So wie der Luxuskörper, die Kaderstelle, die Weiterbildung, die Ehe einen Preis hat, hat dies das gute und glückliche Leben.

Tuum Est – Deine Sache und Deine Pflicht!

Erste Säule Soziale Beziehungen

Persönliche – Umfeld nächste Umgebung (Privat/Beruf) – Sozialer Kreis – Netzwerk

Zweite Säule Gesundheit

Ernährung (unbehandelte Nahrungsmittel) – Bewegung – Wohlbefinden – Musse + Erholung

Dritte Säule Finanzen

Meine Glaubenssätze + Selbstbilder zu Reichtum und meiner Person – Verhalten und Strukturen Reicher durch die Verteilung von Risiken (Anlagen und Lebensmittelpunkt) – Langfristige Anlagestrategie (Wirtschaftszyklen + Generationen) – kennt das Geldsystem

Fundament Ich und mein Unterbewusstsein

Macht der Psyche – Denkweise/Haltung – Lebenszweck/-sinn – Spiritualität – Ehre – Ver-/Zutrauen

Anhang 4: Krankes System. Krankes Geld. Kranker Mensch

Ausgangslage und Grundproblem

Die Eingriffe des Menschen führen in der Gesellschaft zur Sabotage heilender Kräfte.

Status, Vergleichen und Wettbewerb führt zu Begehren und Neid:

- Arbeit: Lohn, Boni, Insignien von Erfolg und Status
- Beziehungen: Alleinstehend (Single), Familien mit und ohne Kinder, Andere
- Kult: Körper, ewige Jugend, Essen (Vegan/Fastfood), Selbstoptimierung
- Scheinwelt: Darstellung im Internet (Lebenslüge), VIP Anlässe, Photoshop
- Musse: Einsichten gewinnen in der Praxis Tabu – Theorie lernen ist «hipp»

Das Leitbild der Politik, Wirtschaft und Gesellschaft ist «Vermeiden»:

- … von Risiko
- … von Erkenntnislernen
- … von Unbequemlichkeit
- … der Probleme der Bürger via Schweizer Nationalbank/Zentralbanken der Welt
- Und der Schutz vor heftigen Pendelbewegungen

Konsequenzen und Folgen des Vermeidens:

Die Krise der Gesellschaft von heute ist ein Ergebnis des Aufschiebens. Die Schwankungen sind Ausdruck von Versuch und Irrtum. Das ist der einzige Weg des Lernens in evolutionären Systemen. Wie die Natur ein ökologisches System ist, könnten Mensch, Gesellschaft, Wirtschaft, Politik, Gesundheitswesen ökonomischen Systemen unterworfen werden. Doch das Verschieben/Aufschieben von Lösungen in die Zukunft führt zu Ungleichgewichten. Diese Ungleichgewichte reflektieren die Spannungen der Verfassung (soziologisch). Unabhängig, ob politisch, sozial (Familien/Single) oder ökonomisch (Wirtschaft). Egal wie überzogen die aufgebaute Spannung ist, sie will sich entladen. Sobald ein Schwellenwert überschritten ist, beginnt Entladung: Anlagen «Black Monday 9. März 2020». Zinsen, Schulden etc. Die Entladung selbst ist der vermeintliche Schwarze Schwan, der nicht mal ein Weisser ist.

Corona ist heute schuld. Dabei war Corona die Nadel, die die Blase aufstach. Eine Pandemie war ein voraussehbares Ereignis. Was alles angesteckt ist, erkennen wir erst, wenn der Vorgang der Entladung im Gang ist. Denn die Zeit von Ansteckung und Ausbruch ist unbekannt.

Potenzielle Ungleichgewichte:

- Corona-Krise: Der Wirtschaftsstopp und Stay-Home-Aktion – Lahmlegung Wirtschaft; Corona ist der Grund für Konkurs, Stellenabbau. Bürger zahlt via Haftung/Steuer.
- Geldsystem: Niedrigzinsen führten zu Verzerrungen und Ungleichgewichten, Verschuldung (Private, Firmen, Staat) – Verzerrte Anlageklassen – Blasen.
- Firmenwelt: Übernahmen + Aktienrückkäufe werden via Schulden (Obligation) finanziert; Potenzielle Ungleichgewichte bei Firmen und Obligation (Bonität).
- Parteien: Ungleichgewichte mit Fokus dem «Defizite/Minderheiten» bedienen führen zu mehr Sozialismus, Populismus, Gesetzen = Neues Ungleichgewicht.
- Geopolitik: Ungleichgewicht «Ölpreisschock» führte bisher zu Krieg.
- Internet: Vereinsamung – Ausschluss einer Minderheit ohne E-Mail/Internet; Dauerverfügbarkeit führt zu Sucht (Einkauf, Sozialmedien, Spass, Porno, etc.)
- Gemeinschaft: Vereinzelung – Vertrauensverlust – Auflösung von Prinzipien wie Ehre

Jeder Mensch und Organismus hätte Selbstheilungskräfte

Ökonomie hat Selbstheilungskräfte. Mit weniger Eingriffen und Auflagen würden diese aktiviert. Dieses Prinzip gilt auch beim Menschen. Je mehr Eingriffe, Auflagen, Gesetze, umso weniger kommt die Eigenverantwortung in Gang. Heute wird der Prozess der fehlenden Eigenverantwortung beschleunigt, was sich in immer unverschämteren Forderungen niederschlägt.

Anhang 5: Essenz Auswahl Edelmetallminen – Risikokapital – Bauvorhaben – Einkauf

Diese Essenz ist, leicht angepasst oder begrenzt, in vielen Situationen einsetzbar, in denen wir als Menschen unterwegs sind. Sei es bei der Auswahl, beim Einkauf, bei einer Investition oder bei der Auftragserteilung. Je mehr ein eigenes Auswahlverfahren und eine eigene Struktur eingesetzt wird, umso grösser wird das Überraschungsmoment und der Nutzen.

Verwandtschaftliche und geschäftliche Verbindungen bei neuen Projekten und Vorhaben sind zu meiden, wo immer möglich. Bei bestehenden Verbindungen dieser Art ist es sinnvoll, diese aufzulösen. Unabhängigkeit und freie Entscheide sind unbezahlbar. Die Unannehmlichkeiten lohnen sich. Denn die selbst entwickelte Struktur und der eigene Ablauf schützen vor der Macht der Situation (Reziprozität). Je mehr dieser Punkt ins Auge sticht, umso schneller steht die Ampel auf Rot, wenn Unrecht im Anzug ist. Wenn Ablauf steht, bestimmt die Intuition (Praxis).

Unfähige Menschen – Inkompetenz in der Führung – Der Anfang vom Schaden

- Geologe, der in der Nähe einer anderen Mine sucht (Im Rückenwind Anderen fahren).
- Trend-Verfolger, die der neuesten Minenmode nachspringen (Industrie-/Edelmetalle…).
- Klassischer Anlagebetrüger: Den Anlegern alles versprechen – Klotzen, nicht kleckern.
- Sammler und Jäger von Projekten – kann alles und nichts.
- Versprecher und Ankündiger: Projekte ändern sich, Fristen werden verschoben, Budget erhöht.
- Optimistischer Bohrprobensammler: Blühende Fantasie; Hoffnung auf extreme Werte machen.
- Kopisten, die alle das Gleiche machen und sich gegenseitig nachäffen. (Das kann in jeder Branche leicht angepasst gemacht werden.)

Was will ich sehen und was ist wichtig bei einem Team der obersten Führung

- Einfache und deshalb verständliche Vision, inkl. Umsetzung, Meilensteine; Zahlen/Daten/Fakten.
- Die eigene Haut, sprich: das eigene Vermögen ist eingesetzt («Skin in the Game»).
- Wissen, wie der Plan umzusetzen ist, inkl. Wertsteigerungen für den Aktionär (Titel/Dividende).
- Transparenz bei Kosten der Minen, bei Marketing und Werbung, Personal, bei den Anreizsystemen.
- Nachweis der Erfahrung und des Erfolgs bei abgeschlossenen Projekten.
- Schlüsselfunktionen sind mit Expertise besetzt: Minenbetrieb, Finanzen, Logistik, Verkauf

Wie ist die Zusammenarbeit und der Umgang der Führung bei Aufschwung, Abschwung und bei Problemen?

- Wo erkenne ich Konstanz in der Arbeit (Pläne, Vorgehen, Berichte, Termine…)?
- Wieviel Expertise hat die Führung (Betrieb, Finanzierung, Abnehmer)?
- Wie hält sie Versprechen und Meilensteine ein (früher/später…)?
- Welche Beziehungen hat die Führung zu Banken, Investoren, anderen Expertisen, Logistik etc.?
- Wieviel Erfahrung und Praxis haben die Schlüsselpersonen mit früheren Projekten?

Was ist wichtig bei Investitionen in Aktien und Risikokapital

- Die Führung hat keine Selbstbedienungsmentalität (Lohn, Boni, Prunkbauten, Einrichtung…).
- Sensibler Umgang mit Kosten, die dem Status, der Kompetenz und dem Luxus dienen.
- Eigenes Geld und Vermögen sind eingesetzt – «Skin in the Game».

- Ausserhalb des heute betriebenen Wettbewerbes gibt es kein vergleichbares Unternehmen.

Warnsignale und Frühindikatoren, die höchste Aufmerksamkeit erfordern

- Keine Zeit haben – Befristetes Lockangebot
- Klotzen, nicht kleckern; bei Broschüren, Kleidung, Auftritt, Firmensitz, Kompetenzsymbolen
- Umfangreiche Dokumentationen anstatt komprimierter Information auf einer Seite (Text) und einer Seite Zahlen.
- Sich auf berühmte, kompetente Menschen und Organisationen beziehen
- Charismatische Menschen mit viel Überzeugungskraft und Kreativität (Schwindelgefahr)
- Opfer. Alle anderen sind die Bösen – komplizierte Struktur – kranke Familie oder geschäftlich Pech gehabt.
- Meine Gier als Investor wird angesprochen, sei es mit Wachstumzahlen oder Diagrammen, die mit Durchschnittswerten hochgerechnet werden.
- Zahlen, Daten und Fakten sind vorhanden, doch das Wesentliche fehlt.
- Projekt, Strukturen, Menschen werden wiederkehrend angepasst, ersetzt und verändert.
- Belegfluss ist intern gesteuert; es sind keine externen Kontrollen oder Sicherungen eingerichtet.
- Mehrere Funktionen und Machtebenen sind in einer Person vereinigt.
- Vertrauen, Werte usw. – je mehr das Thema angesprochen wird, umso weniger ist es vorhanden.
- Fragwürdiger Umgang mit Haustieren, Kindern und Menschen mit einfacheren Berufen/Tätigkeiten.

Diese Warnsignale und Frühindikatoren können in allen Lebenslagen hilfreich sein.

Anhang 6: Anpassung der Anlagestrategie

Information für Kunden der Gerold Schlegel AG

Anlagestrategie – Anpassung Mai 2020 – Hintergrund und Sinn

Der Corona Virus und der wirtschaftliche Stillstand hat Konsequenzen. Kein Mensch kann abschätzen wie es weitergeht. Prognostizieren ein Ding der Unmöglichkeit. Ausser sich auf die langfristigen Wirtschaftszyklen zu fokussieren. Das sind die 4 Jahreszeiten der Wirtschaft. Nach Aufschwung, Boom und Abschwung kommt die Depression. Dass die Wirtschaft sofort Tritt fasst und sich alles zum Guten wendet, ist zu bezweifeln. Wirtschaft ist kein Schalter den man nach Belieben aus- und einschalten kann. Das braucht Zeit. Die Richtung der Reise von Wirtschaft, Globalisierung, Umgang mit sozialen Kontakten etc. ist unklar.

Die Massnahmen der weltweit Verantwortlichen des Papiergeldes sind dieselben wie 2001 und 2008. Die gleiche Methode führt zum gleichen Resultat. Mehr vom Gleichen bedeutet, höhere Schulden und höhere Schadensummen. Bisher hat das Problem bei einer Mehrheit zu Schäden in Form von entgangenem Zins geführt. Weniger Zins ist ein entgangener Gewinn. Dieser Schaden der Altersvorsorge und des Ersparten wird ausgeblendet.

2020 glüht die Geldpresse und läuft am Limit. Die Schulden erreichen Höhen die als Mensch und Anleger nicht mehr fassbar sind – Ein Zehntel des weltweiten Bruttosozialproduktes betragen die neuen Schulden der Welt, von März bis heute. Der Bürger kommt in den Genuss von höheren Steuern und Abgaben und trägt die Konsequenzen. Die Haftung des Bürgers für die Schulden des Staates, wird verschwiegen. Der schwache Schweizer Franken ist die Zugabe.

Eine Lösung und Schutz dagegen sind physische Edelmetalle (Barren) und Edelmetallaktien. Die Edelmetalle haben eine aussergewöhnlich lange Durststrecke hinter sich. In dieser Zeit sind Management und Arbeiter von Edelmetallminen Firmen durchs Stahlbad. Sie kämpften 8 Jahre ums Überleben, senkten Kosten und steigerten die Effizienz. Der Gegensatz dazu sind die «Schönwetterkapitäne» der Mehrheit der Firmen. Oder war das Wirtschaftswachstum von 2009 bis 2019 nur Fantasie? Wer ist fitter?

Der aktuelle Einbruch des Ölpreises stärkt zusätzlich die Profitabilität der Edelmetallminen, den die Energiekosten beim Abbau sind erheblich. Zusätzlich steigt der Goldpreis. Das Silber wurde nochmal im Preis herunter geknüppelt. Je höher die Preise der Edelmetalle umso höher sind die Profitabilität und Gewinne dieser Aktien. Höhere Gewinne und Margen unabhängig der Wetterlage der Weltwirtschaft und der Folgen der Corona Krise (Wirtschaftsstopp). Die Verzerrung ist gut erkennbar am Verhältnis wieviel Teile Silber (120) ein Teil Gold kostet. Dieses Verhältnis ist das letzte Mal 1867 auf demselben Niveau gewesen. Das verzerrte Verhältnis wird zum Mittelwert zurückkehren. Letzte Woche hat der Goldmineindex für Aktien, ein historisches Kaufsignal ausgelöst. Gold ist eine wieder entdeckte Anlagekategorie. Das führt zu einer höheren Nachfrage. Seit 2-3 Wochen fliessen Unsummen der Grossanleger in den Goldmarkt. Der Goldpreis ist bereits in mehr als 70 Währungen der Welt höher als 2012. Denn der Goldpreis steigt, was die Währung an Kaufkraft verliert – Vermögensschutz.

Die Anpassung erfolgt im Laufe des Monats Mai 2020:

- Neu Physisch Edelmetalle   25% Edelmetalle Physisch
- Neu Edelmetallminen   25% Edelmetall Aktien – Edelmetalle im Boden
- Unverändert   25 % Aktien (geringere Schwankungen)
- Unverändert   25 % Staatsanleihen CHF beste Qualität